Wertsteigerungsmaße – Eine kritische Analyse

# Betriebswirtschaftliche Studien Rechnungs- und Finanzwesen, Organisation und Institution

Herausgegeben von
Prof. Dr. Dr. h.c. Wolfgang Ballwieser, München
Prof. Dr. Christoph Kuhner, Köln
Prof. Dr. Dr. h.c. Dieter Ordelheide †, Frankfurt

Band 57

# Peter Lang

Frankfurt am Main · Berlin · Bern · Bruxelles · New York · Oxford · Wien

# Martin Hebertinger

# Wertsteigerungsmaße –
# Eine kritische Analyse

Peter Lang
Europäischer Verlag der Wissenschaften

Die Deutsche Bibliothek - CIP-Einheitsaufnahme

Hebertinger, Martin :

Wertsteigerungsmaße – Eine kritische Analyse / Martin
Hebertinger. - Frankfurt am Main ; Berlin ; Bern ; Bruxelles ; New
York ; Oxford ; Wien : Lang, 2002
   (Betriebswirtschaftliche Studien Rechnungs- und Finanzwe-
   sen, Organisation und Institution ; Bd. 57)
   Zugl.: München, Univ., Diss., 2001
   ISBN 3-631-38594-3

Gedruckt auf alterungsbeständigem,
säurefreiem Papier.

D 19
ISSN 1176-716X
ISBN 3-631-38594-3

© Peter Lang GmbH
Europäischer Verlag der Wissenschaften
Frankfurt am Main 2002
Alle Rechte vorbehalten.

Printed in Germany 1 2   4 5 6 7

www.peterlang.de

## Geleitwort

Die Orientierung von Unternehmen am Shareholder Value ist heute in aller Munde. Die Praxis sucht griffige Kennzahlen, mit deren Hilfe die Zielsetzung bei dezentralen Entscheidungen intern verfolgt werden kann und die sich extern dem Kapitalmarkt kommunizieren lassen, um die Zielerreichung zu belegen. An der Frage, was hierzu geeignet ist, setzt die Arbeit von Martin Hebertinger an.

Kapitel 2 behandelt Wertsteigerung als Handlungsziel und entwickelt Anforderungen an Belohnungssysteme und Bemessungsgrundlagen für die interne Verhaltenssteuerung sowie Anforderungen an Maße für die Kapitalmarktkommunikation. Diskutiert werden bei Entlohnungssystemen Effizienz, Effektivität, Anreizkompatibilität, Nachprüfbarkeit und optimale Risikoteilung. Zur Beurteilung von Bemessungsgrundlagen erörtert Herr Hebertinger Barwertidentität, Entscheidungsverbundenheit, Manipulationsresistenz und Vergleichbarkeit.

In Kapitel 3 widmet sich der Verfasser kapitaltheoretischen Konzepten. Schön dargestellt wird deren fehlende Eignung für die Steuerung (Abschnitt 3.4). Herr Hebertinger zeigt mangelnde Barwertidentität und mangelnde Manipulationsresistenz des Unternehmenswerts und arbeitet Fehlanreize heraus. Gleichermaßen belegt er, daß der kapitaltheoretische Residualgewinn zwar entscheidungsverbunden und weniger manipulationsanfällig als der Unternehmenswert ist, daß aber Probleme aufgrund unterschiedlichen Planungshorizonts von Unternehmensleitung und Bereichsmanagern bestehen können. Entlohnungen nach realisierten Überschüssen werden ebenso relativiert wie Anreizsysteme zur wahrheitsgemäßen Berichterstattung (Weitzman-Schema und Groves-Mechanismus). Die kapitaltheoretischen Konzepte werden aus Gründen der Manipulationsanfälligkeit auch für die externe Berichterstattung verworfen.

Kapitel 4 diskutiert den Shareholder Value Added (SVA) von Rappaport, den Economic Value Added (EVA) von Stern Stewart, den Cash Flow Return on Investment (CFROI) der BCG und weitere, zumeist jüngere Maße. Alle Maße weisen Probleme auf, so daß bei der Entscheidung für eines von ihnen Wertungen nötig sind.

Die Arbeit zeigt die Grenzen der in Theorie und Praxis stark diskutierten Wertsteigerungsmaße und gefällt durch eine durchweg kritische Perspektive. Sie kommt deshalb nicht zu schnellen Lösungen, die im Zweifel lediglich voreilig wären. Sie ist eine gute Ergänzung der Arbeit von Oliver Bärtl in dieser Schriftenreihe. Ich wünsche ihr eine gute Aufnahme.

München, den 4. August 2001                                    Wolfgang Ballwieser

## Vorwort

Die vorliegende Arbeit entstand während meiner Tätigkeit als wissenschaftlicher Mitarbeiter am Seminar für Rechnungswesen und Prüfung der Ludwig-Maximilians-Universität München. Sie wurde im Sommersemester 2001 vom Promotionsausschuß der Fakultät für Betriebswirtschaft als Dissertation angenommen.

Großen Dank möchte ich an dieser Stelle meinem akademischen Lehrer und Doktorvater, Herrn Prof. Dr. Dr. h.c. Wolfgang Ballwieser, aussprechen. Er hat mich bei der Themenwahl unterstützt, die Entstehung der Arbeit stets mit Interesse gefördert und durch Anregungen und Ratschläge sehr viel zu deren Gelingen beigetragen, ohne mich bei meinen Ausführungen in irgendeiner Weise zu beschränken. Die guten Arbeitsbedingungen an seinem Seminar taten ihr übriges. Bei Herrn Professor Dr. Hans-Ulrich Küpper bedanke ich mich herzlich für die konstruktive Kritik und die hilfreichen Hinweise im Rahmen des Zweitgutachtens.

Den Kolleginnen und Kollegen am Lehrstuhl gilt mein Dank für die Jahre der guten Zusammenarbeit. Insbesondere mit den Herren Dipl.-Kfm. Bernd Hacker und Dipl.-Kfm. Jörg Hoffmann, die für mich ein Vorbild an Kollegialität darstellen, verbindet mich mittlerweile auch eine tiefe außeruniversitäre Freundschaft. Herr Prof. Dr. Dirk Hachmeister und Herr PD Dr. Stefan Rammert standen mir stets mit ihrem fachlichen Rat zur Seite und gaben mir so manch richtungweisende Impulse bei der Lösung einzelner Probleme. Den studentischen Hilfskräften des Lehrstuhls bin ich für die tatkräftige Unterstützung bei der Literaturrecherche zu Dank verpflichtet. Ein besonderer Dank geht an Frau Eva Lebert, die die Arbeit Korrektur gelesen hat.

Mein akademischer Wegbegleiter und langjähriger Freund, Herr Dr. Jens Kengelbach, hat ebenfalls großen Anteil am erfolgreichen Abschluß dieser Arbeit. Durch seine kritisch-analytische Art gab er – besonders in der Endphase – wertvolle Anmerkungen, für die ich mich an dieser Stelle sehr herzlich bedanke. Doch ohne den großartigen Rückhalt und die nimmermüde Unterstützung und Aufmunterung von Constance wären alle Bemühungen der vorgenannten Personen vergebens gewesen. Dafür danke ich ihr von ganzem Herzen.

München, den 24. August 2001                                            Martin Hebertinger

# Inhaltsverzeichnis

# Abkürzungsverzeichnis

| | |
|---|---|
| a.a.O. | am angegebenen Ort |
| a. L. | am Lech |
| a. M. | am Main |
| abgez. | abgezinst |
| Abb. | Abbildung |
| Abs. | Absatz |
| Abschr. | Abschreibung |
| AG | Aktiengesellschaft |
| AktG | Aktiengesetz |
| APV | Adjusted Present Value |
| Aufl. | Auflage |
| BCG | Boston Consulting Group |
| betriebsnotw. | betriebsnotwendig |
| BVerfG | Bundesverfassungsgericht |
| bzw. | beziehungsweise |
| C&L | Coopers & Lybrand |
| CAPM | Capital Asset Pricing Model |
| CEO | Chief Executive Officer |
| cet. par. | ceteris paribus |
| CFROI | Cash Flow Return on Investment |
| CIMA | Chartered Institute of Management Accountants |
| CROCI | Cash Return on Capital Invested |
| CVA | Cash Value Added |
| DAI | Deutsches Aktieninstitut e.V. |
| DAX | Deutscher Aktienindex |
| d.h. | das heißt |
| DCF | Discounted Cash Flow |
| ders. / dies. | derselbe / dieselbe(n) |
| ebd. | ebenda |
| EBIT | Earnings before Interest and Tax |
| EBITDA | Earnings before Interest, Tax, Depreciation and Amortziation |
| EBT | Earnings before Tax |
| EEI | Earned Economic Income |
| EK40 | Eigenkapital nach § 30 I Nr. 1 Körperschaftsteuergesetz |
| et al. | et alteri |
| etc. | et cetera |
| EVA | Economic Value Added |
| EW | Ertragswert |
| e.V. | eingetragener Verein |

| f. / ff. | folgende(r) / fortfolgende |
|---|---|
| FASB | Financial Accounting Standards Board |
| Fn. | Fußnote |
| FS | Festschrift |
| GAAP | Generally Accepted Accounting Principles |
| geom. | geometrisch |
| GoB | Grundsätze ordnungsmäßiger Buchführung |
| GoInf | Grundsätze ordnungsmäßiger Kapitalmarktinformation |
| GoÜ | Grundsätze ordnungsmäßiger Überwachung |
| GuV | Gewinn- und Verlustrechnung |
| HGB | Handelsgesetzbuch |
| Hrsg. | Herausgeber |
| IAS | International Accounting Standard |
| IASC | International Accounting Standards Committee |
| i.d.R. | in der Regel |
| IDW | Institut der Wirtschaftsprüfer in Deutschland e.V. |
| IFAC | International Federation of Accountants |
| IMA | Institute of Management Accountants |
| ISA | International Standard on Auditing |
| insb. | insbesondere |
| Inv. | Investition |
| inv. | investiert |
| IZF | Interner Zinsfuß |
| Jg. | Jahrgang |
| jr. | junior |
| kalk. | kalkulatorisch |
| kfm. | kaufmännisch |
| KPMG | Klynveld Peat Marwick Goerdeler |
| KSt | Körperschaftsteuer |
| KonTraG | Gesetz zur Kontrolle und Transparenz im Unternehmensbereich |
| Lifo | Last in first out |
| m.w.N. | mit weiteren Nachweisen |
| Mio. | Millionen |
| MVA | Market Value Added |
| Nachdr. | Nachdruck |
| NOPAT | Net Operating Profit after Tax |
| NOPLAT | Net Operating Profit less Adjusted Tax |
| norm. | normiert |
| Nr. | Nummer |
| o. | ohne |
| O. | Ort |

| | |
|---|---|
| Par. | Paragraph |
| PS | Prüfungsstandard |
| PWC | PriceWaterhouseCoopers |
| RAROC | Risk Adjusted Return on Capital |
| RAVE | Real Asset Value Enhancer |
| REVA | Refined Economic Value Added |
| ROA | Return on Assets |
| ROGA | Return on Gross Assets |
| ROC | Return on Capital |
| ROCA | Return on Controllable Assets |
| ROE | Return on Equity |
| ROI | Return on Investment |
| ROIC | Return on Invested Capital |
| RONA | Return on Net Assets |
| RORAC | Return on Risk Adjusted Capital |
| ROS | Return on Sales |
| RS | Rechnungslegungsstandard |
| S | Standard |
| S. | Seite(n) |
| SFAC | Statement of Financial Accounting Concepts |
| SVA | Shareholder Value Added |
| sog. | sogenannte(r) |
| Sp. | Spalte(n) |
| TSR | Total Shareholder Return |
| Tz. | Textziffer |
| u.a. | und andere / unter anderem |
| u.U. | unter Umständen |
| US | United States |
| USA | United States of America |
| VAR | Value at Risk |
| Verf. | Verfasser |
| vgl. / Vgl. | vergleiche / Vergleiche |
| VROI | Value Return on Investment |
| Vol. | Volume |
| WACC | Weighted Average Cost of Capital (gewogene durchschnittliche Kapitalkosten) |
| WPK | Wirtschaftsprüferkammer |
| WpHG | Gesetz über den Wertpapierhandel (Wertpapierhandelsgesetz) |
| z.B. | zum Beispiel |

## Literaturabkürzungen

| | |
|---|---|
| ABR | Accounting and Business Research |
| AER | American Economic Review |
| AG | Die Aktiengesellschaft |
| AH | Accounting Horizons |
| AOS | Accounting Organizations and Society |
| AR | The Accounting Review |
| BAR | British Accounting Review |
| BB | Betriebs-Berater |
| BFuP | Betriebswirtschaftliche Forschung und Praxis |
| BellJ | Bell Journal of Economics (bis 1974 Bell Journal of Economics and Management Science) |
| BER | Bulletin of Economic Research |
| CAR | Contemporary Accounting Research |
| DB | Der Betrieb |
| DBW | Die Betriebswirtschaft |
| DStR | Deutsches Steuerrecht |
| Ec | Economica |
| EI | Economic Inquiry |
| Em | Econometrica |
| FAJ | Financial Analysts Journal |
| FB | Finanz Betrieb |
| FE | Financial Executive |
| FM | Financial Management |
| FN | Fachnachrichten des IDW |
| HBR | Harvard Business Review |
| HWB | Handwörterbuch der Betriebswirtschaft |
| HWF | Handwörterbuch des Bank- und Finanzwesens |
| HWFü | Handwörterbuch der Führung |
| HWO | Handwörterbuch der Organisation |
| HWR | Handwörterbuch des Rechnungswesens |
| JAAF | Journal of Accounting, Auditing and Finance |
| JACF | Journal of Applied Corporate Finance |
| JAE | Journal of Accounting and Economics |
| JAR | Journal of Accounting Research |
| JASA | Journal of the American Statistical Association |
| JB | Journal of Business |
| JBFA | Journal of Business, Finance and Accounting |
| JBSt | Journal of Business Strategy |
| JEBO | Journal of Economic Behavior and Organization |
| JEL | Journal of Economic Literature |

| JF | Journal of Finance |
|---|---|
| JITE | Journal of Institutional and Theoretical Economics |
| JLE | Journal of Law and Economics |
| JMAR | Journal of Management Accounting Research |
| JPE | Journal of Political Economy |
| MAR | Management Accounting Research |
| MM | Manager Magazin |
| MSci | Management Science |
| OBHP | Organizational Behaviour and Human Performance |
| PR | Planning Review |
| QJE | Quarterly Journal of Economics |
| RandJ | Rand Journal of Economics (vor 1984 BellJ) |
| RAStud | Review of Accounting Studies |
| REStat | Review of Economics and Statistics |
| REStud | Review of Economic Studies |
| RIW | Recht der Internationalen Wirtschaft |
| SteuerStud | Steuer und Studium |
| WiSt | Wirtschaftswissenschaftliches Studium |
| WISU | Das Wirtschaftsstudium |
| WiWo | Wirtschaftswoche |
| WPg | Die Wirtschaftsprüfung |
| WPK-Mitt. | Wirtschaftsprüferkammer Mitteilungen |
| ZBB | Zeitschrift für Bankrecht und Bankwirtschaft |
| ZfB | Zeitschrift für Betriebswirtschaft |
| zfbf | Schmalenbachs Zeitschrift für betriebswirtschaftliche Forschung (bis 1963 ZfhF) |
| ZfhF | Zeitschrift für handelswissenschaftliche Forschung (ab 1964 zfbf) |
| ZGR | Zeitschrift für Unternehmens- und Gesellschaftsrecht |
| ZP | Zeitschrift für Planung |

## Symbolverzeichnis

| $a$ | Parameter für den Kapitaldienst |
|---|---|
| $Ab$ | Abschreibung |
| $Aus$ | Auszahlung |
| $\beta$ | Beta-Faktor aus dem CAPM |
| $B_{EK\,/\,FK\,/\,GK}$ | Buchwert des Eigen- / Fremd- / Gesamtkapitals |
| $B$ / $B^{n.abn.}$ | Buchwert des (nicht abnutzbaren) Vermögens |
| $BG$ | Bemessungsgrundlage für den variablen Gehaltsbestandteil |
| $BIB$ | Bruttoinvestitionsbasis |

| | |
|---|---|
| $BKW$ | Bruttokapitalwert |
| $CF$ | Cash Flow |
| $\Delta$ | Betrag der Veränderung einer Größe |
| $D$ | Kapitaldienst |
| | (Abschreibung + kalkulatorische Zinsen) |
| $DCF$ | Discounted Cash Flow (Marktwert des Gesamtkapitals) |
| $E$ | Ertrag für Anteilseigner |
| $EEI$ | Earned Economic Income |
| $Ein$ | Einzahlung |
| $EVA$ | Economic Value Added |
| $EW$ | Ertragswert (Marktwert des Eigenkapitals) |
| $\varphi$ | streng monoton steigende Funktion |
| $f$ | Prämiensatz für den variablen Gehaltsbestandteil |
| $\Phi$ | Wahrscheinlichkeitsverteilung |
| $F$ | fixer Gehaltsbestandteil |
| $FCF$ | Free Cash Flow |
| $g$ | Betriebliche Gewinnmarge |
| $G_{kfm\,/\,Re\,/\,ök\,/\,öRe}$ | kaufmännischer (buchhalterischer) Gewinn / Residualgewinn / ökonomischer Gewinn / kapitaltheoretischer Residualgewinn |
| $i$ | Kalkulationszinsfuß (nicht näher bestimmt) |
| $i_f$ | risikoloser Kalkulationszinsfuß (landesüblicher Zinsfuß) |
| $i_M\,/\,i_Z$ | Kalkulationszinsfuß des Managers / der Zentrale (risikoangepaßt) |
| $I$ | Investitionsauszahlung |
| $j\,/\,\iota$ | Index (Unternehmen oder Manager $j\,/\,\iota$; $\in \{1, ..., J\}$) |
| $k$ | Kapitalkosten (nicht näher bestimmt) |
| $k_{WACC}$ | Weighted Average Cost of Capital (gewogene durchschnittliche Kapitalkosten) |
| $K_{Mat\,/\,Per\,/\,MV}$ | Kosten für Material / Personal / Marketing und Vertrieb |
| $KW$ | Kapitalwert |
| $L$ | Lohn des Managers |
| $\mu$ | Erwartungswert, Mittelwert |
| $MW_{Börse}$ | Börsenkapitalisierung |
| $MW_{EK\,/\,FK\,/\,GK}$ | Marktwert des Eigen- / Fremd- / Gesamtkapitals |
| $NKW$ | Nettokapitalwert |
| $N_{K\,/\,P}$ | Anzahl der Kunden / der Mitarbeiter |
| $NOPAT$ | Net Operating Profit after Tax |
| $p$ | Wahrscheinlichkeit |
| $r$ | Rendite (ROIC) |
| $r_{Baldwin}$ | Baldwin-Verzinsungsmaß |
| $r_{CFROI}$ | Cash Flow Return on Investment |

| | |
|---|---|
| $r_{DCF}$ | DCF-Rendite |
| $r_{EK/FK}$ | Renditeforderungen der Eigen- / Fremdkapitalgeber |
| $r_{Initial}$ | Initialverzinsung |
| $r_{intern}$ | Interner Zinsfuß |
| $r_{KW}$ | Kapitalwertrate |
| $r_M$ | Rendite des Marktportfolios aus dem CAPM |
| $REVA$ | Refined Economic Value Added |
| $\sigma / \sigma^2$ | Standardabweichung bzw. Kovarianz / Varianz |
| $s$ | Steuersatz |
| $SVA$ | Shareholder Value Added |
| $t, \tau, \upsilon$ | Zeitindizes |
| $T$ | Ende des Planungshorizonts |
| $TV$ | Terminal Value (Wert des Unternehmens nach dem Zeit- punkt $T$) |
| $U$ | Nutzenfunktion des Managers |
| $UE$ | Umsatzerlöse |
| $\ddot{U}$ | Zahlungsüberschuß (*Ein – Aus*) |
| $w$ | Wachstumsrate (allgemein) |
| $w_{AV/UV}$ | Zusatzinvestition ins Anlagevermögen / Umlaufvermögen |
| $w_{UE}$ | Wachstumsrate der Umsatzerlöse |
| $WSM$ | (numerische) Ausprägung eines Wertsteigerungsmaßes |
| $x$ | Parameter zur Bestimmung der zeitlichen Verteilung von $CF$ |
| $\bar{y}$ | absolute Profitabilität der Investition (in Geldeinheiten) |
| $z$ | Risikozuschlag |

# Abbildungsverzeichnis

# Tabellenverzeichnis

*„What you measure is what you get."* [1]

## 1. Problemstellung

Die Steigerung des Shareholder Value wird mittlerweile von nahezu allen größeren Unternehmen als Unternehmensziel verfolgt.[2] Auslöser dieser verstärkten Ausrichtung der Unternehmenspolitik auf die Eigenkapitalgeber sind veränderte Kapitalmarktbedingungen, die auf Liberalisierung, Globalisierung und damit auf verschärften, internationalen Wettbewerb um Kapital zurückgehen.[3]

Der Schwerpunkt der Diskussion hat sich mittlerweile von der Analyse wertorientierter Planungs- und Entscheidungsrechnungen auf die Untersuchung von Managementanreizsystemen verlagert. Eine Orientierung am Shareholder Value soll u.a. Anreizprobleme, die aus der Trennung von Eigentum und Verfügungsgewalt resultieren, vermeiden. Grundgedanke ist, daß Eigentümer Anspruch auf eine angemessene Verzinsung ihres Kapitals haben.[4] Wert entsteht für sie nur dann, wenn das Unternehmen mehr als die Kapitalkosten verdient; die Entscheidungsträger im Unternehmen haben dies bei ihren Handlungen zu berücksichtigen.[5] Die eingesetzten Methoden sind kapitaltheoretisch fundiert: Zukünftig erwartete Ausschüttungen und andere finanzielle Vorteile werden mit einem risikoadäquaten Zinsfuß auf den Betrachtungszeitpunkt diskontiert, Investitions-

[1] *Kaplan, Robert S./Norton, David P.*: The Balanced Scorecard – Measures that drive [Performance], in: HBR, Vol. 70 (1992), Heft 1/2, S. 71-79, hier S. 71.

[2] Vgl. *KPMG* (Hrsg.): Shareholder Value [Konzepte], Frankfurt a. M. 2000, S. 8; *Pellens, Bernhard/Tomaszewski, Claude/Weber, Nicolas*: Wertorientierte [Unternehmensführung] in Deutschland, in: DB, 53. Jg. (2000), S. 1825-1833; *C&L Deutsche Revision* (Hrsg.): Kapitalmarktorientierung deutscher Unternehmungen: Ergebnisse einer empirischen [Untersuchung], Frankfurt a. M. 1998, S. 4-10; *o. Verf.*: Shareholder Value und Aktienkultur, in: ZfgK, 49. Jg. (1996), S. 481-495.

[3] Vgl. *Arbeitskreis „Finanzierung" der Schmalenbach-Gesellschaft Deutsche Gesellschaft für Betriebswirtschaft e.V.*: Wertorientierte [Unternehmenssteuerung] mit differenzierten Kapitalkosten, in: zfbf, 48. Jg. (1996), S. 543-578, hier S. 543 f.; *Bühner, Rolf/ Tuschke, Anja*: Wertmanagement – Rechnen wie ein Unternehmer, in: *Bühner, Rolf/Sulzbach, Klaus* (Hrsg.): Wertorientierte Steuerungs- und Führungssysteme, Stuttgart 1999, S. 3-41, hier S. 5-8.

[4] Vgl. z.B. *Holmström, Bengt R./Tirole, Jean*: The Theory of the Firm, in: *Schmalensee, Richard/Willig, Robert D.*: Handbook of Industrial Organization, Vol. 1, Amsterdam u.a. 1989, S. 61-133, hier S. 73 f.; *Albach, Horst*: Shareholder Value, Editorial, in: ZfB, 64. Jg. (1994), S. 273-275, hier S. 273.

[5] „A principal objective of corporate strategic planning is to create value for the shareholders", *Rappaport, Alfred*: Selecting Strategies that create Shareholder Value, in: HBR, Vol. 59 (1981), Heft 5/6, S. 139-149, hier S. 140.

projekte mit positivem Kapitalwert steigern den Unternehmenswert.[6] Wertsteigerungsmaße – man unterscheidet dabei grob Vermögens-, Gewinn- und Renditekonzepte[7] – sollen diese Unternehmenswertveränderungen anzeigen. Sie stehen im Mittelpunkt dieser Arbeit.

Die Shareholder-Value-Orientierung kann aus verschiedenen Perspektiven betrachtet werden:[8] Zum einen geht es darum, lohnende Investitionsprojekte zu identifizieren und zu realisieren. Dazu sind Anreize zu setzen, daß Entscheidungsträger nur Investitionen mit positivem Kapitalwert tätigen, was nicht nur die Ebene der Geschäftsleitung, sondern insbesondere auch die ihr hierarchisch untergeordneten Entscheidungsträger betrifft. Diese Sichtweise bezieht sich auf die interne Unternehmenssteuerung. Zum anderen geht es um die Beurteilung von Unternehmen und Management durch derzeitige und potentielle Investoren.[9] Hier steht die Messung der finanziellen Leistungsfähigkeit im Vordergrund, geplante und realisierte Wertsteigerung sollen glaubwürdig an den Kapitalmarkt kommuniziert werden.[10] Dementsprechend sollen Wertsteigerungsmaße[11]

[6]  Vgl. *Rappaport, Alfred*: Creating [Shareholder Value, 2]. Aufl., New York u.a. 1998, S. 49-51; *Reimann, Bernard C.*: Managing for Value, Oxford u.a. 1987, S. 9. Die Begriffe Shareholder Value, Marktwert des Eigenkapitals sowie Discounted Cash Flow und Unternehmensgesamtwert werden im weiteren synonym verwendet.

[7]  Vgl. *Ballwieser, Wolfgang*: Wertorientierte [Unternehmensführung]: Grundlagen, in: zfbf, 52. Jg. (2000), S. 160-166, hier S. 161; *ders.*: Manager müssen Werte schaffen, in: MM, 26. Jg. (1996), Heft 4, S. 155; *Bühner, Rolf*: Kapitalmarktorientierte Unternehmenssteuerung, in: WiSt, 25. Jg. (1996), S. 392-396; *Lorson, Peter*: [Shareholder Value-Ansätze], in: *Seicht, Gerhard* (Hrsg.): Jahrbuch für Controlling und Rechnungswesen '99, Wien 1999, S. 43-72, hier S. 45; *Pfaff, Dieter*: [Residualgewinne] und die Steuerung von Anlageinvestitionen, Kommentar zum Beitrag von Baldenius/Fuhrmann/Reichelstein, in: BFuP, 51. Jg. (1999), S. 65-69, hier S. 65.

[8]  Vgl. auch *Freidank, Carl-Christian*: Internationale [Rechnungslegungspolitik] und Unternehmenswertsteigerung, in: *Lachnit, Laurenz/Freidank, Carl-Christian* (Hrsg.): Investororientierte Unternehmenspublizität, Wiesbaden 2000, S. 3-29, hier S. 17 f.

[9]  Investoren benötigen Informationen, um Investitionsentscheidungen zu treffen und um das Management zu kontrollieren, vgl. *Ronen, Joshua*: The Dual Role of Accounting: A Financial Economic Perspective, in: *Bicksler, James L.* (Hrsg.): Handbook of Financial Economics, Amsterdam 1979, S. 415-454, hier S. 416.

[10]  Unter „Kapitalmarkt" sollen hier (potentielle) Aktionäre und Finanzanalysten verstanden werden. Besonderheiten in den Anforderungen von Käufern festverzinslicher Wertpapiere oder Aufsichtsbehörden werden nicht näher betrachtet.

[11]  Vgl. *KPMG* (Hrsg.): [Konzepte], a.a.O., S. 8; *Pfaff, Dieter/Bärtl, Oliver*: Shareholder-Value – Eine geeignete Größe für die Beurteilung von Managern?, in: *Freidank, Carl-Christian* et al. (Hrsg.): Kostenmanagement: Aktuelle Konzepte und Anwendungen, Berlin u.a. 1997, S. 79-94, hier S. 81, 83 und 89; *Günther, Thomas*: Unternehmenswertorientiertes [Controlling], München 1997, S. 4, Abb. 1.2; *Lorson, Peter*: [Shareholder Value-Ansätze], a.a.O., S. 62 f. und bereits *Demski, Joel S.*: Optimal Performance Measurement, in: JAR, Vol. 10 (1972), S. 243-258, hier S. 244.

- zur internen Steuerung geeignet sein und
- Wertsteigerung nach außen anzeigen können.

Abbildung 1 zeigt das Zusammenspiel von interner Steuerung und externer Information: Entscheidungen werden im Unternehmen geplant, durchgeführt, der Erfolg wird gemessen, beurteilt und eine variable Entlohnung der Entscheidungsträger an das Ergebnis der Beurteilung geknüpft. Parallel dazu wird der gemessene Erfolg an die Anteilseigner kommuniziert, die ihrerseits eine Beurteilung vornehmen und Entscheidungen fällen, die ebenfalls auf die Entlohnung Auswirkung haben.[12]

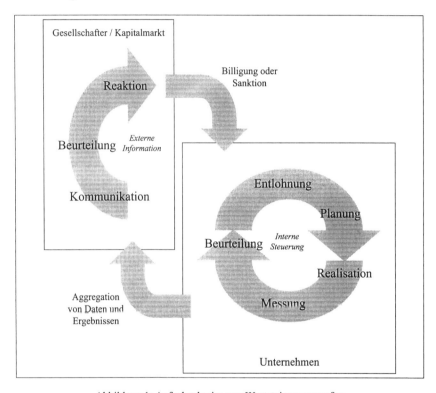

Abbildung 1: Aufgabenkreise von Wertsteigerungsmaßen

---

[12] Ähnlich auch *Stelter, Daniel/Roos, Alexander*: Wertorientierte Anreizsysteme als Bestandteil eines integrierten Wertmanagement, in: DStR, 37. Jg. (1999), S. 1122-1128, hier S. 1123; *Knight, James A.*: Value Based [Management], New York u.a. 1997, S. 113 und 120.

Wertsteigerungsmaße müssen zur Erfüllung dieser beiden Aufgabenkreise bestimmte Eigenschaften aufweisen, deren Entwicklung und Überprüfung den Gegenstand der Arbeit darstellen. Theorie und Praxis haben zahlreiche Wertsteigerungsmaße entwickelt, die bereits vielfach beschrieben und systematisiert worden sind. Gerade in der jüngeren Vergangenheit entstand eine Vielzahl von Arbeiten, die sich der Messung und Analyse der Wertsteigerung widmen.[13] Dabei
wurden vor allem Herleitung, analytische Eigenschaften und Beziehungen zu
den Unternehmensbewertungsverfahren herausgestellt. Die Eignung von Wertsteigerungsmaßen als Grundlage für die Verhaltenssteuerung und die dafür notwendige Verbindung zwischen Entscheidungs- und Kontrollaspekten wurde
bislang erstaunlicherweise allenfalls am Rande betrachtet.[14] Anhaltspunkte für
eine solche Untersuchung finden sich in grundlegenden Arbeiten zu Anreizsystemen, in denen der Zusammenhang von Entscheidungs- und Kontrollrechnung
als entscheidend für die Anreizwirkung hervorgehoben wird.[15] Ebenso fehlt es

---

[13]   Vgl. *Ballwieser, Wolfgang*: [Unternehmensführung], a.a.O.; *ders.*: Adolf Moxter und der
       [Shareholder Value-Ansatz], in: *Ballwieser, Wolfgang* et al. (Hrsg.): Bilanzrecht und Ka-
       pitalmarkt (FS Moxter), Düsseldorf 1994, S. 1377-1405; *Eidel, Ulrike*: Moderne Verfah-
       ren der Unternehmensbewertung und Performance-Messung, 2. Aufl., Herne/Berlin 2000,
       S. 55-343; *Günther, Thomas*: [Controlling], a.a.O., S. 73-335; *Küting, Karlheinz/Eidel,
       Ulrike*: [Performance-Messung] und Unternehmensbewertung auf Basis des EVA, in:
       WPg, 52. Jg. (1999), S. 829-838; *Pfaff, Dieter/Bärtl, Oliver*: [Wertorientierte Unterneh-
       menssteuerung] – Ein kritischer Vergleich ausgewählter Konzepte, in: *Gebhardt, Gün-
       ther/Pellens, Bernhard* (Hrsg.): Rechnungswesen und Kapitalmarkt, zfbf-Sonderheft Nr.
       41, Düsseldorf 1999, S. 85-115; *Steiner, Manfred/Wallmeier, Martin*: Unterneh-
       mensbewertung mit Discounted Cash Flow-Methoden und dem Economic Value Added-
       Konzept, in: FB, 1. Jg. (1999), S. 1-10; *Hostettler, Stephan*: Economic [Value] Added, 2.
       Aufl., Bern u.a. 1997; *Lehmann, Steffen*: Neue Wege in der [Bewertung] börsennotierter
       Aktiengesellschaften, Wiesbaden 1994; *Richter, Frank*: [Konzeption] eines markt-
       wertorientierten Steuerungs- und Monitoringsystems, 2. Aufl., Frankfurt a. M. u.a. 1999.
[14]   Die Identifikation einer geeigneten Bemessungsgrundlage ist „eines der Kernprobleme
       der Gewährung positiver Anreize", *Laux, Helmut*: [Unternehmensrechnung], Anreiz und
       Kontrolle, 2. Aufl., Berlin u.a. 1999, S. 11. Angesprochen wird das Thema bei *Krammer,
       Christian*: Logik und Konzeption eines strategischen Anreizsystems auf Basis des Wert-
       steigerungsansatzes, München/Mering 2000 und *Ferstl, Jürgen*: [Managervergütung] und
       Shareholder Value, Wiesbaden 2000.
[15]   Vgl. z.B. *Küpper, Hans-Ulrich*: [Controlling], 2. Aufl., Stuttgart 1997, S. 193 f., 215-223
       und 230-239; *Kah, Arnd*: [Profitcenter-Steuerung], Stuttgart 1994, S. 4; *Laux, Helmut*:
       [Unternehmensrechnung], a.a.O., S. 10-14; *ders.*: [Anreizsysteme] bei unsicheren Er-
       wartungen, in: zfbf, 24. Jg. (1972), S. 784-803; *ders.*: [Grundfragen] der Organisation:
       Delegation, Anreiz und Kontrolle, Berlin u.a. 1979; *ders.*: Der Einsatz von [Entschei-
       dungsgremien] – Grundprobleme der Organisationslehre in entscheidungstheoretischer
       Sicht, Berlin u.a. 1979; *ders.*: [Risiko], Anreiz und Kontrolle, Berlin u.a. 1990, insb. S.
       10-20; *Laux, Helmut/Liermann, Felix*: Grundlagen der [Organisation], 4. Aufl., Berlin
       u.a. 1997, S. 487;

an Untersuchungen zur Eignung der Maße als Kommunikationsmittel zwischen Unternehmen und Kapitalmarkt.[16]

Hier setzt die vorliegende Arbeit an. Hat sich die Geschäftsleitung eines Unternehmens dem Shareholder Value verschrieben, stellt sich die Frage, welche Eigenschaften Wertsteigerungsmaße aufweisen müssen, damit Anreizprobleme zwischen zentralen und dezentralen Entscheidungsträgern gelöst bzw. gemildert werden können.[17] „Wünschenswert sind ex-post-Performancemaße, deren Anreizwirkungen zu Investitionsentscheidungen führen, die auch bei ex-ante-Anwendung der Kapitalwertmethode favorisiert werden."[18] Diesem Wunsch entsprechend sollen in der vorliegenden Arbeit Wertsteigerungsmaße und deren Eignung für eine am Unternehmenswert orientierte Verhaltenssteuerung eines dezentralen Entscheidungsträgers analysiert werden. Ausgehend von der Prinzipal-Agenten-Theorie und dem Delegationswertkonzept sind Beurteilungskriterien zu entwickeln und den Maßen gegenüberzustellen. Für die Beziehung zwischen Eigentümern und Unternehmenszentrale wird im Rahmen der Analyse vereinfachend davon ausgegangen, daß z.B. durch geeignete Aktienoptionsprogramme hinreichende Anreize bestehen, durch die die Unternehmenszentrale im Sinne der Anteilseigner handelt.[19] Insofern wird die Steuerung auf das unternehmensinterne Anreizproblem zwischen der Leitung der Bereiche und der zentralen Geschäftsführung, mit anderen Worten der Verhaltenssteuerung des dezentralen Managements, verengt. Dabei orientiert sich der variable Anteil der Vergütung an Wertsteigerungsmaßen.

Parallel dazu benötigen Anteilseigner für die Beurteilung der Handlungen der Entscheidungsträger Informationen aus dem Unternehmen, um ihrerseits Entscheidungen über die Aufrechterhaltung der Kapitalüberlassung und das weitere Vertragsverhältnis mit dem (zentralen) Entscheidungsträger zu fällen sowie seine Entlohnung festzusetzen. Die Informationsvermittlung zwischen Unternehmen und Anteilseignern bzw. Kapitalmarkt wird unter dem Begriff Investor Relations gefaßt. Eine am Shareholder Value ausgerichtete Unternehmensleitung muß diesen Informationsbedarf decken.[20] Werden Wertsteigerungsmaße als

---

[16] Vgl. hierzu die Arbeit von *Riedl, Jens B.*: Unternehmungswertorientiertes Performance Measurement, Wiesbaden 2000.

[17] Anreizprobleme zwischen Eigentümern und zwei hierarchisch übereinander stehenden Entscheidungsträgern analysieren *Melumad, Nahum D./Mookherjee, Dilip/Reichelstein, Stefan*: Hierarchical Decentralization of Incentive Contracts, in: RandJ, Vol. 26 (1995), S. 654-672.

[18] *Pfaff, Dieter/Bärtl, Oliver*: [Wertorientierte Unternehmenssteuerung], a.a.O., S. 89.

[19] Zur Verbreitung von Aktienoptionsplänen in Deutschland vgl. *DAI/Hewitt Associates* (Hrsg.): Beteiligungssysteme für breite Mitarbeiterkreise, Frankfurt a. M. 2001, S. 17.

[20] Vgl. *Busse von Colbe, Walther*: Das [Rechnungswesen] im Dienste einer kapitalmarktorientierten Unternehmensführung, in: WPg, 48. Jg. (1995), S. 713-720, hier S.

Mittel der Kommunikation zwischen dem Unternehmen und dessen Anteilseignern eingesetzt, ergeben sich aus der Informationsaufgabe weitere Anforderungen, die den vorgeschlagenen Maßen gegenüber zu stellen sind.

Aufgaben und nötige Eigenschaften von Wertsteigerungsmaßen bilden den Rahmen der Analyse: Mit einem Katalog von Kriterien wird in dieser Arbeit das Ziel verfolgt, über die bisherige – zum Teil beraternahe – Literatur hinausgehend, die von Theorie und Praxis vorgeschlagenen Konzepte hinsichtlich ihrer Eignung für eine Kontroll- und Koordinationsrechnung einerseits und eine Informationsvermittlung andererseits zu beurteilen. Dabei geht es nicht um die Identifikation eines Maßes, das allen Anforderungen gerecht wird; ein solches Maß wird es nicht geben.[21] Ebensowenig sollen „Rezepte" für die Umsetzung einzelner Maße gegeben werden. Vielmehr ist es Anliegen, die Menge der vorliegenden Wertsteigerungsmaße mit einem aus den oben genannten Aufgaben abgeleiteten Maßstab zu untersuchen und Fehlerquellen in der Anwendung der Konzepte aufzuzeigen.

„Performance measures are one of the most misused management tools in business. Poorly chosen performance measures routinely create the wrong signals for managers, leading to poor decisions and subpar results. There are huge hidden costs to misused performance measures. Shareholders foot the bill each day in the form of wasted resources, overinvestment, acquisitions that don't pay off, and so on. It is not that management is poor. It is simply that performance measures are pushing them to do the wrong things."[22]

Kennzahlen sollen zielgerichtetes Verhalten ermöglichen.[23] Wenn die für die zielgerichtete Verhaltensbeeinflussung notwendigen Eigenschaften geklärt sind, kann die mittlerweile schwer zu überblickende Fülle an wertsteigerungsorien-

---

714; *Dirrigl, Hans*: Wertorientierung und [Konvergenz] in der Unternehmensrechnung, in: BFuP, 50. Jg. (1998), S. 540-579, hier S. 541 f.; *Küting, Karlheinz*: Perspektiven der externen Rechnungslegung, in: BB, 55. Jg. (2000), S. 451-456, hier S. 451 f.

[21] So schon in ähnlichem Zusammenhang *Clark, Maurice J.*: Studies in the Economics of Overhead Costs, Chicago 1923, S. 234: „If there is a central thesis in this discussion it is this: that cost accounting has a number of functions, calling for different, if not inconsistent, information. As a result, if cost accounting sets out, determined to discover what the cost of everything is and convinced in advance that there is one figure which can be found and which will furnish exactly the information which is desired for every possible purpose, it will necessary fail, because there is no such figure. If it finds a figure which is right for some purpose it must necessarily be wrong for others."

[22] *Knight, James A.*: [Management], a.a.O., S. 173.

[23] So bereits *Börner, Dietrich*: Kennzahlen als Hilfsmittel der Unternehmensführung, in: *Rühle von Lilienstern, Hans* (Hrsg.): Die informierte Unternehmung, Berlin 1972, S. 267-279, hier S. 270.

tierten Kennzahlen und Shareholder-Value-Patentrezepten besser durchdrungen werden. Damit soll ein Beitrag zur Operationalisierbarkeit des Shareholder-Value-Konzepts geleistet werden, dessen Hauptproblem nach wie vor in der mangelnden Umsetzung gesehen wird.[24]

---

[24] Vgl. *Bassen, Alexander/Koch, Maximilian/Wichels, Daniel*: Variable [Entlohnungssysteme] in Deutschland, in: FB, 2. Jg. (2000), S. 9-17, hier S. 12; *Pellens, Bernhard/ Tomaszewski, Claude/Weber, Nicolas*: [Unternehmensführung], a.a.O., S. 1833; *Schäfer, Annette*: Erhebliche Vorbehalte, in: WiWo, 54. Jg., Heft 16 vom 13.04.2000, S. 140-144; *Englert, Joachim/Scholich, Martin*: Unternehmensführung auf der Basis eines umfassenden Shareholder Value-Management-Konzepts, in: BB, 53. Jg. (1998), S. 684-689, hier S. 684; *Zelger, Hansjörg*: Überlegungen zur praxisorientierten Umsetzung einer wertorientierten Unternehmensführung, in: *Haarmann, Hemmelrath und Partner* (Hrsg.): Gestaltung in der Rechts-, Wirtschafts- und Steuerberatung von Unternehmen, München 1998, S. 359-372; *Hachmeister, Dirk*: Shareholder Value, in: DBW, 57. Jg. (1997), S. 823-839, hier S. 829 f. und 839; *Pellens, Bernhard/Rockholtz, Carsten/Stienemann, Marc*: Marktwertorientiertes [Konzerncontrolling] in Deutschland, in: DB, 50. Jg. (1997), S. 1933-1939, hier S. 1939; *Thießen, Friedrich*: Shareholder Value – am Anfang oder am Ende?, in: *Egger, Anton/Grün, Oskar/Moser, Reinhard* (Hrsg.): Managementinstrumente und -konzepte, Stuttgart 1999, S. 387-416, hier S. 388 f.

## 2. Beurteilungskriterien für Wertsteigerungsmaße

### 2.1. Wertsteigerung als Handlungsziel

Mit der Überlassung von Kapital möchten die Eigentümer einer Unternehmung Einkommen erzielen. Dieses Einkommen benötigen sie, um ihre Konsumausgaben zu decken.[25] Je mehr Einkommen die Eigentümer aus dem Besitz von Unternehmensanteilen beziehen, desto besser können sie ihre Konsumziele realisieren. Bilanziell ermittelte Gewinne sind aber für jemanden, der Konsumzwecke verfolgt, irrelevant.[26] Bilanzgewinne ergeben sich aus den Konventionen der Rechnungslegungsnormen. Bewertungsvorschriften und Periodisierungsregeln führen dazu, daß der Bilanzgewinn die Konsumpotentiale falsch wiedergibt.[27] So verlassen z.B. im Jahr der Anschaffung einer Investition Zahlungsmittel in Hohe der Anschaffungskosten das Unternehmen und stehen nicht für Konsumzwecke zur Verfügung. In der Bilanz wird dieser Vorgang erfolgsneutral abgebildet, da der Vermögensgegenstand aktiviert wird. In den Folgejahren werden Abschreibungen als Aufwand ergebnismindernd berücksichtigt, zu einem Mittelabfluß und damit einer Verringerung von Konsumpotentialen kommt es jedoch nicht. Ferner ist die Vergangenheitsorientierung der bilanziellen Gewinnziffern für einen Investor, der an zukünftigen Konsumpotentialen interessiert ist, allenfalls ein Anhaltspunkt für die Prognose zukünftiger Erfolgspotentiale des Unternehmens. Aus Gründen der Objektivierung sind aus Bilanzgewinnen kaum Aussagen über zukünftig zu erwartende Zahlungen und damit zukünftig realisierbaren Konsum ableitbar.

Die Eigentümer sind für die Realisierung ihrer Konsumpläne auf zukünftige Entnahmen bzw. Ausschüttungen oder Kursgewinne angewiesen. Diesen Zahlungsstrom gilt es, in Breite, zeitlicher Struktur und Risikogehalt zu optimie-

---

[25] Vgl. *Moxter, Adolf*: Grundsätze ordnungsmäßiger Bilanzierung und Stand der [Bilanztheorie], in: zfbf, 18. Jg. (1966), S. 29 58, hier S. 37.

[26] Vgl. *Moxter, Adolf*: [Präferenzstruktur] und Aktivitätsfunktion des Unternehmers, in: zfbf, 16. Jg. (1964), S. 6-35, hier S. 13; *ders.*: [Bilanztheorie], a.a.O., S. 43; *ders.*: [Rechnungslegungsmythen], in: BB, 55. Jg. (2000), S. 2143-2149, hier S. 2144; *Wagner, Franz W.*: [Shareholder Value]: Eine neue Runde im Konflikt zwischen Kapitalmarkt und Unternehmensinteresse, in: BFuP, 49. Jg. (1997), S. 473-498, hier S. 477.

[27] Ziel der bilanziellen Erfolgsermittlung im Jahresabschluß ist in Deutschland der Gläubigerschutz. Vgl. *Moxter, Adolf*: Zum Sinn und Zweck des handelsrechtlichen Jahresabschlusses nach neuem Recht, in: *Havermann, Hans* (Hrsg.): Bilanz- und Konzernrecht (FS Goerdeler), Düsseldorf 1987, S. 361-374, hier S. 368; *ders.*: Betriebswirtschaftliche [Gewinnermittlung], Tübingen 1982, S. 43-141; *Schmidt, Reinhard H./Terberger, Eva*: Grundzüge der Investitions- und [Finanzierungstheorie], 4. Aufl., Wiesbaden 1997, S. 44-49.

ren.[28] Wird das Unternehmen nicht direkt von den Eigentümern, sondern von einem angestellten Management geführt, ist es dessen Aufgabe, durch unternehmerische Handlungen den Entnahmestrom für den oder die Eigentümer an die entsprechenden Präferenzen anzupassen. Problematisch wird dies, wenn mehrere Anteilseigner(-gruppen) am Unternehmen beteiligt sind, die unterschiedliche Vorstellungen über Breite, zeitliche Struktur und Risikogehalt der Zahlungen aus dem Unternehmen haben. In diesem Fall ist das Individualkalkül nicht mehr anwendbar; es ist unklar, wessen Präferenzen bestimmend sein sollen.

Ist es den Eigenkapitalgebern hingegen möglich, auf einem vollkommenen Kapitalmarkt Anteile an Unternehmen zu kaufen und zu verkaufen,[29] kann dieses Problem gelöst werden. Optimal für die Eigentümer ist diejenige Unternehmenspolitik, die den Marktwert der Anteile, also den Marktwert des Eigenkapitals maximiert, und zwar unabhängig von der jeweiligen Präferenzstruktur der beteiligten Anteilseigner(-gruppen). Die Kenntnis der individuellen Präferenzen über Höhe, zeitlichen Anfall und Unsicherheit der Zahlungen aus dem Unternehmen ist dann nicht mehr nötig. Die Eigentümer können am Kapitalmarkt durch den Handel mit Anteilen beliebige, von ihnen individuell präferierte Konsumpotentiale realisieren. Ist der Marktwert der Anteile maximal, so kann auch das gewünschte Konsumpotential größtmöglich „erhandelt" werden. Gleichzeitig werden alle Interessenkonflikte zwischen verschiedenen Anteilseignern ausgeschaltet, ein einmütiger Abstimmungsvorgang wird simuliert. Voraussetzung hierfür ist ein vollkommener Kapitalmarkt, auf dem die Entscheidungen über Konsum, Investition und Finanzierung voneinander unabhängig sind. Dieses Separationstheorem wurde von FISHER bereits vor 70 Jahren unter der Annahme sicherer Erwartungen bewiesen.[30]

---

[28]   Vgl. *Moxter, Adolf:* [Präferenzstruktur], a.a.O., S. 11; *ders.:* [Bilanztheorie], a.a.O., S. 38 und 58; *Wilhelm, Jochen:* [Marktwertmaximierung] – ein didaktisch einfacher Zugang zu einem Grundlagenproblem der Investitions- und Finanzierungstheorie, in: ZfB, 53. Jg. (1983), S. 516-534, hier S. 518.

[29]   Zur Vollkommenheit vgl. *Arrow, Kenneth J./Debreu, Gerard:* Existence of an Equilibrium for a Competitive Economy, in: Em, Vol. 22 (1954), S. 265-290.

[30]   Vgl. *Fisher, Irving:* The Theory of Interest, New York 1930, Nachdr. 1977, S. 129-141, ferner *Schmidt, Reinhard H./Terberger, Eva:* [Finanzierungstheorie], a.a.O., S. 53-60 und 88-95; *Hachmeister, Dirk:* Der Discounted Cash Flow als [Maß] der Unternehmenswertsteigerung, 4. Aufl., Frankfurt a. M. u.a. 2000, S. 11-20; *Richter, Frank:* [Konzeption], a.a.O., S. 19-22; *Wilhelm, Jochen:* [Marktwertmaximierung], a.a.O.; *Rudolph, Bernd:* Zur Bedeutung kapitaltheoretischer Separationstheoreme für die Investitionsplanung, in: ZfB, 53. Jg. (1983), S. 261-287; *Ballwieser, Wolfgang/Schmidt, Reinhard H.:* [Unternehmensverfassung], Unternehmensziele und Finanztheorie, in: *Bohr, Kurt* et al. (Hrsg.): Unternehmungsverfassung als Problem der Betriebswirtschaftslehre, Berlin 1981, S. 645-682.

Die Annahme der Sicherheit ist nicht entscheidend für das Ergebnis. Auch unter Unsicherheit über künftige Umweltzustände bleibt das Ergebnis aufrechterhalten.[31] Voraussetzung hierfür ist, daß der Kapitalmarkt, auf dem die Anteile der Unternehmen gehandelt werden, nicht nur vollkommen, sondern zusätzlich auch vollständig ist. Auf einem vollständigen Kapitalmarkt ist jeder beliebige zukünftige Zahlungsstrom realisierbar und für jeden denkbaren Zahlungsstrom existiert ein Marktwert, zu dem er gehandelt werden kann.[32] Durch diese beiden grundlegenden Annahmen bleibt die Aussage des Fisher-Separationstheorems auch bei Unsicherheit erhalten. Konsum, Investition und Finanzierung können voneinander unabhängig durchgeführt werden, alle Investoren bevorzugen diejenige Handlungsalternative, die den Marktwert des Unternehmens maximiert.[33] Wird durch die Realisation des marktwertmaximierenden Investitionsprogramms nicht der präferierte Zahlungsstrom erzielt, kann sich der Investor den „Wunschzahlungsstrom" am Markt kaufen und zwar einen mindestens ebenso breiten, wie den, der sich bei Realisation eines Investitionsprogramms, das seinen Präferenzen entspricht, ergeben hätte.[34]

Bei unvollständigen Kapitalmärkten müssen neben der Marktvollkommenheit zwei andere Annahmen erfüllt sein: Zum einen ist notwendig, daß die durch Investitionen geschaffenen Zahlungsströme durch vorhandene Wertpapiere nachgebildet werden können.[35] Dies wird als *Spanning-Eigenschaft* bezeichnet und ist weniger restriktiv als die Annahme der Vollständigkeit; solange neue Investitionsprojekte nicht zu bis dato unrealisierbaren Zahlungsströmen führen, kann sie als erfüllt angesehen werden.[36] Ferner haben die Marktteilnehmer als Mengenanpasser zu agieren, ihre Investitions-, Finanzierungs- und Konsumentscheidungen dürfen die herrschenden Marktpreise nicht beeinflussen, was auch

---

[31] Vgl. grundlegend *Arrow, Kenneth J.*: The [Role] of Securities in the Optimal Allocation of Risk Bearing, in: REStud, Vol. 31 (1964), S. 91-96; *Debreu, Gerard*: [Theory] of Value, New Haven/London 1959, insb. S. 98-102 sowie die in Fn. 30 genannten Quellen.

[32] Zur Vollständigkeit vgl. *Arrow, Kenneth J.*: [Role], a.a.O.; *Debreu, Gerard*: [Theory], a.a.O. S. 98 f., ferner z.B. *Schmidt, Reinhard H./Terberger, Eva*: [Finanzierungstheorie], a.a.O., S. 55.

[33] Vgl. zu Einwänden gegen diese These und Gegenargumenten die Ausführungen von *Ballwieser, Wolfgang/Schmidt, Reinhard H.*: [Unternehmensverfassung], a.a.O., S. 659-662; *Bergmann, Jörg*: Shareholder Value-orientierte Beurteilung von Teileinheiten im internationalen Konzern, Aachen 1996, S. 14.

[34] Vgl. *Ballwieser, Wolfgang/Schmidt, Reinhard H.*: [Unternehmensverfassung], a.a.O., S. 657; *Schmidt, Reinhard H./Terberger, Eva*: [Finanzierungstheorie], a.a.O., S. 56.

[35] Vgl. *Grossman, Sanford J./Stiglitz, Joseph E.*: On [Value Maximation] and Alternative Objectives of the Firm, in: JF, Vol. 32 (1977), S. 389-402, hier S. 390; *Wilhelm, Jochen*: [Marktwertmaximierung], a.a.O., S. 529.

[36] Vgl. *Wilhelm, Jochen*: [Marktwertmaximierung], a.a.O., S. 529.

mit *Competitivity* umschrieben wird.[37] Beide Annahmen zusammen erlauben die Ausrichtung der Investitionstätigkeit an der Maximierung des Marktwerts auch bei einem unvollständigen Kapitalmarkt unter Unsicherheit und führen zu einer konfliktfreien Zielfunktion.[38]

Treten hingegen Marktunvollkommenheiten, z.b. in Form von Transaktionsbeschränkungen oder -kosten, auf, kann Marktwertmaximierung als konfliktfreie Zielsetzung nicht mehr aufrechterhalten werden. Dann sind Situationen denkbar, in denen der Tausch des nicht präferierten, marktwertmaximalen Zahlungsstroms in einen präferierten nicht oder nur gegen Kosten möglich ist, die den Investor schlechter stellen als bei Verfolgung seiner individuellen Präferenzen.

Inwieweit reale Kapitalmärkte den geforderten Bedingungen der Vollkommenheit, der *Spanning Property* und der *Competitivity* entsprechen, muß strittig bleiben.[39] Festzuhalten bleibt, daß „Marktwertmaximierung ... unter realen Bedingungen als eine angemessene Vereinfachung akzeptiert werden [kann, der Verf.], die hilfreich ist, praktische Probleme zu lösen, zumal keine theoretisch fundierten Alternativen geboten werden."[40]

Die Abbildung faßt die Bedingungen für Marktwertmaximierung als konfliktfreies Unternehmensziel zusammen:[41]

---

[37] Vgl. *Neus, Werner*: Ökonomische [Agency-Theorie] und Kapitalmarktgleichgewicht, Wiesbaden 1989, S. 152; *Wilhelm, Jochen*: [Marktwertmaximierung], a.a.O., S. 528; *Grossman, Sanford J./Stiglitz, Joseph E.*: [Value Maximation], a.a.O., S. 397.

[38] Vgl. *Wilhelm, Jochen*: [Marktwertmaximierung], a.a.O., S. 531.

[39] Dafür sprechen z.B. *Brealey, Richard A./Myers, Stewart C.*: [Principles] of Corporate Finance, 6. Aufl., New York u.a. 2000, S. 354-362; *Schmidt, Reinhard H./Terberger, Eva*: [Finanzierungstheorie], a.a.O., S. 63, dagegen *Süchting, Joachim*: [Finanzmanagement], 6. Aufl., Wiesbaden 1995, S. 391-395; *Schneider, Dieter*: [Investition], Finanzierung und Besteuerung, 7. Aufl., Wiesbaden 1992, S. 643 f.; *Kürsten, Wolfgang*: „Shareholder Value" – Grundelemente und Schieflagen einer polit-ökonomischen Diskussion aus finanzierungstheoretischer Sicht, in: ZfB, 70. Jg. (2000), S. 359-381, hier S. 368-375.

[40] *Hachmeister, Dirk*: [Maß], a.a.O., S. 19 m.w.N. Vgl. auch *Schmidt, Reinhard H./Maßmann, Jens*: Drei Mißverständnisse zum Thema „Shareholder Value", in: *Kumar, Brij N./ Osterloh, Margit/Schreyögg, Georg* (Hrsg.): Unternehmensethik und die Transformation des Wettbewerbs (FS Steinmann), Stuttgart 1999, S. 125-157, hier S. 146.

[41] Vgl. *Breid, Volker*: Aussagefähigkeit agencytheoretischer Ansätze im Hinblick auf die [Verhaltenssteuerung] von Entscheidungsträgern, in: zfbf, 47. Jg. (1995), S. 821-854, hier S. 835.

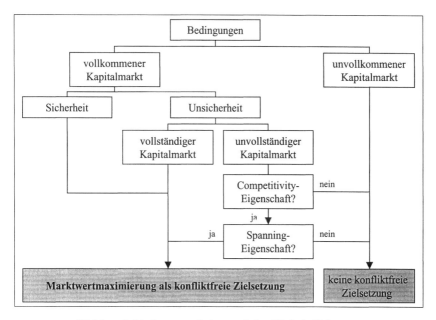

Abbildung 2: Marktwertmaximierung als konfliktfreie Zielsetzung

Die für Eigenkapitalgeber zentrale Zielgröße ist demnach der Marktwert ihrer Anteile am Unternehmen. Der diesen Marktwert repräsentierende Unternehmenswert ergibt sich als Barwert aller zukünftig an sie fließenden Zahlungen des Unternehmens.[42] Unabhängig von den Zeit- und Konsumpräferenzen des Anlegers wird durch die Maximierung dieses Barwerts bzw. des Marktwerts des Unternehmens sein Nutzen maximiert; Marktwertmaximierung liegt im Interesse der Eigenkapitalgeber. Der Shareholder-Value-Ansatz greift diese Erkenntnis auf und erhebt dadurch jenes Ziel, das Eigentümer selbst verfolgen würden, zum Referenzpunkt für die Steuerung eines von angestellten Entscheidungsträgern geführten Unternehmens: Den „... zur Deckung ihrer Konsumausgaben dienenden, an sie fließenden künftigen Zahlungsstrom im Zeitablauf zu *optimieren.*"[43] Marktwertorientierung ist damit die Antwort auf die Frage, welches Ziel die

---

[42]  Vgl. *Myers, Stewart C.*: Interactions of Corporate [Financing] and Investment Decisions, in: JF, Vol. 29 (1974), S. 1-25, hier S. 7; *Damodaran, Aswath*: Investment [Valuation], New York u.a. 1996, S. 9 f.; *Ballwieser, Wolfgang*: [Methoden] der Unternehmensbewertung, in: *Gebhardt, Günther/Gerke, Wolfgang/Steiner, Manfred* (Hrsg.): Handbuch des Finanzmanagements, München 1993, S. 151-176; *ders.*: [Unternehmensbewertung], in: *Gerke, Wolfgang/Steiner, Manfred* (Hrsg.): HWF, 2. Aufl., Stuttgart 1994, Sp. 1876-1879.

[43]  *Moxter, Adolf*: [Bilanztheorie], a.a.O., S. 38 (Hervorhebung im Original).

Unternehmensleitung verfolgen soll. Nachdem die Eigenkapitalgeber den nach Abgeltung aller Festbetragsansprüche verbleibenden Zahlungsstrom erhalten und somit das unternehmerische Risiko tragen, ist die primäre Orientierung an ihrer Zielsetzung geboten.[44]

Die oftmals geäußerte Kritik, die einseitige Ausrichtung der unternehmerischen Interessen am Eigentümer vernachlässige andere Anspruchsgruppen,[45] greift zu kurz.[46] Gläubiger und Arbeitnehmer gehen Verträge mit dem Unternehmen ein. Ihre Festbetragsansprüche werden um so sicherer, je mehr das Unternehmen seine langfristigen Erfolgspotentiale und damit den Unternehmenswert steigert.[47] Letztlich hat jedes Unternehmen die Ansprüche aller Stakeholder als Ne-

---

[44]  Vgl. *Schmidt, Reinhard H./Terberger, Eva*: [Finanzierungstheorie], a.a.O., S. 41-43, schärfer *Wenger, Ekkehard*: Allgemeine Betriebswirtschaftslehre und ökonomische Theorie, in: *Kirsch, Werner/Picot, Arnold* (Hrsg.): Die Betriebswirtschaftslehre im Spannungsfeld zwischen Spezialisierung und Generalisierung (FS Heinen), Wiesbaden 1989, S. 155-181, hier S. 177.

[45]  Zum Stakeholder Value vgl. grundlegend *Cornell, Bradford/Shapiro, Alan C.*: Corporate Stakeholders and Corporate Finance, in: FM, Vol. 16 (1987), S. 5-14. Zur Debatte in Deutschland *Tietzrath, Alfons*: Corporate Governance: Vertragen sich die deutsche Unternehmensverfassung und das Shareholder Value-Prinzip?, in: *Albach, Horst/Brockhoff, Klaus* (Hrsg.): Betriebswirtschaftslehre und Rechtsentwicklung, ZfB-Ergänzungsheft Nr. 4/1997, Wiesbaden 1997, S. 31-41, insb. S. 36; *Küller, Hans-Detlev*: Das Shareholder Value-Konzept aus Gewerkschaftssicht, in: BFuP, 49. Jg. (1997), S. 517-531; *Speckbacher, Gerhard*: Shareholder Value und Stakeholder Ansatz, in: DBW, 57. Jg. (1997), S. 630-639; *Eberhardt, Stefan*: Wertorientierte Unternehmensführung – Der modifizierte Stakeholder-Value-Ansatz, Wiesbaden 1998, S. 145-184; *Werder, Axel v.*: [Shareholder Value]-Ansatz als (einzige) Richtschnur des Vorstandshandelns? in: ZGR, 27. Jg. (1998), S. 69-91; *ders.*: Corporate Governance: Vertragen sich die deutsche Unternehmensverfassung und das Shareholder Value-Prinzip?, in: *Albach, Horst/Brockhoff, Klaus* (Hrsg.): Betriebswirtschaftslehre und Rechtsentwicklung, ZfB-Ergänzungsheft Nr. 4/1997, Wiesbaden 1997, S. 9-16.

[46]  Zu Argumenten vgl. auch *Hachmeister, Dirk*: [Maß], a.a.O., S. 26-38 sowie jüngst *Schierenbeck, Henner/Lister, Michael*: [Value] Controlling, München/Wien 2001, S. 78-80.

[47]  Nach *Rappaport* setzt die Verfolgung der Eigentümerinteressen neben Wettbewerbsfähigkeit auch eine sozial verantwortliche Unternehmenspolitik voraus. Um eine dauerhafte Beziehung zu den Stakeholdern herstellen zu können, sind deren finanzielle Ansprüche termingenau zu erfüllen. Hierzu muß das Unternehmen in Übereinstimmung mit dem Shareholder-Value-Konzept in der Zukunft möglichst hohe Cash Flows generieren. Vgl. *Rappaport, Alfred*: [Shareholder Value, 2], a.a.O., S. 7. Ferner z.B. *Weiss, Heinz-Jürgen/ Heiden, Matthias*: Shareholder und Bondholder – Zwei Welten oder Partner? In: BB, 55. Jg. (2000), S. 35-39; *Wagner, Franz W.*: [Shareholder Value], a.a.O.; *Busse von Colbe, Walther*: Was ist und was bedeutet Shareholder Value aus betriebswirtschaftlicher Sicht?, in: ZGR, 26. Jg. (1997), S. 271-290, hier S. 289. Positive Erfahrungsberichte finden sich z.B. bei *Kröger, Fritz/Träm, Michael/Vandenbosch, Marianne*: Wachsen wie die Sieger, Wiesbaden 1999, S. 167-178. Kritik an der Vereinbarkeit von Shareholder- und Stakeholderinteressen findet sich bei *Werder, Axel v.*: [Shareholder Value], a.a.O., S. 75.

benbedingung bei der Maximierung des Unternehmenswerts zu berücksichtigen.[48] Ohne Berücksichtigung der Interessen aller Stakeholder ist es langfristig ohnehin unmöglich, den Marktwert des Unternehmens zu maximieren.[49] Aus dem Austausch von Gütern und Leistungen zwischen dem Unternehmen und seinen Kunden entstehen die bewertungsrelevanten Zahlungsüberschüsse, eine Wertsteigerung zu Lasten der Abnehmer ist allenfalls kurzfristig möglich und im Sinne einer nachhaltigen Unternehmenspolitik keinesfalls erstrebenswert.[50] Auch der Staat als Empfänger von Steuerzahlungen wird nicht zwangsläufig durch die Orientierung am Shareholder Value benachteiligt. Meist steuerlich motivierte Finanzierungs- und Produktionsverlagerungen ins Ausland erscheinen vor dem Hintergrund einer Bewertung auf Anteilseignerebene häufig wertvernichtend.[51] Die – wie auch immer definiert – „breite Öffentlichkeit" als weitere Anspruchsgruppe kann ebenfalls integriert werden. Sind die Anteile eines Unternehmens handelbar, unterliegt es der ständigen Überwachung durch den Kapitalmarkt, da Anteilseigner ihre Anteile jederzeit verkaufen können. Dadurch steigt die potentielle Übernahmegefahr für das Unternehmen. Dieser Disziplinierungsmechanismus ist keinesfalls auf die bloße Erwirtschaftung von Rendite beschränkt, es darf davon ausgegangen werden, daß auch die Nichterfüllung anderer Erwartungen an das Unternehmen zu negativen Konsequenzen am Kapitalmarkt führt.[52]

In einer Wirtschaftsordnung mit marktgelenkter Koordination individueller Entscheidungen schützt die Orientierung am Shareholder Value vor der Realisation suboptimaler Investitionspläne und verhindert eine willkürliche Bevorzugung einzelner Anspruchsgruppen, da es keine eindeutige Aufteilungsregel für die

---

[48] Vgl. auch *Ballwieser, Wolfgang*: [Shareholder Value-Ansatz], a.a.O., S. 1389 f.; *Hax, Herbert*: Theorie der Unternehmung – Information, Anreize und Vertragsgestaltung, in: *Ordelheide, Dieter/Rudolph, Bernd/Büsselmann, Elke*: Betriebswirtschaftslehre und ökonomische Theorie, Stuttgart 1991, S. 51-72, hier S. 58; zur Kritik erneut *Werder, Axel v.*: [Shareholder], a.a.O., S. 74 f.

[49] Vgl. *Volkart, Rudolf*: Shareholder Value and Corporate Valuation: Finanzielle Wertorientierung im Wandel, Zürich 1998, S. 32.

[50] Vgl. auch *Hahn, Dietger*: Konzepte strategischer Führung, in: ZfB, 68. Jg. (1998), S. 563-579, hier S. 565-568.

[51] Vgl. hierzu ausführlich *Kengelbach, Jens*: Unternehmensbewertung bei internationalen Transaktionen, Frankfurt a. M. u.a. 2000, insb. S. 140-143.

[52] Beispielhaft können hier Fälle wie *Royal Dutch Shell* und die beabsichtigte Versenkung einer Erdölplattform im Jahr 1995, der Protest von Anteilseignern gegen die Abschiebung abgelehnter Asylbewerber mit Flügen der *Lufthansa* oder Reaktionen auf einen zögerlichen Beitritt zum Solidaritätsfonds für die Entschädigung von Zwangsarbeitern genannt werden.

Wertschöpfung eines Unternehmens geben kann.[53] Dadurch würde ein Manager stets die Erfüllung der Ziele einer Gruppe als Erklärung für die Verfehlung bzw. Untererfüllung der Ziele einer anderen Gruppe anführen. Eine Verhaltenssteuerung wäre kaum möglich; im Vergleich zu einer Ausrichtung am Koalitionsansatz entstehen mit der Shareholder-Value-Orientierung geringere Vertragskosten.[54] Ferner fehlt der Stakeholder- oder Koalitionstheorie ein Bewertungskalkül, das geeignet wäre Entscheidungen zu empfehlen; allenfalls qualitative, erklärende Aussagen können getroffen werden.[55]

## 2.2. Anforderungen aufgrund der Verhaltenssteuerungsaufgabe

### 2.2.1. Agency-Probleme

Nachdem die Ausrichtung der Geschäftspolitik am Shareholder Value als sinnvolles Unternehmensziel identifiziert wurde, bleibt zu klären, wie Entscheidungsträger dazu veranlaßt werden können, dieses Ziel zu verfolgen. Sind – wie für Kapitalgesellschaften typisch – Eigentum und Verfügungsgewalt getrennt, werden Entscheidungsträger bei Bestehen von Informationsvorsprüngen und divergierenden Zielen gegebenenfalls auch eigene Ziele zu Lasten der Eigentümer verfolgen.[56] Die dem Management übertragene Entscheidungskompetenz verschafft ihm den dazu erforderlichen Spielraum.

Trotz der potentiellen Konflikte ist eine Delegation der Entscheidungsbefugnis von den Anteilseignern auf eigens dafür beauftragte Entscheidungsträger zweckmäßig und begründbar.[57] Zum einen können sich in einem Unternehmen auf diese Art und Weise beliebig viele Kapitalgeber zur Deckung des Finanzierungsbedarfs engagieren (sog. Kapitalargument). Hätten alle Kapitalgeber ein

---

[53]   Vgl. pointiert *Wagner, Franz W.*: [Shareholder Value], a.a.O., S. 475-479. Ähnlich auch *Landsmann, Cord*: Finanzplanorientiertes Konzerncontrolling, Wiesbaden 1999, S. 64-67.

[54]   Vgl. *Bühner, Rolf/Tuschke, Anja*: Zur Kritik am Shareholder Value – eine ökonomische Analyse, in: BFuP, 49. Jg. (1997), S. 499-516, insb. S. 504-514.

[55]   Vgl. *Hachmeister, Dirk*: [Maß], a.a.O., S. 32-35.

[56]   Vgl. zum Problem der Trennung von Eigentum und Verfügungsgewalt bereits *Berle, Adolf A./Means, Gardiner C.*: The Modern Corporation and Private Property, New York 1932, Nachdr. 1950, S. 119-125; *Arrow, Kenneth J.*: Control in large Organizations, in: MSci, Vol. 10 (1964), S. 397-408, hier S. 398; *Hax, Herbert*: Die [Koordination] von Entscheidungen, Köln u.a. 1965, S. 196-220 und jüngst *Zimmermann, Gebhard/Wortmann, André*: Der Shareholder-Value-Ansatz als Institution zur Kontrolle der Führung von Publikumsgesellschaften, in: DB, 54. Jg. (2001), S. 289-294.

[57]   Vgl. im folgenden *Spremann, Klaus*: [Investition] und Finanzierung, 5. Aufl., München/Wien 1996, S. 674-680.

Mitspracherecht bei jeder Entscheidung, wäre der Abstimmungs- und Einigungsprozeß ab einer gewissen Anzahl von Kapitalgebern nicht mehr wirtschaftlich durchführbar. Zum anderen können unter den Kapitalgebern verschiedene Typen klassifiziert werden, die sich bezüglich Haftungsumfang, Gewinnansprüchen und Dauer der Kapitalüberlassung unterscheiden. Darüber hinaus haben die Kapitalgeber den Vorteil, sich an beliebig vielen Unternehmen zu beteiligen und so die Risikominderung durch Diversifikation zu nutzen (sog. Risikoargument). Würde ein Kapitalgeber in all „seinen" Unternehmen in die Entscheidungsprozesse mit eingebunden, wäre auch hier eine „natürliche" Grenze gesetzt. Ferner spricht für die Trennung von Eigentum und Entscheidungsbefugnis die Nutzung von Expertenwissen seitens der Manager (sog. Informationsargument). Ein spezialisiertes Management ist besser in der Lage, Informationen über die relevanten Parameter für die Entscheidungen einzuholen als ein einzelner Eigentümer. Insgesamt lassen die genannten Gründe eine Vorteilhaftigkeit der Delegation der Entscheidungsgewalt an ein Management erkennen.

Ein solches von Anteilseignern beauftragtes Management kann wiederum Teile seiner Entscheidungskompetenzen auf andere, ihm untergeordnete Entscheidungsträger delegieren oder mit der Beschaffung von Informationen für eine Entscheidung beauftragen. Der Grund für diese innerbetriebliche Delegation ist vorwiegend im Informationsargument zu sehen. Die Unternehmenszentrale beauftragt einen Spezialisten mit der Führung eines Geschäftsbereichs, da sie selbst wiederum nicht über das erforderliche Wissen verfügt. Auch kann durch das Einbinden von spezialisierten Bereichsmanagern eine größere Zahl von unterschiedlichen Geschäftsbereichen geführt werden, als das durch die Unternehmenszentrale alleine möglich wäre. Durch die „Weiterdelegation" entsteht neben dem Anreizproblem zwischen Anteilseigner und dem zentralen Entscheidungsträger ein zweites Anreizproblem innerhalb der Hierarchie der Entscheidungsträger.

Denkbar ist nicht nur die Delegation von Entscheidungsrechten. Auch die Wahrnehmung der Kontrolle kann in der Regel günstiger von einem eigens dafür eingesetzten Kontrollgremium durchgeführt und damit delegiert werden. Dadurch ergibt sich aber zwangsläufig eine weitere Ebene von Anreizproblemen zwischen den Anteilseignern und den von ihnen beauftragten Kontrollorganen.

Die Agency-Theorie widmet sich den Fragestellungen, die aus solchen Anreizproblemen entstehen.[58] Kennzeichnend sind dabei immer Auftraggeber-

---

[58] Vgl. grundlegend *Alchian, Armen A./Demsetz, Harold*: Production, [Information Costs] and Economic Organization, in: AER, Vol. 62 (1972), S. 777-795; *Ross, Stephen A.*: The Economic Theory of Agency: The Principal's Problem, in: AER, Vol. 63 (1973), S. 134-139; *Stiglitz, Joseph E.*: Risk Sharing and Incentives in Sharecropping, in: REStud, Vol.

Auftragnehmer-Beziehungen zwischen zwei Personen(-gruppen). Ein Auftraggeber (Prinzipal) überträgt dem Auftragnehmer (Agent) eine Aufgabe und hat die Folgen von dessen Handlungen zu tragen.[59] Entscheidend für das Vorliegen eines Prinzipal-Agenten-Problems ist asymmetrisch verteilte Information: Sie ist einerseits einer der Gründe der Delegation, andererseits auch die Ursache für das Auftreten von Anreizkonflikten zwischen den beiden Partnern, wenn diese divergierende Ziele verfolgen. Davon wird im Rahmen der Agency-Theorie stets ausgegangen.[60]

Schon vor Vertragsschluß, bei der Auswahl des Agenten, kommt es aufgrund der asymmetrisch verteilten Information zu einem ersten Problem: Da der Prinzipal die Qualität der sich anbietenden Agenten nicht vollständig kennt, kann er nicht zwischen „guten" und „schlechten" Agenten unterscheiden. Erst nach Vertragsschluß erkennt der Auftraggeber die wahre Qualifikation. Dieses vorvertragliche Problem wird als *Hidden Characteristics* (Qualitätsunsicherheit) bezeichnet und kann zu Marktversagen aufgrund von *Adverse Selection* führen.[61] Zur Lösung dieses Problems können Agenten ihre wahre Qualifikation glaubwürdig signalisieren (*Signalling*), Prinzipale die Qualifikation des Agenten überprüfen (*Screening*) oder dem Agenten verschiedene Vertragsgestaltungen

---

61 (1974), S. 219-256; *Jensen, Michael C./Meckling, William H.*: [Theory] of the Firm: Managerial Behaviour, Agency Costs and Ownership Structure, in: JFE, Vol. 3 (1976), S. 305-360; *Rees, Ray*: The Theory of Principal and Agent, in: BER, Vol. 37 (1985), S. 3-26 und 75-95; *Elschen, Rainer*: Gegenstand und Anwendungsmöglichkeiten der [Agency-Theorie], in: zfbf, 43. Jg. (1991), S. 1002-1012.

59    Vgl. *Jensen, Michael C./Meckling, William H.*: [Theory], a.a.O., S. 308; *Shavell, Steven*: Risk Sharing and Incentives in the Principal and Agent Relationship, in: BellJ, Vol. 10 (1979), S. 55-73, hier S. 55; *Arrow, Kenneth J.*: The Economics of [Agency], in: *Pratt, John W./Zeckhauser, Richard J.* (Hrsg.): Principals and Agents, Boston 1985, S. 37-51, hier S. 37; *Wenger, Ekkehard/Terberger, Eva*: Die Beziehung zwischen Agent und Prinzipal als Baustein einer ökonomischen Theorie der Organisation, in: WiSt, 17. Jg. (1988), S. 506-514, hier S. 507; *Franke, Günter*: [Agency-Theorie], in: *Wittmann, Waldemar* et al. (Hrsg.): HWB, 5. Aufl., Stuttgart 1993, Sp. 37-49, hier Sp. 38; *Picot, Arnold*: Ökonomische [Theorien] der Organisation, in: *Ordelheide, Dieter/Rudolph, Bernd/Büsselmann, Elke* (Hrsg.): Betriebswirtschaftslehre und ökonomische Theorie, Stuttgart 1991, S. 143-170, hier S. 150.

60    Vgl. *Pratt, John W./Zeckhauser, Richard J.*: Principals and Agents: An Overview, in: *Pratt, John W./Zeckhauser, Richard J.* (Hrsg.): Principals and Agents, Boston 1985, S. 1-35, hier S. 4 f.; *Pfaff, Dieter/Zweifel, Peter*: Die Principal-Agent-Theorie, in: WiSt, 27. Jg. (1998), S. 184-190, hier S. 187.

61    Vgl. grundlegend *Akerlof, George A.*: The Market for „Lemons", in: QJE, Vol. 84 (1970), S. 488-500. Ferner *Spremann, Klaus*: [Agent] and Principal, in: *Bamberg, Günter/Spremann, Klaus* (Hrsg.): Agency Theory, Information, and Incentives, Berlin u.a. 1987, S. 1-37, hier S. 11; *ders.*: Asymmetrische [Information], in: ZfB, 60. Jg. (1990), S. 561-586, hier S. 566-568; *Picot, Arnold*: [Theorien], a.a.O., S. 152.

im Vorfeld des Vertragsschlusses anbieten, um aus dessen Wahl auf seine Qualifikation zu schließen (*Self Selection*).[62]

Wird nach einer entsprechenden Auswahl ein Vertrag zwischen Prinzipal und Agent geschlossen, kann der Agent als Auftragnehmer durch seinen Informationsvorsprung bei divergierenden Zielen weitere Probleme verursachen. Der Agent ist nach dem Vertragsschluß quasi abgesichert und muß sich grundsätzlich nicht vertragskonform verhalten. Dieses Risiko der einseitigen Abhängigkeit des Auftraggebers vom Willen des Auftragnehmers nach Vertragsschluß wird als *Moral Hazard*[63] bezeichnet. Je nachdem, ob der Auftraggeber im Zeitablauf Kenntnis über den jeweiligen Informationsstand und die gewählten Aktionen des Auftragnehmers bekommt, können verschiedene Konstellationen unterschieden werden:

Zunächst läuft der Auftraggeber Gefahr, die vom Auftragnehmer zu erbringende Leistung nicht, nicht rechtzeitig, nicht im vollen Umfang oder nicht in der vereinbarten Qualität zu erhalten. Man spricht in diesem Zusammenhang von *Hidden Intention* und bezeichnet die resultierende Gefahr plastisch mit *Holdup*[64]. Dieses Problem stellt sich unabhängig von der Qualifikation des Managers. Auch der fachlich hoch qualifizierte Manager kann sich nach Vertragsschluß „unfair" verhalten. Dem Auftraggeber ist dieses Risiko bewußt, zudem kann er ex post die eingetretenen Umweltzustände und das Verhalten des Agenten beobachten. Zu diesem Zeitpunkt ist jedoch schon der Nachteil für den Auftraggeber eingetreten. *Hidden Intention* bzw. *Holdup* stehen zwischen der vor- und der nachvertraglichen Informationsasymmetrie. In Teilen der Literatur wird dieser Problemkreis auch getrennt von *Moral Hazard* gesehen[65] oder unter *Hidden In-*

---

[62]    Vgl. zu Lösungsmechanismen *Strasser, Brigitte*: Informationsasymmetrien bei Unternehmensakquisitionen, Frankfurt a. M. u.a. 2000, S. 22-24 m.w.N.

[63]    Ursprünglich kommt der Begriff Moral Hazard aus dem Versicherungswesen: Nach Vertragsabschluß kann der Versicherte durch sein Verhalten die Eintrittswahrscheinlichkeit und die Höhe des Schadens beeinflussen, der Versicherer ist einem „moralischen Risiko" ausgesetzt. Vgl. *Arrow, Kenneth J.*: Uncertainty and the Welfare Economics of Medical Care, in: AER, Vol. 53 (1963), S. 941-973, hier S. 961 f.; *Shavell, Steven*: On Moral Hazard and Insurance, in: QJE, Vol. 93 (1979), S. 541-562, hier S. 541. Allgemein zu Moral Hazard: *Holmström, Bengt R.*: Moral Hazard and [Observability], in: BellJ, Vol. 10 (1979), S. 74-91; *ders.*: Moral Hazard in Teams, in: BellJ, Vol. 13 (1982), S. 324-340; *Grossman, Sanford J./Hart, Oliver D.*: An Analysis of the Principal-Agent Problem, in: Em, Vol. 51 (1983), S. 7-45; *Arrow, Kenneth J.*: [Agency], a.a.O., S. 38-42.

[64]    Zum Begriff Holdup vgl. grundlegend *Goldberg, Victor P.*: Regulation and Administered Contracts, in: BellJ, Vol. 7 (1976), S. 426-460, hier S. 439-441. Ferner *Spremann, Klaus*: [Information], a.a.O., S. 566-568; *ders.*: [Investition], a.a.O., S. 700-702. Hidden Intention und Holdup werden auch häufig synonym verwendet.

[65]    Vgl. insb. *Spremann, Klaus*: [Information], a.a.O., S. 563 und 572; *ders.*: [Investition], a.a.O., S. 694-704.

*formation* gefaßt.[66] Hier soll unter *Holdup* oder *Hidden Intention* eine mögliche Erscheinungsform von *Moral Hazard* verstanden werden, bei der der Auftraggeber zwar im nachhinein den Informationsstand und auch die Aktionen des Auftragnehmers kennt,[67] durch das eingegangene Vertragsverhältnis aber versunkene Kosten hat und sich dadurch trotz des Bewußtseins der Gefahr einer einseitigen Ausbeutung nicht erwehren kann. Zur Lösung dieser Problematik kommt eine vertikale Integration des Auftragnehmers oder der Aufbau einer längeren, revolvierenden Vertragsbeziehung in Betracht.[68]

Unabhängig von der Fairneß des Agenten ergibt sich ein weiteres Problemfeld in der Angemessenheit der Entscheidungen des Agenten. Diese Konstellation wird als *Hidden Information*[69] bezeichnet, die resultierende Gefahr als *Moral Hazard* – hier nicht im Sinne eines Oberbegriffs für nachvertragliche Informationsasymmetrien – oder auch als (nachvertragliche) *Adverse Selection*,[70] da es ebenfalls zu einer unerwünschten Auswahl von Alternativen kommen kann.[71] Zwar kennt der Auftraggeber auch in diesem Fall ex post das Verhalten des Auftragnehmers, nicht aber dessen Informationsstand im Zeitpunkt der Entscheidung, worin auch der entscheidende Unterschied zu *Hidden Intention* bzw. zu *Holdup* besteht. Der Prinzipal kann hier nicht beurteilen, ob die Handlungen des Auftragnehmers in der jeweiligen Situation sinnvoll waren.[72] Dieses Problem stellt sich typischerweise bei der Nutzung des Expertenwissens eines Agenten. Hier kann der Prinzipal aufgrund fehlenden Sachverstands die Angemessenheit der Entscheidung des Agenten nicht einschätzen.

---

[66]  Vgl. *Küpper, Hans-Ulrich*: [Controlling], a.a.O., S. 47, Fn. 123.
[67]  Die Verhaltensmerkmale des Agenten unterliegen dessen Willen und sind für den Prinzipal (zunächst) nicht beobachtbar. Der Agent geht die Vertragsbeziehung quasi schon mit schlechter Absicht ein, was dem Prinzipal dann aber zu spät bekannt wird. Vgl. hierzu auch *Breid, Volker*: [Verhaltenssteuerung], a.a.O., S. 825.
[68]  Vgl. hierzu *Alchian, Armen A./Woodward, Susan*: The Firm is Dead; Long Live the Firm, in: JEL, Vol. 26 (1988), S. 65-79; *Klein, Benjamin/Crawford, Robert G./Alchian, Armen A.*: Vertical Integration, Appropriable Rents, and the Competitive Contracting Process, in JLE, Vol. 22 (1978), S. 297-326.
[69]  *Arrow* verwendet auch den Begriff Hidden Knowledge. Vgl. *Arrow, Kenneth J.*: Agency and the [Market], in: *Arrow, Kenneth J./Intriligator, Michael D.* (Hrsg.): Handbook of Mathematical Economics, Vol. 3, Amsterdam 1986, S. 1183-1195, hier S. 1184 f., ebenso *Petersen, Thomas*: Das [Delegationsproblem] zwischen Prinzipal und Agenten, in: *Albach, Horst* (Hrsg.): Organisation, Wiesbaden 1989, S. 109-131, hier S. 111.
[70]  Vgl. *Arrow, Kenneth J.*: [Agency], a.a.O., S. 38-40; *ders.*: [Market], a.a.O., S. 1185 f.; *Petersen, Thomas*: [Delegationsproblem], a.a.O., S. 111.
[71]  Hier entscheidet jedoch im Gegensatz zu Hidden Characteristics der Agent.
[72]  Vgl. z.B. *Arrow, Kenneth J.*: [Agency], a.a.O., S. 39; *ders.*: [Market], a.a.O., S. 1185; *Elschen, Rainer*: [Agency-Theorie], a.a.O., S. 1004 f.; *Picot, Arnold*: [Theorien], a.a.O., S. 152.

Schließlich sind Situationen denkbar, in denen der Auftraggeber ex post weder Informationsstand noch Aktionen des Auftragnehmers kennt. Ein erzieltes Ergebnis kann gleichermaßen durch „Faulheit und Glück" und „Fleiß und Pech" des Auftragnehmers verursacht werden.[73] Diese Konstellation wird mit *Hidden Action* bezeichnet[74] und unterscheidet sich von *Hidden Intention* darin, daß bei einem schlechten Ergebnis eben nicht ohne weiteres auf schlechte Absichten des Agenten geschlossen werden kann. Die resultierende Gefahr wird wieder allgemein mit *Moral Hazard* bezeichnet. Für die Situation, daß sich der Auftragnehmer „vor der Arbeit drückt" und sich angesichts eines schlechten Ergebnisses auf ungünstige Umweltkonstellationen beruft, wird stellenweise auch der Begriff *Shirking* gebraucht.[75] Hier wird deutlich, daß der Übergang zu *Hidden Intention* bzw. *Holdup* fließend ist.

Die genannten Grundtypen der asymmetrischen Informationsverteilung sind nicht überschneidungsfrei und treten in praxi meist in Kombinationen auf.[76] Folgende Tabelle faßt die vier Grundtypen der Informationsasymmetrie und ihre wesentlichen Merkmale zusammen:[77]

---

[73] Vgl. auch *Picot, Arnold*: [Theorien], a.a.O., S. 151 f.

[74] Vgl. *Arrow, Kenneth J.*: [Agency], a.a.O., S. 38. *Spremann* verwendet mit Verweis auf *Arrow* den Begriff Hidden Effort, vgl. *Spremann, Klaus*: [Agent], a.a.O., S. 10.

[75] Der Begriff Shirking wird geprägt von *Leibowitz/Tollison*, vgl. *Leibowitz, Arleen/ Tollison, Robert*: Free Riding, Shirking, and Team Production in legal Partnerships, in: EI, Vol. 18 (1980), S. 380-394. Verwendet wird er auch schon von *Alchian, Armen A./ Demsetz, Harold*: [Information Costs], a.a.O., S. 780. Vgl. auch *Arrow, Kenneth J.*: [Agency], a.a.O., S. 47 f.; *Petersen, Thomas*: [Delegationsproblem], a.a.O., S. 111; *Küpper, Hans-Ulrich*: [Controlling], a.a.O., S. 47 f; *Elschen, Rainer*: [Agency-Theorie], a.a.O., S. 1005.

[76] Vgl. *Picot, Arnold*: [Theorien], a.a.O., S. 152; *Spremann, Klaus*: [Information], a.a.O., S. 583 f.

[77] Vgl. *Spremann, Klaus*: [Investition], a.a.O., S. 695; *Günther, Thomas*: [Controlling], a.a.O., S. 45; *Breid, Volker*: [Erfolgspotentialrechnung], Stuttgart 1994, S. 238; *Küpper, Hans-Ulrich*: [Controlling], a.a.O., S. 47.

| | Hidden Characteristics | Hidden Intention | Hidden Information | Hidden Action |
|---|---|---|---|---|
| Informationsasymmetrie bezüglich | Fähigkeit und Qualifikation des Agenten | Fairneß, Entgegenkommen des Agenten | Richtigkeit der Entscheidungen des Agenten | Fleiß, Anstrengung und Sorgfalt des Agenten |
| vor/nach Vertragsschluß | vor | vor und nach | nach | nach |
| Eigenschaften des Agenten | gegeben und dem Prinzipal unbekannt | abhängig vom Willen des Agenten | abhängig vom Willen des Agenten | abhängig vom Willen des Agenten |
| Prinzipal kennt Informationsstand des Agenten ex post | ja | ja | nein | nein |
| Prinzipal kennt Aktionen des Agenten ex post | ja | ja | ja | nein |
| resultierende(s) Problem/ Gefahr | Adverse Selection | Holdup (z.T. auch Moral Hazard) | Moral Hazard (auch Adverse Selection) | Moral Hazard (auch Shirking) |
| Lösungsansätze | Signalling, Screening, Self Selection | Anreiz- und Kontrollsysteme, langfristige Verträge, Integration | Anreiz- und Kontrollsysteme | Anreiz- und Kontrollsysteme |

Tabelle 1: Grundtypen asymmetrischer Informationsverteilung

Im Mittelpunkt dieser Arbeit steht nicht das Delegationsverhältnis zwischen Eigentümern und Management (verstanden als zentraler Entscheidungsträger), sondern zwischen dem zentralen Entscheidungsträger (Geschäftsleitung) als Prinzipal und dem Management der einzelnen Geschäftsbereiche als Agent. Verengt man die Perspektive weiter auf bestehende Vertragsverhältnisse, treten lediglich Anreizprobleme des Typs *Hidden Intention, Hidden Information* und *Hidden Action* auf. Für die Geschäftsleitung, die sich annahmegemäß am Shareholder Value orientiert, stellt sich das Problem der Verringerung der Anreizkonflikte zwischen ihr und dem als Auftragnehmer auftretenden Bereichsmanagement.[78]

---

[78]  Die dazu nötigen Anreize könnten z.B. über Aktienoptionsprogramme erfolgen. Vgl. hierzu z.B. *Schwetzler, Bernhard*: Shareholder Value Konzept, Managementanreize und Stock Option Plans, in: DBW, 59. Jg. (1999), S. 332-350. In neueren Publikationen wird die Tauglichkeit solcher stock option plans oder stock-based-compensation plans für Vorstände oder CEO hervorgehoben, eine Eignung für das darunterliegende Management aber verneint. Empfohlen werden hierfür u.a. Prämien auf der Grundlage wertorientierter Kennzahlen. Vgl. *Rappaport, Alfred*: New Thinking on How to Link [Executive Pay]

Wenn das Verhalten des dezentralen Managements sich nicht zwangsläufig am Interesse der Anteilseigner orientiert und durch Informationsvorsprünge Handlungsspielraum besteht, hat die Unternehmenszentrale die Aufgabe, Rahmenbedingungen zu schaffen, die sicherstellen, daß auch jeder Bereichsmanager wertsteigernd handelt. Für die Umsetzung des Shareholder Value ist unter diesen Voraussetzungen ein Anreizsystem einzurichten.[79] Ein solches Anreizsystem ist Teil eines umfassenderen Steuerungssystems, mit dem die zentrale Geschäftsleitung das Entscheidungsverhalten der ihr unterstellten Bereichsmanager zu beeinflussen versucht.[80] Neben dem Anreizsystem umfaßt ein solches Steuerungsbzw. Informationssystem auch noch ein Kontrollsystem. Das Anreizsystem verknüpft die Ergebnisse der Kontrolle mit Konsequenzen für den Bereichsmanager, der dadurch positive Leistungsanreize erhalten soll, die Kontrolle und Sanktionsandrohung alleine nicht zu erbringen in der Lage sind.[81] Die Lösung bzw. Milderung der oben genannten Anreizprobleme erfolgt durch die Gewahrung von Anreizen und die Androhung von Sanktionen, die den Nutzen des Prinzipals in denjenigen der Agenten internalisieren.[82] Der Vollständigkeit halber sei angemerkt, daß nicht zwangsläufig von divergierenden Interessen zwischen der Unternehmensleitung und dem Bereichsmanagement ausgegangen werden muß; Manager können sich auch aus eigenen (nichtfinanziellen) Interessen und Werten „fair" verhalten.[83] Dann wäre die Implementierung eines An-

---

with Performance, in: HBR, Vol. 77 (1999), Heft 3/4, S. 91-101; *Wenger, Ekkehard/ Knoll, Leonhard/Kaserer, Christoph*: Stock Options, in: WiST, 28. Jg. (1999), S. 35-38.

[79]  In diesem Sinne auch *Pape, Ulrich*: Theoretische [Grundlagen] und praktische Umsetzung wertorientierter Unternehmensführung, in: BB, 55. Jg. (2000), S. 711-717, hier S. 713; *Ossadnik, Wolfgang/Lange, Oliver/Morlock, Jutta*: Zur Rationalisierung der [Auswahl] von Anreizsystemen für die Investitionsbudgetierung in divisionalisierten Unternehmen, in: ZP, 10. Jg. (1999), S. 47-65, hier S. 47 f; *Pfaff, Dieter/Bärtl, Oliver*: [Wertorientierte Unternehmenssteuerung], a.a.O., S. 91; *Günther, Thomas*: [Controlling], a.a.O., S. 49; *Breid, Volker*: [Verhaltenssteuerung], a.a.O., S. 846; *Reimann, Bernard C.*: [Shareholder Value] and Executive Compensation, in: PR, Vol. 19 (1991), Heft 5/6, S. 41-48, hier S. 41 und 48; *Jensen, Michael C./Murphy, Kevin J.*: Performance Pay and Top-Management [Incentives], in: JPE, Vol. 98 (1990), S. 225-264, hier S. 226.

[80]  Steuerung meint hier die Bereitstellung von Informationen, die zur Beeinflussung des Verhaltens Dritter geeignet sind, vgl. *Küpper, Hans-Ulrich*: [Controlling], a.a.O., S. 110.

[81]  Vgl. zu den Begriffen und den Zusammenhängen z.B. *Laux, Helmut*: [Unternehmensrechnung], a.a.O., S. 10-14; *Laux, Helmut/Liermann, Felix*: [Organisation], a.a.O., S. 487; *Küpper, Hans-Ulrich*: [Controlling], a.a.O., S. 193 f., 215-223 und 230-239.

[82]  Theoretische Grundlage der Überlegungen ist neben der Prinzipal-Agenten-Theorie das ihr ähnliche Delegationswertkonzept. Vgl. *Kah, Arnd*: [Profitcenter-Steuerung], a.a.O., S. 4. Zum Delegationswertkonzept vgl. grundlegend *Laux, Helmut*: [Anreizsysteme], a.a.O.; *ders.*: [Grundfragen] a.a.O.; *ders.*: [Entscheidungsgremien],a.a.O.; *ders.*: [Risiko], a.a.O., insb. S. 10-20.

[83]  So können *professional ethics* für Management Accountants, die von verschiedenen Berufsorganisationen wie dem *CIMA* oder dem *IMA* herausgegeben werden, als Verhaltenskodex dienen. Vgl. *Hansen, Don R./Mowen, Maryanne M.*: Cost Management: Accoun-

reizsystems im Idealfall nicht nötig, denn die Manager würden aus intrinsischen Motiven im Sinne der Zentrale handeln.

Nachdem Entscheidungen über Investitionen und Desinvestitionen mit finanz-mathematischen Größen, die auf Zahlungen aufbauen, getroffen werden, die Kontrolle aber meist über einen Periodenerfolg, der über eine zeitliche Abgren-zung und Zurechnung von Kosten und Leistungen gebildet wird, erfolgt, müssen Entscheidungs- und Kontrollrechnung miteinander verbunden werden.[84] Aber auch bei zahlungsbasierten Kontrollgrößen muß der Zusammenhang mit der Entscheidungsrechnung überprüft und gewahrt werden. Solange Entscheidungs-und Kontrollrechnung unverbunden nebeneinander stehen, kann der dezentrale Entscheidungsträger abwägen, ob er sich an den Kriterien der Investitionsrech-nung oder an der Auswirkung auf die Kontrollgröße, die als Bemessungsgrund-lage seinen eigenen finanziellen Nutzen beeinflußt, orientiert. Die Kontrollrech-nung muß zur Lösung dieses Problems Erfolge ausweisen, die nicht im Wider-spruch zu den Kriterien der Entscheidungsrechnung stehen, damit das Anreizsy-stem seine erwünschte Wirkung erhält.

## 2.2.2. Anreiz- und Belohnungssysteme

Aus der Delegation der Entscheidungsbefugnis von der Unternehmenszentrale auf ein Bereichsmanagement resultiert die Gefahr einer Fehlentscheidung aus Sicht der delegierenden Instanz.[85] Der Bereichsmanager kann aufgrund seines Informationsvorsprungs und seines Handlungsspielraums eigene Interessen zu Lasten der Interessen der Zentrale verfolgen.[86] Da eine vollständige Kontrolle des Managers durch die Zentrale weder möglich noch wirtschaftlich sinnvoll ist, muß die Zentrale Anreize setzen, die den Entscheidungsträger dazu bringen, im Sinne der Zentrale „gut" zu entscheiden. Darin besteht das Kernproblem der

---

ting and Control, 3. Aufl., Cincinnati u.a. 1999, S. 15-20; *Horngren, Charles T.* et al.: Management and Cost Accounting, London u.a. 1999, S. 19-22; *CIMA* (Hrsg.): Ethical Guidelines, London 1992; *IMA* (Hrsg.): Standards of Ethical Conduct for Management Accountants, Montvale 1983.

[84]  Vgl. hierzu *Hax, Herbert*: Investitionsrechnung und [Periodenerfolgsmessung], in: *Delf-mann, Werner* (Hrsg.): Der Integrationsgedanke in der Betriebswirtschaftslehre (FS Koch), Wiesbaden 1989, S. 153-170, hier S. 155 f., ferner *Wesner, Peter*: Möglichkeiten und Grenzen der wertorientierten Unternehmensführung, in: *Wirtschaftswissenschaftliche Fakultät der Universität Leipzig/KPMG/PWC* (Hrsg.): Rechnungslegungskonzeptionen im Widerstreit, Leipzig 2000, S. 293-309, hier S. 305.

[85]  Da die Instanz im Sinne der Anteilseigner handelt, bezieht sich die Fehlentscheidung auch auf die Sicht der Anteilseigner.

[86]  Vgl. auch *Rappaport, Alfred*: Executive Incentives vs. Corporate Growth, in: HBR, Vol. 56 (1978), Heft 7/8, S. 81-88, hier S. 82.

Unternehmensführung.[87] Solche Anreize sollen den Manager dazu veranlassen, im eigenen Interesse „gute" Entscheidungen zu treffen.[88] Mit „gut" ist die Realisation von kapitalwertsteigernden Investitionsprojekten gemeint; die Entscheidungsträger sollen den Wert des Unternehmens durch geeignete Entscheidungen im Leistungsbereich erhöhen.[89] Die Menge möglicher Anreize wird dabei als Anreizsystem bezeichnet; Anreizsysteme sind Instrumente zur Verhaltenssteuerung und werden in der Prinzipal-Agenten-Theorie für die Milderung bzw. Lösung von Moral-Hazard-Problemen herangezogen.[90] Der Teil eines Anreizsystems, der mit den zu steuernden Personen explizit vertraglich vereinbart werden kann, wird auch als Belohnungssystem bezeichnet. Ein solches Belohnungssystem besteht aus den Basiselementen

(1) Art der Belohnung,
(2) Bemessungsgrundlage und
(3) Belohnungsfunktion.[91]

Ad (1): Denkbar sind materielle und immaterielle Belohnungen. Die Anreizwirkung von immateriellen Belohnungen ist jedoch stark von subjektiven Präferenzen abhängig. Auch ist eine Teilbarkeit in Abhängigkeit der Zielerreichung meist nicht möglich. Materielle Belohnungen nichtfinanzieller Natur sind schlecht für einmalige Leistungsprämien einsetzbar, da sie nicht ohne weiteres rückgängig gemacht werden können. Aus diesen Gründen werden finanzielle

---

[87] Vgl. *Laux, Helmut*: Mehrperiodige anreizkompatible Erfolgsbeteiligung und Kapitalmarkt, in: *Franke, Günter/Laux, Helmut* (Hrsg.): Unternehmensführung und Kapitalmarkt (FS Hax), Berlin u.a. 1998, S. 133-174, hier S. 135.

[88] Vgl. zu solchen Steuerungsproblemen bereits *Moxter, Adolf*: [Präferenzstruktur], a.a.O., S. 11-18; *Hax, Herbert*: [Koordination], a.a.O., S. 196-220, insb. S. 205-220.

[89] Ausgeblendet bleibt die Senkung der Kapitalkosten, die ebenfalls eine Wertsteigerung nach sich zieht, i.d.R. aber nicht im Einflußbereich des Managements liegt. Die zu steuernden Manager entscheiden lediglich über Investitionen und Desinvestitionen, die Kapitalkosten sind exogen gegeben. Für einen Überblick über mögliche Ursachen einer Wertsteigerung vgl. z.B. *Hachmeister, Dirk*: [Maß], a.a.O., S. 53.

[90] Vgl. zu Anreizsystemen allgemein auch *Becker, Fred G.*: Anreizsysteme als Führungsinstrumente, in: *Kieser, Alfred/Reber, Gerhard/Wunderer, Rolf* (Hrsg.): HWFü, 2. Aufl., Stuttgart 1995, Sp. 34-45; *Winter, Stefan*: Möglichkeiten der [Gestaltung] von Anreizsystemen für Führungskräfte, in: DBW, 57. Jg. (1997), S. 615-629, hier S. 615; *Kossbiel, Hugo*: Überlegungen zur Effizienz betrieblicher [Anreizsysteme], in: DBW, 54. Jg. (1994), S. 73-93, hier S. 75; *Laux, Helmut*: Anreizsysteme, ökonomische [Dimension], in: *Frese, Erich* (Hrsg.): HWO, 3. Aufl., Stuttgart 1992, Sp. 112-122.

[91] Vgl. *Laux, Helmut*: [Unternehmensrechnung], a.a.O., S. 25-29; *Winter, Stefan*: [Gestaltung], a.a.O., S. 616; *Kossbiel, Hugo*: [Anreizsysteme], a.a.O., S. 78. *Küpper* verwendet die Vokabel Entgeltsystem, das Bestandteil eines Anreiz- bzw. Motivationssystems ist, vgl. *Küpper, Hans-Ulrich*: [Controlling], a.a.O., S. 193.

Belohnungen bevorzugt.[92] Geld kann als unabhängig von Präferenzen angesehen werden, läßt sich beliebig teilen, und besitzt deshalb für die Gewährung von Belohnungen Vorteile. In den Verhaltenswissenschaften wird die Wirkung von Bezahlung auf die Motivation zwar skeptisch eingeschätzt[93], im Rahmen dieser Arbeit soll jedoch von einem Entscheidungsträger ausgegangen werden, der rational handelt und sich grundsätzlich an finanziellen Größen orientiert.

Ad (2): Als Bemessungsgrundlage kommen zunächst der vom Manager geleistete Input oder der von ihm erzielte Output in Betracht.[94] Der Planungs- und Kontrollaufwand für die Vereinbarung eines Belohnungssystems, das ex post vom Manager durchgeführte Maßnahmen honoriert, die ex ante mit der Instanz vereinbart wurden, ist unverhältnismäßig groß. Daher verbleiben als Bemessungsgrundlage für die Belohnung nur die Ergebnisse der Handlungen des Managers. Die Beteiligung an den Ergebnissen ist dabei so zu gestalten, daß der Manager Entscheidungen, die aus Sicht der Unternehmenszentrale sinnvoll sind, durch die Verfolgung eigener Interessen quasi automatisch fällt. Fragen der Bemessungsgrundlage sind ein zentrales Problem in dieser Arbeit. Im allgemeinen vorgeschlagen werden verschiedene Maße für den Periodenerfolg, Renditegrößen, Aktienkurse oder strategische Erfolgsfaktoren wie Marktanteil oder Produktqualität.[95] Hier wird zu untersuchen sein, welches Wertsteigerungsmaße in als Bemessungsgrundlage für die Gewährung von Belohnungen geeignet ist.[96]

---

[92]    Vorteile der immateriellen Belohnungen sieht *Winter, Stefan*: [Gestaltung], a.a.O., S. 623 f., der verschiedene Belohnungsformen diskutiert.

[93]    Vgl. *Deci, Edward*: The Effects of contingent and non-contingent Rewards and Controls on intrinsic Motivation, in: OBHP, Vol. 8 (1972), S. 217-229; *Rosenstiel, Lutz v.*: Organisationspsychologie, 4. Aufl., Stuttgart 2000, S. 403-407, insb. S. 406; auch *Baker, George P./Jensen, Michael C./Murphy, Kevin J.*: Compensation and Incentives: Practice vs. Theory, in: JF, Vol. 43 (1988), S. 593-616, hier S. 596; *Winter, Stefan*: [Gestaltung], a.a.O., S. 623 f; *Weinert, Ansfried B.*: Anreizsystem, verhaltenswissenschaftliche Dimension, in: *Frese, Erich* (Hrsg.): HWO, 3. Aufl., Stuttgart 1992, Sp. 122-133. Eine Gegenüberstellung intrinsischer und extrinsischer Anreize findet sich auch bei *Laux, Helmut/Liermann, Felix*: [Organisation], a.a.O., S. 488-491.

[94]    Vgl. *Laux, Helmut*: [Unternehmensrechnung], a.a.O., S. 27 f.; *Kossbiel, Hugo*: [Anreizsysteme], a.a.O., S. 78 f.

[95]    Vgl. z.B. *Laux, Helmut*: [Unternehmensrechnung], a.a.O., S. 139-188; *Laux, Helmut/ Liermann, Felix*: [Organisation], a.a.O., S. 498-510 und 551-582; *Becker, Fred G./ Holzer, Peter H.*: [Erfolgsbeteiligung] und Strategisches Management in den USA, in: DBW, 46. Jg. (1986), S. 438-459, hier S. 442 f.

[96]    Schon *Becker/Holzer* sehen im Shareholder Value eine potentielle Beteiligungsbasis. Vgl. *Becker, Fred G./Holzer, Peter H.*: [Erfolgsbeteiligung], a.a.O., S. 443 und 446 f. Zur Wahl von Bemessungsgrundlagen als Entscheidungsproblem vgl. insb. *Laux, Helmut*: [Dimension], a.a.O., Sp. 116-120; *Laux, Helmut/Liermann, Felix*: [Organisation], a.a.O., S. 578-582.

Ad (3): Eine Belohnungsfunktion ordnet jeder Ausprägung der Bemessungs-grundlage eine Ausprägung der Belohnung zu.[97] Neben der Identifikation geeigneter Bemessungsgrundlagen stellt die Bestimmung einer sachgerechten Belohnungsfunktion das zweite Kernproblem bei der Gestaltung von Belohnungssystemen dar. Im einfachsten Fall handelt es sich um eine lineare Funktion der Gestalt[98]

$$L_t = F + f \cdot BG_t, \qquad (2.1)$$

bei der sich die Lohnzahlung $L$ aus einem Fixum $F$ und einem Anteil $f$ der Bemessungsgrundlage $BG$ zusammensetzt.[99] Die Anreizwirkung eines Belohnungssystems hängt sowohl von der Bemessungsgrundlage als auch von der Belohnungsfunktion ab.[100] Nachdem hier aber nicht die Identifikation von optimalen Belohnungssystemen im Vordergrund steht, werden Fragen der Belohnungsfunktion nicht weiter thematisiert.

Außerhalb des finanziellen Belohnungssystems liegen weitere Anreize, auf die zum Teil kein vertraglicher Anspruch besteht. Dabei handelt es sich meist um nicht kodifizierte Belohnungen, wie z.B. Beförderungen und Stellvertreterregelungen, Budgetverantwortung, Zuteilung von Planstellen, Büroausstattung, Firmenwagen, Weiterbildungsangebote etc. Sie können die Wirkungen eines Belohnungssystems verstärken,[101] sind aber weitgehend qualitativer Natur und werden in der Modellbetrachtung im weiteren vernachlässigt. Folgende Abbildung faßt die Bestandteile eines Anreiz- und Belohnungssystems zusammen:[102]

---

[97] Vgl. *Laux, Helmut*: [Unternehmensrechnung], a.a.O., S. 28 f.; *Winter, Stefan*: [Gestaltung], a.a.O., S. 616 und 624 f.; *Kossbiel, Hugo*: [Anreizsysteme], a.a.O., S. 78.

[98] Eine solche lineare Funktion erfüllt in Risikosituationen grundsätzlich nicht die Bedingung der Anreizkompatibilität. Vgl. *Laux, Helmut/Liermann, Felix*: [Organisation], a.a.O., S. 537.

[99] Für eine vertiefende Diskussion vgl. *Laux, Helmut*: [Unternehmensrechnung], a.a.O., S. 77-104; *Winter, Stefan*: [Gestaltung], a.a.O., S. 623 f.

[100] Siehe dazu Kapitel 2.2.3.2.

[101] Vgl. *Laux, Helmut*: [Unternehmensrechnung], a.a.O., S. 33.

[102] Dargestellt in Anlehnung an *Laux, Helmut*: [Unternehmensrechnung], a.a.O., S. 25-29 und 33. Siehe auch *Ferstl, Jürgen*: [Managervergütung], S. 13; *Laux, Helmut/Liermann, Felix*: [Organisation],a.a.O., S. 491 f.; *Kossbiel, Hugo*: [Anreizsysteme], a.a.O., S. 78.

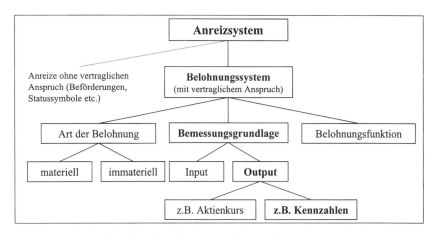

Abbildung 3: Basiselemente eines Belohnungssystems

Belohnungssysteme und ihre Basiselemente müssen verschiedenen Anforderungen genügen, damit sie ihre Aufgabe, die Verhaltenssteuerung von Entscheidungsträgern, erfüllen können. Daraus ergeben sich Beurteilungskriterien, die ihrerseits wiederum die Anforderungen für Wertsteigerungsmaße als Bemessungsgrundlage in einem solchen Anreizsystem bilden.[103] Die Identifikation und Messung solcher Beurteilungskriterien sind Gegenstand der folgenden Kapitel.

## 2.2.3. Beurteilungskriterien für Belohnungssysteme

## 2.2.3.1. Effizienz und Effektivität

Für sämtliche Entscheidungen im Unternehmen bildet das unternehmerische Zielsystem den Bezugsrahmen; Entscheidungen sind an den Unternehmenszielen, hier den Zielen der Anteilseigner, auszurichten. Unabhängig von den als relevant erachteten Oberzielen stellen die beiden organisatorischen Unterziele Effektivität und Effizienz Anforderungen für sämtliche organisatorische Maßnahmen dar.[104] Dabei ist unter Effektivität die Wirksamkeit und unter Effizienz die Wirtschaftlichkeit einer Maßnahme zu verstehen: „Effizienz heißt günstige Zielerreichung und meint nicht nur Zielerreichung, unabhängig vom Mittelein-

---

[103]  Vgl. für einen ähnlichen Überblick auch *Riegler, Christian*: Anreizsysteme und wertorientiertes Management, in: *Wagenhofer, Alfred/Hrebicek, Gerhard* (Hrsg.): Wertorientiertes Management, Stuttgart 2000, S. 145-176, hier S. 159-169.

[104]  Vgl. *Heinen, Edmund*: [Industriebetriebslehre], 9. Aufl., München 1991, S. 16 und 77.

satz (Effektivität)."[105] Ein Anreiz- oder Belohnungssystem muß daher anhand seiner Wirksamkeit und seiner Wirtschaftlichkeit beurteilt werden.

Die Forderung nach Effizienz[106] oder Wirtschaftlichkeit[107] eines Anreiz- bzw. Belohnungssystems konkretisiert sich darin, daß zusätzlich entstehende Kosten den damit erzielbaren Zusatznutzen nicht aufzehren dürfen.[108] Kosten bestehen aus Aufwand von Geld und Zeit.[109] Sie entstehen nicht nur durch die Gewährung der Belohnung selbst, sondern bereits durch die Ermittlung und Einführung des Belohnungssystems und die Informationsverarbeitung des Entscheidungsträgers, durch die er das System versteht und erkennt, wie er durch die Auswahl von Handlungen die eigene Entlohnung steigern kann. Kosten entstehen auch in Form der vom Manager geforderten Risikoprämie:[110] Da ihm keine feste Entlohnung, sondern ein unsicherer und damit variabler Zahlungsstrom in Aussicht gestellt wird, geht er ein Risiko ein. Je großer er dieses Belohnungsrisiko empfindet, desto höher wird seine geforderte Erfolgsbeteiligung sein.[111] Der Nutzen oder Ertrag eines Belohnungssystems besteht in der Vernachlässigung eigener Ziele des Managers zu Gunsten einer verstärkten Ausrichtung an den Zielen der Zentrale. Während Teile der Kosten noch ohne großen Aufwand festzustellen sind, bereitet die Quantifizierung des Zusatznutzens eines Belohnungssystems Schwierigkeiten. Daher bleibt das Kriterium der Effizienz vage umschrieben. Entscheidend für die Effizienz oder Wirtschaftlichkeit eines Belohnungssystems erscheinen neben den Implementierungskosten vor allem seine Verständlichkeit und Transparenz.[112] Sie haben unmittelbaren Einfluß auf die Kosten der Infor-

---

[105] *Heinen, Edmund*: [Industriebetriebslehre], a.a.O., S. 77.

[106] Vgl. umfassend *Kossbiel, Hugo*: [Anreizsysteme], a.a.O., ferner *Laux, Helmut*: [Unternehmensrechnung], a.a.O., S. 32 f.; *Laux, Helmut/Liermann, Felix*: [Organisation], a.a.O., S. 497 f.

[107] Vgl. *Coenenberg, Adolf G.*: Einheitlichkeit oder Differenzierung von internem und externem Rechnungswesen: Die [Anforderung] der internen Steuerung, in: DB, 48. Jg. (1995), S. 2077-2083, hier S. 2080; *Elschen, Rainer*: Shareholder Value und Agency-Theorie: Anreiz und [Kontrollsysteme] für Zielsetzungen der Anteilseigner, in: BFuP, 43. Jg. (1993), S. 209-220, hier S. 213; *Herter, Ronald N.*: Unternehmenswertorientiertes [Management], München 1994, S. 166; *Pellens, Bernhard/Crasselt, Nils/Rockholtz, Carsten*: Wertorientierte [Entlohnungssysteme] für Führungskräfte, in: *Pellens, Bernhard* (Hrsg.): Unternehmenswertorientierte Entlohnungssysteme, Stuttgart 1998, S. 1-28, hier S. 14.

[108] Vgl. den Überblick bei *Laux, Helmut*: [Dimension], a.a.O., Sp. 114 f.

[109] Vgl. im folgenden *Laux, Helmut*: [Unternehmensrechnung], a.a.O., S. 32 f.; *ders.*: Anreizkompatible [Erfolgsbeteiligung] und Kapitalmarkt, in: *Ballwieser, Wolfgang* et al. (Hrsg.): Bilanzrecht und Kapitalmarkt (FS Moxter), Düsseldorf 1994, S. 1259-1291, hier S. 1262.

[110] Dem zu steuernden Manager wird im allgemeinen Risikoscheu unterstellt.

[111] Siehe auch Kapitel 2.2.4.5.

[112] Siehe Kapitel 2.2.3.2 und 2.2.3.5.

mation über die Basiselemente des Belohnungssystems, die Entscheidungsträger und Zentrale für ihre Tätigkeit einholen müssen.[113]

Aufgabe eines Belohnungssystems ist es, den Entscheidungsträger anzuhalten, auf die Erfüllung vorgegebener Ziele hinzuarbeiten und dabei eigene Ziele, die dem vorgegebenen entgegenstehen, hintanzustellen. Die Wirksamkeit eines Belohnungssystems zeigt sich in dessen Fähigkeit, diese Anreize zu setzen und den Entscheidungsträger dahingehend zu motivieren. Maßstab hierfür ist die Vermeidung von Agency-Kosten. Dafür ist eine Reihe von Forderungen zu stellen, die in den folgenden Punkten angesprochen werden.

### 2.2.3.2. Anreizkompatibilität

Das zentrale Kriterium zur Beurteilung der Wirksamkeit von Belohnungssystemen ist die ihm innewohnende Anreizkompatibilität.[114] Anreizkompatibilität verlangt, daß der Entscheidungsträger dann und nur dann einen Vorteil aus dem Belohnungssystem erzielen darf, wenn durch sein Handeln auch die Instanz einen Vorteil erzielt.[115] Mit anderen Worten: Es sollen Anreize für „gute" Entscheidungen gesetzt werden. Grundvoraussetzung ist zunächst die Identifikation eines Unternehmensziels,[116] welches im Rahmen dieser Arbeit in der Steigerung des Marktwerts des Unternehmens gesehen wird. Alternativ wird von Anreizwirkung[117] oder Belohnungswirkung[118] gesprochen. Das Kriterium betrifft sowohl die Bemessungsgrundlage als auch die Belohnungsfunktion. Für den einfachsten Fall sicherer Erwartungen bedeutet Anreizkompatibilität, daß der Barwert der Lohnzahlungen des Managers eine streng monoton steigende Funktion $\varphi$ (.) des Barwerts der Überschüsse nach Lohnzahlungen für die Instanz (bzw. die Anteilseigner) sein muß:[119]

---

[113]  Vgl. auch *Ossadnik, Wolfgang/Lange, Oliver/Morlock, Jutta*: [Auswahl], a.a.O., S. 49.

[114]  Vgl. *Laux, Helmut*: [Unternehmensrechnung], a.a.O., S. 31 und in einer früheren Arbeit bereits *ders*.: [Tantiemesysteme] für die Investitionssteuerung, in: ZfB, 45. Jg. (1975), S. 597-618, hier S. 601.

[115]  Vgl. auch *Laux, Helmut*: [Erfolgsbeteiligung], a.a.O., S. 1261. Zu empirischen Befunden vgl. *Bassen, Alexander/Koch, Maximilian/Wichels, Daniel*: [Entlohnungssysteme], a.a.O., S. 14 f.

[116]  Vgl. *Coenenberg, Adolf G.*: [Kostenrechnung] und Kostenanalyse, 3. Aufl., Landsberg a. L. 1997, S. 578; *Laux, Helmut/Liermann, Felix*: [Organisation], a.a.O., S. 496.

[117]  Vgl. *Schmidt, Georg*: [Anreiz] und Steuerung in Unternehmenskonglomeraten, Wiesbaden 1990, S. 150.

[118]  Vgl. *Bleicher, Knut*: [Anreizsysteme], a.a.O., S. 297. *Ossadnik/Lange/Morlock* sprechen von Motivationswirkung, vgl. *Ossadnik, Wolfgang/Lange, Oliver/Morlock, Jutta*: [Auswahl], a.a.O., S. 49.

[119]  Vgl. *Laux, Helmut*: [Unternehmensrechnung], a.a.O., S. 240.

$$\sum_{t=1}^{T} \frac{L_t}{\left(1+i_M\right)^t} = \varphi \left( \sum_{t=1}^{T} \frac{CF_t - L_t}{\left(1+i_Z\right)^t} \right). \qquad (2.2)$$

Im Unterschied zur Anreizkompatibilität verlangt die Zielkongruenz[120], daß der Entscheidungsträger einen Anreiz haben soll, all jene Projekte durchzuführen, die für die Zentrale einen positiven Kapitalwert haben, und all jene mit negativem Kapitalwert unterlassen soll.[121]

An dieser Stelle wird die gemeinsame Bedeutung von Belohnungsfunktion und Bemessungsgrundlage für die Güte eines Belohnungssystems deutlich. Die Verengung auf die Beurteilung von Bemessungsgrundlagen in dieser Arbeit vernachlässigt zwangsläufig diesen Zusammenhang. Dadurch läßt sich später nicht vom Ergebnis der Beurteilung einzelner Bemessungsgrundlagen auf die Güte von Belohnungssystemen schließen, die diese Bemessungsgrundlagen verwenden.[122]

### 2.2.3.3. Intersubjektive Überprüfbarkeit

Basiselemente eines Belohnungssystems müssen von Instanz, Entscheidungsträger und gegebenenfalls von Dritten[123] gleichermaßen kontrolliert und verifiziert werden können. Damit verbunden ist die Forderung nach intersubjektiver Überprüfbarkeit,[124] Transparenz,[125] Objektivität oder Maßgenauigkeit[126] eines An-

---

[120] Vgl. *Coenenberg, Adolf G.*: [Anforderung], a.a.O., S. 2080; *Herter, Ronald N.*: [Management], a.a.O., S. 158 f.; *Bühner, Rolf*: Das [Management-Wert-Konzept], Stuttgart 1990, S. 123; *Elschen, Rainer*: [Kontrollsysteme], a.a.O., S. 213; *Pape, Ulrich*: Wertorientierte [Unternehmensführung] und Controlling, 2. Aufl., Sternenfels/Berlin 1999, S. 161.

[121] Zur Abgrenzung von Zielkongruenz und Anreizkompatibilität vgl. *Itami, Hiroyuki*: [Evaluation Measures] and Goal Congruence under Uncertainty, in: JAR, Vol. 13 (1975), S. 73-96, hier S. 81 f.

[122] Die Wahl von Bemessungsgrundlage(n) und Belohnungsfunktion(en) bei der Einrichtung eines Anreiz- bzw. Belohnungssystems stellt zwei komplexe Entscheidungsprobleme dar, vgl. *Laux, Helmut*: [Dimension], a.a.O.

[123] Zum Beispiel von einem Gericht in Streitfällen zwischen Zentrale und Manager.

[124] Vgl. *Laux, Helmut*: [Unternehmensrechnung], a.a.O., S. 29 f.; *Elschen, Rainer*: [Kontrollsysteme] a.a.O., S. 213; *Laux, Helmut/Liermann, Felix*: [Organisation], a.a.O., S. 495 f.

[125] Vgl. *Bleicher, Knut*: Strategische [Anreizsysteme], in: *Riekhof, Hans-Christian* (Hrsg.): Praxis der Strategieentwicklung, 2. Aufl., Stuttgart 1994, S. 291-307, hier S. 297; *Herter, Ronald N.*: [Management], a.a.O., S. 163; *Pape, Ulrich*: [Unternehmensführung], a.a.O., S. 161; *Pellens, Bernhard/Crasselt, Nils/Rockholtz, Carsten*: [Entlohnungssysteme], a.a.O., S. 14; ähnlich *Winter, Stefan*: [Gestaltung], a.a.O., S. 625, der die Bedeutung des Informationsstands und damit der Transparenz für die Motivationswirkung hinweist.

reiz- bzw. Belohnungssystems. Konsequenz dieser grundlegenden Forderung für die Wirksamkeit eines Belohnungssystems ist eine operationale Definition der Belohnungsfunktion und eine ermessens- bzw. personenunabhängige Bestimmung der Bemessungsgrundlage. Die Forderung nach intersubjektiver Überprüfbarkeit erstreckt sich ferner auf die Art der Belohnung, die eindeutig festgelegt und deren Gewährung zweifelsfrei beobachtbar sein muß. Von besonderer Bedeutung ist die Forderung nach intersubjektiver Überprüfbarkeit im Sinne einer personenunabhängigen Interpretation für die Bemessungsgrundlage.[127] Können nicht beide Vertragspartner in gleicher Weise die Ausprägung der Bemessungsgrundlage bestimmen, was vor allem dann der Fall ist, wenn keine eindeutigen Ermittlungsregeln für die Bemessungsgrundlage festgehalten sind, ist die Forderung nach intersubjektiver Überprüfbarkeit verletzt. Wird gegen die intersubjektive Überprüfbarkeit verstoßen, entstehen Kosten und Zeitaufwand für die Erhebung und Auslegung der unklaren Basiselemente des Belohnungssystems, die seinen Nutzen u.U. aufzehren.[128] Darüber hinaus besteht die Gefahr, daß ein Belohnungssystem, das dieser Forderung nicht genügt, auf keine Akzeptanz seitens der Entscheidungsträger stößt oder demotivierend wirkt und damit seine Zielsetzung verfehlt.[129]

### 2.2.3.4. Optimale Risikoteilung

Ein weiteres Beurteilungskriterium für die Effektivität von Belohnungssystemen ist der Aspekt der Risikoteilung.[130] Sobald der Entscheidungsträger in Abhän-

---

[126]   Von Objektivität sprechen *Herter, Ronald N.*: [Management], a.a.O., S. 162; *Coenenberg, Adolf G.*: [Kostenrechnung] a.a.O., S. 579 und *ders.*: [Anforderung], a.a.O., S. 2080. *Coenenberg* verwendet in diesem Zusammenhang auch die Vokabeln „Ermessensunabhängigkeit" und „Maßgenauigkeit". Für *Ossadnik/Lange/Morlock* sind die Fähigkeit zur Induzierung einer wahrheitsgemäßen Berichterstattung und die Absicherung gegen Absprachen unter den Bereichsmanagern ausschlaggebend, vgl. *Ossadnik, Wolfgang/Lange, Oliver/Morlock, Jutta*: [Auswahl], a.a.O., S. 49.

[127]   Vgl. *Laux, Helmut*: [Unternehmensrechnung], a.a.O., S. 29. Siehe auch Kapitel 2.2.4 zu Beurteilungskriterien für Bemessungsgrundlagen.

[128]   Vgl. *Laux, Helmut*: [Unternehmensrechnung], a.a.O., S. 29. Siehe auch Kapitel 2.2.3.1 zum Kriterium der Effizienz.

[129]   Vgl. *Bleicher, Knut*: [Strategische Anreizsysteme], Stuttgart 1992, S. 19; *Coenenberg, Adolf G.*: [Anforderung], a.a.O., S. 2080 f. Zu empirischen Befunden vgl. *Bassen, Alexander/Koch, Maximilian/Wichels, Daniel*: [Entlohnungssysteme], a.a.O., S. 14 f.

[130]   Vgl. *Laux, Helmut*: [Unternehmensrechnung], a.a.O., S. 31 f.; *Laux, Helmut/Liermann, Felix*: [Organisation], a.a.O., S. 496 f.; *Pape, Ulrich*: [Unternehmensführung], a.a.O., S. 161; *Elschen, Rainer*: [Kontrollsysteme], a.a.O., S. 212; *Schmidt, Andreas*: [Anreiz], a.a.O., S. 150, der von Risikowirkung spricht; *Bühner, Rolf*: [Management-Wert-Konzept], a.a.O., S. 123; *Bleicher, Knut*: [Anreizsysteme], a.a.O., S. 297. Die beiden Letztgenannten umschreiben die Forderung mit „Motivationswirkung".

gigkeit der Ausprägung einer im Zeitpunkt der Entscheidung ungewissen Bemessungsgrundlage entlohnt wird, ist er einem Belohnungsrisiko ausgesetzt. In der Literatur wird in der Regel ein risikoaverser Entscheidungsträger und eine risikoneutrale Instanz unterstellt.[131] Optimal im Sinne von pareto-optimal wäre in diesem Fall, dem Manager eine feste Entlohnung zu gewähren, bei der er keinem Belohnungsrisiko ausgesetzt ist. Empfindet dieser Manager Arbeitsleid, wird er bei fixer Entlohnung aber seinen Arbeitseinsatz minimieren. Seine Motivation, einen erhöhten Arbeitseinsatz zu bringen, kann durch eine Erfolgsbeteiligung gesteigert werden, die ihm jedoch einen gewissen Teil des Risikos der Instanz aufbürdet. Das Ziel der Motivation des Entscheidungsträgers und die Forderung nach pareto-effizienter Risikoteilung stehen daher im Widerspruch.[132] Das Risiko zwischen der Zentrale und dem Bereichsmanager muß dann insofern geteilt werden, daß einerseits die Motivation des Managers gewährleistet ist, andererseits das von ihm übernommene Risiko nicht zu Entscheidungen führt, die suboptimal aus der Sicht der Zentrale sind. Auch hier zeigt sich der enge Zusammenhang zwischen Belohnungsfunktion und Bemessungsgrundlage.

### 2.2.3.5. Weitere Kriterien

Ein weiteres Kriterium, das für die Wirksamkeit von Belohnungssystemen Relevanz besitzt, wird in dessen Kommunikationsfähigkeit gesehen.[133] Sie bezieht sich sowohl auf eine interne als auch auf eine externe Sicht. Unternehmensintern muß die Vorteilhaftigkeit des Belohnungssystems kommuniziert werden, was durch die Erfüllung der Forderungen nach Effizienz und Überprüfbarkeit gefördert wird. Im Vordergrund steht hier die Akzeptanz des Belohnungssystems in den Reihen der zu steuernden dezentralen Entscheidungsträger.[134] Bedeutung erlangt die Kommunikationsfähigkeit eines Belohnungssystems auch gegenüber Unternehmensexternen: Für Investoren stellt die Einschätzung der unternehmensinternen Steuerungs- und Anreizsysteme eine wesentliche Information zur Einschätzung der Erfolgspotentiale des Unternehmens dar.[135]

---

[131] Vgl. z.B. den Überblick bei *Breid, Volker*: [Verhaltenssteuerung], a.a.O., S. 841.

[132] Vgl. dazu *Laux, Helmut*: [Unternehmensrechnung], a.a.O., S. 31; *Pfaff, Dieter/Kunz, Alexis/Pfeiffer, Thomas*: Balanced Scorecard als [Bemessungsgrundlage] finanzieller Anreizsysteme, in: BFuP, 52. Jg. (2000), S. 36-55, hier S. 37 f.

[133] Vgl. *Coenenberg, Adolf G.*: [Anforderung], a.a.O., S. 2080.

[134] Zur Bedeutung der Akzeptanz eines Belohnungssystems vgl. jüngst *Bassen, Alexander/ Koch, Maximilian/Wichels, Daniel*: [Entlohnungssysteme], a.a.O., S. 9, ferner *Pellens, Bernhard/Crasselt, Nils/Rockholtz, Carsten*: [Entlohnungssysteme], a.a.O., S. 14.

[135] Zur externen Verwendung von Wertsteigerungsmaßen und den daraus resultierenden Anforderungen siehe auch Kapitel 2.3.4.

Ferner werden noch Kriterien wie Flexibilität, Integration von kurz- und langfristigen Zielen, Gerechtigkeit[136] oder Unterstützung in der Strategieumsetzung[137] genannt, die hier nicht weiter behandelt werden, da sie vage Begriffe bleiben oder unter bereits genannte Kriterien subsumiert werden können.

### 2.2.3.6. Zusammenfassung

Um Beurteilungskriterien für Wertsteigerungsmaße vor dem Hintergrund ihrer internen Steuerungsaufgabe abzuleiten, wurden in einem ersten Schritt Anforderungen an Belohnungssysteme im allgemeinen untersucht. Die Effektivität wird durch intersubjektive Überprüfbarkeit, Anreizkompatibilität, optimale Risikoteilung und eine Reihe von sonstigen Kriterien, unter denen vor allem die Kommunikationsfähigkeit von Bedeutung ist, sichergestellt. Kommunikationsfähigkeit soll hier im Sinne von Akzeptanz verstanden werden. Daneben ist das Gebot der Wirtschaftlichkeit zu beachten. Aus den Anforderungen an Belohnungssysteme können in einem zweiten Schritt Beurteilungskriterien für Bemessungsgrundlagen konkretisiert werden. Nachstehende Abbildung faßt die Beurteilungskriterien für Belohnungssysteme und deren Quellen zusammen:[138]

---

[136]  Vgl. zu den drei genannten Anforderungen *Bleicher, Knut*: [Strategische Anreizsysteme], a.a.O., S. 19 f. Gerechtigkeit fordern auch *Ossadnik, Wolfgang/Lange, Oliver/Morlock, Jutta*: [Auswahl], a.a.O., S. 49.

[137]  Vgl. *Schmidt, Andreas*: [Anreiz], a.a.O., S. 150; *Ossadnik, Wolfgang/Lange, Oliver/Morlock, Jutta*: [Auswahl], a.a.O., S. 49.

[138]  Vgl. *Bleicher, Knut*: [Strategische Anreizsysteme], a.a.O. (Bleicher 1992); *ders.*: [Anreizsysteme], a.a.O. (Bleicher 1994); *Bühner, Rolf*: [Management-Wert-Konzept], a.a.O. (Bühner 1990); *Coenenberg, Adolf G.*: [Anforderung], a.a.O. (Coenenberg 1995); *ders.*: [Kostenrechnung], a.a.O. (Coenenberg 1997); *Elschen, Rainer*: [Kontrollsysteme], a.a.O. (Elschen 1991); *Herter, Ronald N.*: [Management], a.a.O. (Herter 1994); *Laux, Helmut*: [Unternehmensrechnung], a.a.O. (Laux 1999); *Laux, Helmut/Liermann, Felix*: [Organisation], a.a.O. (Laux/Liermann 1997); *Pape, Ulrich*: [Unternehmensführung], a.a.O. (Pape 1997); *Schmidt, Andreas*: [Anreiz], a.a.O. (Schmidt 1990).

| Kriterium\\Autor | Effektivität | | | | Effizienz |
| --- | --- | --- | --- | --- | --- |
| | intersubjektive Überprüfbarkeit | Anreizkom-patibilität | optimale Risikoteilung | Sonstige | |
| Bühner 1990 | — | Zielidentität | Motivation | — | — |
| Schmidt 1990 | — | Anreiz-wirkung | Risiko-wirkung | Flexibilität, strategische Wirkung | — |
| Elschen 1991 | Intersubjektive Überprüfbarkeit | Zielverträg-lichkeit | Risikoteilung | — | Kosten-/ Nutzen-Erwägung |
| Bleicher 1992, 1994 | Transparenz | Belohnungs-wirkung | Motivation | Flexibilität, Differenzie-rung, Ge-rechtigkeit, Integration, Leistungsori-entierung | Wirtschaft-lichkeit |
| Herter 1994 | Objektivität, Transparenz | Zielkongru-enz | Controlabili-ty-Principle | — | Wirtschaft-lichkeit |
| Coenenberg 1995, 1997 | Objektivität, Maßgenauig-keit | Zielkongru-enz | — | Kommunika-tionsfähigkeit | Wirtschaft-lichkeit |
| Laux/Lier-mann 1997 | Intersubjekti-ve Überprüf-barkeit | Anreizkom-patibilität | pareto-effiziente Ri-sikoteilung | — | Effizienz |
| Pape 1997 | Transparenz | Zielkongru-enz | Risikoteilung | — | — |
| Laux 1999 | Intersubjekti-ve Überprüf-barkeit | Anreizkom-patibilität[139] | pareto-effiziente Ri-sikoteilung | | Effizienz |

Tabelle 2: Beurteilungskriterien für Belohnungssysteme

---

[139] Vgl. auch bereits *Laux, Helmut*: [Tantiemesysteme], a.a.O., S. 601.

## 2.2.4. Beurteilungskriterien für Bemessungsgrundlagen

### 2.2.4.1. Barwertidentität

Nicht nur das gesamte Belohnungssystem, auch einzelne Bemessungsgrundlagen müssen der Forderung nach Anreizkompatibilität oder Zielkongruenz genügen.[140] Sie konkretisiert sich im Prinzip der Barwertidentität, das besagt, daß die Summe der auf den Zeitpunkt 0 bezogenen Barwerte aller Bemessungsgrundlagen mit der Summe der auf den Zeitpunkt 0 bezogenen Barwerte der Überschüsse des Unternehmens übereinstimmen muß.[141] Ist dies der Fall, sind Kapitalwert des Projekts und Barwert der Bemessungsgrundlagen für alle denkbaren Umweltzustände identisch, und es ist gleichgültig, ob der Manager die Entscheidung auf der Grundlage von Zahlungsüberschüssen oder Bemessungsgrundlagen tätigt. Verändert sich die Ausprägung der Bemessungsgrundlage in eine positive Richtung, darf dies nur dann der Fall sein, wenn sich auch die Ziele des Gesamtunternehmens in einer positiven Weise verändern. Ist die Entlohnung des Bereichsmanagers abhängig von einer so definierten Bemessungsgrundlage, steigert er durch die Orientierung an einer möglichst hohen eigenen Vergütung auch den Kapitalwert des Projekts und erfüllt damit die Ziele der Zentrale. Zwar ist nicht garantiert, daß der Entscheidungsträger den Kapitalwert *maximiert*, indem er gezielt nach den besten Projekten sucht. Bei Auswahl eines Projekts mit niedrigerem Kapitalwert entstehen für ihn aber Opportunitätskosten, die wiederum einen Anreiz für die Wahl des Projekts mit dem höheren Barwert darstellen, so daß er zumindest innerhalb der ihm bekannten Alternativen den maximalen Kapitalwert realisiert.[142] Dadurch werden Anreize gesetzt, einerseits Projekte mit einem möglichst hohen Kapitalwert auszuwählen und andererseits bei der Durchführung dieser Projekte mittels eigener Anstrengungen auf möglichst hohe

---

[140] Vgl. *Laux, Helmut*: [Risiko], a.a.O., S. 8; *ders.*: [Unternehmensrechnung], a.a.O., S. 135 f.; *ders.*: [Erfolgsbeteiligung], a.a.O., S. 1261; *Laux, Helmut/Liermann, Felix*: [Organisation], a.a.O., S. 550; *Küpper, Hans-Ulrich*: [Marktwertorientierung] – neue und realisierbare Ausrichtung für die interne Unternehmenssteuerung?, in: BFuP, 50. Jg. (1998), S. 517-539, hier S. 527 f., der mit Zielbezug Anreizkompatibilität bzw. Barwertidentität meint; *ders.*: [Controlling], a.a.O., S. 217; *Janssen, Friedrich/Scheren, Michael*: Internationalisierung der [Führungskennziffern]?, in: *Küting, Karlheinz/Langenbucher, Günther* (Hrsg.): Internationale Rechnungslegung (FS Weber), Stuttgart 1999, S. 605-629, hier S. 610; *Pellens, Bernhard/Crasselt, Nils/Rockholtz, Carsten*: [Entlohnungssysteme], a.a.O., S. 14; *Rappaport, Alfred*: How to design value-contributing Executive [Incentives], in: JBSt, Vol. 4 (1983), S. 49-59, hier S. 51; *ders.*: Creating [Shareholder Value, 1]. Aufl., New York u.a. 1986, S. 171 f. (als „validity" bezeichnet); *ders.*: [Shareholder Value, 2], a.a.O., S. 118 (mit „economic sound" umschrieben); *Elschen, Rainer*: [Agency-Theorie], a.a.O., S. 1009.

[141] Vgl. *Laux, Helmut*: [Unternehmensrechnung], a.a.O., S. 135 f.

[142] So bereits *Laux, Helmut*: [Tantiemesystem], a.a.O., S. 601.

Überschüsse hinzuwirken. Das Prinzip der Barwertidentität kann auch mit der Forderung nach Informationsehrlichkeit im Sinne einer Verbindung des Verhaltens des Agenten und der Ausprägung des ausgewiesenen Erfolges umschrieben werden[143] und stellt ein zentrales Kriterium zur Beurteilung von Wertsteigerungsmaßen als Bemessungsgrundlage für Zwecke der internen Steuerung dar.

### 2.2.4.2. Entscheidungsverbundenheit

Mit dem Prinzip der Entscheidungsverbundenheit ist ein unmittelbarer, auch zeitlich enger Zusammenhang zwischen dem Erfolgsausweis und der Entscheidung gemeint.[144] Werden Periodenerfolge als Bemessungsgrundlagen herangezogen, bedeutet dies, daß sich die Konsequenzen der Bemühungen des Entscheidungsträgers noch in derselben Periode im Erfolg niederschlagen müssen.[145] Die Bedeutung dieses Prinzips für die Gewährung von Anreizen relativiert sich jedoch, da ein Entscheidungsträger in seinem Kalkül auch in der Zukunft liegende Folgen seiner Entscheidung antizipieren wird. Problematisch ist dies dann aber, wenn der Manager über eine andere Zeitpräferenz oder einen anderen Planungshorizont als die Unternehmenszentrale verfügt. Dann kann es zu Anreizverzerrungen kommen, die dazu führen, daß der Entscheidungsträger Investitionen mit kurzer Lebensdauer oder frühzeitigen Rückflüssen bevorzugt und zu „kurzsichtigen" Entscheidungen tendiert, die u.U. aus Sicht der Zentrale suboptimal sind. Diese als „Horizontproblem"[146] oder „Problem des ungeduldigen Managers"[147] bezeichneten Situationen können zwei Ursachen haben: Er-

---

[143] Hier zeigt sich, daß die Abgrenzung zwischen den Forderungen nach Barwertidentität, Entscheidungsverbundenheit und Manipulationsresistenz (siehe Kapitel 2.2.4.2 und 2.2.4.3) nicht eindeutig ist.

[144] Vgl. grundlegend *Hax, Herbert*: [Periodenerfolgsmessung], a.a.O., S. 162 f. Ähnlich auch *Rappaport, Alfred*: [Incentives], a.a.O., S. 51; *ders.*: [Shareholder Value, 1], a.a.O., S. 171 f. (degree of control). Auf *Hax* beziehen sich *Laux, Helmut*: [Unternehmensrechnung], a.a.O., S. 136; *Küpper, Hans-Ulrich*: [Marktwertorientierung], a.a.O., S. 527 f.; *ders.* · [Controlling], a.a.O., S. 217 f.; *Wenger, Ekkehard/Knoll, Leonhard*: Aktienkursgebundene Management-Anreize: Erkenntnisse der Theorie und Defizite der Praxis, in: BFuP, 51. Jg. (1999), S. 565-591, hier S. 573 f.

[145] Vgl. *Hax, Herbert*: [Periodenerfolgsmessung], a.a.O., S. 162.

[146] Vgl. *Jensen, Michael C./Smith jr., Clifford W.*: Stockholder, Manager, and Creditor Interests, Applications of Agency Theory, in: *Altman, Edward I./Subrahmanyam, Marti G.* (Hrsg.): Recent Advances in Corporate Finance, Homewood/Ill. 1985, S. 93-131, hier S. 103; *Schoppe, Siegfried* et al.: Moderne Theorie der Unternehmung, München/Wien 1995, S. 204 f.

[147] Vgl. *Reichelstein, Stefan*: Providing [Managerial Incentives]: Cash Flows versus Accrual Accounting, in: JAR, Vol. 38 (2000), S. 243-269, hier S. 247; *Gillenkirch, Robert M./Schabel, Matthias M.*: Investitionssteuerung, Motivation und [Periodenerfolgsrechnung] bei ungleichen Zeitpräferenzen, in: zfbf, 53. Jg. (2001), S. 216-245, hier S. 220.

stens ist der Planungshorizont des Managers auf die (voraussichtliche) Dauer seines Arbeitsverhältnisses beschränkt, der Planungshorizont der Eigenkapitalgeber unterliegt jedoch grundsätzlich keiner zeitlichen Beschränkung. Zweitens können aufgrund anderer Zeitpräferenzen (z.b. wegen privater Verschuldung) des Managers frühere Gehaltszahlungen präferiert werden.

Dem Prinzip der Entscheidungsverbundenheit ähnlich ist die Forderung nach Vergleichbarkeit von Periodengewinnen, wonach ausgewiesene Periodengewinne zutreffende Rückschlüsse auf die wirtschaftliche Situation erlauben müssen.[148] „Wenn ein steigender oder sinkender Gewinn eine Verbesserung bzw. Verschlechterung der wirtschaftlichen Situation anzeigt, kommt darin unmittelbar die Wirkung von Dispositionen des verantwortlichen Entscheidungsträgers zum Ausdruck."[149] Durch diese Bedingung erhält eine Bemessungsgrundlage motivierende Wirkung, der Entscheidungsträger kann davon ausgehen, daß seine Bemühungen auch zutreffend angezeigt werden. Das Kriterium der Entscheidungsverbundenheit stellt die zweite zentrale Anforderung an Wertsteigerungsmaße als Bestandteil eines Anreiz- und Belohnungssystems dar.[150]

## 2.2.4.3. Manipulationsresistenz

Das Ziel, den Entscheidungsträger durch geeignete Anreize zu „guten" Entscheidungen zu motivieren, würde verfehlt werden, wenn der Entscheidungsträger die Bemessungsgrundlage manipulieren könnte. Daher ist die Forderung nach Manipulationsfreiheit der zugrunde gelegten Bemessungsgrundlagen von entscheidender Bedeutung.[151] Der Entscheidungsträger darf keinen Einfluß auf die Zurechnung der Erfolge auf einzelne Perioden haben, bzw. es muß objektiv

---

[148] Vgl. *Moxter, Adolf*: [Gewinnermittlung], a.a.O., S. 221.

[149] *Hax, Herbert*: [Periodenerfolgsmessung], a.a.O., S. 162 f.

[150] Vgl. zur Begründung der Entscheidungsverbundenheit von Bemessungsgrundlagen auch *Winter, Stefan*: [Gestaltung], a.a.O., S. 623.

[151] Vgl. *Hax, Herbert*: [Periodenerfolgsmessung], a.a.O., S. 163; *Laux, Helmut*: [Risiko], a.a.O., S. 8, der an dieser Stelle von intersubjektiver Überprüfbarkeit der Bemessungsgrundlage spricht; *ders.*: [Unternehmensrechnung], a.a.O., S. 136; *ders.*: [Erfolgsbeteiligung], a.a.O., S. 1261; *Laux, Helmut/Liermann, Felix*: [Organisation], a.a.O., S. 550; *Janssen, Friedrich/Scheren, Michael*: [Führungskennziffern] a.a.O., S. 610 (Objektivität); *Küpper, Hans-Ulrich*: [Marktwertorientierung], a.a.O., S. 527 f.; *ders.*: [Controlling], a.a.O., S. 217 f.; *Pellens, Bernhard/Crasselt, Nils/Rockholtz, Carsten*: [Entlohnungssysteme], a.a.O., S. 14; *Rappaport, Alfred*: [Incentives], a.a.O., S. 51; *ders.*: [Shareholder Value, 1], a.a.O., S. 171 f. (verifibility). Vgl. allgemein zur Manipulation von Performance-Maßen *Demski, Joel S.*: Performance Measure Manipulation, in: CAR, Vol. 15 (1998), S. 261-285; *Elschen, Rainer*: [Agency-Theorie], a.a.O., S. 1009, der jedoch von intersubjektiver Überprüfbarkeit der Bemessungsgrundlage spricht.

und ohne großen Aufwand überprüft werden können, ob Manipulationen vorliegen. Der Manager wird diese Aufdeckung antizipieren und Manipulationen unterlassen.[152] Das Ziel, mittels der Steuerung durch Wertsteigerungsmaße geeignete Anreize für „gute" Entscheidungen zu setzen, ist ohne Gewährleistung der Manipulationsresistenz nicht erreichbar.

### 2.2.4.4. Vergleichbarkeit

Das Kriterium der Vergleichbarkeit wurde bereits im Zusammenhang mit der Entscheidungsverbundenheit angesprochen. Ist das Prinzip der Vergleichbarkeit der Bemessungsgrundlage nicht erfüllt, kann die Qualität der Entscheidungen des Managers nicht beurteilt werden.[153] Bemessungsgrundlagen sind dann gute Rechenschaftsgrößen, wenn sie vergleichbar sind.[154] Bedeutung erlangt das Kriterium darüber hinaus, wenn die Zentrale – wovon auszugehen ist – mehrere Bereiche steuert; Bemessungsgrundlagen müssen hierbei einen Vergleich zwischen einzelnen Bereichen ermöglichen.[155] Die Vergleichbarkeit erstreckt sich auf mehrere Perioden untereinander, zwischen verschiedenen Einheiten des Unternehmens und (unter Berücksichtigung des Kapitalmarkts) auch zwischen verschiedenen Unternehmen, womit erneut die externe Wirkung von Belohnungssystemen bzw. Wertsteigerungsmaßen angesprochen wird. Für die Beurteilung von Wertsteigerungsmaßen kommt der Forderung nach Vergleichbarkeit im Rahmen der Eignung für verschiedene Teilbereiche Bedeutung zu.

### 2.2.4.5. Weitere Kriterien

Wie auch bei der Beurteilung von Belohnungssystemen wird für Bemessungsgrundlagen gefordert, daß sie verständlich und kommunikationsfähig sein müssen.[156] Davon betroffen sind wiederum Fragen der Akzeptanz unter den zu steuernden Personen und der Information der Anteilseigner über das Belohnungssystem. Ferner wird die Forderung nach Flexibilität[157] der Bemessungsgrundlage erhoben, was mit der Verwendbarkeit für mehrere Bereiche begründet wird, in-

---

[152] Vgl. *Laux, Helmut/Liermann, Felix*: [Organisation], a.a.O., S. 550.

[153] Vgl. *Laux, Helmut*: [Unternehmensrechnung], a.a.O., S. 136.

[154] Vgl. *Moxter, Adolf*: [Gewinnermittlung], a.a.O., S. 221.

[155] Vgl. *Janssen, Friedrich/Scheren, Michael*: [Führungskennziffern], a.a.O., S. 611.

[156] Vgl. *Rappaport, Alfred*: [Incentives], a.a.O., S. 52; *ders.*: [Shareholder Value, 1], a.a.O., S. 171 f.; *ders.*: [Shareholder Value, 2], a.a.O., S. 118; *Janssen, Friedrich/Scheren, Michael*: [Führungskennziffern], a.a.O., S. 610 f.

[157] Vgl. *Rappaport, Alfred*: [Shareholder Value, 1], a.a.O., S. 171 f.; *Janssen, Friedrich/ Scheren, Michael*: [Führungskennziffern], a.a.O., S. 610 f.

sofern bereits im Rahmen der Vergleichbarkeit angesprochen wurde. Schließlich wird auch der Aspekt der Risikoteilung bei der Analyse von Bemessungsgrundlagen angesprochen: Ist der Entscheidungsträger risikoscheu und die Instanz risikoneutral, ist es für beide Seiten vorteilhaft, wenn die Varianz der Bemessungsgrundlage möglichst gering ist.[158] Risikoteilung zwischen der Zentrale und dem Management betrifft also nicht nur das Anreizsystem als solches, sondern auch die einzelne Bemessungsgrundlage. Eine geringe Varianz der Bemessungsgrundlage mindert die vom Entscheidungsträger geforderte Risikoprämie und damit die Kosten des Belohnungssystems.[159]

### 2.2.4.6. Zusammenfassung

Nach den Beurteilungskriterien für Belohnungssysteme wurden in diesem Kapitel Beurteilungskriterien für Bemessungsgrundlagen zusammengestellt. Diesen Anforderungen müssen Wertsteigerungsmaße genügen, wenn sie im Unternehmen für die Steuerung von Bereichsmanagern herangezogen werden. Barwertidentität, Entscheidungsverbundenheit, Manipulationsresistenz und Vergleichbarkeit bilden die „Maximalanforderungen"[160], denen Bemessungsgrundlagen entsprechen sollen. Weitere Bedeutung erlangt auch hier die Kommunikationsfähigkeit der herangezogenen Größen, die sich in deren Verständlichkeit oder Nachvollziehbarkeit äußert. Schließlich ist unter Risikoteilungsaspekten eine geringe Varianz der Bemessungsgrundlage vorteilhaft, wenn eine risikoneutrale Instanz (hier das zentrale Management) einen risikoaversen Entscheidungsträger steuern möchte. Nachstehende Abbildung faßt die Beurteilungskriterien für Bemessungsgrundlagen von Belohnungssystemen und deren Quellen zusammen:[161]

---

[158] Vgl. *Laux, Helmut*: [Unternehmensrechnung], a.a.O., S. 137; *Pfaff, Dieter/Kunz, Alexis/Pfeiffer, Thomas*: [Bemessungsgrundlage], a.a.O., S. 38; *Winter, Stefan*: [Gestaltung], a.a.O., S. 622, der auf die Möglichkeit der Relativierung der Bemessungsgrundlage hinweist.

[159] Siehe auch Kapitel 2.2.3.1.

[160] *Hax, Herbert*: [Periodenerfolgsmessung], a.a.O., S. 163.

[161] Vgl. *Hax, Herbert*: [Periodenerfolgsmessung], a.a.O. (Hax 1989); *Janssen, Friedrich/Scheren, Michael*: [Führungskennziffern], a.a.O. (Janssen/Scheren 1999); *Küpper, Hans-Ulrich*: [Controlling], a.a.O. (Küpper 1997); *ders.*: [Marktwertorientierung], a.a.O. (Küpper 1998); *Laux, Helmut*: [Risiko], a.a.O. (Laux 1990); *ders.*: [Unternehmensrechnung], a.a.O. (Laux 1999); *Laux, Helmut/Liermann, Felix*: [Organisation], a.a.O. (Laux/Liermann 1997); *Rappaport, Alfred*: [Shareholder Value, 1], a.a.O. (Rappaport 1986).

| Kriterium \ Autor | Barwert-identität | Entscheidungs-verbundenheit | Manipulations-resistenz | Vergleich-barkeit | Sonstige |
|---|---|---|---|---|---|
| Rappaport 1986 | Validität | Zurechen-barkeit | Überprüf-barkeit | Universalität | Kommunika-tionsfähigkeit |
| Hax 1989 | — | Entschei-dungsverbun-denheit | Manipulati-onsfreiheit | — | — |
| Laux 1990 | Zielkongru-enz | — | Überprüf-barkeit | — | — |
| Laux/Lier-mann 1997 | Anreizkom-patibilität | — | Manipulati-onsfreiheit | — | — |
| Küpper 1997, 1998 | Zielkongru-enz | Entschei-dungsverbun-denheit | Manipulati-onsfreiheit | — | — |
| Janssen/ Scheren 1999 | Zielkongru-enz | — | Objektivität | Vergleich-barkeit, Tran-sparenz | Flexibilität |
| Laux 1999 | Barwert-identität | Entschei-dungsverbun-denheit | Manipulati-onsfreiheit[162] | Vergleich-barkeit | pareto-effiziente Ri-sikoteilung |

Tabelle 3: Beurteilungskriterien für Bemessungsgrundlagen

## 2.2.5. Grenzen der Steuerung durch Anreize

Die vorangegangenen Ausführungen mögen den Eindruck erwecken, daß die Verhaltenssteuerung von dezentralen Entscheidungsträgern mittels eines hinreichend geeigneten Anreizsystems problemlos möglich ist. Dem stehen zahlreiche Probleme gegenüber, die sich in der Praxis bei der Einführung von Anreizsystemen ergeben.[163] Die Ermittlung eines optimalen Belohnungssystems gelingt nur für vergleichsweise einfache und realitätsfremde Fälle. In den Grundmodellen der Agency-Theorie und des Delegationswertkonzepts entscheidet der Agent lediglich über seinen Arbeitseinsatz, den er ohne Anreize aufgrund empfundenen Arbeitsleids zu minimieren versucht. Das Streben nach minimalem Arbeitsleid deckt sich zunächst nicht mit Erkenntnissen über den tatsächlichen

---

[162] Vgl. auch bereits *Laux, Helmut*: [Tantiemesysteme], a.a.O., S. 601.
[163] Vgl. die empirische Studie von *Bassen, Alexander/Koch, Maximilian/Wichels, Daniel*: [Entlohnungssysteme], a.a.O., S. 15 f. oder auch *Elschen, Rainer*: [Agency-Theorie], a.a.O., S. 1009.

Arbeitseinsatz von Managern.[164] Sobald der Entscheidungsträger aber nicht nur über seinen Arbeitseinsatz entscheiden kann,[165] sondern eigenständig Investitionsmöglichkeiten entdecken und die für das Unternehmensziel optimale Alternative auswählen und realisieren soll,[166] ist es für die delegierende Instanz unmöglich, im vorhinein ein optimales Anreizsystem zu identifizieren. Der vom Agenten gewählte Arbeitseinsatz ist in solchen Konstellationen abhängig vom Ergebnis der Suche nach Investitionsalternativen. Es stellen sich realistischerweise mehrere Teilaufgaben:[167]

- Wie soll der Auftragnehmer Informationen über mögliche Investitionsprojekte sammeln?
- Wann soll dieser Prozeß der Informationsproduktion enden?
- Welche Alternative ist aus den gefundenen auszuwählen?
- Welcher Arbeitseinsatz ist bei deren Realisation zu leisten?

Die Instanz ist in ihrer Kapazität, Informationen zu verarbeiten, beschränkt, außerdem muß auch der Entscheidungsträger Vereinfachungen in seinem Kalkül vornehmen, die die Instanz wiederum nicht vorhersehen kann. In diesem Fall aber ist die Prognose des Verhaltens des Entscheidungsträgers auf eine bestimmte Ausprägung des Anreizsystems nicht möglich bzw. verursacht einen derart großen Planungsaufwand, daß die Delegation an einen Entscheidungsträger nicht mehr sinnvoll erscheint; ein optimales Anreizsystem kann nicht implementiert werden.

Neben der Annahme der unrealistischen Entscheidungsvariable Arbeitseinsatz werden in den Modellen weitere Vereinfachungen vorgenommen. Diese erlauben zwar präzise Modellergebnisse, haben aber eine starke Einschränkung des Betrachtungsgegenstands zur Folge, was die Übertragbarkeit auf reale Entschei-

---

[164] Vgl. *Holmström, Bengt/Ricart i Costa, Joan*: Managerial [Incentives] and Capital Management, in: QJE, Vol. 101 (1986), S. 835-860, hier S. 835; *Levinthal, Daniel*: A Survey of [Agency Models] of Organization, in: JEBO, Vol. 9 (1988), S. 153-185, hier S. 181; *Kaplan, Robert S.*: The Evolution of Management Accounting, in: AR, Vol. 59 (1984), S. 390-418, hier S. 405; *Breid, Volker*: [Verhaltenssteuerung], a.a.O., S. 825.

[165] *Laux* spricht hier plastisch von einer „Rechtsverschiebung" der Wahrscheinlichkeitsverteilung über den Erfolg, vgl. stellvertretend für viele Fundstellen *Laux, Helmut*: [Erfolgsbeteiligung], a.a.O., S. 1264.

[166] Was der eigentliche Grund der Delegation ist, vgl. Kapitel 2.2.1.

[167] Vgl. hierzu und im folgenden vor allem *Laux, Helmut*: [Unternehmensrechnung], a.a.O., S. 71-75; *Laux, Helmut/Liermann, Felix*: [Organisation], a.a.O., S. 536-539 sowie *Gedenk, Karen*: [Agency-Theorie] und die Steuerung von Geschäftsführern, in: DBW, 58. Jg. (1998), S. 22-37, hier S. 24 f.

dungssituationen weiter einschränkt.[168] So kann nicht davon ausgegangen werden, daß die Risikonutzenfunktionen für Prinzipal und Agent allgemein bekannt sind.[169] Ferner lassen sich die verschiedenen Risikonutzenfunktionen der Bereichsleiter eines Unternehmens unmöglich aggregieren.[170] Häufig beschränken sich die Modelle auf lineare Anreizsysteme[171] bzw. legen die Prämissen von LEN-Modellen[172] zugrunde, was zwar die Komplexität reduziert, aber für die Realität die Gefahr der Entwicklung suboptimaler Belohnungssysteme birgt. So impliziert ein linearer Entlohnungsvertrag eine Beteiligung des Agenten an negativen Ergebnissen und setzt bei beiden Parteien Risikoneutralität voraus.[173] Werden die Annahmen aufgehoben, resultieren optimale Entlohnungssysteme, die für den praktischen Einsatz nicht mehr geeignet sind.[174] Insgesamt bewirken die Annahme rationalen Verhaltens, die weitgehende Vernachlässigung der Managementfähigkeiten und das hohe Maß an Ungewißheit eine eingeschränkte Anwendbarkeit agencytheoretischer Modellergebnisse für die Gestaltung von Belohnungssystemen in der Praxis.[175]

---

[168] Vgl. *Gedenk, Karen*: [Agency-Theorie], a.a.O., S. 24; *Franke, Günter*: [Agency-Theorie], a.a.O., Sp. 48; *Küpper, Hans-Ulrich*: [Controlling], a.a.O., S. 55; *Spremann, Klaus*: [Information], a.a.O., S. 583-585; *Levinthal, Daniel*: [Agency Models], a.a.O., S. 156; *Baiman, Stanley*: Agency Research in Managerial Accounting: A Second Look, in: AOS, Vol. 15 (1990), S. 341-371, hier S. 344; *Neus, Werner*: [Agency-Theorie], a.a.O., S. 12; *Petersen, Thomas*: Optimale [Anreizsysteme], Wiesbaden 1989, S. 22.

[169] Vgl. auch *Elschen, Rainer*: [Agency-Theorie], a.a.O., S. 1009.

[170] Vgl. *Bamberg, Günter/Coenenberg, Adolf G.*: Betriebswirtschaftliche Entscheidungslehre, 10. Aufl., München 2000, S. 253-269.

[171] So z.B. *Holmström, Bengt R./Ricart i Costa, Joan*: [Incentives], a.a.O.; *Petersen, Thomas*: [Anreizsysteme], a.a.O.; *Kiener, Stefan*: Die Principal-Agent-Theorie aus informationsökonomischer Sicht, Heidelberg 1990; *Dutta, Sunil/Reichelstein, Stefan*: Performance Measurement in Multi-Period Agencies, in: JITE, Vol. 155 (1999), S. 158-175.

[172] LEN steht für lineare Entlohnungsfunktionen (L), exponentiellen Risikonutzenfunktionen der Beteiligten (E) und normalverteilte Umweltzustände (N), vgl. insb. *Spremann, Klaus*: [Agent], a.a.O., S. 17-22; *Wagenhofer, Alfred/Ewert, Ralf*: [Linearität] und Optimalität in ökonomischen Agency-Modellen. Zur Rechtfertigung des LEN-Modells, in: ZfB, 63. Jg. (1993), S. 373-391, hier S. 375-381. LEN-Modelle finden sich u.a. bei *Holmström, Bengt R./Milgrom, Paul*: Aggregation and [Linearity] in the Provision of Intertemporal Incentives, in: Em, Vol. 55 (1987), S. 303-328; *Neus, Werner*: [Agency-Theorie], a.a.O.; *Hartmann-Wendels, Thomas*: Principal-Agent-Theorie und asymmetrische Informationsverteilung, in: ZfB, 59. Jg. (1989), S. 714-734, hier S. 716-723; *Laux, Helmut*: [Risiko], a.a.O., S. 80-158.

[173] Vgl. zu den Bedingungen, unter denen lineare Belohnungsfunktionen zu einem Optimum führen können, *Laux, Helmut*: [Unternehmensrechnung], a.a.O., S. 82-98; *Laux, Helmut/Liermann, Felix*: [Organisation], a.a.O., S. 542-546.

[174] Vgl. *Laux, Helmut/Schenk-Mathes, Heike Y.*: Lineare und nichtlineare Anreizsysteme, Berlin u.a. 1992, S. 33-64 und 65-137.

[175] Vgl. zusammenfassend *Breid, Volker*: [Verhaltenssteuerung], a.a.O., S. 846; *Elschen, Rainer*: [Agency-Theorie], a.a.O., S. 1009 f.

Dennoch eignen sich die Modelle, um zumindest eine Orientierungshilfe bei der Einschätzung unterschiedlicher Belohnungssysteme zu geben.[176] Sie zeigen die Ursachen der Interessengegensätze zwischen Unternehmens- und Bereichsleitung, die die Verhaltenswirkung finanzieller Belohnungen beeinflussenden Faktoren und die Rolle von Informations- und Marktbedingungen für die Stärke von Anreizen. Außerdem sind lineare Modelle robust gegen verschiedene Umweltbedingungen, wie eine Untersuchung von HOLMSTRÖM und MILGROM zeigt.[177]

Wenn die Ermittlung eines optimalen Belohnungssystems aus dem Zusammenspiel von Bemessungsgrundlage und Belohnungsfunktion nicht möglich erscheint, muß die Belohnungsfunktion zumindest die Bedingung der Anreizkompatibilität erfüllen.[178] Anreizkompatibel ist eine Belohnungsfunktion, wenn der Entscheidungsträger nur dann den erwarteten Nutzen seiner Belohnung steigern kann, wenn durch seine Handlungen auch der erwartete Nutzen der delegierenden Instanz steigt. Ziel dieser Arbeit ist die Analyse von Bemessungsgrundlagen. Im folgenden wird daher unterstellt, daß die Belohnungsfunktion die Bedingung der Anreizkompatibilität erfüllt. Damit beschränkt sich die Analyse auf die Eignung einzelner Wertsteigerungsmaße für Zwecke der Verhaltensteuerung. Wie bereits in Kapitel 2.2.3.2 angemerkt, kann somit nicht ohne weiteres auf die Güte eines Belohnungs- oder Anreizsystems geschlossen werden, das ein als „geeignet" oder „ungeeignet" klassifiziertes Wertsteigerungsmaß als Bemessungsgrundlage heranzieht.

## 2.3. Anforderungen aufgrund der Informationsaufgabe

### 2.3.1. Rechenschaftsgrundsätze

Die Identifikation und Realisation wertsteigernder Investitionsvorhaben ist zwar notwendig, jedoch nicht ausreichend für die Schaffung von Shareholder Value.[179] Der Kapitalmarkt muß die Informationen auch erhalten, anderenfalls

---

[176]   Vgl. *Laux, Helmut*: [Unternehmensrechnung], a.a.O., S. 72; *Laux, Helmut/Liermann, Felix*: [Organisation], a.a.O., S. 537.

[177]   Vgl. *Holmström, Bengt R./Milgrom Paul*: [Linearity], a.a.O., S. 306-311; ferner *Wagenhofer, Alfred/Ewert, Ralf*: [Linearität], a.a.O., S. 382-387.

[178]   Vgl. *Laux, Helmut*: [Unternehmensrechnung], a.a.O., S. 72 f.; *Laux, Helmut/Liermann, Felix*: [Organisation], a.a.O., S. 537 f.; *Elschen, Rainer*: [Agency-Theorie], a.a.O., S. 1010.

[179]   Vgl. *Leven, Franz-Josef*: [Investor Relations] und Shareholder Value, in: *Müller, Michael/Leven, Franz-Josef* (Hrsg.): Shareholder Value Reporting, Wien 1998, S. 45-62, hier S. 46; *Wulff, Christian*: Informationspolitik und Unternehmenswert, in: *Arnold, Hans-*

können sie sich nicht in (steigenden) Kursen der Anteile widerspiegeln.[180] Dies setzt zum einen eine gewisse Mindest-Informationseffizienz des Kapitalmarkts voraus.[181] Zum anderen muß die Rechnungslegung des Unternehmens bestimmten Anforderungen genügen, damit eine bloße Nachricht zur Information wird. Die externe Rechnungslegung dient dem Schutz von Interessen Dritter und hat im wesentlichen zwei Funktionen: Zahlungsbemessung und Information.[182] Je nachdem, welche Interessen als besonders schützenswert erachtet werden, können mehr oder weniger informationsfreundliche Rechnungslegungsnormen identifiziert werden.

Den US-GAAP wird im allgemeinen eine besondere Eignung für die Befriedigung der Informationsbedürfnisse des Kapitalmarkts zugesprochen.[183] Das zentrale Konzept der Entscheidungserheblichkeit (*Decision Usefulness*) verlangt, daß die Information relevant und zugleich verläßlich sein muß. Relevanz ist gegeben, wenn entweder Vorhersagen getroffen oder frühere Erwartungen ange-

*jörg/Englert, Joachim/Eube, Steffen* (Hrsg.): Werte messen – Werte schaffen (FS Maul), Wiesbaden 2000, S. 421-435, hier S. 423; *Pape, Ulrich*: [Grundlagen], a.a.O., S. 713 f.

[180] Vgl. *Rappaport, Alfred*: [Shareholder Value, 1], a.a.O., S. 45-49; *Labhart, Peter A.*: Value [Reporting], Zürich 1999, S. 111-137 und 274-277; *Kühnberger, Manfred*: Shareholder Value und externe Rechnungslegung, in: RIW, 44. Jg. (1998), S. 301-311, hier S. 302-306 und 310 f.; *Hütten, Christoph*: Der Geschäftsbericht als [Informationsinstrument], Düsseldorf 2000, S. 63-70, *Neubürger, Heinz-Joachim*: Wertorientierte Unternehmensführung bei Siemens, in: zfbf, 52. Jg. (2000), S. 188-196, hier S. 195 f.; *Pellens, Bernhard/Hillebrandt, Franca/Tomaszewski, Claude*: [Value Reporting] – Eine emprirische Analyse der DAX-Unternehmen, in: *Wagenhofer, Alfred/Hrebicek, Gerhard* (Hrsg.): Wertorientiertes Management, Stuttgart 2000, S. 177-207, hier S. 178.

[181] An einem Kapitalmarkt, der im mittelstrengen Sinne informationseffizient ist, sind alle öffentlich zugänglichen Informationen in der Preisbildung berücksichtigt. Vgl. zur Kapitalmarkteffizienz grundlegend *Fama, Eugene F.*: Efficient Capital Markets, in: JF, Vol. 25 (1970), S. 383-417, ferner *Ross, Stephen A./Westerfield, Randolph W./Jaffee, Jeffrey*: Corporate Finance, 5. Aufl., Chicago u.a. 1999, S. 319-335; *Schneider, Dieter*: [Investition], a.a.O., S. 541-545; *Schmidt, Reinhard H./Terberger, Eva*: [Finanzierungstheorie], a.a.O., S. 207-217; *Süchting, Joachim*: [Finanzmanagement], a.a.O., S. 395-402.

[182] Vgl. *Ballwieser, Wolfgang*: Das Rechnungswesen im Lichte ökonomischer Theorie, in: *Ordelheide, Dieter/Rudolph, Bernd/Büssamann, Elke* (Hrsg.): Betriebswirtschaftslehre und ökonomische Theorie, Stuttgart 1991, S. 97-124, hier S. 111; *Coenenberg, Adolf G.*: [Jahresabschluß] und Jahresabschlußanalyse, 17. Aufl., Landsberg a. L. 2000, S. 36. Daneben wird noch die Dokumentation als dritte Funktion genannt.

[183] Vgl. *Förschle, Gerhart/Glaum, Martin/Mandler, Udo*: US-GAAP, IAS und HGB: Ergebnisse einer Umfrage unter deutschen Rechnungslegungsexperten, in: BFuP, 47. Jg. (1994), S. 392-413, hier S. 401 und 404. Kritisch z.B. *Schildbach, Thomas*: Rechnungslegung nach US-GAAP: Hoffnung und Wirklichkeit, in: BB, 54. Jg. (1999), S. 359-365 und 411-415, hier insb. S. 361 und 414 f.; *Ballwieser, Wolfgang*: Chancen und Gefahren einer Übernahme amerikanischer Rechnungslegung, in: *Budde, Wolfgang Dieter/Moxter, Adolf/Offerhaus, Klaus* (Hrsg.): Handelsbilanzen und Steuerbilanzen (FS Beisse), Düsseldorf 1997, S. 25-43, hier S. 36-42.

paßt werden können. Verläßlichkeit äußert sich vor allem in intersubjektiver Nachprüfbarkeit und Meßbarkeit.[184] Das amerikanische FASB hat in seinem *Conceptual Framework* mit *Relevance* und *Reliability* zwei zentrale Anforderungen neben *Understandability* und *Comparability* benannt, die eine zweckgerechte Rechenschaft im Sinne einer *Decision Usefulness* unterstützen sollen:[185]

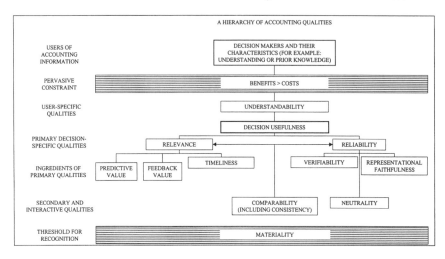

Abbildung 4: *Primary Characteristics* nach SFAC No. 2

Von grundlegender Bedeutung für die Informationsaufgabe der Rechnungslegung im deutschen Verständnis sind die unter dem Begriff der Informations-GoB zusammengefaßten Grundsätze ordnungsmäßiger Buchführung[186] oder Rahmengrundsätze ordnungsmäßiger Rechenschaft[187]. Dabei handelt es sich

---

184  Die Forderung nach Aussagekraft und Nachprüfbarkeit sowie der Gegensatz zwischen ihnen ist keineswegs neu oder eine US-amerikanische Erkenntnis. In der deutschen Bilanztheorie läßt sich der Gedanke bis zum Beginn des 20. Jahrhunderts zurückverfolgen. Vgl. für einen Überblick z.B. *Moxter, Adolf:* [Bilanzlehre], 2. Aufl., Wiesbaden 1976, S. 245-292, insb. S. 254 f.; *Kloock, Josef:* Dynamische Bilanz, in: *Chmielewicz, Klaus/ Schweitzer, Marcell* (Hrsg.): HWR, 3. Aufl., Stuttgart 1993, Sp. 384-399, hier Sp. 392.

185  Vgl. *FASB:* Statement of Financial Accounting Concepts No. 2: Qualitative Characteristics of Accounting Information, 1980, in: *FASB* (Hrsg.): Original Pronouncements, Accounting Standards as of June 1, 2000, Bd. 3, New York u.a. 2000, S. 1021-1055, hier S. 1032. Analog auch das IAS-Framework, vgl. *IASC:* Framework, in: *IASC* (Hrsg.): International Accounting Standards 2000, London 2000, F.24-F.46.

186  Vgl. zu Informations-GoB und der Abgrenzung zu anderen GoB *Ballwieser, Wolfgang:* [Grundsätze] ordnungsmäßiger Buchführung, in: *Castan, Edgar* et al. (Hrsg.): Beck'sches Handbuch der Rechnungslegung, München 1987, Stand 1999, Abschnitt B 105, S. 6 f.

187  Vgl. hierzu *Leffson, Ulrich:* Die Grundsätze ordnungsmäßiger [Buchführung], 7. Aufl., Düsseldorf 1987, S. 179; *Moxter, Adolf:* Fundamentalgrundsätze ordnungsmäßiger [Re-

insbesondere um die Informations-GoB der Wahrheit, der Vollständigkeit, der Klarheit bzw. Verständlichkeit, der Darstellungsstetigkeit und der Wesentlichkeit, die den Interessenschutz Dritter und die Vermittlung entscheidungserheblicher Information sicherstellen sollen.[188] Ein Schutz von Interessen Dritter läßt sich nicht ohne Beachtung der Objektivität erreichen, was der Forderung nach *Reliability* entspricht.[189] Der *Relevance* kann die Forderung nach Vermittlung entscheidungsrelevanter Information gegenübergestellt werden.[190] Die zentralen Rechenschaftsgrundsätze in Deutschland und den USA entsprechen einander auf den ersten Blick.[191] Abweichungen erheblicher Natur ergeben sich aber aus der unterschiedlichen Gewichtung einzelner konkurrierender Grundsätze, insbesondere der *Relevance* und der *Reliability*[192], und insbesondere durch die unterschiedliche Auffassung über jene Adressaten, deren Interessen zu schützen sind. Die deutsche Rechnungslegung dient mehr der Bemessung eines vorsichtig bemessenen, ausschüttungsfähigen Gewinns als der Information, da im Gegensatz zu den USA nicht der Schutz der Anteilseigner, sondern der Schutz der Gläubiger in den Vordergrund gestellt wird.

Allgemeine Rechenschaftsgrundsätze stellen Anforderungen dar, die Wertsteigerungsmaße zu erfüllen haben, wenn sie zur Information der Gesellschafter bzw. des Kapitalmarkts dienen sollen. Eine Konkretisierung haben Grundsätze der Rechenschaft z.B. mit den Grundsätzen ordnungsmäßiger Lageberichter-

---

chenschaft], in: *Baetge, Jörg/Moxter, Adolf/Schneider, Dieter* (Hrsg.): Bilanzfragen (FS Leffson), Düsseldorf 1976, S. 87-100.

[188] Vgl. *Moxter, Adolf*: [Rechenschaft], a.a.O., S. 91-94; *Ballwieser, Wolfgang*: [Grundsätze], a.a.O., S. 21 f. Zu weiteren Qualitätsmerkmalen, die das Informationsverhalten beeinflussen, vgl. auch den Überblick bei *Gemünden, Hans Georg*: Information: Bedarf, Analyse und Verhalten, in: *Wittmann, Waldemar* et al. (Hrsg.): HWB, 5. Aufl., Stuttgart 1993, Sp. 1725-1735, hier Sp. 1736.

[189] Vgl. *Ballwieser, Wolfgang*: [Grundsätze], a.a.O., S. 14 und insb. S. 27.

[190] „Abschlußdaten haben Informationswert, wenn sie geeignet sind, die subjektive Wahrscheinlichkeitsverteilung über entscheidungsrelevante künftige Umweltzustände oder das Managementverhalten zu ändern", *Busse von Colbe, Walther*: Die Entwicklung des Jahresabschlusses als Informationsinstrument, in: *Wagner, Franz W.* (Hrsg.): Ökonomische Analyse des Bilanzrechts, zfbf-Sonderheft 32, Düsseldorf 1993, S. 11-29, hier S. 13.

[191] Vgl. *Frankenberg, Peter*: Jahresabschlüsse im internationalen Vergleich, Wiesbaden 1993, S. 47.

[192] Vgl. *Baetge, Jörg/Roß, Heinz-Peter*: Was bedeutet »[fair presentation]«?, in: *Ballwieser, Wolfgang* (Hrsg.): US-amerikanische Rechnungslegung, 4. Aufl., Stuttgart 2000, S. 29-47, hier S. 37-40 und 46. Zum Konflikt zwischen *relevance* und *reliability* vgl. zusammenfassend *Kuhlewind, Andreas-Markus*: [Grundlagen] einer Bilanzrechtstheorie in den USA, Frankfurt a. M. u.a. 1996, S. 257.

stattung von BAETGE/FISCHER/PASKERT erfahren.[193] Der Lagebericht, dessen Aufgabe in der Vermittlung qualitativer und quantitativer Daten über Vergangenheit, Gegenwart und insbesondere zukünftige Entwicklung liegt,[194] muß bestimmten Anforderungen genügen. Diese Anforderungen können auch auf andere Informationen, die Kapitalmarktteilnehmer z.b. in Form von Wertsteigerungsmaßen erhalten, übertragen werden.

Unternehmen veröffentlichen Informationen über ihre wirtschaftliche Lage aufgrund gesetzlicher oder vertraglicher Bestimmungen oder aufgrund erhoffter Vorteile am Kapitalmarkt, die eine freiwillige, über die normierten Anforderungen hinausgehende Publizität mit sich bringt.[195] Werden Wertsteigerungsmaße als Informationsträger Gesellschaftern und anderen Kapitalmarktteilnehmern zur Verfügung gestellt, haben sie die Anforderungen, die an eine ordnungsmäßige Rechenschaft gestellt werden, zu erfüllen. Zwar besteht hierfür keine gesetzliche Verpflichtung, aber erst mit dem Einhalten dieser Kriterien kann davon ausgegangen werden, daß die Information auch gehaltvoll ist und von den Adressaten angenommen wird.[196]

---

[193] Vgl. *Baetge, Jörg/Fischer, Thomas R./Paskert, Dierk*: Der [Lagebericht], Stuttgart 1989, S. 16-27 sowie *IDW*: IDW Rechnungslegungsstandard: Aufstellung des Lageberichts (IDW RS HFA 1), in: WPg, 51. Jg. (1998), S 653-662, insb. S. 654 f.

[194] Vgl. *Baetge, Jörg/Fischer, Thomas R./Paskert, Dierk*: [Lagebericht], a.a.O., S. 7 f.

[195] Vgl. *Coenenberg, Adolf G./Mattner, Gerhard R.*: Segment- und [Wertberichterstattung] in der Jahresabschlussanalyse, in: BB, 55. Jg. (2000), S. 1827-1834, hier S. 1829. Auf mögliche Nachteile solcher Zusatzinformation soll hier nur hingewiesen werden. Vgl. nur *Schneider, Dieter*: Fördern internationale Rechnungslegungsstandards Wettbewerb als Verwertung von Wissen?, in: *Schildbach, Thomas/Wagenhofer, Alfred* (Hrsg.): Wettbewerb und Unternehmensrechnung, zfbf-Sonderheft 45, Düsseldorf 2000, S. 23-40, hier S. 39; *Kirchner, Christian*: Der Wettbewerbsfaktor „[Entscheidungsnützlichkeit]" von Rechnungslegungsinformationen": eine institutionenökonomische Analyse, in: *Schildbach, Thomas/Wagenhofer, Alfred* (Hrsg.): Wettbewerb und Unternehmensrechnung, zfbf-Sonderheft 45, Düsseldorf 2000, S. 41-69, hier S. 58-63. In Anhang 1 dieser Arbeit ist eine mögliche Entscheidungshilfe zur Veröffentlichung wertrelevanter Informationen aus Unternehmenssicht dargestellt.

[196] Informationsgehalt ist zwar notwendig, aber nicht hinreichend dafür, daß die Information auch einen Wert hat, vgl. *Ballwieser, Wolfgang*: [Chancen], a.a.O., S. 36. Die dafür nötige Gegenüberstellung von Nutzen aus und Kosten der Informationsverarbeitung soll hier jedoch vernachlässigt werden. Vgl. dazu *Kleine-Doepke, Rainer*: Informationsökonomische Analyse der externen Rechnungslegung, Frankfurt a. M. 1981, S. 49-125; *Demski, Joel S.*: The General Impossibility of Normative Accounting Standards, in: AR, Vol. (1973), S. 718-723. Zu einer Diskussion bezüglich der hier relevanten Fragestellung vgl. auch *Küting, Karlheinz/Hütten, Christoph/Lorson, Peter*: Shareholder-Value: Grundüberlegungen zu Benchmarks der [Kommunikationsstrategie] in der externen Berichterstattung, in: DStR, 33. Jg. (1995), S. 1805-1809 und 1846-1851.

## 2.3.2. Investor Relations

Die gezielte Information nicht nur der Anteilseigner, sondern des gesamten Kapitalmarkts wird gerne unter dem Stichwort Investor Relations zusammengefaßt.[197] Investor Relations umfassen einen Teil der Public Relations, der (allgemeinen) Öffentlichkeitsarbeit eines Unternehmens, wobei die Abgrenzung nicht überschneidungsfrei bleibt.[198] Im Rahmen von Investor-Relations-Bemühungen werden qualitative und quantitative Unternehmensdaten weitergegeben,[199] was auch bei der Berichterstattung von Wertsteigerungsmaßen der Fall ist. Obwohl Investor Relations in der Praxis oftmals der Verkaufsförderung von Finanzanlagen des Unternehmens gleichkommt und sich auch in theoretisch ausgerichteter Literatur vorwiegend Bezüge zu Marketingansätzen finden, zeigen sog. Investor-Relations-Grundsätze mögliche weitere Anforderungen, die Wertsteigerungsmaße vor dem Hintergrund ihrer Informationsaufgabe zu erfüllen haben.[200]

Ziele der Investor-Relations-Bemühungen sind die Erhöhung des Marktwerts der Anteile, die Verringerung von dessen Volatilität und im Ergebnis eine Senkung der Kapitalkosten.[201] Die Bereitstellung von Information, die eine genauere

---

[197] Vgl. für einen Überblick *Alvarez, Manuel/Wotschofsky, Stefan*: Investor Relations, in: FB, 2. Jg. (2000), S. 651-654; *Günther, Thomas/Otterbein, Simone*: Die Gestaltung der Investor Relations am Beispiel führender deutscher Aktiengesellschaften, in: ZfB, 66. Jg. (1996), S. 389-417.

[198] Vgl. *Link, Rainer*: Aktienmarketing und [Investor Relations], in: *Boening, Dieter/ Hockmann, Heinz J.* (Hrsg.): Bank- und Finanzmanagement (FS Süchting), Wiesbaden 1993, S. 193-222, hier S. 197; *ders.*: Investor Relations im Rahmen des Aktienmarketing von [Publikumsgesellschaften], in: BFuP, 45. Jg. (1993), S. 105-132, hier S. 107; *Pape, Ulrich*: [Unternehmensführung], a.a.O., S. 167; *Hütten, Christoph*: [Informationsinstrument], a.a.O., S. 54-56 und 86-88.

[199] Vgl. *Pape, Ulrich*: [Unternehmensführung], a.a.O., S. 173.

[200] Vgl. auch *Arbeitskreis „Finanzierung" der Schmalenbach-Gesellschaft – Deutsche Gesellschaft für Betriebswirtschaft e.V.*: [Unternehmenssteuerung], a.a.O., S. 545 f.

[201] Vgl. *Becker, Fred G.*: Finanzmarketing von Unternehmungen, in: DBW, 54. Jg. (1994), S. 295-313, hier S. 300-302; *Serfling, Klaus/Großkopf, Anne/Röder, Marko*: [Investor Relations] in der Unternehmenspraxis, in: AG, 43. Jg. (1998), S. 272-280, hier S. 273-275; *Link, Rainer*: [Aktienmarketing] in deutschen Publikumsgesellschaften, Wiesbaden 1991, S. 315 f.; *ders.*: [Investor Relations], a.a.O., S. 206 f.; *Krystek, Ulrich/Müller, Michael*: [Investor Relations], in: DB, 46. Jg. (1993), S. 1785-1789, hier S. 1785 f.; *Paul, Walter*: Umfang und Bedeutung der [Investor Relations], in: BFuP, 45. Jg. (1993), S. 133-162, hier S. 139-147; *Hütten, Christoph*: [Informationsinstrument], a.a.O., S. 56-63; *Lang, Mark H./Lundholm, Russel J.*: Corporate Disclosure Policy and Analyst Behavior, in: AR, Vol. 71 (1996), S. 467-492; *McEwen, Ruth Ann/Hunton, James E.*: Is Analyst Forecast Accuracy associated with Accounting Information Use?, in: AH, Vol. 13 (1999), S. 1-16; *Easton, Peter D.*: Security Returns and the Value of Accounting Data, in: AH, Vol. 13 (1999), S. 399-412.

Abschätzung zukünftig zu erwartender Erträge ermöglicht,[202] senkt cet. par. die von den Anteilseignern verlangte Risikoprämie. Adressaten der Investor-Relations-Aktivitäten sind derzeitige und potentielle Kapitalgeber sowie Multiplikatoren, die in mehrere Zielgruppen eingeteilt werden.[203] Ihnen stellt das Unternehmen in unterschiedlicher Intensität und unterschiedlichem zeitlichen Rhythmus mit verschiedenen Instrumenten Information zur Verfügung.[204] Als Instrumente kommen dabei zum einen gesetzlich vorgeschriebene Publikations- und Informationsinstrumente wie der Jahresabschluß und der Lagebericht, meist in Form des Geschäftsberichts[205] (gegebenenfalls erweitert um einen Segmentbericht und eine Kapitalflußrechnung) und der Zwischenbericht börsennotierter Gesellschaften in Frage.[206] Ad-hoc-Meldungen nach dem WpHG und die Hauptversammlung stellen weitere Pflichtinstrumente dar. Zum anderen steht es dem Unternehmen frei, auf freiwilliger Basis weitere Informationen mehr oder weniger gezielt zu streuen. Dazu gehören z.B. Aktionärsbriefe, Analystentreffen, Pressekonferenzen zur Präsentation von Jahres-, Halbjahres- oder Quartalsabschluß oder entsprechende Darstellungen im Internet.[207] Für die Investor-

---

[202]  Vgl. jüngst *Coenenberg, Adolf G./Mattner, Gerhard R.*: [Wertberichterstattung], a.a.O., S. 1829.

[203]  Zum Beispiel derzeitige und potentielle Privatanleger und institutionelle Investoren, Kreditinstitute mit und ohne Geschäftsbeziehung zum Unternehmen, Analysten, Fachpresse, etc. Vgl. *Serfling, Klaus/Großkopff, Anne/Röder, Marko*: [Investor Relations], a.a.O., S. 275 f.; *Link, Rainer*: [Aktienmarketing], a.a.O., S. 316 f.; *ders.*: [Publikumsgesellschaften], a.a.O., S. 107 f. und 126; *ders.*: [Investor Relations], a.a.O., S. 197 und 216; *Krystek, Ulrich/Müller, Michael*: [Investor Relations], a.a.O., S. 1787 f.; *Leven, Franz-Josef*: [Investor Relations], a.a.O., S. 55-58; *Hütten, Christoph*: [Informationsinstrument], a.a.O., S. 70-73.

[204]  Eine empirische Studie von *Pellens/Tomaszewski* gibt trotz der geringen Zahl der Untersuchungsobjekte einen Hinweis auf die Wertbeeinflussung von Informationspolitik. Vgl. *Pellens, Bernhard/Tomaszewski, Claude*: Kapitalmarktreaktionen auf den Rechnungslegungswechsel zu IAS bzw. US-GAAP, in: *Gebhardt, Günther/Pellens, Bernhard* (Hrsg.): Rechnungswesen und Kapitalmarkt, zfbf-Sonderheft Nr. 41, Düsseldorf 1999, S. 199-228.

[205]  Zur Bedeutung des Geschäftsberichts vgl. z.B. *Baetge, Jörg/Armeloh, Karl-H./Schulze, Dennis*: Anforderungen an die Geschäftsberichterstattung aus betriebswirtschaftlicher und handelsrechtlicher Sicht, in: DStR, 35. Jg. (1997), S. 176-180, hier S. 176; *Küting, Karlheinz/Hütten, Christoph*: Der Geschäftsbericht als Publizitätsinstrument, in: BB, 51. Jg. (1996), S. 2671-2679, hier S. 2672 f. und 2675 f.; *Küting, Karlheinz/Hütten, Christoph/Lorson, Peter*: [Kommunikationsstrategie], a.a.O., S. 1808 f. und 1846-1848; *Hütten, Christoph*: [Informationsinstrument], a.a.O., S. 33-86.

[206]  Vgl. zu dessen Bedeutung für Investor Relations *Alvarez, Manuel/Wotschofsky, Stefan*: Zwischenberichterstattung in der Praxis, in: WPg, 53. Jg. (2000), S. 310-319, hier S. 317-319.

[207]  Zu Instrumenten von Investor Relations vgl. *Link, Rainer*: [Aktienmarketing], a.a.O., S. 318-343; *ders.*: [Publikumsgesellschaften], S. 126-130; *ders.*: [Investor Relations], a.a.O., S. 216-219; *Leven, Franz-Josef*: [Investor Relations], a.a.O., S. 51-55; *Krystek, Ulrich/*

Relations-Aktivitäten gelten Grundprinzipien wie Unverzüglichkeit der Informationsvermittlung, Wesentlichkeit der Inhalte, Gleichbehandlung der Adressaten und Kontinuität von Inhalt und Form der Informationen,[208] damit neben den oben genannten Zielen auch ein kontinuierlicher Vertrauensbildungsprozeß zwischen Unternehmen und Investor-Relations-Zielgruppen gefördert wird.[209]

### 2.3.3. Unternehmensüberwachung

Neben allgemeinen Rechenschaftsgrundsätzen und eher induktiv entstandenen Investor-Relations-Prinzipien können Grundsätze der Unternehmensüberwachung herangezogen werden, wenn Anforderungen an Wertsteigerungsmaße vor dem Hintergrund ihrer Informationsaufgabe gesucht werden. Die Gesellschafter bzw. der Kapitalmarkt erfüllen wie der Aufsichtsrat eine Überwachungsaufgabe. Es liegt insoweit nahe, einzelne Forderungen aus den Grundsätzen einer ordnungsmäßigen Information des Aufsichtsrats,[210] ergänzt um die Grundsätze ordnungsmäßiger Überwachung (GoÜ),[211] zu übernehmen. Erstere sollen Kriterien bereitstellen, „die zur Bestimmung überwachungsrelevanter Informationen geeignet sind"[212], wogegen GoÜ Normen sind, die ein Überwachungsorgan bei der Ausübung seiner Überwachungstätigkeit zu berücksichtigen hat.[213] Dabei ändert sich der Charakter der GoÜ von Anforderungen an Personen (hier Mitglieder eines Überwachungsorgans) hin zu Anforderungen an Informationen, die der Kapitalmarkt zur Ausübung seiner (kollektiv wahrgenommenen) Überwachungsaufgabe erhält. Es eignen sich dafür bei weitem nicht alle GoÜ, von Interesse sind insbesondere die von THEISEN als Grundprinzipien oder allgemeine Grund-

---

*Müller, Michael*: [Investor Relations], a.a.O., S. 1786 f.; *Paul, Walter*: [Investor Relations], a.a.O., S. 139-147; *Hütten, Christoph*: [Informationsinstrument], a.a.O., S. 73-84. Zum relativ jungen Medium Internet vgl. *Freter, Hermann/Sänger, Henrike*: Internet-Investor Relations: Die informationsökonomische Perspektive, in: FB, 2. Jg. (2000), S. 779-786.

[208]  Vgl. hierzu *Link, Rainer*: [Aktienmarketing], a.a.O., S. 347-350.
[209]  Vgl. zum Ziel des Aufbaus von Vertrauen *Steiner, Manfred*: Meinungen zum Thema Investor Relations, in: BFuP, 45. Jg. (1993), S. 184-206, hier S. 189 f. und 194 f.; *Krystek, Ulrich/Müller, Michael*: [Investor Relations], a.a.O., S. 1786.
[210]  Vgl. *Theisen, Manuel R.*: Grundsätze einer ordnungsmäßigen [Information] des Aufsichtsrats, 2. Aufl., Stuttgart 1996.
[211]  Vgl. *Theisen, Manuel R.*: [Überwachung] der Unternehmensführung, Stuttgart 1987; *ders.*: [Grundsätze] ordnungsmäßiger Überwachung (GoÜ), in: *Werder, Axel v.* (Hrsg.): Grundsätze ordnungsmäßiger Unternehmensführung (GoF), zfbf-Sonderheft Nr. 36, Düsseldorf 1996, S. 75-106.
[212]  *Theisen, Manuel R.*: [Information], a.a.O., S. 1.
[213]  Vgl. *Theisen, Manuel R.*: [Überwachung], a.a.O., S. 208-215.

sätze[214] bezeichneten GoÜ der Richtigkeit, der Transparenz und der Zweckmäßigkeit.[215]

In der aktuellen Diskussion um die Corporate Governance in Deutschland werden diese Anforderungen aufgegriffen und im sog. German Code of Corporate Governance festgehalten.[216] Zur Sicherstellung der Transparenz der Unternehmensführung soll eine Kommunikation mit unternehmensexternen Adressaten erfolgen, die über das gesetzliche Mindestmaß hinausgeht und „... die legitimen Informationsbedürfnisse der verschiedenen Stakeholder adressatengerecht, zeitnah, fundiert und prägnant deckt ..."[217] Dabei wird insbesondere die Bedeutung der Informationsweitergabe an alle Anteilseigner betont.[218]

## 2.3.4. Grundsätze ordnungsmäßiger Kapitalmarktinformation (GoInf)

### 2.3.4.1. Aufgaben von GoInf

Wertsteigerungsmaßen kommt neben der Aufgabe der Steuerung auch die Aufgabe der Information zu.[219] Deshalb müssen Wertsteigerungsmaße nicht nur den Anforderungen der Steuerung, sondern auch den Erfordernissen einer zunehmend anteilseignerfreundlichen Rechenschaft und der Überwachung durch die Anteilseigner genügen.[220] Solche Anforderungen leiten sich aus den vorangegangenen Ausführungen ab und sollen hier als Grundsätze ordnungsmäßiger Kapitalmarktinformation (GoInf) zusammengefaßt werden. GoInf gehen zu einem Teil zurück auf die Grundsätze gewissenhafter und getreuer Rechenschaft, einer Vokabel des § 160 Abs. 4 AktG 1965.[221] Ihre Beachtung soll eine zutref-

---

[214]  Zur Unterscheidung vgl. *Theisen, Manuel R.*: [Grundsätze], a.a.O., S. 83.

[215]  Vgl. *Theisen, Manuel R.*: [Überwachung], a.a.O., S. 240-245.

[216]  Vgl. *Berliner Initiativkreis German Code of Corporate Governance*: Der German Code of Corporate Governance, in: *Werder, Axel v.* (Hrsg.): German Code of Corporate Governance (GCCG), Stuttgart 2000, S. 29-85, sowie z.B. *Bernhardt, Wolfgang/Werder, Axel v.*: Der [German Code of Corporate Governance], in: ZfB, 70. Jg. (2000), S. 1269-1279; *Claussen, Carsten P./Bröcker, Norbert*: Corporate-Governance-Grundsätze in Deutschland – nützliche Orientierungshilfe oder regulatorisches Übermaß?, in: AG, 45. Jg. (2000), S. 481-491; *Schneider, Uwe H.*: Kapitalmarktorientierte Corporate Governance-Grundsätze, in: DB, 54. Jg. (2000), S. 2413-2417.

[217]  *Bernhardt, Wolfgang/Werder, Axel v.*: [German Code of Corporate Governance], a.a.O., S. 1276.

[218]  Vgl. *Bernhardt, Wolfgang/Werder, Axel v.*: [German Code of Corporate Governance], a.a.O., S. 1276.

[219]  Vgl. dazu auch die Aufgabenkreise von Wertsteigerungsmaßen in Abbildung 1.

[220]  Vgl. *Freidank, Carl-Christian*: [Rechnungslegungspolitik], a.a.O., S. 19-24.

[221]  Vgl. hierzu z.B. *Moxter, Adolf*: [Rechenschaft], a.a.O.; *Sprenger, Reinhard*: Grundsätze gewissenhafter und getreuer Rechenschaft im Geschäftsbericht, Wiesbaden 1976.

fende Beurteilung der Unternehmensentwicklung durch den Kapitalmarkt erlauben, Informationssender und -empfänger vor Fehlinformation und Fehlinterpretation bewahren, eine gleichmäßige Versorgung der Kapitalmarktteilnehmer mit entscheidungsrelevanten Informationen sicherstellen und dem Unternehmen damit eine zielerreichende Informationsübermittlung gewährleisten. Ähnlich den Grundsätzen ordnungsmäßiger Lageberichterstattung, den Grundsätzen ordnungsmäßiger Überwachung, den Grundsätzen ordnungsmäßiger Abschlußprüfung oder den Grundsätzen ordnungsmäßiger Unternehmensbewertung stellen die Grundsätze ordnungsmäßiger Kapitalmarktinformation überindividuelle Normen dar und dienen dem Schutz der Beteiligten vor Fehlverhalten, der Konkretisierung von „Regeln handwerklicher Kunst" und der Formulierung von (Mindest-) Standards für die jeweilige Tätigkeit.[222] Sie sind deduktiv aus dem Zweck einer wahrheitsgemäßen und entscheidungsrelevanten Rechenschaft abzuleiten bzw. aus deduktiv gewonnenen anderen Grundsatzsystemen zu übernehmen. Im Vordergrund steht dabei die Entscheidungserheblichkeit von kommunizierter Information: Eine Information ist dann entscheidungserheblich, wenn sie geeignet ist, Vorhersagen über die Zukunft zu bilden oder in der Vergangenheit gebildete Erwartungen zu revidieren. GoInf stellen für die Arbeit die Quelle der Beurteilungskriterien für Wertsteigerungsmaße vor dem Hintergrund der Informationsvermittlung dar.

## 2.3.4.2. Richtigkeit

Zunächst müssen die gegebenen Informationen der Realität, also dem Grundsatz der Richtigkeit oder Wahrheit entsprechen.[223] Eine Berichterstattung „*wider besseren Wissens*"[224] verstößt gegen diesen ersten zentralen Grundsatz jeder Rechenschaft. Oftmals existieren aber keine „richtigen" Informationen, ersatzweise muß daher auf die Objektivität der Berichterstattung abgestellt werden.[225] Der Grundsatz der Objektivität ist uneingeschränkt für die Information über tatsächliche Ereignisse anwendbar, hier kann überprüft werden, ob die gemachten Angaben dem tatsächlichen Sachverhalt entsprechen, also richtig sind. Bei prognostischen Angaben ist dies nicht möglich, an die Stelle der Forderung nach Objektivität tritt die Forderung nach Willkürfreiheit. Prognosen sind in sich wider-

---

[222] Vgl. hierzu *Moxter, Adolf*: [Grundsätze] ordnungsmäßiger Unternehmensbewertung, 2. Aufl., Wiesbaden 1983, S. 1 f.

[223] Vgl. hierzu und im folgenden *Baetge, Jörg/Fischer, Thomas R./Paskert, Dierk*: [Lagebericht], a.a.O., S. 17. Ähnlich auch *Moxter, Adolf*: [Rechenschaft], a.a.O., S. 91 f.; *Leffson, Ulrich* [Buchführung], a.a.O., S. 179; *Snavely, Howard J.*: Accounting Information [Criteria], in: AR, Vol. 42 (1967), S. 223-232, hier S. 228 f. (reliability).

[224] *Moxter, Adolf*: [Rechenschaft], a.a.O., S. 91 (Hervorhebung im Original).

[225] Vgl. *Baetge, Jörg/Fischer, Thomas/Paskert, Dierk*: [Lagebericht], a.a.O., S. 17.

spruchsfrei und unter Offenlegung der Prämissen herzuleiten,[226] damit die Plausibilität der gegebenen Information vom Empfänger eingeschätzt werden kann, anderenfalls ist die Information wertlos.[227] Eng mit dem Grundsatz der Richtigkeit verbunden ist der Grundsatz der Vollständigkeit. Da Informationen kaum „richtig" sein können, wenn sie „unvollständig" sind,[228] werden beide Grundsätze hier zusammengefaßt. Von ähnlichem Inhalt sind die Forderungen aus dem Umfeld der Investor Relations nach Ehrlichkeit und Glaubwürdigkeit der Informationsweitergabe.[229] Auch im Hinblick einer Erfüllung der Überwachungsaufgabe durch die Anteilseigner kommt das Grundprinzip der Richtigkeit zum Tragen. Es verlangt, daß Überwachungsträger ihre Überwachung vollständig, insbesondere in materieller Sicht, durchführen.[230] Dazu benötigen sie Informationen, die vollständig und objektiv sind.[231] Ein erkennbarer Faktenbezug der gegebenen Informationen trägt zur Aufgabenerfüllung wesentlich bei.[232]

In Bezug auf die Analyse von Wertsteigerungsmaßen decken sich hier die Anforderungen der internen Steuerung und der Informationsvermittlung. Für beide Aufgaben müssen Wertsteigerungsmaße in der Lage sein, Wertsteigerung objektiv und unverzerrt anzuzeigen, was durch Einhaltung des Kriteriums der Richtigkeit gewährleistet wird. Das heißt, ein Maß muß einen formalen Zusammenhang mit dem Unternehmenswert aufweisen und bei gegebenem Dateninput eine ermessensunabhängige Ausprägung aufweisen.

### 2.3.4.3. Klarheit

Die an den Kapitalmarkt gegebenen Auskünfte müssen nicht nur den Tatsachen entsprechen bzw. plausibel aus offengelegten Annahmen abgeleitet werden, sondern auch nachvollziehbar und verständlich sein.[233] Dies äußert sich in ein-

---

226  So auch bereits *Moxter, Adolf*: [Rechenschaft], a.a.O., S. 91.
227  Vgl. *Baetge, Jörg/Fischer, Thomas/Paskert, Dierk*: [Lagebericht], a.a.O., S. 17.
228  Vgl. *Moxter, Adolf*: [Rechenschaft], a.a.O., S. 92; *Baetge, Jörg/Fischer, Thomas/Paskert, Dierk*: [Lagebericht], a.a.O., S. 18.
229  Vgl. *Leven, Franz-Josef*: [Investor Relations], a.a.O., S. 59 (Ehrlichkeit); *Paul, Walter*: [Investor Relations], a.a.O., S. 145 (Glaubwürdigkeit); *Link, Rainer*: [Aktienmarketing], a.a.O., S. 348 (Vollständigkeit, Aussagefähigkeit).
230  Vgl. *Theisen, Manuel R.*: [Überwachung], a.a.O., S. 242.
231  Unvollständigkeiten führen zu einer unrichtigen Überwachungsausübung, vgl. *Theisen, Manuel R.*: [Überwachung], a.a.O., S. 242.
232  Vgl. *Theisen, Manuel R.*: [Information], a.a.O., S. 68.
233  Vgl. zum Grundsatz der Klarheit bzw. Verständlichkeit *Baetge, Jörg/Fischer, Thomas/Paskert, Dierk*: [Lagebericht], a.a.O., S. 19 f.; *Ballwieser, Wolfgang*: [Grundsätze], a.a.O., S. 21 f.; *Leven, Franz-Josef*: [Investor Relations], a.a.O., S. 59; *Link, Rainer*: [Ak-

deutigen Formulierungen, übersichtlicher Aufbereitung, schneller Auffindbarkeit und nachvollziehbarer Berechnung der übermittelten Informationen. Bezogen auf Wertsteigerungsmaße ist insbesondere die aus zur Verfügung stehenden Daten nachvollziehbare Berechnung von Bedeutung, während die übrigen Aspekte eher die Medien der Informationsweitergabe und damit keine Fragestellung dieser Arbeit betreffen. Innerhalb der GoÜ entspricht die Forderung nach Verständlichkeit dem Grundsatz der Transparenz, der fordert, „… daß für die Zwecke der Überwachung die Unternehmensführung in allen ihren Teilelementen zu jedem Zeitpunkt für die Überwachungsträger transparent sein muß …"[234]. Ohne transparente Information ist keine Überwachung möglich. Auch hier decken sich die Anforderungen der internen Steuerung und der externen Information weitgehend; als entscheidend für die Akzeptanz von Wertsteigerungsmaßen als Steuerungsinstrument wurde das Kriterium der Verständlichkeit bereits genannt.[235]

### 2.3.4.4. Stetigkeit

Die Forderung nach Stetigkeit oder Vergleichbarkeit der an den Kapitalmarkt gegebenen Informationen betrifft zum einen die zeitliche, zum anderen die zwischenbetriebliche Vergleichbarkeit.[236] Zeitliche Vergleichbarkeit wird durch die Stetigkeit der Ermittlung und Darstellung erreicht.[237] Stetigkeit oder Kontinuität der Informationsweitergabe sind auch Forderungen, die an die Investor-Relations-Aktivitäten von Unternehmen gestellt werden.[238] Bezogen auf Wertsteigerungsmaße bedeutet dies, daß ein einmal gewähltes Konzept über mehrere Perioden angewendet wird. Die Gewährleistung der zwischenbetrieblichen Vergleichbarkeit liegt nicht im Einflußbereich des informierenden Unternehmens, hier kann für die Verwendung von Wertsteigerungsmaßen lediglich gefordert werden, einheitliche Definitionen aus der Theorie heranzuziehen und von unternehmensspezifischen Bezeichnungen einzelner Kennzahlen weitgehend Abstand zu nehmen bzw. die dahinterstehenden theoretischen Konzepte zu offenbaren. An dieser Stelle wird der enge Bezug zum Kriterium der Verständlichkeit deut-

---

tienmarketing], a.a.O., S. 348; *Leffson, Ulrich*: [Buchführung], a.a.O., S. 179; *Snavely, Howard J.*: [Criteria], a.a.O., S. 229-231 (understandability).

234  *Theisen, Manuel R.*: [Überwachung], a.a.O., S. 244.

235  Vgl. Kapitel 2.2.3 und 2.2.4 sowie *Janssen, Friedrich/Scheren, Michael*: [Führungskennziffern], a.a.O., S. 610, die Verständlichkeit sowohl aufgrund der Aufgabe der internen Steuerung als auch der Aufgabe der externen Information fordern.

236  Vgl. *Baetge, Jörg/Fischer, Thomas/Paskert, Dierk*: [Lagebericht], a.a.O., S. 20 f.

237  Vgl. auch *Ballwieser, Wolfgang*: [Grundsätze], a.a.O., S. 22.

238  Vgl. *Leven, Franz-Josef*: [Investor Relations], a.a.O., S. 59; *Pape, Ulrich*: [Unternehmensführung], a.a.O., S. 170.

lich. Für die Untersuchung einzelner Wertsteigerungsmaße ist das Kriterium der Vergleichbarkeit von untergeordneter Bedeutung, betroffen sind wiederum die äußere Form der Medien der Informationsweitergabe und darüber hinaus die Zeitpunkte der Veröffentlichung.

## 2.3.4.5. Wesentlichkeit

Bei der Weitergabe von Informationen an den Kapitalmarkt entstehen dem Unternehmen Kosten, die dem Nutzen der Informationsempfänger gegenüber zu stellen sind.[239] Eine zunehmend detailliertere Informationsweitergabe ist so lange sinnvoll, wie der Zuwachs an Nutzen für die Adressaten die Kosten der Informationsproduktion nicht übersteigt. Da Kosten der Informationserstellung schwer und Erträge des Informationszugangs gar nicht gemessen werden können, tritt an die Stelle des Grundsatzes der Wirtschaftlichkeit der Grundsatz der Wesentlichkeit.[240] Wesentlich ist eine Information, wenn ohne ihr Vorliegen eine andere Entscheidung getroffen werden würde.[241] Eine in diesem Sinne wesentliche Information darf aus Wirtschaftlichkeitsüberlegungen nicht verweigert werden.[242] Der Wesentlichkeitsgrundsatz beschränkt den Vollständigkeitsgrundsatz; entbehrlich sind solche Informationen, deren Kenntnis die Beurteilung eines Sachverhalts unberührt lassen.[243] Mehr aus praktischen Überlegungen der Investor-Relations-Arbeit abgeleitet, aber inhaltsgleich, ist die Forderung nach Relevanz der übermittelten Informationen.[244] Für die Beurteilung einzelner Wertsteigerungsmaße ist der Grundsatz der Wesentlichkeit nicht von zentraler Bedeutung, da erst die numerische Ausprägung, nicht aber das Maß selbst wesentlich oder unwesentlich sein kann.

---

[239] Vgl. *Baetge, Jörg/Fischer, Thomas R./Paskert, Dierk*: [Lagebericht], a.a.O., S. 21 f.; auch *Snavely, Howard J.*: [Criteria], a.a.O., S. 231 (practicality).

[240] Vgl. *Baetge, Jörg/Fischer, Thomas R./Paskert, Dierk*: [Lagebericht], a.a.O., S. 21; *Leffson, Ulrich*: [Buchführung], a.a.O., S. 179; *Snavely, Howard J.*: [Criteria], a.a.O., S. 227 f. (relevance).

[241] Zur Entscheidungsrelevanz vgl. *Ballwieser, Wolfgang*: Ergebnisse der Informationsökonomie zur Informationsfunktion der Rechnungslegung, in: *Stöppler, Siegmar* (Hrsg.): Information und Produktion (FS Wittmann), Stuttgart 1985, S. 21-40, hier S. 26 und 38; *ders.*: Informationsökonomie, Rechnungslegungstheorie und Bilanzrichtlinie-Gesetz, in: zfbf, 37. Jg. (1985), S. 47-66, hier S. 62 f.; auch *Snavely, Howard J.*: [Criteria], a.a.O., S. 224-227; *IASC*: IAS 1 (revised 1997): Presentation of Financial Statements, in: *IASC* (Hrsg.): International Accounting Standards 2000, London 2000, par. 31.

[242] Vgl. *Baetge, Jörg/Fischer, Thomas R./Paskert, Dierk*: [Lagebericht], a.a.O., S. 22.

[243] Vgl. *Moxter, Adolf*: [Rechenschaft], a.a.O., S. 93.

[244] Vgl. *Leven, Franz-Josef*: [Investor Relations], a.a.O., S. 59 und *Link, Rainer*: [Aktienmarketing], a.a.O., S. 348, dessen Forderungen nach Aussagefähigkeit und Kompaktheit auch die Relevanz betreffen.

## 2.3.4.6. Weitere Kriterien

In der Literatur finden sich noch weitere Anforderungen an die Berichterstattung von Unternehmen, die Überwachung der Unternehmensführung und die Investor-Relations-Arbeit, die aber nicht unmittelbare Bedeutung für die Beurteilung von Wertsteigerungsmaßen haben. Dazu gehören im einzelnen eine nach Art und Größe des Unternehmens abgestufte Informationsweitergabe,[245] eine zeitnahe Information aller Kapitalmarktteilnehmer, die zu keiner Bevorzugung einzelner Kapitalmarktteilnehmer oder -gruppen in zeitlicher oder inhaltlicher Sicht führen darf,[246] und die Erfüllung gesetzlicher oder satzungsgemäßer Auflagen.[247] Allen Forderungen gemein ist, daß sie die allgemeine Gestaltung der Auskünfte sowie die Wahl der Medien, des Informationszeitpunkts und der Informationsempfänger betreffen und für die hier verfolgte Zielsetzung nicht von besonderer Bedeutung sind.

## 2.3.4.7. Zusammenfassung

Wertsteigerungsmaße werden im Rahmen dieser Arbeit bezüglich ihrer Eignung für zwei unterschiedliche Aufgaben untersucht: die Verhaltenssteuerung von dezentralen Entscheidungsträgern und die Information der Gesellschafter bzw. des Kapitalmarkts. Analog zur Aufgabe der Steuerung wurden Kriterien zur Beurteilung von Wertsteigerungsmaßen vor dem Hintergrund ihrer Informationsaufgabe erarbeitet. Dabei handelt es sich insbesondere um Richtigkeit und Vollständigkeit, Klarheit bzw. Verständlichkeit, Stetigkeit im Sinne einer Vergleichbarkeit sowie Wesentlichkeit. Nachstehende Abbildung faßt die für eine Beurteilung von Wertsteigerungsmaßen relevanten GoInf und deren Quellen zusammen:[248]

---

[245] Vgl. *Baetge, Jörg/Fischer, Thomas R./Paskert, Dierk*: [Lagebericht], a.a.O., S. 22-25.

[246] Vgl. *Leven, Franz-Josef*: [Investor Relations], a.a.O., S. 59; *Pape, Ulrich*: [Unternehmensführung], a.a.O., S. 170; *Link, Rainer*: [Aktienmarketing], a.a.O., S. 349.

[247] Vgl. *Paul, Walter*: [Investor Relations], a.a.O., S. 145; *Theisen, Manuel R.*: [Überwachung], a.a.O., 240-242.

[248] Vgl. *Baetge, Jörg/Fischer, Thomas R./Paskert, Dierk*: [Lagebericht], a.a.O. (Baetge/Fischer/Paskert 1989); *Ballwieser, Wolfgang*: [Grundsätze], a.a.O. (Ballwieser 1999); *Leven, Franz-Josef*: [Investor Relations], a.a.O. (Leven 1998); *Pape, Ulrich*: [Unternehmensführung], a.a.O. (Pape 1997); *Paul, Walter*: [Investor Relations], a.a.O. (Paul 1993); *Theisen, Manuel R.*: [Überwachung], a.a.O. (Theisen 1987); *ders.*: [Grundsätze], a.a.O. (Theisen 1996).

| Kriterium \\ Autor | Richtigkeit | Klarheit | Stetigkeit | Wesentlichkeit | Sonstiges |
|---|---|---|---|---|---|
| **Theisen** 1987, 1996 | Richtigkeit | Transparenz | — | Zweckmäßigkeit | Ordnungsmäßigkeit, Gesetzmäßigkeit, Nachprüfbarkeit |
| **Baetge/ Fischer/ Paskert 1989** | Richtigkeit | Klarheit | Vergleichbarkeit | Wirtschaftlichkeit im Sinne von Wesentlichkeit | Informationsabstufung der Größe und Art nach, Vollständigkeit, Vorsicht |
| **Paul 1993** | Glaubwürdigkeit | Komfort | Komfort | — | Legalität, Analyse durch Spezialisten |
| **Pape 1997** | — | — | Kontinuität | Wesentlichkeit | Unverzüglichkeit, Gleichbehandlung |
| **Leven 1998** | Ehrlichkeit | Verständlichkeit | Stetigkeit/ Kontinuität | Relevanz | Schnelligkeit, Gleichzeitigkeit |
| **Ballwieser 1999** | Wahrheit, Vollständigkeit | Klarheit | Darstellungsstetigkeit | Wesentlichkeit, Adressatenorientierung | |

Tabelle 4: Grundsätze ordnungsmäßiger Kapitalmarktinformation (GoInf)

## 2.4. Zwischenergebnis

Ausgehend von den beiden Aufgabenkreisen von Wertsteigerungsmaßen, der internen Steuerung und der Information der Gesellschafter bzw. des Kapitalmarkts, kann ein Katalog von Anforderungen aufgestellt werden, denen Wertsteigerungsmaße genügen müssen. Diese Anforderungen bilden die Palette der Kriterien, anhand derer Vermögens-, Gewinn und Renditekonzepte in den folgenden Kapiteln beurteilt werden. Es zeigt sich, daß die Kriterien, die aus der Aufgabe der internen Steuerung abgeleitet wurden, auch die Erfüllung der Informationsaufgabe begünstigen. Entscheidungsverbundenheit, Manipulationsresistenz und Vergleichbarkeit stellen die Richtigkeit eines Wertsteigerungsmaßes sicher. Klarheit sowie Stetigkeit sind in Form von Verständlichkeit und Vergleichbarkeit bereits aus Gründen der internen Steuerung gefordert worden. Dadurch ergeben sich für die Erfüllung der Informationsaufgabe keine originär anderen Kriterien für die Beurteilung von Wertsteigerungsmaßen. Nachstehende Abbildung zeigt alle relevanten Beurteilungskriterien und deren Ursprünge im Überblick:

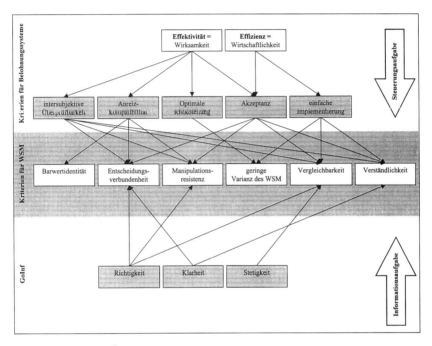

Abbildung 5: Überblick über Beurteilungskriterien für Wertsteigerungsmaße

## 2.5. Vereinbarkeit der Beurteilungskriterien

Die aus den beiden Aufgabenkreisen abgeleiteten Beurteilungskriterien für Wertsteigerungsmaße dürfen nicht isoliert betrachtet werden. Nur in wenigen Fällen bestehen zwischen ihnen keine Wechselwirkungen. So können die einzelnen Kriterien unterschiedlich wichtig sein, in einer hierarchischen Beziehung stehen, miteinander unvereinbar sein oder sich gegenseitig verstärken.[249] Probleme ergeben sich, wenn Kriterien miteinander unvereinbar sind und daher eine

---

[249] Vgl. allgemein zu Zielbeziehungen z.B. *Heinen, Edmund*: [Industriebetriebslehre], a.a.O., S. 14.

Einteilung in wichtige und weniger wichtige Kriterien vorgenommen werden muß. Eine gleichzeitige Erfüllung aller Kriterien ist nicht auf keinen Fall möglich.[250]

Der wohl entscheidendste Konflikt besteht zwischen Manipulationsresistenz und Entscheidungsverbundenheit bzw. Barwertidentität.[251] Unter Gesichtspunkten der Entscheidungsverbundenheit wäre es optimal, wenn die Bemessungsgrundlage im Zeitpunkt der Entscheidung die Auswirkung der Entscheidung auf die Zielgröße abbildet. Damit gehen aber in die Bemessungsgrundlage Erwartungen über die Zukunft mit ein, die die Bemessungsgrundlage anfällig gegen Manipulationen machen. Folgendes Beispiel verdeutlicht den Konflikt: Die Steigerung des Marktwerts als Ziel der Unternehmensleitung leitet sich aus künftigen Zahlungsströmen ab. Damit gehen zukünftige, zu schätzende und damit stark manipulationsgefährdete Größen in die Bemessungsgrundlage ein. Im trivialen Fall, in dem der Entscheidungsträger vom Zeitpunkt $t = 0$ bis zur Liquidation des Unternehmens im Zeitpunkt $t = T$ im Unternehmen verweilt und auch an Verlusten beteiligt wird, kann durch Manipulation zwar die zeitliche Struktur der Gehaltszahlungen, nicht aber deren Barwert beeinflußt werden.[252] Scheidet der Manager aber vor dem Zeitpunkt $t = T$ aus und/oder erfolgt keine Verlustbeteiligung, fehlt die Möglichkeit, daß Manipulationen zu Gunsten frühzeitiger Prämienzahlungen durch spätere, niedrigere Prämienzahlungen oder, im Fall von Verlusten, durch Prämienabzüge kompensiert werden.

Probleme tauchen auch bei der gleichzeitigen Erfüllung der Manipulationsresistenz und einer optimalen Risikoteilung auf.[253] Ist der Agent risikoscheu, präferiert er Bemessungsgrundlagen mit geringer Varianz. Eine Möglichkeit, die Varianz einer Bemessungsgrundlage zu senken, besteht in der Erfassung des Erwartungswerts anstelle der realisierten Istwerte. Erwartungswerte werden von subjektiven Wahrscheinlichkeiten bestimmt, deren Verwendung dem Prinzip der Manipulationsresistenz zuwider laufen. Gleichzeitig kommt es zu einer Verletzung der Barwertidentität, da die Summe der diskontierten Erwartungswerte (Kalkulationsgrundlage des Entscheidungsträgers) nicht mit der Summe der dis-

---

[250]   Vgl. auch *Hax, Herbert*: [Periodenerfolgsmessung], a.a.O., S. 163.

[251]   Vgl. *Hax, Herbert*: [Periodenerfolgsmessung], a.a.O., S. 163 und 169; *Laux, Helmut*: [Unternehmensrechnung], a.a.O., S. 138; *Küpper, Hans-Ulrich*: [Marktwertorientierung], a.a.O., S. 528, der vom Konflikt zwischen Manipulationsfreiheit und Zielbezug spricht. Letzteres äußert sich in der Anreizkompatibilität des Belohnungssystems und verlangt für eine Bemessungsgrundlage Barwertidentität und Entscheidungsverbundenheit.

[252]   Vgl. *Laux, Helmut*: [Unternehmensrechnung], a.a.O., S. 388 f.

[253]   Vgl. *Laux, Helmut*: [Unternehmensrechnung], a.a.O., S. 137.

kontierten realisierten Größen (Kalkulationsgrundlage der Instanz) übereinstimmt.[254]

Für weitere Kriterienkombinationen kann davon ausgegangen werden, daß zumindest indifferente Verhältnisse vorliegen. Bei Vorliegen von Konflikten zwischen einzelnen Kriterien ist zu klären, wie eine Gewichtung vorgenommen werden kann, um Aussagen über die Eignung von Wertsteigerungsmaßen für bestimmte Aufgaben zu treffen. Als mögliche Lösung des Konflikts zwischen Manipulationsresistenz und Entscheidungsverbundenheit kann der Charakter der Investition ausschlaggebend sein: Handelt es sich um Projekte oder Maßnahmen, die von der Zentrale mit geringem Aufwand kontrolliert werden können, kann das Prinzip der Entscheidungsverbundenheit als „wichtiger" als das der Manipulationsfreiheit angesehen werden, wogegen bei Investitionen, deren Erfolgsbeiträge eher vage sind und weit in der Zukunft liegen, die Manipulationsfreiheit zum entscheidenden Kriterium wird.[255] Im Spannungsfeld zwischen optimaler Risikoteilung und Manipulationsresistenz bzw. Barwertidentität kann der Vorschlag aufgenommen werden, daß Risiken, die der Entscheidungsträger nicht oder nur mit unverhältnismäßig hohem Arbeitseinsatz reduzieren kann, aus der Bemessungsgrundlage eliminiert werden und für Risiken, deren Gegenmaßnahmen leicht zu kontrollieren sind, dem Entscheidungsträger explizite Vermeidungsstrategien vorgeschrieben werden, die er als Nebenbedingung in seinem Prämienoptimierungskalkül zu berücksichtigen hat.[256]

Die beschriebenen Konflikte wirken sich auch auf die Eignung eines Wertsteigerungsmaßes für die Erfüllung der Informationsaufgabe aus. Hinzu kommt der Gegensatz zwischen der Relevanz und der Verläßlichkeit einer Information, auf den bei der Diskussion der Anforderungen vor dem Hintergrund der Informationsaufgabe bereits hingewiesen wurde. Auch für Wertsteigerungsmaße gilt, daß jene Maße, die für Anteilseigner von besonderem Interesse sind, meist auf Prognosen beruhen, mithin wenig verläßlich weil manipulationsanfällig sind. Der Konflikt kann allenfalls gemildert werden, indem die Prämissen, unter denen die Prognosen erstellt wurden, ebenfalls offengelegt werden und gegebenenfalls eine Prüfung der Prognosen bzw. der gegebenen Informationen erfolgt.[257]

---

[254] Vgl. *Laux, Helmut*: [Risiko], a.a.O., S. 287; *ders.*: [Unternehmensrechnung], a.a.O., S. 31 und 137; *Holmström, Bengt R.*: [Observability], a.a.O., S. 74.

[255] Vgl. *Laux, Helmut*: [Unternehmensrechnung], a.a.O., S. 398-406.

[256] Vgl. hierzu *Laux, Helmut*: [Unternehmensrechnung], a.a.O., S. 406-409.

[257] Vgl. zur Prüfung von zusätzlichen Informationen den jüngst verabschiedeten Prüfungsstandard des *IDW* über zusätzliche Informationen des Unternehmens, *IDW*: IDW Prüfungsstandard: Die Beurteilung von zusätzlichen Informationen, die von Unternehmen zusammen mit dem Jahresabschluss veröffentlicht werden ([IDW PS 202]), in: WPg, 54. Jg. (2001), S. 121-123. Siehe dazu auch Kapitel 3.5.

## 2.6. Messung der Beurteilungskriterien

Bevor die Beurteilung der in Theorie und Praxis vorgeschlagenen Wertsteige-rungsmaße anhand der in den vorangegangenen Kapiteln ermittelten Kriterien erfolgen kann, ist der Frage nach ihrer Meßbarkeit nachzugehen. Für jedes Be-urteilungskriterium ist zu klären, worin es sich äußert und wie eine Aussage darüber getroffen werden kann, ob es ganz, teilweise oder nicht erfüllt ist. Wäh-rend bei den Kriterien Barwertidentität oder Varianz ein formaler Nachweis möglich ist, muß bei Kriterien wie Verständlichkeit oder Vergleichbarkeit auf Ersatzgrößen abgestellt werden, um Aussagen über Art und Umfang der Erfül-lung dieser Kriterien treffen zu können.

Die Überprüfung der Barwertidentität eines Wertsteigerungsmaßes kann durch einen Vergleich des Kapitalwerts eines Investitionsprojekts auf Basis der mit ihm verbundenen Zahlungen mit dem Barwert der Bemessungsgrundlagen, die der Entscheidungsträger aufgrund der Investitionsentscheidung „produziert", er-folgen; beide Barwerte müssen identisch sein.

Allgemeiner formuliert ist Barwertidentität gegeben, wenn gilt:[258]

$$\frac{\partial WSM}{\partial MW_{EK}} > 0. \tag{2.3}$$

Das Kriterium der Entscheidungsverbundenheit verlangt nicht nur, daß der Bar-wert der Gehaltszahlungen in der Höhe des Marktwertzuwachses des Unterneh-mens aufgrund der Entscheidung des Managers steigt, sondern daß sich dieser positive Beitrag zum Marktwert auch unmittelbar in der Ausprägung des Wert-steigerungsmaßes in jeder Periode niederschlägt. Wird als Bemessungsgrundla-ge z.B. ein Residualgewinn verwendet, so ist zwar der Barwert der Residualge-winne identisch mit dem Kapitalwert des Projekts und mithin die Forderung nach Barwertidentität erfüllt,[259] es können aber – in Abhängigkeit von der ge-wählten Abschreibungsmethodik – durchaus in einzelnen Perioden negative Re-sidualgewinne resultieren:[260]

---

[258]  Vgl. *Itami, Hiroyuki*: [Evaluation Measures], a.a.O., S. 75 f.

[259]  Zum Residualgewinn und zur Identität des Barwerts der Residualgewinne mit dem Kapi-talwert siehe Kapitel 3.1.3.

[260]  In diesem Beispiel wird von einer vorteilhaften Investition in Höhe von 50.000,00 € aus-gegangen, die über 8 Jahre linear abgeschrieben wird und jährlich einen Überschuß in Höhe von 9.500,00 € erwirtschaftete. Der Kalkulationszinsfuß beträgt 10%.

| Jahr | Cash Flow | | Lineare | kfm. | Buchwert | kalk. | Residualgewinn | |
|------|-----------|-----------|---------|------|----------|-------|----------------|---|
| | nominal | diskontiert | Abschr. | Gewinn | inv. Kap. | Zinsen | nominal | diskontiert |
| 2001 | –50.000,00 | –50.000,00 | | | 50.000,00 | | | |
| 2002 | 9.500,00 | 8.636,36 | 6.250,00 | 3.250,00 | 43.750,00 | 5.000,00 | –1.750,00 | –1.590,91 |
| 2003 | 9.500,00 | 7.851,24 | 6.250,00 | 3.250,00 | 37.500,00 | 4.375,00 | –1.125,00 | –929,75 |
| 2004 | 9.500,00 | 7.137,49 | 6.250,00 | 3.250,00 | 31.250,00 | 3.750,00 | –500,00 | –375,66 |
| 2005 | 9.500,00 | 6.488,63 | 6.250,00 | 3.250,00 | 25.000,00 | 3.125,00 | 125,00 | 85,38 |
| 2006 | 9.500,00 | 5.898,75 | 6.250,00 | 3.250,00 | 18.750,00 | 2.500,00 | 750,00 | 465,69 |
| 2007 | 9.500,00 | 5.362,50 | 6.250,00 | 3.250,00 | 12.500,00 | 1.875,00 | 1.375,00 | 776,15 |
| 2008 | 9.500,00 | 4.875,00 | 6.250,00 | 3.250,00 | 6.250,00 | 1.250,00 | 2.000,00 | 1.026,32 |
| 2009 | 9.500,00 | 4.431,82 | 6.250,00 | 3.250,00 | 0,00 | 625,00 | 2.625,00 | 1.224,58 |
| Σ | 26.000,00 | 681,80 | 50.000,00 | 26.000,00 | | 22.500,00 | | 681,80 |

Tabelle 5: Messung der Entscheidungsverbundenheit

Ein so bestimmter Residualgewinn verletzt die Forderung nach Entscheidungs-verbundenheit: Der positive Beitrag zum Marktwert des Gesamtunternehmens durch die Investitionsentscheidung (681,80 €) schlägt sich nicht in jeder Periode im Residualgewinn nieder, der in den ersten drei Perioden negativ ist.[261] Entscheidungsverbundenheit äußert sich demnach in einer „erweiterten" Barwertidentität: Ist der Barwert einer Investition positiv, so muß das Wertsteigerungsmaß in jeder Periode eine nichtnegative Ausprägung aufweisen.[262] Ein Entscheidungsträger mit entsprechend kurzem Planungshorizont oder mit höherem Kalkulationszinsfuß als die Zentrale hätte anderenfalls keinen Anreiz, diese vorteilhafte Investition durchzuführen, da sie seinen eigenen Nutzen nicht mehrt.[263]

Das Kriterium der Manipulationsresistenz äußert sich in einer objektiven Ermittlung des Wertsteigerungsmaßes. Der Entscheidungsträger soll möglichst keinen (unbeobachtbaren) Einfluß auf die Ausprägung eines Wertsteigerungsmaßes haben. Bei der Berechnung von Wertsteigerungsmaßen werden meist geschätzte Größen verwendet, die Berechnung gewährt – explizit oder implizit – Wahlrechte. Eine teilweise Objektivierung kann durch Beseitigung von Wahlrechten und durch Normierung bzw. Schätzung der Bandbreite und Verwendung von Mittelwerten erreicht werden.[264]

---

[261] Die Entscheidungsverbundenheit kann mit einer anderen Abschreibungsmethodik erreicht werden. Siehe dazu Kapitel 4.3.2.

[262] Vgl. auch *Wagenhofer, Alfred/Riegler, Christian*: Gewinnabhängige [Managemententlohnung] und Investitionsanreize, in: BFuP, 51. Jg. (1999), S. 70-93, hier S. 87.

[263] Vgl. hierzu bereits die in Fn. 146 und 147 genannten Quellen.

[264] Vgl. *Baetge, Jörg*: Möglichkeiten der [Objektivierung] des Jahreserfolgs, Düsseldorf 1970, insb. S. 84-124 und 156; *Baetge, Jörg/Ballwieser, Wolfgang*: Zum bilanzpolitischen Spielraum der Unternehmen, in: BFuP, 29. Jg. (1977), S. 199-215, hier S. 215. Ähnlich auch *Küpper, Hans-Ulrich*: Bedeutung der Buchhaltung für Planungs- und Steuerungszwecke der Unternehmung, in: *Altenburger, Otto/Janschek, Otto/Müller,*

Die Forderung nach geringer Varianz des Wertsteigerungsmaßes leitete sich aus der Risikoteilung zwischen einer risikoneutralen Instanz und einem risikoscheuen Entscheidungsträger ab. Dieses Kriterium kann nur in einem direkten Vergleich zweier verschiedener Wertsteigerungsmaße unter sonst gleichen Ausgangsdaten gemessen werden.

Das Kriterium der Vergleichbarkeit deckt sich mit dem der Entscheidungsverbundenheit. Darüber hinaus betrifft es eine Anwendbarkeit für mehrere Bereiche in einem Unternehmen und für verschiedene Unternehmen. Dieser zweite Aspekt kann sowohl aus der Aufgabe der Steuerung als auch aus der Aufgabe der Information begründet werden. Wenn nicht Entscheidungsverbundenheit gemeint wird, verlangt Vergleichbarkeit eine universelle Anwendbarkeit, um Aussagen über Veränderungen im Zeitablauf, Unterschiede zwischen Bereichen eines Unternehmens und Unterschieden zwischen verschiedenen Unternehmen treffen zu können.

Ebenso problematisch erweist sich die Messung des Kriteriums der Verständlichkeit. Ersatzweise muß hier auf das Vorliegen einer eindeutigen Berechnungsformel abgestellt werden.

---

*Heinrich* (Hrsg.): Fortschritte im Rechnungswesen (FS Seicht), 2. Aufl., Wiesbaden 2000, S. 443-466, hier S. 451 f.

# 3. Kapitaltheoretische Konzepte zur Messung von Wert und Wertsteigerung

## 3.1. Kapitaltheoretischer Vermögensbegriff

### 3.1.1. Vermögen, Wert und Preis

„Vermögen" ist wie „Gewinn" ein vielfältig belegter und häufig mit unterschiedlicher Bedeutung gebrauchter Begriff. Hier soll Vermögen als der Strom künftiger Konsumausgaben verstanden werden, den die Anteilseigner zu realisieren „vermögen".[265] Einem so verstandenen Vermögensbegriff entspricht der Barwert zukünftiger Zahlungen eines Unternehmens, der Kapitalwert des Unternehmens, dessen Gegenwert die Anteilseigner ganz oder teilweise, heute oder in Zukunft für Konsumzwecke auszugeben vermögen und der von einer z.b. bilanziell ermittelten Vermögensgröße abzugrenzen ist.[266]

Die den Anteilseigner primär interessierende Größe ist der Wert seiner Anteile im Sinne eines potentiellen Preises. Ein solcher „Marktwert" wird repräsentiert durch einen Unternehmenswert, der in aller Regel mittels eines Kapitalwertkalküls bestimmt wird. Je nach Definition der Größen in Zähler und Nenner eines solchen Kalküls kommen die Ertragswertmethode oder eines der Discounted-Cash-Flow-Verfahren zur Anwendung.[267] Innerhalb der DCF-Verfahren entspricht der Equity-Approach grundsätzlich dem Ertragswertverfahren, die Gruppe der Bruttoansätze bilden der Adjusted Present Value[268] und die beiden WACC-Verfahren, die sich hauptsächlich bezüglich der Erfassung der Steuerersparnis durch Fremdfinanzierung unterscheiden. Daneben werden Unterneh-

---

[265] Vgl. *Moxter, Adolf*: [Bilanztheorie], a.a.O., S. 38 f.

[266] Vgl. *Moxter, Adolf*: Zum Verhältnis von rechtlichen und betriebswirtschaftlichen [Gewinnkonzeptionen], in: *Woratschek, Herbert* (Hrsg.): Perspektiven ökonomischen Denkens (FS Gümbel), Frankfurt a. M. 1998, S. 217-225, hier S. 218.

[267] Vgl. *Ballwieser, Wolfgang*: [Methoden], a.a.O., S. 153; *ders.*: [Stand und Entwicklung] der Unternehmensbewertung in Deutschland, in: *Egger, Anton* (Hrsg.): Unternehmensbewertung – quo vadis? (FS Tichy), Wien 1999, S. 21-40, hier S. 28.

[268] Hier wird der Unternehmenswert komponentenweise berechnet: Zunächst wird unterstellt, das Unternehmen sei unverschuldet. Zu diesem (fiktiven) Wert wird der zusätzliche Wert aus der Steuerersparnis durch Fremdfinanzierung addiert. Vgl. grundlegend *Myers, Stewart C.*: [Financing], a.a.O. In Deutschland wird der APV-Ansatz insb. vertreten durch *Drukarczyk, Jochen*: DCF-Methoden und Ertragswertmethode – einige klärende Anmerkungen, in: WPg, 48. Jg. (1995), S. 329-334; *Drukarczyk, Jochen/Richter, Frank*: Unternehmensgesamtwert, anteilseignerorientierte Finanzentscheidungen und APV-Ansatz, in: DBW, 55. Jg. (1995), S. 559-580; *Drukarczyk, Jochen*: Unternehmensbewertung, 2. Aufl., München 1998, S. 208-241.

menswerte mittels Multiplikatoren[269] und neuerdings auch mit Ansätzen aus der Optionspreistheorie[270] ermittelt. Kapitalwertkalküle, Multiplikatorverfahren und Übertragungen der Optionspreistheorie faßt man unter der Bezeichnung Gesamtbewertungsverfahren zusammen,[271] darüber hinaus unterscheidet die Literatur noch Einzelbewertungsverfahren wie den Substanz- oder den Liquidationswert sowie Mischverfahren.[272] Hier beschränkt sich die Wertermittlung auf die in der Wertsteigerungsanalyse vorherrschenden Kapitalwertkalküle, andere Verfahren werden nicht weiter betrachtet. Kapitalwertkalküle bestimmen den Unternehmenswert als Bruttokapitalwert der Investition Unternehmen. Ein so bestimmter Unternehmenswert ist eine Preisgrenze: bezahlt ein Käufer mehr oder erzielt ein Verkäufer weniger als diesen Bruttokapitalwert, verschlechtert sich seine ökonomische Vermögenslage. Solche Unternehmenswerte resultieren aus der Frage nach der Nutzenstiftung in einer Subjekt-Objekt-Beziehung und

---

269  Vgl. *Aders, Christian/Galli, Albert/Wiedemann, Florian*: Unternehmenswerte auf Basis der Multiplikatormethode?, in: FB, 2. Jg. (2000), S. 197-204; *Ballwieser, Wolfgang*: Unternehmensbewertung mit Hilfe von Multiplikatoren, in: *Rückle, Dieter* (Hrsg.): Aktuelle Fragen der Unternehmensfinanzierung und -besteuerung (FS Loitlsberger), Wien 1991, S. 47-66; *ders.*: Eine neue Lehre der Unternehmensbewertung?, in: DB, 50. Jg. (1997), S. 185-191; *ders.*: Unternehmensbewertung, Marktorientierung und Ertragswertverfahren, in: *Wagner, Udo* (Hrsg.): Zum Erkenntnisstand der Betriebswirtschaftslehre am Beginn des 21. Jahrhunderts (FS Loitlsberger), Berlin 2001, S. 17-31; *ders.*: Unternehmensbewertung aus [Sicht der Betriebswirtschaftslehre], in: *Baetge, Jörg* (Hrsg.): Unternehmensbewertung im Wandel, Düsseldorf 2001, S. 1-24; *Bausch, Andreas*: Die Multiplikator-Methode, in: FB, 2. Jg. (2000), S. 448-459; *Böcking, Hans-Joachim/Nowak, Karsten*: Marktorientierte Unternehmensbewertung, in: FB, 1. Jg. (1999), S. 169-176; *Küting, Karlheinz/Eidel, Ulrike*: Marktwertansatz contra Ertragswert- und Discounted Cash Flow-Verfahren, in: FB, 1. Jg. (1999), S. 225-231; *Richter, Frank*: [Unternehmensbewertung], in: *Picot, Gerhard* (Hrsg.): Handbuch Merger & Acquisitions, Stuttgart 2000, S. 255-287, hier S. 283-286; *Seppelfricke, Peter*: Moderne Multiplikatorverfahren bei der Aktien- und Unternehmensbewertung, in: FB, 1. Jg. (2000), S. 300-307.
270  Vgl. *Damodaran, Aswath*: [Valuation], a.a.O., S. 375-396; *Copeland, Tom/Koller, Tim/Murrin, Jack*: [Valuation], 3. Aufl., New York u.a. 2000, S. 395-425; *Bernhard, Hans-Georg*: Realoptionen als Instrument zur marktformspezifischen Unternehmensbewertung, Frankfurt a. M. u.a. 2000; *Koch, Christian*: Optionsbasierte Unternehmensbewertung, Wiesbaden 1999; *Meise, Florian*: Realoptionen als Investitionskalkül, München/Wien 1998; *Mostowfi, Mehdi*: Bewertung von Investitionen unter Berücksichtigung zeitlicher Flexibilität, in: BFuP, 49. Jg. (1997), S. 580-592; *Pfingsten, Florian*: Shareholder Value im Lebenszyklus, Wiesbaden 1998; *Rams, Andreas*: Realoptionsbasierte Unternehmensbewertung, in: FB, 1. Jg. (1999), S. 349-364; *Schäfer, Henry/Schässburger, Bernd*: Realoptionsansatz in der Bewertung forschungsintensiver Unternehmen, in: FB, 2. Jg. (2000), S. 586-592.
271  Vgl. z.B. *Ballwieser, Wolfgang*: [Methoden], a.a.O., S. 152; *Mandl, Gerwald/Rabel, Klaus*: [Unternehmensbewertung], Wien/Frankfurt 1997, S. 30.
272  Darstellungen finden sich bei *Ballwieser, Wolfgang*: [Methoden], a.a.O., S. 169-171; *Mandl, Gerwald/Rabel, Klaus*: [Unternehmensbewertung], a.a.O., S. 28-58.

sind daher individuell verschieden.[273] Nachfolgende Übersicht zeigt die unterschiedlichen Kapitalwertkalküle, die gefetteten Varianten werden in Kapitel 3.1.2 erläutert:[274]

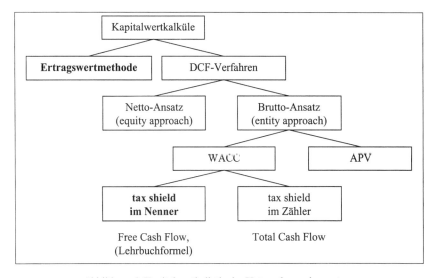

Abbildung 6: Kapitalwertkalküle der Unternehmensbewertung

Von einem solch subjektiven Wertbegriff abzugrenzen sind am Kapitalmarkt beobachtbare Preise.[275] Für börsennotierte Gesellschaften wird börsentäglich ein

273 Vgl. *Moxter, Adolf:* [Grundsätze], a.a.O., S. 23 f. Zur Abhängigkeit des Werts einer Sache von ihrer Nutzenstiftung bereits *Schmalenbach, Eugen:* Die Beteiligungsfinanzierung, 8. Aufl., Köln/Opladen 1954, S. 58.

274 Nach *Ballwieser, Wolfgang:* [Stand und Entwicklung], a.a.O., S. 30. Zu den verschiedenen Verfahren vgl. ebd., S. 30-33, *ders..* Unternehmensbewertung mit Discounted Cash Flow-Verfahren, in: WPg, 51. Jg. (1998), S. 81-92; *ders.:* Verbindung von Ertragswert- und Discounted-Cashflow-Verfahren, in: *Peemöller, Volker* (Hrsg.): Praxishandbuch der Unternehmensbewertung, Herne/Berlin 2001, S. 361-373; *Hachmeister, Dirk:* Die Abbildung der Finanzierung im Rahmen verschiedener Discounted Cash Flow-Verfahren, in: zfbf, 48. Jg. (1996), S. 251-277; *ders.:* [Maß], a.a.O., S. 92-102; *Mandl, Gerwald/Rabel, Klaus:* [Unternehmensbewertung], a.a.O., S. 31-42; *Damodaran, Aswath:* [Valuation], a.a.O., S. 9-13; *Schmidt, Johannes G.:* Die Discounted Cash-Flow-Methode – nur eine kleine Abwandlung der Ertragswertmethode?, in: zfbf, 47. Jg. (1995), S. 1088-1118; *Sieben, Günter:* Unternehmensbewertung: Discounted Cash Flow-Verfahren und Ertragswertverfahren – Zwei völlig unterschiedliche Ansätze?, in: *Lanfermann, Josef* (Hrsg.): Internationale Wirtschaftsprüfung (FS Havermann), Düsseldorf 1995, S. 713-737.

275 Vgl. zur Trennung zwischen Wert und Preis auch *Richter, Frank:* [Unternehmensbewertung], a.a.O., S. 262-265; *Hering, Thomas:* Finanzwirtschaftliche Unternehmensbewertung, Wiesbaden 1999, S. 93-99, insb. S. 93; *Schneider, Dieter:* Marktwertorientierte

Preis für deren Anteile festgestellt.[276] Dieser, durch das Zusammentreffen von Angebot und Nachfrage ermittelte Preis ist jedoch allenfalls zufällig identisch mit einem errechneten Wert. Die Gründe für eine Abweichung sind vielfältiger Natur. Zum einen stellt der Börsenkurs den Preis einer Aktie dar. Eine bloße Multiplikation des Kurses mit der Anzahl der Aktien, die sog. Börsen- oder Marktkapitalisierung, vernachlässigt Paketzuschläge, die empirisch beobachtbar sind und mit erhöhter Einflußnahme auf die Unternehmenspolitik, z.B. bei Erwerb einer Sperrminorität oder Zwei-Drittel-Mehrheit, begründet werden können (Control Premium).[277] Zum anderen disponieren Anleger nicht nur aufgrund von Gewinnaussichten des Unternehmens, sondern auch aufgrund von Erwartungen über die zukünftige (insbesondere kurz- und mittelfristige) Nachfrage nach den einzelnen Aktien, um Spekulationsgewinne zu erzielen. Solche Investoren handeln keineswegs irrational, sie verschleiern aber den Aussagegehalt der Marktkapitalisierung für den Unternehmenswert.[278] Ferner gehen in die Preisbildung am Kapitalmarkt in der Regel nur allgemein bekannte Informationen ein, die nicht notwendigerweise richtig sein müssen. Mehrheitsgesellschafter können darüber hinaus Kurse gezielt beeinflussen.[279] Mangelnde Marktliquidität führt schließlich dazu, daß auch einzelne Kurse keine verläßliche Grundlage für den Preis einzelner Anteile bieten.[280] Zuletzt sind Werte auch immer abhängig von der individuellen Besteuerung, die in Marktpreisen keinen Niederschlag finden kann. Auch auf vollkommenen Märkten sind Wert und Preis nur dann identisch, wenn alle Marktteilnehmer über identische Erwartungen verfügen.

---

Unternehmensrechnung: [Pegasus] mit Klumpfuß, in: DB, 51. Jg. (1998), S. 1473-1478, hier S. 1475; Reimann, Bernard C.: [Shareholder Value], a.a.O., S. 41.

[276]  Allerdings sind in Deutschland von 9.279 Aktiengesellschaften und Kommanditgesellschaften auf Aktien lediglich 1.450 börsennotiert (Stand August 2000), vgl. DAI (Hrsg.): DAI-Factbook 2000, Frankfurt a. M. 2000, S. 01-1-a und 02-1-a.

[277]  Vgl. Gaughan, Patrick A.: Mergers, Acquisitions, and Corporate Restructurings, New York u.a. 1996, S. 465 mit Verweis auf MerrillLynch Business Brokerage and Valuation in: Mergerstat Review, 1994, S. 92 und Pratt, Shannon P./Reilly, Robert F./Schweihs, Robert P.: Valuing a Business, 3. Aufl., Chicago 1996, S. 298-319.

[278]  Vgl. Olbrich, Michael: Zur [Bedeutung] des Börsenkurses für die Bewertung von Unternehmungen und Unternehmungsanteilen, in: BFuP, 52. Jg. (2000), S. 454-465, hier S. 461.

[279]  Vgl. Olbrich, Michael: [Bedeutung] a.a.O., S. 460.

[280]  Lediglich 30 bis 70 Aktien an deutschen Börsen können als liquide bezeichnet werden. Vgl. Zimmermann, Peter: Schätzung und Prognose von Betawerten, Bad Soden/Taunus 1997, S. 52. Eine Ausnahme dürften derzeit die Aktien am Neuen Markt der Frankfurter Wertpapierbörse darstellen.

Die Börsen- oder Marktkapitalisierung liefert grobe Anhaltspunkte für den Wert eines Unternehmens, aber nicht mehr als dies.[281] Ihre Bedeutung bei der Frage der Abfindung von Minderheitsaktionären wurde erst kürzlich höchstrichterlich bestätigt, dennoch gilt auch hier, daß der Börsenkurs grundsätzlich nur die Untergrenze einer Abfindung bildet.[282] „Der ‚Börsenwert' spiegelt nicht den Wert der *Gesellschaft* wider, sondern ergibt sich aus den subjektiven Entscheidungswerten der Börsenteilnehmer im Hinblick auf die *Aktie* des Betriebes."[283] Für Zwecke der Steuerung von Bereichsmanagern und der Information von Anteilseignern ist eine Wertermittlung unumgänglich.

### 3.1.2. Unternehmenswert auf Basis von Zahlungen

Für die Bewertung eines Unternehmens werden zukünftige Zahlungen an den Eigentümer prognostiziert und auf den Bewertungszeitpunkt diskontiert. Neben der Aufstellung eines Finanzplans sind dazu passende Plan-Bilanzen und Plan-GuV zu erstellen, um z.B. Ausschüttungen zu bemessen und Steuerzahlungen mit ihren Auswirkungen auf die zu diskontierenden Größen zu erfassen.

Mit der Ertragswertmethode gelangt man unmittelbar zum Marktwert des Eigenkapitals (Ertragswert) $MW_{EK,0}$ bzw. $EW_0$:[284]

$$MW_{EK,0} = EW_0 = \sum_{t=1}^{T} \frac{\mu(E_t)}{\left(1 + i_f + z_t\right)^t} + \frac{\mu(E_{T+1})}{\left(i_f + z_{T+1}\right) \cdot \left(1 + i_f\right)^T}. \tag{3.1}$$

---

281 Vgl. zur Eignung von Börsenkursen zur Unternehmensbewertung jüngst *Ballwieser, Wolfgang*: [Sicht der Betriebswirtschaftslehre], a.a.O.; *Böcking, Hans-Joachim/Nowak, Karsten*: Die [Bedeutung] des Börsenkurses bei Unternehmensbewertungen, in: FB, 2. Jg. (2000), S. 17-24; *Olbrich, Michael*: [Bedeutung] a a O , insb. S. 460-463.

282 Für die Frage nach der Abfindung vgl. z.B. *Drukarczyk, Jochen*: Zum Problem der angemessenen Barabfindung bei zwangsweise ausscheidenden Anteilseignern, in: AG, 18. Jg. (1973), S. 357-365, hier S. 361 f. und als Reaktionen auf den Beschluß des BVerfG vom 27.4.99 – 1 BvR 1613/94 z.B. *Großfeld, Bernhard*: Börsenkurs und Unternehmenswert, in: BB, 55. Jg. (2000), S. 261-266; *Bungert, Hartwin/Eckert, Jan*: Unternehmensbewertung nach Börsenwert: Zivilgerichtliche Umsetzung der BVerfG-Rechtsprechung, in: BB, 55. Jg. (2000), S. 1845-1849; *Böcking, Hans-Joachim/Nowak, Karsten*: [Bedeutung], a.a.O., insb. S. 24.

283 *Olbrich, Michael*: [Bedeutung], a.a.O., S. 461 (Hervorhebung im Original).

284 Vgl. z.B. *Ballwieser, Wolfgang*: [Methoden], a.a.O., S. 157. Andere Darstellungsformen werden in der Literatur beschrieben, hier handelt es sich um ein Zwei-Phasenmodell unter Unsicherheit.

Der Ertrag $E$ umfaßt die Nettoausschüttungen an die Eigentümer[285] zuzüglich eventuell noch bestehender, anrechenbarer KSt-Gutschriften. Nettoausschüttungen bestehen aus Dividenden bzw. Gewinnausschüttungen, Kapitalrückzahlungen und Liquidationserlösen abzüglich geleisteter Kapitaleinlagen. KSt-Gutschriften werden anrechnungsberechtigten Inländern vom Fiskus auf deren persönliche Einkommensteuerschuld angerechnet und sind insofern ebenfalls Bestandteil des Ertrags. Durch den Wegfall des Anrechnungsverfahrens zum Jahr 2001 sind aber nur noch in der Vergangenheit thesaurierte EK40-Beträge von dieser Regelung betroffen.[286] Erträge sind aufgrund der Unsicherheit der Zukunft mehrwertig zu schätzen[287] und ihre Erwartungswerte $\mu(E)$ sind mit einem risikoangepaßten Kalkulationszinsfuß $(i_f + z)$ zu diskontieren.[288] Innerhalb des Planungshorizonts von $T$ Perioden werden die Erträge periodenspezifisch geschätzt, während die Zeit danach durch einen Endwert repräsentiert wird, der wiederum auf den Bewertungszeitpunkt zu diskontieren ist.[289] Gleichung (3.1) kann auch auf ein Drei-Phasen-Modell erweitert werden. So gilt bei Sicherheit:

$$MW_{EK,0} = EW_0 = \sum_{t=1}^{T'} \frac{E_t}{\left(1+i_f\right)^t} + E_{T'+1} \cdot \frac{1-\left(\dfrac{1+w}{1+i_f}\right)^{T-T'}}{\left(i_f - w\right)\cdot\left(1+i_f\right)^{T'}} + \frac{E_{T+1}}{i_f \cdot \left(1+i\right)^T}. \quad (3.2)$$

Hier folgt der ersten Phase periodenspezifischer Erträge (bis $t = T'$) zunächst eine zeitlich begrenzte Phase des Wachstums des Ertrags der Periode $T' + 1$ um

---

[285] Vgl. *Moxter, Adolf*: [Grundsätze], a.a.O., S. 75-84; *Ballwieser, Wolfgang*: [Methoden], a.a.O., S. 153; *Mandl, Gerwald/Rabel, Klaus*: [Unternehmensbewertung], a.a.O., S. 110-113.

[286] Vgl. zu den Auswirkungen der KSt-Reform auf die Unternehmensbewertung z.B. *Auge-Dickhut, Stefanie/Moser, Ulrich/Widmann, Bernd*: Die geplante Reform der Unternehmensbesteuerung – Einfluss auf die Berechnung und die Höhe des Werts von Unternehmen, in: FB, 2. Jg. (2000), S. 362-371; *Hötzel, Oliver/Beckmann, Klaus*: Einfluss der Unternehmenssteuerreform 2001 auf die Unternehmensbewertung, in: WPg, 53. Jg. (2000), S. 696-701; *Schüler, Andreas*: Unternehmensbewertung und Halbeinkünfteverfahren, in: DStR, 38. Jg. (2000), S. 1531-1536.

[287] Vgl. z.B. *Ballwieser, Wolfgang*: [Methoden], a.a.O., S 155.

[288] Vgl. *Ballwieser, Wolfgang*: Unternehmensbewertung und Komplexitätsreduktion, 3. Aufl., Wiesbaden 1990, S. 171-173; *ders.*: [Methoden], a.a.O., S. 157-159; *Ballwieser, Wolfgang/Leuthier, Rainer*: Betriebswirtschaftliche Steuerberatung: Grundprinzipien, Verfahren und Probleme der Unternehmensbewertung, in: DStR, 24. Jg. (1986), S. 545-551 und 604-610, hier S. 609 und jüngst erst *Taetzner, Tobias*: Das Bewertungskalkül des Shareholder Value-Ansatzes in kritischer Betrachtung, Frankfurt a. M. u.a. 2000, S. 49-64.

[289] In (3.1) wird von einer ewigen Rente ab dem Zeitpunkt $T$ zur Bestimmung des Endwertes ausgegangen.

den konstanten Satz $w$ ($i_f > w$), der sich dann ab der Periode $t = T$ die Phase der ewigen Rente mit dem Ertrag der Periode $T + 1$ anschließt.

Demgegenüber berechnet sich der Discounted Cash Flow üblicherweise mit:[290]

$$DCF_0 = \sum_{t=1}^{T} \frac{\mu\left(FCF_t\right)}{\left(1+k_{WACC}\right)^t} + \frac{\mu\left(TV\right)}{\left(1+k_{WACC}\right)^T}. \qquad (3.3)$$

Diskontiert wird der Erwartungswert des sog. Free Cash Flow $FCF$, ein Zahlungsüberschuß aus dem operativen Geschäft nach Investition und vor Finanzierung. Dieser Cash Flow steht sowohl Eigen- als auch Fremdkapitalgebern zur Verfügung. Das Konzept folgt der klassischen Trennung von Investitions- und Finanzierungsentscheidung nach MODIGLIANI/MILLER.[291] Diskontierungszins sind daher auch die durchschnittlichen gewogenen Kapitalkosten ($k_{WACC}$), die die Renditeforderungen der Eigen- und Fremdkapitalgeber enthalten. Der Terminal Value $TV$ repräsentiert die Zeit nach dem Planungshorizont $T$ und kann z.B. durch eine ewige Rente dargestellt werden.[292] Der Free Cash Flow aus der Lehrbuchformel geht durch seine Finanzierungsneutralität von einem fiktiv rein eigenfinanzierten Unternehmen aus und ist um eine zu hohe, fiktive Steuer gemindert; die Abzugsfähigkeit der Fremdkapitalzinsen, das sog. Tax Shield, wird vernachlässigt. Dieser Fehler muß bei den Kapitalkosten korrigiert werden, indem die Renditeforderungen der Fremdkapitalgeber $r_{FK}$ um den Faktor $(1 - s)$ reduziert werden:[293]

---

[290] Dargestellt ist die sog. Lehrbuchformel, vgl. Ballwieser, Wolfgang: [Unternehmensbewertung], a.a.O., Sp. 1877; Hachmeister, Dirk: [Maß], a.a.O., S. 102 oder Brealey, Richard A./Myers, Stewart C.: [Principles], a.a.O., S. 541-572. Zu anderen DCF-Varianten, vgl. Fn. 274. Im folgenden wird in den Formeln das $\mu$ unterdrückt, es handelt sich aber dennoch um Erwartungswerte.

[291] Vgl. Modigliani, Franco/Miller, Merton H.: The Cost of Capital, Corporation Finance and the Theory of Investment, in: AER, Vol. 48 (1958), S. 261-297; Miller, Merton H./ Modigliani, Franco: Dividend Policy, Growth, and the [Valuation] of Shares, in: JB, Vol. 34 (1961), S. 411-433.

[292] Zu Möglichkeiten der Restwertschätzung, die auch für die Ertragswertmethode gelten, vgl. z.B. Copeland, Tom/Koller, Tim/Murrin, Jack: [Valuation], a.a.O., S. 267-286; Mandl, Gerwald/Rabel, Klaus: [Unternehmensbewertung], a.a.O., S. 239; Henselmann, Klaus: Der Restwert in der Unternehmensbewertung – eine „Kleinigkeit"?, in: FB, 2. Jg. (2000), S. 151-157.

[293] In der Total-Cash-Flow-Variante wird das Tax Shield direkt im Zähler erfaßt, und die Trennung von Investition und Finanzierung wird durchbrochen. Der Total Cash Flow ist um die tatsächliche Steuerlast gemindert und nicht zu niedrig. Der Korrekturfaktor $(1 - s)$ bei den Fremdkapitalkosten entfällt damit ersatzlos. Zu den unterschiedlichen Abgrenzungen von Cash Flows vgl. auch Tabelle 35 im Anhang. Bezüglich anrechenbarer KSt-Guthaben gilt das oben Gesagte.

$$k_{WACC} = \frac{EK}{GK} \cdot r_{EK} + \frac{FK}{GK} \cdot r_{FK} \left(1-s\right).$$ (3.4)

Durch die Aufgabe des körperschaftsteuerlichen Anrechnungsverfahrens gelingt nunmehr die Abbildung der deutschen Steuersystematik im Free-Cash-Flow-Verfahren. Der Steuersatz $s$ stellt einen Mischsatz aus Gewerbeertrag- und Körperschaftsteuer sowie Solidaritätszuschlag dar.[294] Die Renditeforderungen der Fremdkapitalgeber $r_{FK}$ ergeben sich aus den Finanzierungsverträgen bzw. aus Kapitalmarktdaten für Kredite mit entsprechender Laufzeit und entsprechendem Risiko. Die Renditeforderungen der Eigenkapitalgeber $r_{EK}$ einer Gesellschaft $j$ werden mit Hilfe des CAPM bestimmt:[295]

$$r_{EK,j} = i_f + \beta_j \cdot \left[\mu\left(r_M\right) - i_f\right].$$ (3.5)

$\beta_j$ ist dabei das Risikomaß der Eigenkapitaltitel der Gesellschaft $j$ und setzt sich aus der Varianz der Rendite des Marktportfolios und der Kovarianz zwischen den Renditen des Marktportfolios und der Eigenkapitaltitel der Gesellschaft $j$ zusammen:

$$\beta_j = \frac{\sigma_{r_M, r_{EK,j}}}{\sigma_{r_M}^2}.$$ (3.6)

Da im Zähler von (3.3) ein Zahlungsstrom angesetzt wird, der sowohl den Eigen- als auch den Fremdkapitalgebern zusteht und der mit einem gewogenen Mittel der Renditeforderungen von Eigen- und Fremdkapitalgebern abgezinst wird, ist das Ergebnis $DCF_0$ der Wert des gesamten Unternehmens ($MW_{GK,0}$). Um zum eigentlich interessierenden Marktwert des Eigenkapitals $MW_{EK,0}$ zu gelangen, muß der Marktwert des Fremdkapitals $MW_{FK,0}$ abgezogen werden:

---

[294]    Es gilt: $s = 0,5 \cdot s_{Gew}\left[1 - s_{KSt}\left(1 + s_{Soli}\right)\right] + s_{KSt}\left(1 + s_{Soli}\right)$, mit $s_{Gew}$ als effektiver Gewerbeertragsteuersatz, $s_{KSt}$ als Körperschaftsteuersatz (25 %); $s_{Soli}$ als Solidaritätszuschlag (5,5 %). Bei einem Hebesatz von 400 % folgt eine Gewerbeertragsteuerbelastung von 16,67 % und $s$ beträgt 32,51 %.

[295]    Vgl. z.B. *Elton, Edwin J./Gruber, Martin*: Modern Portfolio Theory and Investment Analysis, 5. Aufl., New York u.a. 1995, S. 294-310; *Weston, Fred J./Copeland, Thomas E.*: Managerial [Finance], 9. Aufl., Fort Worth 1992, S. 403; *Damodaran, Aswath*: [Valuation], a.a.O., S. 21-32, insb. S. 32. Grundlegend zum CAPM: *Sharpe, William F.*: Capital Asset Prices, in: JF, Vol. 19 (1964), S. 425-442; *Lintner, John*: The Valuation of Risk Assets and the Selection of Risky Investments in Stock Portfolios and Capital Budgets, in: REStat, Vol. 47 (1965), S. 13-37; *Mossin, Jan*: Equilibrium in a Capital Asset Market, in: Em, Vol. 34 (1966), S. 768-783.

$$MW_{EK,0} = DCF_0 - MW_{FK,0}.$$ (3.7)

Beide hier vorgestellten Kapitalwertverfahren stehen in Konkurrenz. Empirische Untersuchungen weisen auf einen Vormarsch des DCF in der Free-Cash-Flow-Variante hin,[296] der mittlerweile auch seinen Einzug in die Verlautbarungen des Wirtschaftsprüferstandes gehalten hat.[297] Während der Equity-Ansatz insbesondere für Finanzdienstleistungsunternehmen empfohlen wird,[298] konnte sich der APV-Ansatz bislang nicht durchsetzen. Soweit nicht anders angegeben, wird im folgenden der Unternehmenswert nach der in der Literatur zum Shareholder Value üblichen Lehrbuchformel berechnet.[299]

### 3.1.3. Unternehmenswert auf Basis periodisierter Zahlungen

Der Unternehmenswert kann nicht nur durch Diskontierung von Zahlungsüberschüssen, sondern auch durch Diskontierung von periodisierten Zahlungsgrößen bestimmt werden.[300] Grundlage hierfür ist das sog. Lücke- bzw. Preinreich-Lücke-Theorem,[301] das die Identität der Summe diskontierter Zahlungsgrößen mit der Summe diskontierter Periodengewinne unter bestimmten Voraussetzungen nachweist.[302] Entscheidend für die Identität der Ergebnisse ist, daß

---

[296] Vgl. *Peemöller, Volker/Bömelburg, Peter/Denkmann, Andreas*: Unternehmensbewertung in Deutschland, in: WPg, 47. Jg. (1994), S. 741-749; *Mandl, Gerwald/Rabel, Klaus*: [Unternehmensbewertung], a.a.O., S. 63; *Peemöller, Volker/Keller, Bernd*: Steuernahe Betriebswirtschaft, Teil B: Unternehmensbewertung, in: *Küting, Karlheinz* (Hrsg.): Saarbrücker Handbuch der betriebswirtschaftlichen Beratung, Berlin 1998, S. 841-914, hier S. 864-866.

[297] Vgl. *IDW*: IDW Standard: Grundsätze zur Durchführung von Unternehmensbewertungen (IDW S 1), in: FN, o. Jg. (2000), S. 415-441, hier Tz. 106 und 124-139.

[298] Vgl. z.B. *Copeland, Tom/Koller, Tim/Murrin, Jack*: [Valuation], a.a.O., S. 427-469

[299] Zur Identität der Verfahren und den nötigen Prämissen vgl. erneut die in Fn. 274 genannten Quellen und *Wallmeier, Martin*: Kapitalkosten und Finanzierungsprämissen, in: ZfB, 69. Jg. (1999), S. 1473-1490. Auf die (berechtigte) Kritik an der Konzeption insb. der Bruttoansätze des DCF, zu denen die Lehrbuchformel gehört, wird nicht weiter eingegangen. Vgl. nur *Ballwieser, Wolfgang*: Aktuelle Aspekte der Unternehmensbewertung, in: WPg, 48. Jg. (1995), S. 119-129, hier S. 126.

[300] Vgl. schon *Miller, Merton H./Modigliani, Franco*: [Valuation], a.a.O. S. 420.

[301] Vgl. grundlegend für den deutschen Sprachraum *Lücke, Wolfgang*: [Investitionsrechnung] auf der Grundlage von Ausgaben oder Kosten?, in: ZfhF, 7. Jg. (1955), S. 310-324, hier insb. S. 313-316. In der US-amerikanischen Literatur wird i.d.R. verwiesen auf *Preinreich, Gabriel A. D.*: The Fair Value and Yield of Common Stock, in: AR, Vol. 11 (1936), S. 130-132; *ders.*: Valuation and Amortization, in: AR, Vol. 12 (1937), S. 209-226; *ders.*: Annual [Survey] of Economic Theory, in: Em, Vol. 6 (1938), S. 219-241.

[302] Vgl. im folgenden *Ewert, Ralf/Wagenhofer, Alfred*: Interne [Unternehmensrechnung], 4. Aufl., Berlin u.a. 2000, S. 75 f.; *Küpper, Hans-Ulrich*: [Controlling], a.a.O., S. 122 f.;

(1) in der Totalperiode die Summe der Periodenerfolge $G_{kfm}$ gleich der Summe der Zahlungsüberschüsse $CF$ sein muß (Kongruenzprinzip oder *Clean Surplus*),

$$\sum_{t=0}^{T} CF_t = \sum_{t=0}^{T} G_{kfm,t} \text{ mit } G_{kfm,0} = 0 \text{ und } CF_0 = -I_0, \text{ und} \qquad (3.8)$$

(2) von den Periodenerfolgen jeweils kalkulatorische Zinsen auf das gebundene Kapital der Vorperiode abgezogen werden,

$$G_{Re,t} = G_{kfm,t} - i \cdot B_{GK,t-1} = CF_t - Ab_t - i \cdot B_{GK,t-1} = CF_t - D_t, \text{ mit} \qquad (3.9)$$

$$B_{GK,t-1} = \sum_{\tau=0}^{t-1} G_{kfm,\tau} - \sum_{\tau=0}^{t-1} CF_\tau \text{ und } B_{GK,-1} = B_{GK,T} = 0. \qquad (3.10)$$

Das Kongruenzprinzip verlangt, daß sich jede Veränderung des Eigenkapitals, die nicht Gewinnausschüttung oder Kapitalentnahme bzw. Kapitaleinlage ist, aus der Gewinn- und Verlustrechnung erklären läßt.[303] Mit anderen Worten: Jede Änderung des Vermögens, die nicht aus Zahlungsvorgängen $E$ zwischen dem Unternehmen und den Eigenkapitalgebern resultiert, muß sich unmittelbar im Gewinn der Periode niederschlagen, womit sich das Kongruenzprinzip auch ausdrücken läßt als:[304]

$$G_{kfm,t} = E_t + B_t - B_{t-1}. \qquad (3.11)$$

*Kloock, Josef:* Mehrperiodige [Investitionsrechnungen] auf der Basis kalkulatorischer und handelsrechtlicher Erfolgsrechnungen, in: zfbf, 33. Jg. (1981), S. 873-890, hier insb. S. 876 f.; *Ordelheide, Dieter:* [Bedeutung] und Wahrung des Kongruenzprinzips („clean surplus") im internationalen Rechnungswesen, in: *Schildbach, Thomas/Matschke, Manfred Jürgen* (Hrsg.): Unternehmensberatung und Wirtschaftsprüfung (FS Sieben), Stuttgart 1998, S. 515-530, hier S. 516 f.; *Peasnell, Ken V.:* Some formal Connections between Economic Values and Accounting Numbers, in: JBFA, Vol. 9 (1982), S. 361-381; *Feltham, Gerald A./Ohlson, James A.:* Valuation and Clean Surplus Accounting for Operating and Financial Activities, in: CAR, Vol. 11 (1995), S. 689-731, hier S. 701.

[303] Vgl. *Schildbach, Thomas:* Externe Rechnungslegung und Kongruenz – Ursache für die Unterlegenheit deutscher verglichen mit angelsächsischer Bilanzierung?, in: DB, 52. Jg. (1999), S. 1813-1820; *Ordelheide, Dieter:* [Bedeutung], a.a.O., S. 516; *Busse von Colbe, Walther:* Gefährdung des Kongruenzprinzips durch erfolgsneutrale Verrechnung von Aufwendungen im Konzernabschluß, in: *Moxter, Adolf* et al. (Hrsg.): Rechnungslegung (FS Forster), Düsseldorf 1992, S. 125-138, hier S. 127 f. Zum Kongruenzprinzip äußert sich bereits *Schmalenbach*, vgl. *Schmalenbach, Eugen:* Grundlagen dynamischer Bilanzlehre, in: ZfhF, 13. Jg. (1919), S. 1-60 und 65-101, hier S. 12 (als „Kontinuität" bezeichnet); *ders.:* Grundlagen dynamischer Bilanzlehre, 3. Aufl., Leipzig 1925, S. 70-74 (als „Kongruenz" bezeichnet).

[304] Vgl. z.B. *Ordelheide, Dieter:* [Bedeutung], a.a.O., S. 517.

Die Verrechnung kalkulatorischer Zinsen auf das gebundene Kapital der Vorperiode führt zu einer Gewinngröße, die in der Literatur als Residualgewinn $G_{Re}$, *Residual Income* bzw. *Economic Profit* bekannt ist.[305] Vom Zahlungssaldo einer Periode wird die Summe aus Abschreibung und kalkulatorischen Zinsen auf den Restbuchwert als Kapitaldienst $D$ abgezogen.[306] Kapitalwerte auf Basis von Residualgewinnen und auf Basis von Zahlungsüberschüssen sind dann identisch, wenn der Barwert der Abschreibungen und der kalkulatorischen Zinsen auf die (Rest-)Buchwerte der ursprünglichen Investitionsauszahlung entspricht, was der Erfüllung der oben genannten Bedingungen (1) und (2) gleichkommt. Formal läßt sich diese Identität wie folgt ausdrücken:[307]

$$NKW_0 = \sum_{t=0}^{T} \frac{CF_t}{(1+i)^t} = \sum_{t=0}^{T} \frac{G_{kfm,t} - i \cdot B_{GK,t-1}}{(1+i)^t} = \sum_{t=0}^{T} \frac{G_{Re,t}}{(1+i)^t}. \tag{3.12}$$

Das Ergebnis gilt in praxi nur eingeschränkt, da das eingesetzte Kapital und der erzielte Residualgewinn nicht wie hier vorgegeben ermittelt werden. In der Realität wird weder das Kongruenzprinzip exakt eingehalten, noch erfolgt die Berechnung des eingesetzten Kapitals seit Gründung des Unternehmens in konsistenter Form.[308]

Residualgewinnkonzepte lassen durch die Berücksichtigung von kalkulatorischen Kapitalkosten Gewinn erst dann entstehen, wenn nicht nur alle Aufwendungen, sondern zusätzlich auch die Kosten des eingesetzten Kapitals gedeckt werden können:[309]

---

[305] Vgl. z.B. *Küpper, Hans-Ulrich*: [Controlling], a.a.O., S. 122 und 204; *Ewert, Ralf/ Wagenhofer, Alfred*: [Unternehmensrechnung], a.a.O., S. 76; *Copeland, Tom/Koller, Tim/Murrin, Jack*: [Valuation], a.a.O., S. 143-146; *Bromwich, Michael/Walker, Martin*: Residual Income Past and Future, in: MAR, Vol. 9 (1998), S. 391-419, hier insb. S. 395; *O'Hanlon, John/Peasnell, Ken V.*: Wall Street's Contribution to Management Accounting: The Stern Stewart [EVA]® Financial Management System, in: MAR, Vol. 9 (1998), S. 421-444, hier S. 423 f.

[306] Vgl. *Bierman jr., Harold*: Financial [Accounting] Theory, New York 1965, S. 127.

[307] Herleitung im Anhang.

[308] Vgl. die Untersuchung für verschiedene Rechnungslegungssysteme von *Ordelheide, Dieter*: [Bedeutung], a.a.O., S. 522-528.

[309] Abbildung nach *Hax, Arnoldo C./Majluf, Nicolas S.*: Strategic Management, Englewood Cliffs 1984, S. 215. Sind wie beim kaufmännischen gewinn Fremdkapitalkosten bereits abgezogen, umfassen die Kapitalkosten lediglich Eigenkapitalkosten.

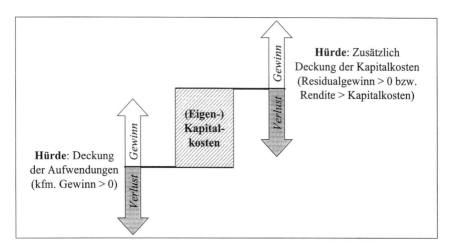

Abbildung 7: Kaufmännischer Gewinn und Residualgewinn

Eines der bekanntesten Residualgewinnkonzepte und die zugleich weitestver-
breitete Kennzahl zur wertorientierten Unternehmensführung ist der Economic
Value Added (EVA) von der Unternehmensberatung STERN STEWART & CO, der
ökonomisch gesehen einem Residualgewinn entspricht und in Kapitel 4.3 näher
untersucht wird.[310] Als Beispiel sei hier nochmals die Investition aus Tabelle 5,
Kapitel 2.6, herangezogen. Der Nettokapitalwert der Investition auf Zahlungsba-
sis beträgt ebenso wie der Barwert der Residualgewinne 681,80 €, wobei sich
die Residualgewinne durch Abzug von kalkulatorischen Zinsen auf den Kapital-
bestand der Vorperiode vom kaufmännischen Gewinn ergeben. Die Summe aus
dem mit 10 % ermittelten Barwert der Abschreibungen (33.343,29 €) und dem
Barwert der kalkulatorischen Zinsen auf den (Rest-)Buchwert (16.656,71 €) entspricht der Investitionsauszahlung (50.000,00 €):

---

[310]    Zur Anwendungshäufigkeit von EVA vgl. *C&L Deutsche Revision* (Hrsg.): Wertorientierte [Unternehmensführung], Frankfurt a. M. 1997, S. 12.; *KPMG* (Hrsg.): [Konzepte],
a.a.O., S. 14 und 16.

| Jahr | Cash Flow nominal | Cash Flow diskontiert | Lineare Abschr. | kfm. Gewinn | Buchwert inv. Kap. | kalk. Zinsen | Residualgewinn nominal | Residualgewinn diskontiert |
|------|-------------------|------------------------|------------------|-------------|---------------------|---------------|-------------------------|-----------------------------|
| 2001 | -50.000,00 | -50.000,00 | | | 50.000,00 | | | |
| 2002 | 9.500,00 | 8.636,36 | 6.250,00 | 3.250,00 | 43.750,00 | 5.000,00 | -1.750,00 | -1.590,91 |
| 2003 | 9.500,00 | 7.851,24 | 6.250,00 | 3.250,00 | 37.500,00 | 4.375,00 | -1.125,00 | -929,75 |
| 2004 | 9.500,00 | 7.137,49 | 6.250,00 | 3.250,00 | 31.250,00 | 3.750,00 | -500,00 | -375,66 |
| 2005 | 9.500,00 | 6.488,63 | 6.250,00 | 3.250,00 | 25.000,00 | 3.125,00 | 125,00 | 85,38 |
| 2006 | 9.500,00 | 5.898,75 | 6.250,00 | 3.250,00 | 18.750,00 | 2.500,00 | 750,00 | 465,69 |
| 2007 | 9.500,00 | 5.362,50 | 6.250,00 | 3.250,00 | 12.500,00 | 1.875,00 | 1.375,00 | 776,15 |
| 2008 | 9.500,00 | 4.875,00 | 6.250,00 | 3.250,00 | 6.250,00 | 1.250,00 | 2.000,00 | 1.026,32 |
| 2009 | 9.500,00 | 4.431,82 | 6.250,00 | 3.250,00 | 0,00 | 625,00 | 2.625,00 | 1.224,58 |
| Σ | 26.000,00 | 681,80 | 50.000,00 | 26.000,00 | | 22.500,00 | | 681,80 |

Tabelle 6: Identität von Kapitalwert und Barwert der Residualgewinne

Die Identität der Barwerte ist unabhängig von der Art und Weise, wie die Investitionsauszahlung periodisiert wird, die kalkulatorischen Zinsen fungieren immer als „... das ‚Ausgleichsventil‘, das den Unterschied zwischen den Ergebnissen der Ausgaben-Diskontierungsreihe und der Kosten-Diskontierungsreihe verschwinden läßt."[311] Bei Beachtung der Voraussetzungen des Lücke-Theorems wird es unerheblich, ob mit Zahlungen oder periodisierten Größen gerechnet wird. Die Verrechnung der Investitionskosten in Form von Abschreibung und kalkulatorischen Zinsen dient der Überführung der Aufwands- und Ertragsgrößen (Gewinngrößen) in die allem zugrundeliegenden Zahlungsgrößen.[312] Anforderungen an eine optimale im Sinne einer kapitalwertsteigernden Definition von Aufwendungen und Erträgen können aber nicht abgeleitet werden.[313] Auch sagt der Residualgewinn einer einzelnen Periode noch nichts über die Vorteilhaftigkeit des gesamten Projekts aus, erst die Summe aller diskontierten Residualgewinne führt zur selben Aussage wie die Diskontierung der Zahlungen. Nachdem das Lücke-Theorem aber auch bei völlig willkürlicher Verteilung der Investitionskosten auf die Perioden erfüllt bleibt, ist ein einzelner Residualgewinn ohne Aussagekraft.[314]

---

[311] Lücke, Wolfgang: [Investitionsrechnung], a.a.O., S. 314. Der „Ausgaben-Diskontierungsreihe" entspricht hier der Barwert der Zahlungen, der „Kosten-Diskontierungsreihe" der Barwert der periodisierten Größen (hier Gewinne). Für ein anschauliches Beispiel vgl. Küpper, Hans-Ulrich: [Controlling], a.a.O., S. 123-126.

[312] Vgl. Küpper, Hans-Ulrich: Unternehmensplanung und -steuerung mit pagatorischen oder kalkulatorischen Erfolgsrechnungen?, in: Schildbach, Thomas/Wagner, Franz W. (Hrsg.): Unternehmensrechnung als Instrument der internen Steuerung, zfbf-Sonderheft 34, Düsseldorf 1995, S. 19-50, hier S. 32.

[313] Vgl. Schneider, Dieter: Marktwirtschaftlicher Wille und planwirtschaftliches Können: 40 Jahre Betriebswirtschaftslehre im Spannungsfeld zur marktwirtschaftlichen Ordnung, in: zfbf, 41. Jg. (1989), S. 11-43, hier S. 38.

[314] Vgl. auch Küpper, Hans-Ulrich: [Marktwertorientierung], a.a.O., S. 534. Drastisch formuliert das Schneider so: „Die Lücke, die ein Verzicht auf das Lücke-Theorem hinterläßt,

Der Unternehmenswert als Summe diskontierter Zahlungsströme ist eine kapitaltheoretische Vermögensgröße. Er steht für das Vermögen des Anteilseigners im Sinne eines Konsumpotentials. Die Veränderung einer so ermittelten Vermögensgröße zeigt den Gewinn der betrachteten Periode an. Anteilseigner erfahren damit unmittelbar die Veränderung des erreichbaren Konsumpotentials.

## 3.2. Kapitaltheoretische Gewinngrößen

### 3.2.1. Kapitaltheoretischer oder Ökonomischer Gewinn

Jeder Gewinndefinition liegt eine bestimmtes Konzept der Unternehmenserhaltung zugrunde. Als entnahmefähiger Gewinn gilt jener Ertrag, der im Rahmen einer unterstellten Erhaltungskonzeption nicht im Unternehmen verbleiben muß, um die zu erhaltende Kapitalgröße nicht zu schmälern.[315] Bilanzielle Gewinne gehen von der Erhaltung des Nominalkapitals aus, als entnahmefähig gilt derjenige Betrag, durch dessen Entzug der wertmäßige Reinvermögensbestand des Unternehmens nicht geschmälert wird.[316] Die dem Shareholder-Value-Ansatz entsprechende Gewinnkonzeption ist die des ökonomischen oder kapitaltheoretischen Gewinns, der problemlos nur bei Sicherheit definiert werden kann.[317] Die-

ersetzt es vollkommen." *Schneider, Dieter*: Betriebswirtschaftslehre, Band 2: [Rechnungswesen], 2. Aufl., München/Wien 1997, S. 58 (Hervorhebung im Original).

[315]  Vgl. z.B. *Coenenberg, Adolf G.*: [Jahresabschluß], a.a.O., S. 1078.

[316]  Nicht nur das deutsche Bilanzrecht geht von einer Sachkapitalerhaltung aus, vgl. *Ordelheide, Dieter*: Kaufmännischer Periodengewinn als ökonomischer [Gewinn], in: *Domsch, Michel* et al. (Hrsg.): Unternehmungserfolg (FS Busse von Colbe), Wiesbaden 1988, S. 275-302, hier S. 275, auch die US-GAAP und die IAS verfolgen ein Konzept der Substanzerhaltung, vgl. *Auer, Kurt Vinzenz*: Mythos und Realität von US-GAAP und IAS, in: ZfB, 69. Jg. (1999), S. 979-1002, hier S. 985-989. Für IAS ferner *Schildbach, Thomas*: Latente Steuern auf permanente Differenzen und andere Kuriositäten – Ein Blick in das gelobte Land jenseits der Maßgeblichkeit, in: WPg, 51. Jg. (1998), S. 939-947, hier S. 941. Die Definitionen von *Assets* und *Liabilities* nach US-GAAP kommen Ertragswertbeiträgen zwar relativ nahe, vgl. *Ballwieser, Wolfgang*: Das Verhältnis von Aussagegehalt und Nachprüfbarkeit amerikanischer Rechnungslegung, in: WPK-Mitt., 36. Jg., Sonderheft Juni 1997, S. 51-56, hier S. 53. Durch die nach wie vor grundsätzlich vorherrschende Bewertung zu historischen Kosten wird aber ebensowenig eine Ertragswerterhaltung erreicht wie bei den IAS oder im HGB, vgl. *Haller, Axel*: Wesentliche Ziele und Merkmale US-amerikanischer Rechnungslegung, in: *Ballwieser, Wolfgang* (Hrsg.): US-amerikanische Rechnungslegung, 4. Aufl., Stuttgart 2000, S. 1-27, hier S. 18. Hier sind jedoch Änderungen hin zu einer Bilanzierung des *fair value* im Gange, vgl. *Hitz, Jörg-Markus/Kuhner, Christoph*: Erweiterung des US-amerikanischen conceptual framework um Grundsätze der Barwertermittlung, in: WPg, 53. Jg. (2000), S. 889-902.

[317]  Der ökonomische Gewinn geht zurück auf *Fisher, Irving*: The Nature of Capital and Income, New York 1906, Nachdr. 1991, S. 51 f.; *Schneider* bevorzugt die Bezeichnung

ser Gewinn entsteht aus dem Vergleich der Ertragswerte zu Beginn und am Ende der Periode. Seine Entnahme läßt den Ertragswert unbeeinflußt, das Erfolgskapital, der Shareholder Value, sprich der Unternehmenswert, bleibt erhalten.[318]

Der Ertragswert eines Unternehmens, das in der betrachteten Periode keine zusätzlichen, den Ertragswert verändernden, Investitionen vornimmt, kann für den Zeitpunkt $t$ als Differenz zwischen dem verzinsten Ertragswert der Vorperiode $t-1$[319] und dem Zahlungssaldo zwischen Anteilseignern und Unternehmen $E$ dargestellt werden:[320]

$$EW_t = (1+i) \cdot EW_{t-1} - E_t. \qquad (3.13)$$

Der Betrag der Änderung des Ertragswerts zwischen den Perioden $t-1$ und $t$ ist auch als Ertragswertabschreibung $\Delta EW$ bekannt.[321] Mit (3.13) kann die Ertragswertabschreibung umgeformt werden:

$$\Delta EW = EW_{t-1} - EW_t = E_t - i \cdot EW_{t-1}. \qquad (3.14)$$

Soll der Gewinn so definiert sein, daß gerade der Ertragswert des Unternehmens erhalten bleibt ($\Delta EW = 0$), dürfen dem Unternehmen nur die Zinsen auf den Ertragswert entzogen werden. Dann gleicht der nicht ausgeschüttete Teil des Zahlungsüberschusses die Ertragswertminderung genau aus. Der ökonomische Gewinn ist damit das Produkt aus Zinssatz $i$ und Ertragswert $EW$:[322]

$$G_{\ddot{o}k,t} = i \cdot EW_{t-1}. \qquad (3.15)$$

Wird dem Unternehmen mehr (weniger) als der ökonomische Gewinn entzogen, sinkt (steigt) der Ertragswert infolge der Gewinnausschüttung; für die Ertrags-

---

„kapitaltheoretisch", vgl. *Schneider, Dieter*: Investition und [Finanzierung], 5. Aufl., Wiesbaden 1980, S. 211; *ders.*: [Rechnungswesen], a.a.O., S. 264.

318  Vgl. hierzu *Münstermann, Hans*: [Unternehmungsrechnung], Wiesbaden 1969, S. 45; *Drukarczyk, Jochen*: Zur [Brauchbarkeit] des „ökonomischen Gewinns", in: WPg, 26. Jg. (1973), S. 183-188; *Schneider, Dieter*: [Rechnungswesen], a.a.O., S. 41; *Moxter, Adolf*: [Bilanzlehre], a.a.O., S. 351.

319  Sämtliche künftigen Zahlungen werden in der Periode $t$ um eine Periode weniger abgezinst als in der Vorperiode $t-1$.

320  Vgl. *Schneider, Dieter*: [Rechnungswesen], a.a.O., S. 265.

321  Vgl. hierzu und im folgenden *Schneider, Dieter*: [Rechnungswesen], a.a.O., S. 264 f. und bereits *ders.*: [Bilanzgewinn] und ökonomische Theorie, in: ZfhF, 15. Jg. (1963), S. 457-474, hier S. 462.

322  Vgl. *Drukarczyk, Jochen*: [Brauchbarkeit], a.a.O., S. 184; *Schneider, Dieter*: [Rechnungswesen], a.a.O., S. 41 und 265; *Moxter, Adolf*: [Bilanzlehre], a.a.O., S. 349 f.

werterhaltung muß ein Teil des positiven Zahlungsüberschusses einbehalten werden. Diesen Vorschlag macht bereits SCHNEIDER mit seinem Konzept des ausschüttungsfähigen Gewinns.[323] Nachfolgendes Beispiel verdeutlicht die Konzeption des ökonomischen Gewinns für den statischen Fall, in dem keine den Ertragswert ändernden Maßnahmen getroffen werden:[324]

| Jahr | Cash Flow | | (Rest-) EW | EW- Änderung | ökonom. Gewinn | Thesaurierung | | Gesamt- EW |
|------|-----------|-----------|------------|--------------|----------------|---------------|------------|------------|
|      | nominal   | diskontiert | EW       | Änderung     | Gewinn         | nominal       | aufgezinst | EW         |
| 2001 | -50.000,00 | -50.000,00 | 50.913,85 |            |                |               |            |            |
| 2002 | 9.000,00  | 8.181,82  | 47.005,24  | 3.908,61     | 5.091,39       | 3.908,61      | 3.908,61   | 50.913,85  |
| 2003 | 10.000,00 | 8.264,46  | 41.705,76  | 5.299,48     | 5.091,39       | 4.908,61      | 9.208,09   | 50.913,85  |
| 2004 | 10.000,00 | 7.513,15  | 35.876,34  | 5.829,42     | 5.091,39       | 4.908,61      | 15.037,51  | 50.913,85  |
| 2005 | 12.000,00 | 8.196,16  | 27.463,97  | 8.412,37     | 5.091,39       | 6.908,61      | 23.449,88  | 50.913,85  |
| 2006 | 10.000,00 | 6.209,21  | 20.210,37  | 7.253,60     | 5.091,39       | 4.908,61      | 30.703,48  | 50.913,85  |
| 2007 | 10.000,00 | 5.644,74  | 12.231,40  | 7.978,96     | 5.091,39       | 4.908,61      | 38.682,45  | 50.913,85  |
| 2008 | 8.000,00  | 4.105,26  | 5.454,55   | 6.776,86     | 5.091,39       | 2.908,61      | 45.459,31  | 50.913,85  |
| 2009 | 6.000,00  | 2.799,04  | 0,00       | 5.454,55     | 5.091,39       | 908,61        | 50.913,85  | 50.913,85  |
| Σ    | 25.000,00 | 913,85    |            | 50.913,85    |                |               |            |            |

Tabelle 7: Ökonomischer Gewinn

Die Zahlungsreihe führt bei einem Kalkulationszinsfuß von 10 % zu einem Bruttokapitalwert (= Ertragswert) von 50.913,85 €. Werden die als Cash Flows bezeichneten Zahlungsüberschüsse entzogen, vermindert sich der Ertragswert im Zeitablauf wie in der Spalte (Rest-)EW dargestellt. Wird hingegen nicht der volle Zahlungsüberschuß, sondern nur der ökonomische Gewinn in Höhe von 5.091,39 € entzogen, verbleibt in der ersten Periode ein Betrag von 3.908,61 € im Unternehmen. Zusammen mit dem Restertragswert von 47.005,24 € ergibt sich ein Gesamtertragswert in Höhe der anfänglichen 50.913,85 €. In der zweiten Periode wird wiederum lediglich der ökonomische Gewinn in Höhe von 5.091,39 € entnommen, die Differenz zu den 10.000,00 € Zahlungsüberschuß in Höhe von 4.908,61 € wird einbehalten. Zusammen mit dem Thesaurierungsbetrag der Vorperiode, der sich annahmegemäß zum Kalkulationszins verzinst hat, ergibt sich eine Rücklage in Höhe von 9.208,09 €, die zusammen mit dem Restertragswert von 41.705,76 € wieder zum ursprünglichen Ertragswert von 50.913,85 € führt. In jeder weiteren Periode bleibt die Summe aus dem Barwert der noch ausstehenden Cash Flows in der Spalte (Rest-)EW und den aufgezinsten thesaurierten Beträgen konstant in der Höhe des anfänglichen Bruttokapitalwerts. Entscheidend für das Ergebnis ist die Annahme, daß die thesaurierten Beträge zum Kalkulationszins angelegt werden können.

---

[323] Vgl. insb. *Schneider, Dieter*: Ausschüttungsfähiger [Gewinn] und das Minimum an Selbstfinanzierung, in: zfbf, 20. Jg. (1968), S. 1-29; dazu auch *Baetge, Jörg*: [Objektivierung], a.a.O., S. 156.

[324] Vgl. ähnlich auch *Münstermann, Hans*: [Unternehmungsrechnung], a.a.O., S. 47 f.

Der ökonomische Gewinn darf nicht mit der Annuität gleichgesetzt werden. Während der ökonomische Gewinn den anfänglichen Ertragswert im Zeitablauf erhält und lediglich der Wertzuwachs entnommen wird, zehrt eine Ausschüttung der Annuität zusätzlich auch den anfänglichen Ertragswert auf.[325] Nur im Falle identischer und unendlich lange fließender Zahlungsüberschüsse sind Annuität und ökonomischer Gewinn identisch, für die ewige Rente gilt:[326]

$$\text{Annuität} = \frac{i \cdot (1+i)^T}{(1+i)^T - 1} \cdot EW_0 ; \lim_{T \to \infty} \left( \frac{i \cdot (1+i)^T}{(1+i)^T - 1} \cdot EW \right) = i \cdot EW_0. \quad (3.16)$$

Wird in der betrachteten Periode durch Investitionstätigkeiten der Ertragswert verändert, handelt es sich bei einer Steigerung des Ertragswerts (in Folge erfolgreicher Investitionspolitik) um eine negative Ertragswertabschreibung, eine „Ertragswertzuschreibung". Der Begriff Ertragswertabschreibung hat sich hier durchgesetzt, auch wenn „Ertragswertänderung" der bessere wäre.[327] Liegt eine Ertragswertzuschreibung vor, kann bei Erhaltung des Ertragswerts mehr als der Zahlungsüberschuß ausgeschüttet werden,[328] der ökonomische Gewinn steigt um das Produkt aus Kalkulationszins und dem durch die Investition zusätzlich geschaffenen Ertragswert.[329]

Anders formuliert entspricht der ökonomische Gewinn der Wertänderung einer Periode zuzüglich des in derselben Periode an die Eigenkapitalgeber ausschüttbaren Zahlungssaldos und kann je nach Vorzeichen der Ertragswertänderung größer oder kleiner als dieser Zahlungssaldo sein:[330]

$$G_{\ddot{o}k,t} = EW_t - EW_{t-1} + E_t. \quad (3.17)$$

Für die laufende Steuerung des Unternehmens im Sinne der Anteilseigner ist neben dem Unternehmenswert insbesondere die Wertschaffung je Periode entscheidend, da sie letztendlich die von den Eigentümern erzielbare Rendite be-

---

[325] Im obigen Beispiel ergibt sich eine Annuität in Höhe von 9.543,50 €. Hier muß nicht nur die Anlage, sondern zusätzlich die Verschuldung zum Kalkulationszins möglich sein.

[326] Vgl. z.B. *Schneider, Dieter*: [Finanzierung], a.a.O., S. 213; *Hax, Herbert*: [Investitionstheorie], 5. Aufl., Heidelberg 1993, S. 14.

[327] Vgl. *Schneider, Dieter*: [Rechnungswesen], a.a.O., S. 41 f.; *ders.*: [Investition], a.a.O., S. 220.

[328] Vgl. *Schneider, Dieter*: [Gewinn], a.a.O. und unlängst *Schmidbauer, Rainer*: [Risikomanagement] im Kontext wertorientierter Unternehmensführung, in: DB, 53. Jg. (2000), S. 153-162, hier S. 154.

[329] Vgl. hierzu unmißverständlich *Schneider, Dieter*: [Bilanzgewinn], a.a.O., S. 462.

[330] Mit Gleichung (3.13) kann (3.17) in (3.15) überführt werden. Vgl. auch *Coenenberg, Adolf G.*: [Jahresabschluß], a.a.O., S. 1116.

stimmt.[331] Der ökonomische Gewinn zeigt genau die Wertsteigerung einer Periode an, denn nach seiner Entnahme am Ende der Periode ist der Wert des Unternehmens so hoch wie zu Beginn der Periode.[332] Ausgehend von der verstärkten Orientierung am Shareholder Value findet diese Gewinnkonzeption in der jüngeren Vergangenheit wieder verstärkt Beachtung.[333]

### 3.2.2. Kapitaltheoretischer Residualgewinn

Der ökonomische Gewinn aus (3.17) ergibt sich zumindest teilweise schon alleine aus dem Ablauf der Zeit. Im statischen Fall, in dem die Erwartungen zukünftiger Ausschüttungen und der Kalkulationszins am Anfang und am Ende der Periode gleich sind, besteht er sogar vollständig aus dem zeitlichen Näherrücken der nächsten Ausschüttung. Der ökonomische Gewinn zeigt zwar an, was dem Unternehmen bei Erfolgskapitalerhaltung entzogen werden kann, er ist aber ungeeignet, die Aktivitäten des Managements wiederzugeben:[334] Im statischen Fall braucht ein Manager nichts zu tun, um einen positiven ökonomischen Gewinn zu „erzielen".[335] Daher muß der zeitliche Effekt eliminiert werden, was zu einem ökonomischen Gewinn nach kalkulatorischen Zinsen bzw. zum kapitaltheoretischen Residualgewinn führt. Dieser ist definiert als:[336]

$$G_{\ddot{o}Re,t} = G_{\ddot{o}k,t} - i \cdot EW_{t-1} = EW_t - (1+i) \cdot EW_{t-1} + E_t. \qquad (3.18)$$

Damit wird $G_{\ddot{o}Re,t}$ Null, wenn in der betrachteten Periode $t$ keine zusätzlichen unternehmenswertsteigernden Investitionsprojekte aufgenommen werden, der

---

[331] Vgl. *Schmidbauer, Rainer*: [Risikomanagement], a.a.O., S. 154. In seinen Ausführungen verwendet er jedoch eine falsche Formel für den ökonomischen Gewinn! Es muß heißen: $G_{\ddot{o}k} = E_t + EW_t - EW_{t-1}$ und nicht $G_{\ddot{o}k} = E_t + EW_t - i \cdot EW_{t-1}$.

[332] Vgl. hierzu bereits das Beispiel von *Hicks, John R.*: Value and Capital, 2. Aufl., Oxford 1946, 3. Nachdr. 1953, S. 172 und 176.

[333] Vgl. *Coenenberg, Adolf G.*: [Jahresabschluß], a.a.O., S. 1118; *Schmidbauer, Rainer*: [Risikomanagement], a.a.O.; *Tichy, Geiserich E./Barborka, Karl*: [Zusatzinformationen] zur Abschätzung des Unternehmenswertes, in: *Altenburger, Otto/Janschek, Otto/Müller, Heinrich* (Hrsg.): Fortschritte im Rechnungswesen (FS Seicht), 2. Aufl., Wiesbaden 2000, S. 613-671, hier S. 631-635; *Ritzrow, Manfred*: Die Bilanzauffassungen (Bilanztheorien), in: SteuerStud, 21. Jg. (2000), S. 525-530, hier insb. S. 527 f.

[334] Vgl. die deutliche Aussage bei *Moxter, Adolf*: [Gewinnkonzeptionen], a.a.O., S. 218.

[335] Durch seine Untätigkeit darf allerdings der Goodwill nicht geschädigt werden, anderenfalls würde der Ertragswert darunter leiden und ein negativer ökonomischer Gewinn entstehen.

[336] Vgl. z.B. *Laux, Helmut*: [Unternehmensrechnung], a.a.O., S. 170.

Zeiteffekt entspricht dem ökonomischen Gewinn, der vollständig kompensiert wird.[337]

In den vorangegangenen Ausführungen wurden sichere Erwartungen unterstellt. Bei Unsicherheit müssen sich ändernde Informationsstände erfaßt werden können.[338] Der kapitaltheoretische Residualgewinn wird dann wie folgt berechnet:

$$G_{\ddot{o}Re,t} = EW_t^{t-1} - (1+i) \cdot EW_{t-1}^{t-1} + \left( EW_t^t - EW_t^{t-1} \right). \qquad (3.19)$$

Dabei steht $EW_t^{t-1}$ für den Ertragswert der Periode $t$ mit Informationsstand zum Zeitpunkt $t - 1$, entsprechend sind die anderen Symbole zu verstehen. Zum kapitaltheoretischen Residualgewinn, der den Zeiteffekt, der auf Erwartungen zu Beginn der Periode beruht, durch den Abzug der kalkulatorischen Zinsen auf den Ertragswert der Vorperiode eliminiert, wird die durch die Erwartungsänderung von der Periode $t - 1$ auf die Periode $t$ bedingte Veränderung des Ertragswerts der Periode $t$ addiert. Diese Ertragswertänderung kann aus einem veränderten Kalkulationszins und/oder aus veränderten Ausschüttungserwartungen herrühren.[339]

Eine nach Abzug des Zeiteffekts verbleibende Veränderung des Ertragswerts kann in einen Zinsänderungseffekt und einen Ausschüttungsänderungseffekt zerlegt werden, wobei nur letzterer „echten" Gewinn darstellt. Ohne eine solche tiefergehende Analyse ist eine Beurteilung des Managements nicht möglich, da Probleme der Kontrolle, verursacht durch mangelnde Abgrenzbarkeit von Effekten, die durch die Aktivitäten des Managements verursacht werden, von solchen, die rein auf Umwelteinflüsse zurückzuführen sind, abzugrenzen sind. Dies gilt sowohl für die Perspektive der internen Steuerung als auch für die der Information der Anteilseigner.[340] Insbesondere der Nenner der Kalküle unterliegt unternehmensexternen Einflüssen, die eine Beurteilung der Managementleistung erschweren.[341] Ein einfaches Beispiel soll dies veranschaulichen:[342]

[337] Vgl. *Laux, Helmut*: [Unternehmensrechnung], a.a.O., S. 170 und jüngst erst unter der Bezeichnung „Marktwertbasierter Residualgewinn" *Schüler, Andreas*: Periodische Performance-Messung durch Residualgewinne, in: DStR, 38. Jg. (2000), S. 2105-2108, hier S. 2106 f.

[338] Vgl. auch *Ordelheide, Dieter*: [Gewinn], a.a.O., S. 277.

[339] Vgl. *Moxter, Adolf*: [Gewinnermittlung], a.a.O., S. 52-63, hier insb. S. 58; *ders.*: [Gewinnkonzeptionen], a.a.O., S. 218.

[340] Vgl. *Ballwieser, Wolfgang*: [Shareholder Value-Ansatz], a.a.O., S. 1400.

[341] Vgl. zur Problematik sog. *Windfalls Moxter, Adolf*: [Gewinnermittlung], a.a.O., S. 62 f.; *ders.*: Windfalls, in: *Stöppler, Siegmar* (Hrsg.): Information und Produktion (FS Wittmann), Stuttgart 1985, S. 233-241, hier insb. S. 235 f.

[342] Vgl. hierzu *Moxter, Adolf*: [Gewinnermittlung], a.a.O., S. 53-61.

Die Anteilseigner eines Unternehmens gehen von einem jährlichen Ertrag $E$ in Höhe von 10,00 € aus, der ab dem Zeitpunkt $t = 1$ unendlich lange erzielt wird. Bei einem Kapitalmarktzins $i$ von 10 % ergibt sich ein Ertragswert $EW$ im Zeitpunkt $t = 0$ von 100,00 €.[343] Durch eine erfolgreiche Unternehmenspolitik gelingt es dem Management, die erwarteten Ausschüttungen $E$ auf jährlich 20,00 € zu erhöhen. Gleichzeitig sinkt aufgrund externer Ursachen der Kapitalmarktzins $i$ auf 5 %. Im Zeitpunkt $t = 1$ sind die Anteile dadurch 420,00 € wert,[344] es scheint, als ob das Management eine Wertsteigerung in Höhe von 320,00 € erzielt hat. Eine Prämiengewährung für das Management auf Grundlage der 320,00 € ist indes nicht sachgerecht.[345] Der Vermögenszuwachs setzt sich nämlich aus drei Komponenten zusammen, die von unterschiedlicher Natur sind:

- dem *Zeiteffekt* aufgrund des Näherrückens des ursprünglich erwarteten Ertrags in Höhe von $E_0 = 10,00$ € (erster Summand),
- dem *reinen Zinsänderungseffekt*, welcher bei ursprünglich erwarteten $E_0 = 10,00$ € aufgrund der Zinssenkung von 10 % auf 5 % in Höhe von 100,00 € ausmacht (große runde Klammer), und
- dem eigentlichen *Ausschüttungsänderungseffekt* in Höhe von 210,00 €, der aus der Mehrausschüttung in Höhe von 10,00 € und dem mit dem neuen Zinssatz ermittelten Barwert der zukünftigen Mehrausschüttungen resultiert (eckige Klammer).

Es gilt:[346]

$$\Delta EW = E_0 + \left( \frac{E_0}{i_1} - \frac{E_0}{i_0} \right) + \left[ (E_1 - E_0) + \frac{E_1 - E_0}{i_1} \right], \qquad (3.20)$$

$$320,00 = 10,00 + \left( \frac{10,00}{0,05} - \frac{10,00}{0,1} \right) + \left[ (20,00 - 10,00) + \frac{20,00 - 10,00}{0,05} \right].$$

---

[343] Berechnung mit der Formel für die ewige Rente: $\frac{10,00}{0,1} = 100,00$.

[344] Das Vermögen am Periodenende berechnet sich aus dem ausgeschütteten (erhöhten) Ertrag plus den mit dem neuen Zinssatz diskontierten neuen Erträgen wie folgt: $20,00 + \frac{20,00}{0,05} = 420,00$.

[345] Sinngemäß auch *Jensen/Murphy*: „The change in shareholder wealth is the appropriate measure of the principal's objective in the CEO-shareholder agency relationship, but it is an imperfect measure of the CEO's individual performance.", *Jensen, Michael C./ Murphy, Kevin J.*: [Incentives], a.a.O., S. 245.

[346] Vgl. *Moxter, Adolf*: [Gewinnermittlung], a.a.O., S. 58.

Der Ausschüttungsänderungseffekt (Marktwert der Mehrausschüttungen) ist der einzige „echte" Gewinn. Zusammen mit dem ausgeschütteten Ertrag in Höhe von 20,00 € könnte dieser von den Anteilseignern direkt konsumiert werden; die verbleibenden 200,00 € würden bei 5 % die ursprünglichen 10,00 € Rente erbringen.

Doch auch diesen Marktwert der Mehrausschüttungen kann das Management nicht für sich alleine reklamieren, in ihm steckt noch die Zinssatzänderung. Leistung des Managements ist alleine die Erhöhung der Erträge, die diskontiert mit dem ursprünglichen Kapitalmarktzins 110,00 € wert sind. Dieser *reine Mehrausschüttungseffekt* (eckige Klammer) ergibt zusammen mit dem Zeiteffekt (erster Summand) und einem neuen *gesamten Zinsänderungseffekt* (große runde Klammer) die Vermögensmehrung in Höhe von 320,00 €:[347]

$$
\Delta EW = E_0 + \left( \frac{E_1}{i_1} - \frac{E_1}{i_0} \right) + \left[ (E_1 - E_0) + \frac{E_1 - E_0}{i_0} \right], \qquad (3.21)
$$

$$
320,00 = 10,00 + \left( \frac{20,00}{0,05} - \frac{20,00}{0,1} \right) + \left[ (20,00 - 10,00) + \frac{20,00 - 10,00}{0,1} \right].
$$

Der ökonomische Gewinn zeigt die komplette Ertragswertänderung (320,00 €) an. Der kapitaltheoretische Residualgewinn (310,00 €) eliminiert zwar den Zeiteffekt, vermengt aber die Leistung des Managements mit exogenen Umwelteinflüssen. Sachgerecht wäre, für die Beurteilung des Managements vom reinen Mehrausschüttungseffekt in Höhe von 110,00 € auszugehen. Für die Anteilseigner ist der gesamte Ausschüttungsänderungseffekt und die neue Ausschüttung (200,00 € + 20,00 €) für Konsumzwecke entziehbar, ohne daß sich ihre Vermögensposition verschlechtert.

## 3.3. Kapitaltheoretische Renditemaße

### 3.3.1. Kapitalwertrate

Alternativ zu den absoluten kapitaltheoretischen Vermögens- und Gewinngrößen können Aussagen über die Vorteilhaftigkeit von Investitionsprojekten auch auf der Grundlage von Verhältniszahlen getroffen werden. Solche kapital- oder investitionstheoretischen Rentabilitätsmaße sind aus der Literatur bekannt und können als Vorbild bzw. Vergleichsmaßstab für Wertsteigerungskonzepte heran-

---

[347] Vgl. *Moxter, Adolf*: [Gewinnermittlung], a.a.O., S. 61.

gezogen werden, sofern sie mit den zuvor vorgestellten Vermögens- bzw. Gewinnkonzepten in einen analytischen Zusammenhang gebracht werden können.

Die Kapitalwertrate, im Englischen als *Profitability Index* bezeichnet, setzt den Kapitalwert $BKW_0$ bzw. $NKW_0$ einer Investition, der eine absolute Größe darstellt, mit deren Anschaffungsauszahlung $I_0$ in ein Verhältnis:[348]

$$r_{KW} = \frac{\sum_{t=1}^{T} \frac{CF_t}{(1+i)^t} - I_0}{I_0} = \frac{BKW_0}{I_0} - 1 = \frac{NKW_0}{I_0}. \qquad (3.22)$$

Durch die Relativierung des Kapitalwerts stellt die Kapitalwertrate ein Kriterium zur Verfügung, mit dem unterschiedlich große Investitionsprojekte in eine Rangfolge gebracht werden können.[349] Hat eine Investition einen positiven Kapitalwert, so ist auch die Kapitalwertrate größer als Null und umgekehrt. Die Kapitalwertrate ist die investitionstheoretische Grundlage der Marktwert/ Buchwert-Ansätze, die ebenfalls den Kapitalwert einer Investition („Marktwert") mit seiner Anschaffungsauszahlung („Buchwert") in ein Verhältnis setzen.[350] Dabei wird im Zähler ein Bruttokapitalwert der Anschaffungsauszahlung gegenübergestellt.[351]

### 3.3.2. Interner Zinsfuß

Der Interne Zinsfuß einer Investition ist jener Kalkulationszinsfuß, bei dem der Kapitalwert der Investition Null ist:[352]

$$\sum_{t=1}^{T} \frac{CF_t}{(1+r_{intern})^t} - I_0 = 0. \qquad (3.23)$$

---

[348] Vgl. hierzu z.B. *Hax, Herbert*: [Investitionstheorie], a.a.O., S. 14; *Weston, J. Fred/ Copeland, Thomas E.*: [Finance], a.a.O., S. 343; *Brealey, Richard A./Myers, Stewart C.*: [Principles], a.a.O., S. 109 f.

[349] Vgl. auch *Perridon, Louis/Steiner, Manfred*: [Finanzwirtschaft] der Unternehmung, 10. Aufl., München 1999, S. 135.

[350] Vgl. *Günther, Thomas*: [Controlling], a.a.O., S. 221; *ders.*: State-of-the-Art des Wertsteigerungsmanagements, in: Controlling, 11. Jg. (1999), S. 361-370, hier S. 367.

[351] Während die Kapitalwertrate in (3.22) auf 0 normiert ist, sind Marktwert/Buchwert-Kennzahlen i.d.R. auf 1 normiert.

[352] Vgl. grundlegend *Boulding, Kenneth E.*: Time and Investment, in: Ec, Vol. 3 (1936), S. 196-220 und 440-442 sowie *Schmidt, Reinhard H./Terberger, Eva*: [Finanzierungstheorie], a.a.O., S. 142.

Die analytische Auflösung der Gleichung nach $r_{intern}$ ist mit Problemen verbunden, da es sich um eine Gleichung $T$-ten Grades handelt, die grundsätzlich $T$ Lösungen zuläßt. Lediglich bei einer sog. Normalinvestition, die mit einer Auszahlung beginnt und anschließend eine Folge von (Netto-)Einzahlungen erzielt, deren Summe größer als die ursprüngliche Auszahlung ist, existiert eine einzige positive und ökonomisch als Verzinsung interpretierbare Lösung, die sich als Nullstelle der Kapitalwertfunktion ergibt:[353]

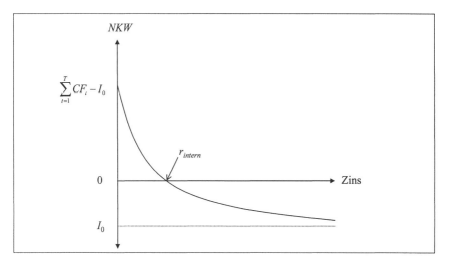

Abbildung 8: Interner Zinsfuß einer Normalinvestition

In anderen Fällen weist die Gleichung u.U. mehrere oder auch keine reelle Lösung auf.[354] Ist der Interne Zinsfuß einer Normalinvestition größer als der Kapitalmarktzinsfuß, soll das Projekt lohnenswert sein. Der Interne Zinsfuß kann als Effektivverzinsung des jeweils gebundenen Kapitals angesehen werden und muß über der Alternativrendite liegen, um einen Mehrwert zu schaffen.[355] Allerdings kann diese Entscheidungsregel im Falle von Auswahlentscheidungen zwischen sich gegenseitig ausschließenden Investitionsprojekten zu einem Widerspruch zum Kapitalwertkriterium führen. Nicht notwendigerweise hat die Investition mit dem höheren Internen Zinsfuß auch bei jedem Kalkulationszinsfuß einen

---

[353] Die Abbildung zeigt eine Investition mit endlicher Lebensdauer, anderenfalls würde sich die Kapitalwertfunktion der Ordinate nur asymptotisch nähern.

[354] Vgl. *Perridon, Louis/Steiner, Manfred*: [Finanzwirtschaft], a.a.O., S. 66 f.; *Kruschwitz, Lutz*: [Investitionsrechnung], 8. Aufl., München/Wien 2000, S. 97-107. Zur kritischen Auseinandersetzung mit dem internen Zinsfuß vgl. ferner *Kilger, Wolfgang*: Zur Kritik am internen Zinsfuß, in: ZfB, 35. Jg. (1965), S. 765-798.

[355] Vgl. *Schmidt, Reinhard H./Terberger, Eva*: [Finanzierungstheorie], a.a.O., S. 145 f.

höheren Kapitalwert als die konkurrierende Investition:[356] Beispielhaft wird der
Fall unterschiedlicher zeitlicher Strukturen der Investitionen herangezogen.[357]
Während bei Projekt A die Einzahlungen insgesamt höher als bei Projekt B sind,
fallen die Zahlungen bei A später an:[358]

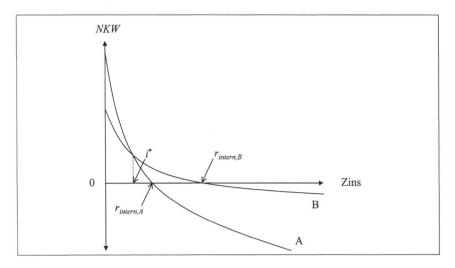

Abbildung 9: Interner Zinsfuß zweier Normalinvestitionen

Bei Kalkulationszinsfüßen kleiner $i^*$ überwiegt der Vorteil der späten, aber hohen Einzahlungen von A, bei höheren Kalkulationszinsfüßen wird B vorteilhaft,
da die späten, aber hohen Einzahlungen von A durch die Diskontierung an Ge-
wicht verlieren. Nur bei Kalkulationszinsfüßen, die größer sind als der kritische
Zinsfuß $i^*$, der sich im Schnittpunkt der Kapitalwertfunktionen einstellt, kommen Kapitalwertkriterium und Interner Zinsfuß zum selben Ergebnis.

Der Grund für den Widerspruch liegt in der impliziten Annahme des Internen
Zinsfußes, wonach eine zwischenzeitliche Mittelanlage und -aufnahme zum Internen Zinsfuß und nicht wie in der Kapitalwertmethode angenommen zum Kapitalmarktzinsfuß unterstellt wird.[359] Auf einem vollkommenen Kapitalmarkt

---

[356]  Vgl. *Hax, Herbert*: [Investitionstheorie], a.a.O., S. 21 und bereits *Alchian, Armen A.*: The
       Rate of Interest, Fisher's Rate of Return over Cost and Keynes' Internal Rate of Return,
       in: AER, Vol. 45 (1955), S. 938-943, hier S. 939.
[357]  Zu Widersprüchen kommt es nicht nur aufgrund unterschiedlicher zeitlicher Struktur,
       sondern auch bei unterschiedlich hohen Investitionsauszahlungen.
[358]  Auch in dieser Abbildung wird von endlichen Investitionslebensdauern ausgegangen.
[359]  Vgl. hierzu anschaulich *Schmidt, Reinhard H./Terberger, Eva*: [Finanzierungstheorie],
       a.a.O., S. 162-164.

kann demnach die Methode des Internen Zinsfußes nie richtig sein. Darüber hinaus liegt in der Annahme von Finanzierungskosten bzw. Renditen von Reinvestitionsmöglichkeiten in Höhe des Internen Zinsfußes der jeweiligen Investition beim Vergleich zweier Alternativen schon ein logischer Widerspruch. Reinvestitionsrenditen und Finanzierungskosten können nicht davon abhängen, wie der Investor rechnet. Als Fazit kann nur festgehalten werden, daß die Kapitalwertmethode der Methode des Internen Zinsfußes überlegen ist.[360]

### 3.3.3. Initialverzinsung

Für Normalinvestitionen kann mit der Initialverzinsung ein Maß für die Verzinsung der ersten Periode berechnet werden. Sämtliche (Netto-)Einzahlungsüberschüsse $CF_t$ werden dabei mit dem Kalkulationszinsfuß $i$ auf die Periode $t = 1$ abgezinst und der Anschaffungsauszahlung $I_0$ gegenübergestellt. Die Initialverzinsung zeigt damit die Verzinsung des in der ersten Periode gebundenen Kapitals unter der Annahme an, daß sich das später noch gebundene Kapital mit dem Kalkulationszinsfuß verzinst:[361]

$$r_{Initial} = \frac{CF_1 + \sum_{t=2}^{T} \frac{CF_t}{(1+i)^t} - I_0}{I_0} = \frac{\sum_{t=1}^{T} \frac{CF_t}{(1+i)^{t-1}} - I_0}{I_0} = \frac{\sum_{t=1}^{T} \frac{CF_t}{(1+i)^{t-1}}}{I_0} - 1. \quad (3.24)$$

Durch die Annahme, daß sich nach der ersten Periode das noch gebundene Kapital zum Kalkulationszinsfuß $i$ verzinst, wird die Problematik des internen Zinsfußes umgangen. Mit dieser Wiederanlageprämisse stehen das Kapitalwertkriterium und die Methode der Initialverzinsung im Einklang: Ist die Initialverzinsung $r_{Initial}$ größer als der Kalkulationszinsfuß $i$, so hat die Zahlungsreihe einen positiven Kapitalwert und umgekehrt, denn wenn

$$r_{Initial} = \frac{\sum_{t=1}^{T} \frac{CF_t}{(1+i)^{t-1}}}{I_0} - 1 > i, \text{ bzw. } \frac{\sum_{t=1}^{T} \frac{CF_t}{(1+i)^{t-1}}}{I_0} > 1 + i,$$

ist wegen $\dfrac{I_0}{1+i} > 0$ auch

---

[360]  Vgl. auch *Kruschwitz, Lutz*: [Investitionsrechnung] a.a.O., S. 97-107.
[361]  Vgl. *Hax, Herbert*: [Investitionstheorie], a.a.O., S. 24 f.

$$\sum_{t=1}^{T} \frac{CF_t}{(1+i)^t} > I_0, \text{ bzw. } \sum_{t=1}^{T} \frac{CF_t}{(1+i)^t} - I_0 = NKW_0 > 0.^{362}$$

Die Initialverzinsung läßt sich alternativ direkt durch die Kapitalwertrate ausdrücken. Dazu wird die Bestimmungsgleichung der Initialverzinsung umgeformt zu:[363]

$$r_{Initial} = (1+i) \cdot \left( \frac{NKW_0}{I_0} + 1 \right) - 1 = (1+i) \cdot (r_{KW} + 1) - 1. \tag{3.25}$$

### 3.3.4. Baldwin-Verzinsung

Eine weitere Variante zur Bestimmung der Verzinsung von Investitionsprojekten wurde von BALDWIN vorgeschlagen.[364] Die Baldwin-Verzinsung ist nicht nur für Normalinvestitionen anwendbar, sondern eignet sich insbesondere für Fälle, in denen Investitionsauszahlungen auch noch in Perioden nach $t = 0$ anfallen. Dabei werden alle aus dem Investitionsprojekt fließenden Einzahlungen $Ein_t$ mit dem Kalkulationszinsfuß $i$ auf den Zeitpunkt $t = T$ aufgezinst und alle mit der Investition verbundenen Auszahlungen $Aus_t$ mit $i$ auf den Zeitpunkt $t = 0$ abgezinst.[365] Der Baldwin-Zinsfuß ist jener Zinsfuß, der den Barwert der Auszahlungen innerhalb von $T$ Perioden auf den Endwert der Einzahlungen verzinst:[366]

$$\sum_{t=0}^{T} \frac{Aus_t}{(1+i)^t} \cdot (1+r_{Baldwin})^T = \sum_{t=1}^{T} Ein_t \cdot (1+i)^{T-t} \tag{3.26}$$

Der Quotient aus dem Endwert der Einzahlungen und dem Gegenwartswert der Auszahlungen ergibt die Verzinsung des Projekts über die gesamte Laufzeit, die $T$-te Wurzel aus diesem Quotienten das geometrische Periodenmittel:

---

[362]  Vgl. auch *Hax, Herbert*: [Investitionstheorie], a.a.O., S. 25.

[363]  Vgl. *Adam, Dietrich*: Investitionscontrolling, 3. Aufl., München 2000, S. 160 f.

[364]  Vgl. *Baldwin, Robert H.*: How to Assess Investment Proposals, in: HBR, Vol. 37 (1959), Heft 5/6, S. 98-104; *Kußmaul, Heinz/Richter, Lutz*: Die [Baldwin-Methode], in: FB, 2. Jg. (2000), S. 683-692.

[365]  Zur Notation: Sind in einer Periode $t$ die Auszahlungen größer als die Einzahlungen, kommt es zu einer weiteren „Investitionsauszahlung". Bei Verfahren, die nur bei einer Normalinvestition zu sinnvollen Ergebnissen kommen, müssen in Perioden ab $t = 1$ die Einzahlungen die Auszahlungen stets übersteigen, also positive $CF_t$ bzw. $Ü_t$ vorliegen.

[366]  Vgl. *Hax, Herbert*: [Investitionstheorie], a.a.O., S. 29.

$$r_{Baldwin} = \sqrt[T]{\frac{\sum_{t=1}^{T} Ein_t \cdot (1+i)^{T-t}}{\sum_{t=0}^{T} \frac{Aus_t}{(1+i)^t}}} - 1.$$ (3.27)

Durch die Berechnung eines geometrischen Mittels wird vom „Halten" der Investition über die gesamte Laufzeit ausgegangen, was für Realinvestitionen der realistische Fall ist; das arithmetische Mittel wäre abzulehnen. Baldwin-Verzinsung und Kapitalwertmethode stehen im Einklang, denn der Nettokapitalwert einer Investition läßt sich auch darstellen als

$$NKW_0 - \sum_{t=1}^{T} \frac{(Ein_t - Aus_t)}{(1+i)^t} \quad Aus_0 - \sum_{t=1}^{T} \frac{Ein_t}{(1+i)^t} - \sum_{t=0}^{T} \frac{Aus_t}{(1+i)^t}.$$

Wenn $r_{Baldwin} > i$, dann gilt auch

$$\frac{\sum_{t=1}^{T} Ein_t \cdot (1+i)^{T-t}}{(1+i)^T} > \frac{\sum_{t=1}^{T} Ein_t \cdot (1+i)^{T-t}}{(1+r_{Baldwin})^T} \quad \text{und somit}$$

$$NKW_0 = \frac{\sum_{t=1}^{T} Ein_t \cdot (1+i)^{T-t}}{(1+i)^T} - \sum_{t=0}^{T} \frac{Aus_t}{(1+i)^t} > \frac{\sum_{t=1}^{T} Ein_t \cdot (1+i)^{T-t}}{(1+r_{Baldwin})^T} - \sum_{t=0}^{T} \frac{Aus_t}{(1+i)^t} = 0.$$[367]

Auch der Baldwin-Zinssatz läßt sich durch die Kapitalwertrate ausdrücken:[368]

$$r_{Baldwin} = (1+i) \cdot \sqrt[T]{\frac{NKW_0}{I_0} + 1} - 1 = (1+i) \cdot \sqrt[T]{r_{KW} + 1} - 1$$ (3.28)

Die Finanzierung eines Investitionsprojekts muß Kapitalkosten verursachen, die unter der Höhe der Baldwin-Verzinsung liegen, um die Durchführung des Investitionsprojekts gerade noch vorteilhaft erscheinen zu lassen. Somit kann $r_{Baldwin}$ als ein kritischer Sollzinssatz angesehen werden, der mindestens so groß wie ein exogener Kredit- oder Mischfinanzierungszinssatz sein muß, zu dem das

---

[367] Der Endwert der Einzahlungen mit $r_{Baldwin}$ auf $t = 0$ abgezinst ergibt den Barwert der Auszahlungen, was sich aus einer Umformung der Definitionsgleichung (3.26) ableiten läßt.

[368] Vgl. *Hax, Herbert*: [Investitionstheorie], a.a.O., S. 31.

Projekt finanziert werden kann. Dieser exogene Zinssatz geht als *i* in die obige Berechnung ein.[369]

## 3.4. Eignung kapitaltheoretischer Konzepte für die Steuerung

### 3.4.1. Kapitaltheoretische Konzepte als Bemessungsgrundlage

Den Unternehmenswert oder dessen Veränderung als Bemessungsgrundlage in einem Belohnungssystem heranzuziehen, erscheint zunächst als die naheliegendste Lösung, denn dann sind Bemessungsgrundlage und Zielgröße identisch.[370] Ebenso könnte auf die mit dem Unternehmenswert verbundenen Gewinn- und Renditekonzepte abgestellt werden: Der kapitaltheoretische Residualgewinn erlaubt es, die Wertänderung einer Periode aufzuteilen in den für die Anteilseigner bei Ertragswerterhaltung maximal entziehbaren Gewinn und den Leistungsbeitrag des Managements für dessen Beurteilung und Entlohnung. Mit kapitaltheoretischen Rendtemaßen stünden der Unternehmensleitung Informationsträger zur Verfügung, anhand derer Anteilseigner Erwartungen über die zukünftige Ertragsentwicklung bilden können. Der Anwendung der dargestellten Konzepte steht aber eine Reihe von Einwänden entgegen, die im folgenden dargestellt werden.

Eine direkte Beteiligung am Unternehmenswert scheidet aufgrund mangelnder Barwertidentität aus. Dies mag zunächst überraschen, sind doch damit sowohl Zentrale als auch Manager an einem möglichst hohen Unternehmenswert interessiert. Das Bereichsmanagement kann jedoch die eigene Prämie zu Lasten der Zentrale erhöhen: Zum Beispiel behält es Mittel, die ansonsten ausgeschüttet würden, ein, legt diese am Kapitalmarkt an und schüttet sie verzinst zu einem späteren Zeitpunkt wieder aus. Aus Sicht der Zentrale ergibt sich kein Unterschied, der Unternehmenswert (vor Prämienzahlung) bleibt unverändert. Damit bleibt auch die Prämie des Managements im Zeitpunkt dieser Entscheidung unverändert, in den folgenden Perioden steigt aber der Unternehmenswert. Folgendes einfaches Beispiel zeigt diesen Effekt:[371]

---

[369] Vgl. *Kußmaul, Heinz/Richter, Lutz*: [Baldwin-Methode], a.a.O., S. 685.

[370] Ferner verweisen Vertreter anderer Konzepte regelmäßig auf die Übereinstimmung ihrer Ansätze mit dem „Königsweg" der Diskontierung künftiger Überschüsse. Vgl. *Lewis, Thomas G.*: [Steigerung] des Unternehmenswertes, 2. Aufl., Landsberg a. L. 1995, S. 109; *Stewart III, George B.*: The [Quest] for Value, New York 1991, S. 175, 307 f. und 320. Ähnlich *Lorson, Peter*: [Shareholder Value-Ansätze], a.a.O., S. 48.

[371] Vgl. verbal *Laux, Helmut/Liermann, Felix*: [Grundlagen], a.a.O., S. 551 f.

| | 2001 | 2002 | 2003 | 2004 | 2005 | 2006 | ab 2007 |
|---|---|---|---|---|---|---|---|
| Cash Flow (Aktion A) | | 100,00 | 100,00 | 100,00 | 100,00 | 100,00 | 100,00 |
| Cash Flow (Aktion B) | | 90,00 | 100,00 | 100,00 | 100,00 | 114,64 | 100,00 |
| Unternehmenswert (Aktion A) | 1.000,00 | 1.000,00 | 1.000,00 | 1.000,00 | 1.000,00 | 1.000,00 | 1.000,00 |
| Unternehmenswert (Aktion B) | 1.000,00 | 1.010,00 | 1.011,00 | 1.012,10 | 1.013,31 | 1.000,00 | 1.000,00 |

Tabelle 8: Unternehmenswert als Bemessungsgrundlage

Ein Unternehmen lasse unendlich lange Zahlungen von jährlich 100,00 € erwarten, der Unternehmenswert beläuft sich bei einem Kalkulationszinssatz von 10 % auf 1.000,00 €. Im Gegensatz zu Fall (A) behält der Manager im Fall (B) in der Periode $\tau = 2002$ einen Betrag von $\Delta CF$ in Höhe von 10,00 € ein, der vier Jahre später in Periode $\tau' = 2006$ (aufgezinst mit 10 % zu 14,64 €) wieder ausgeschüttet wird. Aus Sicht der Periode 2001 ändert sich der Unternehmenswert durch diese Aktion nicht, die Unternehmenswerte der Perioden 2002 bis 2005 sind verglichen mit Fall (A) aber jeweils um $\Delta CF \cdot (1+i)^{t+1-\tau}$ mit $(t = \tau, ..., \tau')$ höher.[372] Dieser Effekt ist nicht nur mit einer leicht zu beobachtenden Finanzanlage zu erzielen, sondern auch mittels Realinvestitionen, die einen Kapitalwert von Null oder sogar kleiner Null haben, was für die Zentrale nicht mehr ohne Mehraufwand kontrollierbar ist.[373]

Abgesehen von der mangelnden Barwertidentität ist mit dem Unternehmenswert als Bemessungsgrundlage eines Belohnungssystems die Bedingung der Manipulationsresistenz verletzt. In die Berechnung des Unternehmenswerts gehen Erwartungen über zukünftige Zahlungen ein, die weder von der Zentrale noch von einem neutralen Dritten beobachtet werden können. Gezielte Fehlinformation kann dazu genutzt werden, die Bemessungsgrundlage der Prämie nach oben zu beeinflussen, eine nachteilige Rückwirkung in den Folgeperioden braucht der Manager nicht zu befürchten, da bei einem Prämiensatz $f$ mit $0 < f < 1$ bei Erkennen der Manipulation der Unternehmenswert zwar sinkt, die Prämie des Managers aber nach wie vor positiv bleibt.

Eine proportionale Beteiligung am Unternehmenswert kommt der Auszahlung eines ökonomischen Gewinns gleich, auch für $i$ gilt $0 < i < 1$. Damit erzielt der Manager auch dann eine positive Prämie, wenn er untätig bleibt und wie im Beispiel aus Tabelle 8 keine Anstrengungen unternimmt, den Unternehmenswert zu erhöhen. Die von der Unternehmenszentrale gewünschte Anreizwirkung, daß der Entscheidungsträger aus eigenem Interesse lukrative Investitionsprogramme entdeckt und durchführt, wird nicht erreicht.

---

[372] Vgl. *Laux, Helmut/Liermann, Felix*: [Grundlagen], a.a.O., S. 551.
[373] Vgl. *Laux, Helmut/Liermann, Felix*: [Grundlagen], a.a.O., S. 552.

Gegen eine Prämiengewährung auf Basis des durch die Investitionsentscheidung zusätzlich geschaffenen Kapitalwerts spricht ebenfalls die Verletzung der Bedingung der Manipulationsresistenz: Der Entscheidungsträger verspricht einen hohen Kapitalwert und unternimmt dann keine Anstrengungen, die dafür notwendigen Überschüsse zu erzielen bzw. stellt einen Projektkapitalwert in Aussicht, der von vornherein nicht erreicht werden kann. Den nachteiligen Konsequenzen in den Folgeperioden kann er sich z.b. durch Verlassen des Unternehmens entziehen; eine nachträgliche Rückforderung von überhöhten Prämien setzt neben der Zahlungsfähigkeit des Managers auch dessen Zahlungswilligkeit bzw. eine gerichtliche Durchsetzbarkeit der Ansprüche gegen den Manager voraus.[374] Da sich der Entscheidungsträger nie sicher sein kann, ob seine (auch nach bestem Wissen und Gewissen gebildeten) Erwartungen eintreten, wird er sich bei unterstellter Risikoaversion dieses Belohnungsrisiko entgelten lassen wollen, die Kosten des Belohnungssystems steigen.

Besser geeignet als Bemessungsgrundlage für ein wertschaffendes Anreizsystem erscheint der kapitaltheoretische Residualgewinn. Untätigkeit wird nicht mit dem Zeiteffekt belohnt, eine auf ihn gewährte Prämie ist nur dann positiv, wenn es dem Management gelingt, neue Investitionen mit positiven Kapitalwerten zu entdecken und diese in das Investitionsprogramm aufzunehmen. In den kapitaltheoretischen Residualgewinn gehen positive wie negative Erfolgsbeiträge aus der Entscheidung des Managers im Zeitpunkt der Entscheidung unmittelbar ein, „… das Prinzip der Entscheidungsverbundenheit ist in ‚idealer' Weise erfüllt."[375] Die Entscheidungsverbundenheit des kapitaltheoretischen Residualgewinns macht ihn immun gegen eine Umschichtung wie im Beispiel von Tabelle 8, Investitionen in Projekte mit negativem Kapitalwert mindern die Prämie bzw. lassen sie ins Negative absinken.[376] Das bloße Versprechen einer höheren Ausschüttung ohne deren tatsächliches Eintreten bewirkt keine Änderung des Barwerts der kapitaltheoretischen Residualgewinne, der Manager kann mit solchen gezielten Fehlinformationen lediglich die zeitliche Struktur, nicht aber den Barwert seiner Prämien beeinflussen. Dies gilt allerdings nur so lange, wie sichergestellt ist, daß der Manager auch bis zu dem Zeitpunkt im Unternehmen verbleibt, zu dem sich herausstellt, daß es sich um eine Fehlinformation handelte und die tatsächliche Ausschüttung niedriger ist. Insgesamt ist die Manipulationsresistenz des kapitaltheoretischen Residualgewinns damit zwar besser als die des

---

[374] Vgl. ähnlich *Laux, Helmut/Liermann, Felix*: [Grundlagen], a.a.O., S. 560; *Laux, Helmut*: [Unternehmensrechnung], a.a.O., S. 408 f.

[375] *Laux, Helmut*: [Unternehmensrechnung], a.a.O., S. 397.

[376] Vgl. *Laux, Helmut/Liermann, Felix*: [Grundlagen], a.a.O., S. 552 f.; *Laux, Helmut*: [Unternehmensrechnung], a.a.O., S. 397 f. Dies läßt allerdings eine „Verlustbeteiligung" des Managements im Falle negativer Bemessungsgrundlagen nötig werden, was wiederum Zahlungsfähigkeit und -willigkeit des Managements voraussetzt.

Unternehmenswerts, scheidet der Manager aber vor dem Projektende aus dem Unternehmen aus, bestehen ebenso Fehlanreize aufgrund mangelnder Manipulationsresistenz.[377] Der kapitaltheoretische Residualgewinn eignet sich damit nur für solche Investitionsprojekte, die von der Unternehmenszentrale relativ leicht kontrolliert werden können und bei denen Fehlinformationen sich für die Zentrale schnell als solche herausstellen.[378]

### 3.4.2. Realisierte Überschüsse als Bemessungsgrundlage

In jedem Fall ungeeignet ist die Beteiligung der Bereichsmanager an erzielten Cash Flows, deren Barwert die Unternehmensleitung maximieren möchte. Wird für einen Augenblick unterstellt, die Zentrale kenne die mit der Investition verbundenen Zahlungsüberschüsse, würde sie den Wertbeitrag der Investition als gewöhnlichen Nettokapitalwert berechnen und demgemäß entscheiden; eine Delegation der Entscheidungsbefugnis wäre unnötig:

$$NKW_{0,\text{Zentrale}} = \sum_{t=1}^{T} \frac{\mu(CF_t)}{(1+i_Z)^t} - I_0.$$  (3.29)

Bei einer Delegation der Entscheidung und Entlohnung des Managements auf Basis realisierter Cash Flows bestimmt der Manager ebenfalls einen Kapitalwert, nämlich den seiner erwarteten Bemessungsgrundlagen. Dabei besteht die Gefahr, daß er seine Entscheidung mit einem Kalkulationszinsfuß $i_M > i_Z$ und/oder einem Planungshorizont $T' < T$ fundiert, mithin den Nettokapitalwert berechnet als

$$NKW_{0,\text{Manager}} = \sum_{t=1}^{T} \frac{\mu(CF_t)}{(1+i_M)^t} - I_0,$$  (3.30)

was zu suboptimalen Entscheidungen aus Sicht der Zentrale führen kann: Bei unterschiedlicher zeitlicher Struktur der Investitionsrückflüsse bevorzugt der Manager gegebenenfalls ein Investitionsprojekt, bei dem die Zahlungen früher anfallen, auch wenn aus Sicht der Zentrale ein Projekt mit späteren Rückflüssen zu einem höheren Wertzuwachs führen würde; die unterschiedlichen Kalkulati-

---

[377] Auf den Zielkonflikt zwischen Entscheidungsverbundenheit und Manipulationsresistenz wurde bereits in Kapitel 2.5 hingewiesen.

[378] Vgl. zu einer vertiefenden Diskussion *Laux, Helmut*: [Unternehmensrechnung], a.a.O., S. 398-406.

onszinsfüße drücken unterschiedliche Zeitpräferenzen aus.[379] Unabhängig von unterschiedlichen Zeitpräferenzen besteht die Gefahr, daß der Manager Zahlungen, die zeitlich vor $T'$ liegen, zu Lasten von später anfallenden Zahlungen erhöht[380] oder im Zeitraum vor $T'$ Investitionen unterläßt, die bezogen auf deren gesamte Laufzeit den Ertragswert des Unternehmens erhöhen würden.[381] Da in allen Konstellationen von Management und Zentrale unterschiedliche Kapitalwerte berechnet werden, besteht aus Sicht der Zentrale sowohl das Problem der Unterinvestition als auch das der Überinvestition.[382] Beteiligt die Zentrale den Bereichsmanager an realisierten Zahlungsüberschüssen, setzt dies ferner voraus, daß der Manager an der Investitionsauszahlung $I_0$ und eventuellen Verlusten späterer Perioden mit einem negativen Beitrag in Form einer Zahlung an die Unternehmenszentrale beteiligt werden kann, da anderenfalls ein weiterer Fehlanreiz gegeben ist. Eine Beteiligung des Managers am Endwert der Zahlungsüberschüsse scheidet als Alternative aus. Damit würde sich die Leistungsprämie zeitlich nach hinten verschieben, so daß der Manager einen Ausgleich verlangen wird, der die Kosten eines solchen Belohnungssystems nach oben treibt[383] und die Effektivität schnell in Frage stellt. Außerdem besteht in der Regel Unsicherheit über die Laufzeit des Investitionsprojekts und die Verweildauer des Managers im Unternehmen, was weitere Ausgleichsforderungen des Managers wahrscheinlich werden läßt.

### 3.4.3. Anreizsysteme zur wahrheitsgemäßen Berichterstattung

Der Zentrale verbleibt als Alternative lediglich, den Manager zu einer wahrheitsgemäßen Berichterstattung über die mit der geplanten Investition verbundenen Cash Flows zu veranlassen. Dann könnte sie die Investitionsentscheidung wieder selbst treffen. Wahrheitsextrahierende Anreizsysteme wie das Weitzman-Schema (auch Sowjetisches Anreizschema genannt)[384] oder der Groves-Mecha-

---

[379] Gründe für unterschiedliche Zeitpräferenzen liegen z.B. in privater Verschuldung des Managers.

[380] Zum Beispiel durch fremdfinanzierte Ausschüttungen mit Rückzahlung nach $t = T'$.

[381] Typischerweise handelt es sich um Investitionen in Forschung und Entwicklung, Werbung oder Mitarbeiterqualifikation.

[382] Vgl. auch *Ballwieser, Wolfgang*: [Unternehmensführung], a.a.O., S. 162; *Laux, Helmut/ Liermann, Felix*: [Grundlagen], a.a.O., S. 554-556.

[383] Vgl. *Reichelstein, Stefan*: [Managerial Incentives], a.a.O., S. 249-252.

[384] Zurückgehend auf *Weitzman, Martin L.*: The new Soviet [Incentive Model], in: BellJ, Vol. 7 (1976), S. 251-257. Schon *Rappaport* verweist früh auf diese Möglichkeit, vgl. *Rappaport, Alfred*: [Incentives], a.a.O., S. 57. Zu einem Beispiel vgl. *Gonik, Jacob*: Tie Salesmen's Bonuses on their Forecasts, in: HBR, Vol. 56 (1978), Heft 5/6, S. 116-123.

nismus[385] werden in der Literatur diskutiert,[386] eine praktische Umsetzung ist jedoch bisher kaum erfolgt.[387]

Beim Weitzman-Schema handelt es sich um ein sehr einfaches Anreizschema, bei dem Manager die nur ihnen bekannten zukünftigen Überschüsse $\ddot{U}_t$ der Zentrale wahrheitsgemäß melden sollen. Die Entlohnung $L_t$ hängt sowohl vom berichteten Überschuß $\hat{\ddot{U}}_t$ als auch vom eingetretenen Überschuß $\ddot{U}_t$ ab:[388]

$$L_t\left(\ddot{U}_t;\hat{\ddot{U}}_t\right) = \begin{cases} F + \hat{f}\cdot\hat{\ddot{U}}_t + f_1\cdot\left(\ddot{U}_t - \hat{\ddot{U}}_t\right), \text{ für } \ddot{U}_t \geq \hat{\ddot{U}}_t \\ F + \hat{f}\cdot\hat{\ddot{U}}_t + f_2\cdot\left(\ddot{U}_t - \hat{\ddot{U}}_t\right), \text{ für } \ddot{U}_t < \hat{\ddot{U}}_t \end{cases}, \qquad (3.31)$$

$$\text{mit } 0 < f_1 < \hat{f} < f_2 < 1.$$

In diesem Anreizschema werden positive Abweichungen belohnt, wobei der Prämiensatz für positive Abweichungen $f_1$ unter dem berichtsabhängigen Satz $\hat{f}$ liegt. Negative Abweichungen wirken gehaltsmindernd, der betreffende Parameter $f_2$ liegt über dem berichtsabhängigen Prämiensatz $\hat{f}$. Berichtet der Manager wahrheitsgemäß $\hat{\ddot{U}}_t = \ddot{U}_t$, erhält er als Lohn $L_t = F + \hat{f}\cdot\hat{\ddot{U}}_t$. Kennt der Manager wie angenommen $\ddot{U}_t$, gilt für ihn folgende Überlegung:

---

[385] Zurückgehend auf *Groves, Theodore*: Incentives in Teams, in: Em, Vol. 41 (1973), S. 617-631; *Groves, Theodore/Loeb, Martin*: Incentives in a divisionalized Firm, in: MSci, Vol. 25 (1979), S. 221-230.

[386] Vgl. für einen Überblick *Arbeitskreis „Finanzierung" der Schmalenbach-Gesellschaft – Deutsche Gesellschaft für Betriebswirtschaft e.V.*: Investitions-Controlling – Zum Problem der Informationsverzerrung bei Investitionsentscheidungen in dezentralisierten Unternehmen, in: zfbf, 46. Jg. (1994), S. 899-925; *Bamberg, Günter/Trost, Ralf*: [Anreizsysteme] und kapitalmarktorientierte Unternehmenssteuerung, in: *Möller, Hans P./Schmidt, Franz*: Rechnungswesen als Instrument für Führungsentscheidungen (FS Coenenberg), Stuttgart 1998, S. 91-109; *Ewert, Ralf/Wagenhofer, Alfred*: [Unternehmensrechnung], a.a.O., S. 470-476 und 556-567; *Locarek, Hermann/Bamberg, Günter*: Anreizkompatible Allokationsmechanismen für divisionalisierte Unternehmungen, in: WiSt, 23. Jg. (1994), S. 10-14; *Pfaff, Dieter/Leuz, Christian*: [Groves-Schemata] – Ein geeignetes Instrument zur Steuerung der Ressourcenallokation in Unternehmen?, in: zfbf, 47. Jg. (1995), S. 659-690.

[387] Vgl. zu einer Umsetzung des Weitzman-Schemas *Creusen, Utho*: Controlling-Konzept der OBI-Gruppe, in: *Mayer, Elmar/Weber, Jürgen* (Hrsg.): Handbuch Controlling, Stuttgart 1990, S. 874-887, hier S. 884.

[388] Vgl. *Weitzman, Martin L.*: [Incentive Model], a.a.O., S. 253.

$$\frac{\partial L_t\left(\hat{U}_t;\hat{U}_t\right)}{\partial \hat{U}_t} = \begin{cases} \hat{f} - f_1 > 0, & \text{für } \hat{U}_t > \hat{U}_t \\ \hat{f} - f_2 < 0, & \text{für } \hat{U}_t < \hat{U}_t \end{cases}.$$

Damit wird die wahrheitsgemäße Berichterstattung zur stets optimalen Strategie: „Untertreibt" der Manager, bekommt er zwar einen Bonus auf die „Übererfüllung", berichtet er dagegen gleich $\hat{U}_t = U_t$, ist seine gesamte Entlohnung höher, da $f_1 < \hat{f}$; bei „Übertreibung" kommt es offensichtlich zu einem Prämienabzug. Folgendes einfache Beispiel zeigt die Wirkungsweise des Mechanismus:

| $f_1 = 0{,}02;\ \hat{f} = 0{,}04;\ f_2 = 0{,}06$ | | | |
|---|---|---|---|
| Bericht Realität | $\hat{U}_t = 50.000$ | $\hat{U}_t = 60.000$ | $\hat{U}_t = 70.000$ |
| $U_t = 50.000$ | **2.000** | 1.800 | 1.600 |
| $U_t = 60.000$ | 2.200 | **2.400** | 2.200 |
| $U_t = 70.000$ | 2.400 | 2.600 | **2.800** |

Tabelle 9: Beispiel zum Weitzman-Schema

Die wahrheitsinduzierenden Eigenschaften gelten in dieser Form jedoch nur, wenn die Berichtsvariable nicht risikobehaftet ist. Unterliegt $U_t$ einer Wahrscheinlichkeitsverteilung, berichtet der Manager nicht zwangsläufig den „wahren" Erwartungswert von $U_t$.[389] Ferner verliert das Weitzman-Schema seine wahrheitsinduzierende Wirkung, wenn mehrere Bereichsmanager um knappe Mittel konkurrieren.[390]

Ein anderes Anreizschema zur Induzierung wahrheitsgemäßer Berichterstattung stellt das Groves-Schema dar. Dieses Anreizschema bewirkt ebenfalls, daß jeder Manager wahrheitsgemäß berichtet, eignet sich aber im Vergleich zum Weitzman-Schema auch für den Fall, in dem mehrere Manager miteinander um Investitionsmittel konkurrieren. Der Manager des Bereichs $t$ wird auf Basis eines Überschusses $\overline{U}_{t,t}$ entlohnt, der sich aus seinem eigenen realisierten Überschuß

---

[389] Vgl. *Ewert, Ralf/Wagenhofer, Alfred*: [Unternehmensrechnung], a.a.O., S. 473; *Bamberg, Günter/Trost, Ralf*: [Anreizsysteme], a.a.O., S. 96 f.
[390] Die wahrheitsgemäße Berichterstattung der erzielbaren Überschüsse ist kein *Nash*-Gleichgewicht, vgl. z.B. *Ewert, Ralf/Wagenhofer, Alfred*: [Unternehmensrechnung], a.a.O., S. 555-558.

$\bar{\bar{U}}_{i,t}$ und der Summe der berichteten Überschüsse der übrigen Bereiche $\hat{U}_{j,t}$ zusammensetzt:[391]

$$L_{i,t}\left(\bar{\bar{U}}_{i,t}\right) = F + f \cdot \bar{\bar{U}}_{i,t} = F + f \cdot \left[ \bar{\bar{U}}_{i,t}\left(I_{i,t}\right) + \sum_{\substack{j=1 \\ i \neq j}}^{J} \hat{U}_{j,t}\left(I_{j,t}\right) \right]. \qquad (3.32)$$

Die Zentrale maximiert die Summe der berichteten Überschüsse. Für jeden Manager $t$ hängt die Entlohnung nur hinsichtlich des eigenen Überschusses $\bar{\bar{U}}_{i,t}$ von der tatsächlichen Realisation ab. Hinsichtlich der Beteiligung an den Überschüssen der anderen Bereiche zählen nur die von dort abgegebenen Berichte $\hat{U}_{j,t}$.

Unabhängig von den Berichten seiner Kollegen ist es für den Manager $t$ stets optimal, den wahren Überschuß $\bar{U}_t$ zu melden, da dann die Zentrale den Ausdruck in der eckigen Klammer von (3.32) maximiert, was genau seiner eigenen Zielsetzung entspricht.[392]

Der Haupteinwand gegen Groves-Schemata richtet sich gegen die Anfälligkeit gegenüber Absprachen der Manager untereinander: Die Bemessungsgrundlage ist umso höher, je höher die berichteten Überschüsse ausfallen, was dazu führen kann, daß sich alle Manager untereinander absprechen, ihre Berichterstattung übertreiben und damit eine höhere Bemessungsgrundlage erzielen können.[393] Weitere Kritikpunkte betreffen die fehlende Wahrheitsinduktion bei unvollständiger Information im Berichtszeitpunkt und die suboptimale Risikoallokation bei Risikoaversion der Manager.[394] Auch wenn diese Einwände in einer neueren Untersuchung weitgehend ausgeräumt werden konnten[395], verbleiben Bedenken aufgrund der relativ komplizierten Wirkungsweise des Schemas,[396] die dem Kriterium der Verständlichkeit der Bemessungsgrundlage eines Belohnungssystems entgegenstehen.

[391] Vgl. *Ewert, Ralf/Wagenhofer, Alfred*: [Unternehmensrechnung], a.a.O., S. 563; *Bumberg, Günter/Trost, Ralf*: [Anreizsysteme], a.a.O., S. 100.

[392] Vgl. *Ewert, Ralf/Wagenhofer, Alfred*: [Unternehmensrechnung], a.a.O., S. 563.

[393] Vgl. *Pfaff, Dieter/Leuz, Christian*: [Groves-Schemata], a.a.O., S. 673 f.; *Ewert, Ralf/Wagenhofer, Alfred*: [Unternehmensrechnung], a.a.O., S. 565.

[394] Vgl. *Pfaff, Dieter/Leuz, Christian*: [Groves-Schemata], a.a.O., S. 675-681.

[395] Voraussetzung für die Wirksamkeit der Absprachen zwischen Managern ist deren Verbindlichkeit, vgl. *Budde, Jörg/Göx, Robert F./Luhmer, Alfred*: Absprachen beim Groves-Mechanismus, in: zfbf, 50. Jg. (1998), S. 3-20, hier S. 13-15 und S. 17 f. Zur Widerlegung der beiden anderen Kritikpunkte vgl. ebd., S. 5 f. und 18.

[396] Vgl. die Experimente von *Waller, William S./Bishop, Rachel A.*: An Experimental Study of Incentive Pay Schemes, Communication, and Intrafirm Resource Allocation, in: AR, Vol. 65 (1990), S. 812-836, insb. S. 822.

## 3.4.4. Zusammenfassung

Kapitaltheoretische Konzepte eignen sich nur bedingt als Bemessungsgrundlage eines Belohnungssytems. Der Unternehmenswert selbst verstößt gegen die elementaren Forderungen der Barwertidentität und der Manipulationsresistenz. Der kapitaltheoretische Residualgewinn ist im höchsten Maße entscheidungsverbunden, aber gegenüber Manipulationen insbesondere dann anfällig, wenn davon ausgegangen werden muß, daß der Manager vor dem Ablauf der von ihm ausgewählten Investitionsprojekte aus dem Unternehmen ausscheidet. Mangelnde Manipulationsresistenz führt dazu, daß diese Konzepte für die Steuerung letztlich nur bedingt geeignet sind.

Die Eignung von Unternehmenswertänderung und kapitaltheoretischem Residualgewinn für Zwecke der Steuerung eines dezentralen Entscheidungsträgers beschränkt sich auf den trivialen Fall, in dem keine Anreizprobleme bestehen. Dies ist für den Fall eines Mehrpersonenunternehmens kaum vorstellbar: Verfügen sowohl Zentrale als auch Bereichsmanager über die selben Informationen, macht die Delegation der Entscheidung an den Bereichsmanager keinen Sinn. Besitzt der Bereichsmanager zwar einen Informationsvorsprung, verfolgt aber keine von denen der Zentrale divergierende Interessen, kann die Zentrale mit Sicherheit davon ausgehen, daß der Bereichsmanager in ihrem Sinne die Wertsteigerung plant und realisiert; eine Steuerung wird auch hier obsolet. Im Mehrpersonenkontext mit dezentralen Entscheidungen, Informationsasymmetrien und divergierenden Interessen muß die Änderung des Unternehmenswerts als Instrument zur Steuerung dezentraler Manager verworfen werden. Dafür verantwortlich sind in erster Linie die dargestellten Anreiz- und Kontrollprobleme. Ferner kann es auch zu Kommunikations- und Planungsintegritätsproblemen kommen, da eine rein zahlungsbezogene Planrechnung eingeführt werden muß, während in Unternehmen der Wunsch nach einheitlichen Rechenwerken festgestellt werden kann; schließlich kann angeführt werden, daß die ständig erforderliche Ermittlung des Unternehmenswerts zu aufwendig ist.[397]

Darüber hinaus sind die vorgestellten kapitaltheoretischen Konzepte strenggenommen nur für ganze Unternehmen, nicht aber ohne weitere Annahmen für einzelne Teilbereiche eines Unternehmens bzw. eines Konzerns anzuwenden, da solche Teilbereiche in der Regel nicht unverbunden nebeneinander stehen, sondern zwischen ihnen Verbundeffekte eine isolierte Wertbetrachtung unmöglich machen. Auch können Teilbereiche nicht ohne weiteres eigenständig über die Ausschüttungspolitik oder über eine Anlage von einbehaltenen Mitteln entscheiden, da sie in der Regel unter der einheitlichen Leitung der Zentrale stehen.

---

[397] Vgl. *Ballwieser, Wolfgang*: [Unternehmensführung], a.a.O., S. 162 f.

Dann ist aber fraglich, ob mit dem Heranziehen kapitaltheoretischer Konzepte anstelle der internen Verhaltenssteuerung faktisch nicht eine Steuerung der Zentrale durch die Anteilseigner erreicht wird.

Eine als Alternative denkbare Beteiligung der Entscheidungsträger an realisierten Überschüssen scheidet bei ungeduldigen Managern aus, der Endwert der realisierten Überschüsse als Bemessungsgrundlage verteuert das Belohnungssystem und die Implementierung von wahrheitsextrahierenden Mechanismen mit anschließender Entscheidung durch die Instanz muß wohl als möglich, aber zu komplex abgelehnt werden.

Für die Steuerungsaufgabe verbleibt damit weitestgehend die Vorbildfunktion kapitaltheoretischer Konzepte für in Kapitel 4 diskutierte Maße.

## 3.5. Eignung kapitaltheoretischer Konzepte für die Information

Anteilseigner haben ein Interesse an der Unternehmensentwicklung,[398] weshalb auch vom Jahresabschluß einer Kapitalgesellschaft nach § 264 Abs. 2 HGB die Vermittlung eines den tatsächlichen Verhältnissen entsprechenden Bildes der Vermögens-, Finanz- und Ertragslage gefordert wird. „Eine entscheidungserhebliche Information bezüglich dieser Unternehmenslagen [Vermögens-, Finanz- und Ertragslage, der Verf.] setzt in allen drei Fällen eine fundierte Berichterstattung über den erwarteten Nettonutzen voraus."[399] Dieser erwartete Nettonutzen kann nur in Bandbreiten und höchst subjektiv geschätzt werden. Daher muß eine sinnvolle Information über die zukünftige Entwicklung nicht nur die möglichen Szenarien, sondern auch die zugehörigen Eintrittsvoraussetzungen und -wahrscheinlichkeiten offenlegen und nachvollziehbar begründen.[400] Geeignetes Instrument hierfür wäre ein Unternehmensbewertungsgutachten;[401]

---

[398] Vgl. *Hartmann-Wendels, Thomas*: Rechnungslegung der Unternehmung und Kapitalmarkt aus informationsökonomischer Sicht, Heidelberg 1991, S. 29; *Hommel, Michael*: Bilanzierung immaterieller [Anlagewerte], Stuttgart 1998; *Tichy, Geiserich/Barborka, Karl*: [Zusatzinformationen], a.a.O., S. 650 f.

[399] *Hommel, Michael*: [Anlagewerte], a.a.O., S. 12.

[400] Vgl. *Ordelheide, Dieter*: [Gewinn], a.a.O., S. 339 oder *Hommel, Michael*: [Anlagewerte], a.a.O., S. 12 f.

[401] Vgl. pointiert *Moxter, Adolf*: Entwicklung der Theorie der handels- und steuerrechtlichen Gewinnermittlung, in: *Wagner, Franz W.* (Hrsg.): Ökonomische Analyse des Bilanzrechts, zfbf-Sonderheft Nr. 32, Düsseldorf 1993, S. 61-84, hier S. 71; ähnlich auch *Tichy, Geiserich/Barborka, Karl*: [Zusatinformationen], a.a.O., S. 651 und 665. Eine Berichterstattung, die nur den Unternehmenswert und dessen Veränderung darlegt, wäre aber abzulehnen, da auch reine Zinsänderungseffekte wertverändernd wirken und nichts mit der Leistung des Managers zu tun haben. Vgl. *Moxter, Adolf*: [Bilanztheorie], a.a.O., S. 40.

die Bilanz oder die GuV können diese Aufgabe nicht erfüllen. Hier steht die Ausschüttungsbemessung, die unter der Beachtung vorwiegend informationsfeindlicher GoB erfolgt, im Vordergrund.[402]

Die Beseitigung der Informationsdefizite kann und muß in anderen Instrumenten der Rechnungslegung erfolgen.[403] Eine vom American Institute of Certified Public Accountants im Jahr 1991 eingesetzte Arbeitsgruppe (das sog. *Jenkins Committee*) hat sich eingehend mit der Verbesserung der finanziellen Berichterstattung von Unternehmen befaßt, und dabei ein *Reporting-Model* mit umfassenden Forderungen in Bezug auf die Vermittlung zukunftsbezogener Informationen, die hinsichtlich ihrer Zuverlässigkeit beurteilbar sein müssen, erarbeitet. Auch hier wird festgehalten, daß die Informationen objektiv und damit nachprüfbar sein müssen. Der Haupteinwand gegen kapitaltheoretische Konzepte als Informationsinstrument ist aber wieder in deren mangelnder Manipulationsresistenz zu sehen: Kapitalmarktteilnehmer benötigen Informationen, die relevant und nachprüfbar sind. Relevant wäre für sie eine Berichterstattung über den Unternehmenswert und dessen geplante weitere Entwicklung, ein Ausweis des kapitaltheoretischen Residualgewinns, aufgespalten in die in Kapitel 3.2.2 analysierten Komponenten oder die Veröffentlichung von kapitaltheoretischen Renditemaßen.[404] Nachprüfbar sind solche Größen kaum, da wiederum Erwartungen

---

Zu einem Anwendungsbeispiel für die Information unternehmens*interner* Adressaten vgl. *Lauterbach, Jürgen*: Der Total Value Report, in: *Bühner, Wolfgang/Sulzbach, Klaus* (Hrsg.): Wertorientierte Steuerungs- und Führungssysteme, Stuttgart 1999, S. 181-198, hier insb. S. 183-187.

[402]   Vgl. z.B. *Böcking, Hans-Joachim*: Zum Verhältnis von [Rechnungslegung] und Kapitalmarkt: Vom „financial accounting" zum „business reporting", in: *Ballwieser, Wolfgang/ Schildbach, Thomas* (Hrsg.): Rechnungslegung und Steuern international, zfbf-Sonderheft 40, Düsseldorf 1998, S. 17-53, hier insb. S. 19.

[403]   Vgl. z.B. *Busse von Colbe, Walther*: [Rechnungswesen], a.a.O., S. 714 und 717-720; *Dirrigl, Hans*: [Konvergenz], a.a.O., S. 542 und 547; *Kirchner, Christian*: [Entscheidungsnützlichkeit], a.a.O., S. 55; *Tichy, Geiserich/Barborka, Karl*: [Zusatzinformationen], a.a.O., S. 651; *Kubin, Konrad W.*: Der Aktionär als Aktienkunde – Anmerkungen zum Shareholder Value, zur Wiedervereinigung der internen und externen Rechnungslegung und zur globalen Verbesserung der Berichterstattung, in: *Möller, Hans Peter/Schmidt, Franz* (Hrsg.): Rechnungswesen als Instrument für Führungsentscheidungen (FS Coenenberg), Stuttgart 1998, S. 525-558, hier S. 540 f. und 547.

[404]   Vgl. *Ordelheide, Dieter*: Bilanzen in der Investitionsplanung und -kontrolle, in: *Rückle, Dieter* (Hrsg.): Aktuelle Fragen der Finanzwirtschaft und der Unternehmensbesteuerung (FS Loitlsberger), Wien 1991, S. 507-534, hier S. 522; *Moxter, Adolf*: Zum Verhältnis handelsrechtlicher Grundsätze ordnungsmäßiger Bilanzierung und True-and-fair-view-Gebot bei Kapitalgesellschaften, in: *Förschle, Gerhart/Kaiser, Klaus/Moxter, Adolf* (Hrsg.): Rechenschaftslegung im Wandel (FS Budde), München 1995, S. 419-429, hier S. 425; *Hommel, Michael*: [Anlagewerte], a.a.O., S. 14.

über die Zukunft Eingang finden.[405] Die Diskussion des Gegensatzes zwischen *Relevance* und *Reliability* einer Information zeigt, daß sich der Konflikt kaum lösen läßt.[406] Folgende Abbildung faßt die wesentlichen Elemente des Jenkins-Berichts zusammen:[407]

THE TEN ELEMENTS OF THE COMMITTEE'S MODEL OF BUSINESS REPORTING

**Financial and non-financial data**
- Financial Statements and related disclosures
- High-level operating data and *performance measures* that management uses to manage the business

**Management's analysis of the financial and non-financial data**
- Reasons for changes in the financial, operating, and performance-related data and the identity and past effect of key trends

**Forward-looking information**
- Opportunities and risks, including those resulting from key trends
- *Management's plans*, including critical success factors
- *Comparison* of actual business performance *to previously disclosed* opportunities, risks, and management's plans

**Information about the management and shareholders**
- Directors, management, compensation, major shareholders, and transactions and relationship among related parties

**Background about the company**
- Broad objectives and strategies
- Scope and description of business and properties
- Impact of industry structure on the company

Abbildung 10: Reporting-Modell des *Jenkins Committee*

Werden Unternehmenswert oder kapitaltheoretische Gewinn- und Renditegrößen publiziert, hat dies keinen Nutzen, solange nicht vom Adressaten selbst oder von einem sachkundigen Dritten überprüft werden kann, ob die den veröffentlichten Kennzahlen zugrunde gelegten Annahmen plausibel sind.[408] Bei einer Fremdprüfung muß der Adressat auf deren Objektivität vertrauen können. Enthalten Anhang oder Lagebericht diese Angaben, sind sie Prüfungsgegenstand im

---

[405] Vgl. hierzu auch *Goerdeler, Reinhard*: Publizität der Rechnungslegung im Rückblick und Ausblick, in: *Moxter, Adolf* et al.(Hrsg.): Rechnungslegung: Entwicklungen bei der Bilanzierung und Prüfung von Kapitalgesellschaften (FS Forster), Düsseldorf 1992, S. 237-252, hier S. 241.

[406] Vgl. stellvertretend *Kuhlewind, Andreas-Markus*: [Grundlagen], a.a.O., S. 82-90; *Baetge, Jörg/Roß, Heinz-Peter*: [fair presentation], a.a.O., S. 32-35 und Kapitel 2.3.1.

[407] *American Institute of Certified Public Accountants – Special Committee on Financial Reporting*: Improving Business [Reporting] – A Costumer Focus, New York 1994, S. 52, Hervorhebungen durch den Verf.

[408] Vgl. *Leffson, Ulrich*: Wirtschaftsprüfung, 4. Aufl., Wiesbaden 1988, S. 18 f. sowie *Tichy, Geiserich/Barborka, Karl*: [Zusatzinformationen], a.a.O., S. 657-659 und 666.

Sinne des § 316 HGB und werden dementsprechend vom Abschlußprüfer in seine Prüfungshandlungen miteinbezogen. Da es sich um eine freiwillige Berichterstattung handelt und Prüfungen nicht kostenlos sind, finden sich Angaben über den Unternehmenswert und mit ihm verwandte Größen in Form von Wertsteigerungsmaßen nicht immer in geprüften Pflichtbestandteilen, sondern im sog. „freien Teil" des Geschäftsberichts.[409]

Für solche zusätzlichen Informationen, die zusammen mit dem Jahresabschluß veröffentlicht werden, hat das IDW mittlerweile einen Prüfungsstandard vorgelegt, der sich ausdrücklich auf die Prüfung freiwillig gemachter Angaben im Geschäftsbericht bezieht.[410] Die geforderten Prüfungshandlungen beschränken sich jedoch auf das sog. „kritische Lesen" der Zusatzinformationen, das auf das Auffinden von Widersprüchen zwischen zusätzlicher Information und Aussage des Jahresabschlusses und des Anhangs ausgerichtet ist und einen niedrigeren Zuverlässigkeitsgrad als eine Prüfung aufweist. Für die Prüfung rein zukunftsorientierter Finanzinformationen, wie sie in Form von Finanzplänen oder Planbilanzen für die Fundierung von kapitaltheoretischen Größen benötigt werden, existiert mit dem ISA 810 ferner ein internationaler Prüfungsstandard.[411] ISA 810 bezieht sich ausdrücklich nicht auf den Lagebericht, auch wenn sich die Vorschriften des ISA 810 dafür eignen würden.[412] Bei der ISA-konformen Prüfung zukunftsbezogener Informationen sind vier zentrale Vorschriften zu beachten:[413]

(1) Die zugrunde gelegten Annahmen auf Basis bestmöglicher Schätzung dürfen nicht unangemessen sein. Annahmen, die rein hypothetischer Natur sind, müssen mit dem Informationszweck übereinstimmen.

---

[409] Erkennbar außerhalb des Lageberichts und damit im „freien" Teil sind z.b. die Angaben zur Wertentwicklung bei *RWE* (vgl. *RWE AG* (Hrsg.): [Geschäftsbericht 1999/2000], Essen 2000, S. 52 und 140 f.; *dies.* (Hrsg.): Geschäftsbericht 1998/1999, Essen 1999, S. 26-29 und 124 f.) und der *Metallgesellschaft* (vgl. *Metallgesellschaft AG* (Hrsg.): Geschäftsbericht 1997/1998, Frankfurt a. M. 1998, S. 6.; *dies.* (Hrsg.): [Geschäftsbericht 1998/1999], Frankfurt a. M. 1999, S. 20 f.). Anders dagegen bei *Siemens* (vgl. *Siemens AG* (Hrsg.): Geschäftsbericht 2000, Berlin/München 2000, S. 41 f.; *dies.* (Hrsg.): Geschäftsbericht 1999, Berlin/München 1999, S. 50-52). Zum Problem der Prüfung zusätzlicher wertorientierter Rechenschaftsbestandteile vgl. auch *Labhart, Peter A.*: [Reporting], a.a.O., S. 226 f. und Abbildung 17 im Anhang.

[410] Vgl. *IDW*: [IDW PS 202], a.a.O., insb. Tz. 1, 7 f., 13-20.

[411] Vgl. *IFAC*: [ISA 810]: The Examination of Prospective Financial Information, in: *WPK* (Hrsg.): International Standards on Auditing (ISAs), Stuttgart 2000, S. 550-571.

[412] Vgl. *IFAC*: [ISA 810], a.a.O., Tz. 1. Teile des ISA 810 gingen in den IDW PS 350 zur Prüfung des Lageberichts ein, vgl. *IDW*: IDW Prüfungsstandard: Prüfung des Lageberichts (PS 350), in: WPg, 51. Jg. (1998), S. 663-666, hier insb. Tz. 13-18.

[413] Vgl. *IFAC*: [ISA 810], a.a.O., Tz. 2.

(2) Die zukunftsorientierten Informationen müssen sorgfältig auf diesen Annahmen aufbauen.

(3) Die zukunftsorientierten Informationen müssen in angemessener Form unter Offenlegung der getroffenen Annahmen dargestellt werden.

(4) Die zukunftsorientierten Informationen müssen im Einklang mit vergangenheitsbezogenen Abschlüssen stehen.

Zwar ist häufig von einer kapitalmarktorientierten Berichterstattung die Rede und mit dem IDW PS 202 wurde klar gestellt, daß auch freiwillig gemachte Angaben, die zusammen mit Pflichtbestandteilen der Rechnungslegung veröffentlicht werden, einer Plausibilitätsüberprüfung seitens des Abschlußprüfers unterzogen werden müssen. Dennoch darf nicht davon ausgegangen werden, daß zukünftig zusammen mit dem Jahresabschluß quasi geprüfte Unternehmensbewertungsgutachten publiziert werden konnen.[414] Eine dementsprechende Interpretation legt auch der Wortlaut von ISA 810 nahe. Vor dem Entstehen einer weiteren Erwartungslücke aufgrund überzogener Erwartungen an die externe Berichterstattung, auch im Hinblick auf die in Kapitel 2.3.4 erwähnten GoInf, oder aufgrund nicht erfüllbarer Prüfungsleistungen muß an dieser Stelle gewarnt werden.[415]

Zusätzlich muß in Betracht gezogen werden, daß die Unternehmensleitung, die in der Regel mit der Berichterstattung betraut ist, sich ihrerseits auf die Aussagekraft und Verläßlichkeit der Berichte bzw. Planungen der Bereichsmanager verlassen muß. Selbst wenn die Unternehmenszentrale kapitalmarktorientierte Informationen nach bestem Wissen und Gewissen wahrheitsgemäß offen legen will, verbleibt die Informationsasymmetrie zwischen ihr und den dezentralen Managern. Ein dezentraler Manager hat aber seinerseits Anreize, auch die für die Berichterstattung an die Zentrale zu meldenden Daten so zu manipulieren, daß die eigene Leistung besser dargestellt wird, da anzunehmen ist, daß der Bericht unbefriedigender Wertsteigerungsmaße wiederum negative Konsequenzen auf die Entlohnung nach sich ziehen wird.

Auch wenn kapitaltheoretische Konzepte, insbesondere der ökonomische Gewinn, für den Kapitalmarkt von höchster Relevanz wären, scheitert ihr praktischer Einsatz als Rechenschaftsinstrument an der mangelnden Manipulations-

---

[414] Für Informationen, die nicht zusammen mit geprüften Berichten veröffentlicht werden, gibt es keine Verpflichtung zu einer externen Überprüfung, hier kommen allenfalls freiwillige Prüfungen in Betracht.

[415] Vgl. in diesem Sinn auch *Dirrigl, Hans:* [Konvergenz], a.a.O., S. 575; *Schneider, Dieter:* [Pegasus], a.a.O., S. 1473. Zuversichtlich dagegen *Tichy, Geiserich/Barborka, Karl:* [Zusatzinformationen], a.a.O., S. 659 f. und 666.

resistenz.[416] Ob eine Prüfung der den Konzepten zugrunde gelegten Rechnungen Abhilfe schaffen kann, muß sich erst erweisen.[417] Die aktuelle Diskussion um ein sog. *Value Reporting* zeigt jedoch, daß die (freiwillige) Veröffentlichung kapitalmarktrelevanter Zusatzinformationen zur quantitativen Abschätzung des Unternehmenswerts von vielen Unternehmen ernsthaft betrieben wird.[418]

---

[416] Vgl. aber den Vorschlag von *Schneider, Dieter*: [Gewinn], a.a.O., S. 10-28, insb. S. 21-23.

[417] Einschätzungen betreffend die Zukunft der Rechnungslegung gehen von einem Wechsel „… von einem auf definierten Pflichtumfängen basierenden kommentierten Zahlenwerk hin zu einer echten Geschäftsberichterstattung" aus, *Arbeitskreis „Externe Unternehmensrechnung" der Schmalenbach-Gesellschaft für Betriebswirtschaft*: Die Zukunft der Rechnungslegung aus Sicht von Wissenschaft und Praxis, in: DB, 54. Jg. (2001), S. 160 f., hier S. 160.Vgl. auch *Böcking, Hans-Joachim*: [Rechnungslegung], a.a.O., S. 19 und 44 f.; *Kirchner, Christian*: [Entscheidungsnützlichkeit], a.a.O., S. 53.

[418] Vgl. z.B. *Fey, Gerd*: Adressatenorientierte US-Rechnungslegung: Vom „Financial Reporting" zum „Business Reporting"?, in: *Baetge, Jörg* (Hrsg.): Internationale Grundsätze für Rechnungslegung und Prüfung, Düsseldorf 2001, S. 31-67; *Fischer, Thomas M./Wenzel, Julia/Kühn, Christian*: Value Reporting, in: DB, 54. Jg. (2001), S. 1209-1216; *Günther, Thomas/Beyer, Dirk*: Value Based Reporting – Entwicklungspotenziale der externen Unternehmensberichterstattung, in: BB, 56. Jg. (2001), S. 1623-1630; *Pellens, Bernhard/Hillebrandt, Franca/Tomaszewski, Claude*: [Value Reporting], a.a.O.

## 4. Alternative Vermögens-, Gewinn- und Renditekonzepte

### 4.1. Traditionelle Steuerungskonzepte

Zur Steuerung von Unternehmen und Unternehmensbereichen werden häufig Kennzahlen eingesetzt. Kennzahlen sind statistische Zahlen, die einen bestimmten betriebswirtschaftlichen Sachverhalt wiedergeben.[419] Kennzahlen können bestandsorientiert an Größen aus der Bilanz oder stromgrößenorientiert an Größen aus der GuV oder aus der Kapitalflußrechnung gebildet werden. Bestandsorientierte Kennzahlen beschreiben Vermögens- und Kapitalstrukturen oder drücken Liquiditätsmaße in Form von horizontalen Bilanzstrukturen aus. Unter stromgrößenorientierten Kennzahlen versteht man absolute und relative Erfolgsmaße sowie Aktivitätskennzahlen.[420] Bei den Erfolgsmaßen werden Stromgrößen und Bestandsgrößen gegenübergestellt, die deshalb in der Regel als (jährlicher) Durchschnittswert in die Berechnung der Kennzahl eingehen.[421] Zwischen Zähler und Nenner einer Kennzahl muß ein Sachzusammenhang existieren.[422] Unter Renditen oder Rentabilitäten werden Beziehungskennzahlen verstanden, die Ergebnisgrößen mit den das Ergebnis bestimmenden Einflußgrößen in ein Verhältnis setzen.[423] Renditen sind in Unternehmen beliebte Informations- und Kontrollinstrumente;[424] in Literatur und Praxis sind zahlreiche verschiedene Konzepte bekannt, die keinesfalls klar voneinander abgegrenzt sind. Unterschiedliche Bezeichnungen für ein und dieselbe Definition sind ebenso anzutreffen wie unterschiedliche Definitionen ein und derselben Kennzahl.[425] Entscheidend für die Aussagekraft der Kennzahlen ist die konsistente Definition von Zähler und Nenner. Folgende Tabelle zeigt häufig anzutreffende Rentabilitäten:[426]

---

[419] Vgl. *Buchner, Robert*: Finanzwirtschaftliche Statistik und [Kennzahlenrechnung], München 1985, S. 2.

[420] Vgl. *Perridon, Louis/Steiner, Manfred*: [Finanzwirtschaft], a.a.O., S. 524.

[421] Vgl. *Baetge, Jörg*: [Bilanzanalyse], Düsseldorf 1998, S. 28 f.; *Coenenberg, Adolf G.*: [Jahresabschluß], a.a.O., S. 1007 oder die Formeln bei *Gibson, Charles H.*: Financial Statement Analysis, 6. Aufl., Cincinnati 1995, S. 378-389.

[422] Vgl. *Buchner, Robert*: [Kennzahlenrechnung], a.a.O., S. 2 und 68 f.; *Baetge, Jörg*: [Bilanzanalyse], a.a.O., S. 26-30.

[423] Vgl. *Coenenberg, Adolf G.*: [Jahresabschluß], a.a.O., S. 700.

[424] Vgl. *Ballwieser, Wolfgang*: [Unternehmensführung], a.a.O., S. 164 f.

[425] Vgl. insb. *Arbeitskreis Externe Unternehmensrechnung der Schmalenbach-Gesellschaft*: Empfehlungen zur Vereinheitlichung von Kennzahlen in Geschäftsberichten, in: DB, 49. Jg. (1996), S. 1989-1994, hier S. 1989.

[426] Gefolgt wird den Definitionen bei *Baetge, Jörg*: [Bilanzanalyse], a.a.O., S. 429-452; *Coenenberg, Adolf G.*: [Jahresabschluß], a.a.O., S. 1005-1027; *Küting, Karlheinz/Weber, Claus-Peter*: Die [Bilanzanalyse], 4. Aufl., Stuttgart 1999, S. 300-310. Siehe auch die Darstellung im Anhang.

| Bezugsbasis der Gewinn- bzw. Überschußgröße | |
|---|---|
| **Umsatz** | **Kapital bzw. Vermögen** |
| - Umsatzrentabilität, auch Net Profit Margin oder Operating Income Margin, ROS = $$\frac{\text{Gewinn}}{\text{Umsatzerlöse}}$$ bzw. $$\frac{\text{Gewinn} + \text{Zinsen} (+ \text{Ertragsteuern})}{\text{Umsatzerlöse}}.$$ | - Eigenkapitalrentabilität, ROE = $$\frac{\text{Gewinn}}{\text{Eigenkapital}}.$$ <br><br> - Gesamtkapitalrentabilitäten vor bzw. nach Steuern wie ROC, ROI, ROA (ROCA) = $$\frac{\text{Gewinn} + \text{Zinsen} (+ \text{Ertragsteuern})}{\text{Gesamtkapital bzw. -vermögen}}.$$ <br><br> - Rentabilitäten des betriebsnotwendigen Vermögens wie RONA, ROCE, ROIC = $$\frac{\text{ordentliches Betriebsergebnis}}{\text{betriebsnotw. Kapital bzw. Vermögen}}.$$ |

Tabelle 10: Häufig verwendete Rentabilitätsmaße

Die Umsatzrentabilität (Return on Sales, ROS) zeigt unabhängig vom eingesetzten Kapital, wieviel Gewinn bzw. Überschuß pro Umsatz im Unternehmen
verbleibt. Die Größe ist branchenabhängig und wird in der Literatur den Werttreibern zugerechnet.[427] Abhängig von der Abgrenzung des Eigenkapitals können bei der Eigenkapitalrendite (Return on Equity, ROE) Renditen auf gezeich-
netes Kapital oder auf alle Eigenmittel berechnet werden; neben Gewinngrößen
werden auch zahlungsstromorientierte Größen im Zähler verwendet. ROE ist
zwar für Eigenkapitalgeber von Bedeutung, sagt für sich genommen aber wenig
aus: Der Bezug zu den Kapitalkosten, zur Kapitalstruktur (Leverage-Effekt) und
zum Risiko fehlt.[428] Wird die Eigenkapitalrentabilität für eine einzelne Aktie berechnet, spricht man vom Gewinn je Aktie (Earnings per Share), das Kurs-
Gewinn-Verhältnis (Price-Earnings-Ratio) ist dagegen der Kehrwert einer Rentabilität.[429]

Bei den Gesamtkapitalrentabilitäten wird die Summe aus Gewinn und Zinsen
mit dem Gesamtkapital als korrespondierende Ergebnisgröße in ein Verhältnis
gesetzt. Hinter den Bezeichnungen Return on Capital (ROC), Return on Investment (ROI) oder Return on Assets (ROA) stehen meist identische Definitio-

---

[427]   Vgl. *Rappaport, Alfred*: [Shareholder Value, 2], a.a.O., S. 56.
[428]   Vgl. z.B. *Küting, Karlheinz/Weber, Claus-Peter*: [Bilanzanalyse], a.a.O., S. 276.
[429]   Vgl. *Küting, Karlheinz/Weber, Claus-Peter*: [Bilanzanalyse], a.a.O., S. 309:
     Kurs-Gewinn-Verhältnis = Preis der Aktie/Gewinn je Aktie.

nen.[430] Der Quotient mißt die Verzinsung des eingesetzten Kapitals unabhängig vom Einfluß der Finanzierungsalternativen, als ob das Unternehmen unverschuldet wäre. Werden Steuern vernachlässigt, hat eine Ausnutzung des Leverage-Effekts keine Auswirkungen auf die Größe. Während sich mit Gesamtkapitalrentabilitäten Unternehmen unabhängig von ihrer Kapitalstruktur vergleichen lassen, kann ein Urteil über ein einzelnes Unternehmen in die Irre führen: Eine positive Rendite kann auch bei einem Jahresfehlbetrag möglich sein. Ferner ist die Kennzahl an sich aussagelos, da der Bezug zu den Kapitalkosten und zum Risiko fehlt. Die Variante Return on Controllable Assets (ROCA) vergleicht das Ergebnis eines einzelnen Geschäftsbereichs mit dem dort investierten Kapital; mit der Variante Return on Gross Assets (ROGA) wird durch Berücksichtigung der (kumulierten) Abschreibungen in Ergebnis- und Vermögensgröße versucht, die Abhängigkeit der Rentabilitätsziffer von der Altersstruktur abzuschwächen.[431]

Maße wie Return on Net Assets (RONA), Return on Capital Employed (ROCE) oder Return on Invested Capital (ROIC) stellen ein ordentliches Betriebsergebnis dem betriebsnotwendigen Kapital (in der Regel definiert als Anlagevermögen ohne Finanzanlagen zuzüglich Nettoumlaufvermögen) gegenüber.[432] Sie dienen der Einschätzung des rein operativen Geschäfts, vernachlässigen per se aber auch Kapitalkosten und Risiko.

Die Kritik an diesen buchhalterisch geprägten Konzepten ist mittlerweile Legion und bezieht sich insbesondere auf RAPPAPORT.[433] Obwohl die Unzulänglichkeiten dieser Rentemaße immer wieder herausgestellt werden und auf die Überlegenheit von wertorientierten Konzepten hingewiesen wird, erfreuen sich bilanziell orientierte Rentabilitätsmaße nach neueren empirischen Untersuchungen sowohl bei der Entscheidung über Investitionsvorhaben als auch bei der Entlohnung von Managern nach wie vor großer praktischer Beliebtheit; entsprechend groß wird auch die Bedeutung in der Berichterstattung sein:[434]

---

[430]   Vgl. *Coenenberg, Adolf G.*: [Jahresabschluß], a.a.O., S. 1017 f.

[431]   Vgl. *Knight, James A.*: [Measurement], a.a.O., S. 191.

[432]   Vgl. *Knight, James A.*: [Measurement], a.a.O., S. 191; *Coenenberg, Adolf G.*: [Jahresabschluß], a.a.O., S. 1021 f.

[433]   Vgl. *Rappaport, Alfred*: [Shareholder Value, 1], a.a.O., S. 19-45; *Bühner, Rolf*: [Management-Wert-Konzept], a.a.O., S. 13-33; *Siegert, Theo*: Marktwertorientierte Unternehmenssteuerung, in: *Bühner, Rolf* (Hrsg.): Der Shareholder-value-Report, Landsberg a. L. 1994, S. 107-126, hier S. 117-119; *ders.*: Shareholder-Value als Lenkungsinstrument, in: zfbf, 47. Jg. (1995), S. 580-607, hier S. 585-592. Vgl. aber auch bereits *Moxter, Adolf*: [Bilanztheorie], a.a.O., S. 37-51.

[434]   Zu empirischen Untersuchungen der jüngeren Vergangenheit vgl. *Bassen, Alexander/Koch, Maximilian/Wichels, Daniel*: [Entlohnungssysteme], a.a.O.; *C&L Deutsche Revision* (Hrsg.): [Unternehmensführung], a.a.O.; *dies.*: [Untersuchung], a.a.O.; *KPMG* (Hrsg.):

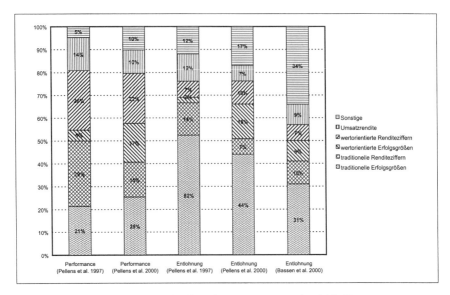

Abbildung 11: Kennzahlen für Leistungsmessung und variable Vergütung

Zu den Anwendern zählen auch große börsennotierte Gesellschaften.[435] Häufig werden diesen Renditegrößen Kapitalkosten gegenübergestellt, die für eine

---

[Konzepte], a.a.O.; *Pellens, Bernhard/Tomaszewski, Claude/Weber, Nicolas:* [Unternehmensführung], a.a.O.; *Pellens, Bernhard/Rockholtz, Carsten/Stienemann, Marc:* [Konzerncontrolling], a.a.O. Die Abbildung faßt die Ergebnisse Pellens et al. 2000 sowie Pellens et al. 1997 zusammen und stellt sie für die Entlohnung jenen vonBassen et al. 2000 gegenüber. In den Untersuchungen von Pellens et al. werden Unternehmen des DAX-100 untersucht, Bassen et al. befragten mit den 500 umsatzstärksten Unternehmen Deutschlands auch solche, die nicht an der Börse notiert bzw. keine Kapitalgesellschaften sind, wodurch der Block „Sonstige" dort vergleichsweise höher ist als in den anderen Untersuchungen.

[435] So verwendet *DaimlerChrysler* den RONA, vgl. *DaimlerChrysler AG* (Hrsg.): Geschäftsbericht 1998, Stuttgart 1998, S. 3; *dies.* (Hrsg.): Geschäftsbericht 1999, Stuttgart 1999, S. 64; *Donlon, James D./Weber, Axel:* Wertorientierte Unternehmensführung im Daimler-Chrysler-Konzern, in: Controlling, 11. Jg. (1999), S. 381-388, hier S. 382. *Mannesmann* steuert den Konzern mit einer als Brutto-Betriebsvermögensrendite bezeichneten Kennzahl, vgl. *Mannesmann AG* (Hrsg.): Geschäftsbericht 1998, Düsseldorf 1998, S. 63 f.; *dies.* (Hrsg.): Geschäftsbericht 1999, Düsseldorf 1999, S. 65; *Denoke, Georg/Rohn, Andreas:* Steuerungsgrößen der wertorientierten Unternehmensführung bei Mannesmann, in: *Bühner, Rolf/Sulzbach, Klaus* (Hrsg.): Wertorientierte Steuerungs- und Führungssysteme, Stuttgart 1999, S. 139-154, hier S. 141 f. *Volkswagen* zieht den ROS heran, vgl. *Melching, Hans-Georg:* Internationales Rechnungswesen und Ergebniskontrolle bei der VOLKSWAGEN AG, in: Controlling, 9. Jg. (1997), S. 246-252, hier S. 252.

Wertsteigerung übertroffen werden müssen.[436] Dabei wird meist vernachlässigt, daß jedes buchhalterisch ermittelte Kapital allenfalls eine Annäherung an den eigentlich relevanten Marktwert des Kapitals darstellen kann.[437] Anpassungen, wie die Aktivierung von Forschungs- und Entwicklungsausgaben oder anderer Investitionen in den Goodwill, sollen die Güte der Approximation steigern. Nachstehende Tabelle zeigt in der Praxis häufig vorgenommene Anpassungen der Ergebnis- und Kapitalgrößen:[438]

| Gegenstand der Anpassung | Häufigkeit | Wirkung |
|---|---|---|
| Sonderabschreibungen | 29 % | Normalisierung des Ergebnisses |
| Nicht betriebsnotwendiges Vermögen | 27 % | Bereinigung des Kapitals |
| Goodwill | 25 % | Annäherung Buch- an Marktwert |
| Restrukturierungen | 25 % | Normalisierung des Ergebnisses |
| Pensionsrückstellungen | 22 % | Bereinigung des Kapitals |
| Zinserträge | 20 % | Normalisierung des Ergebnisses |
| Beteiligungsergebnis | 14 % | Normalisierung des Ergebnisses |
| Leasing | 13 % | Behandlung als Fremdfinanzierung |
| Latente Steuern | 9 % | Rückführung auf Zahlungsebene |
| Immobilienverkehrswerte | 7 % | Annäherung Buch- an Marktwert |
| Zinsen auf erhaltene Anzahlungen | 7 % | Normalisierung des Ergebnisses |
| Forschung & Entwicklung | 5 % | Normalisierung des Ergebnisses |
| Körperschaftsteuergutschrift | 4 % | Ertragsbestandteil für Eigentümer |
| Außergewöhnliche Geschäftsvorfälle | 2 % | Normalisierung des Ergebnisses |
| Standardsteuern | 2 % | Normalisierung des Ergebnisses |

Tabelle 11: Anpassungen des Ergebnisses und des gebundenen Kapitals

Solche „Bereinigungsschritte" werden bevorzugt von Unternehmensberatungsgesellschaften im Rahmen ihrer Konzepte vermarktet. Bilanziell ermittelte Kennzahlen sind keine Wertsteigerunsmaße im Sinne dieser Arbeit, gehen aber teilweise in die nachfolgend diskutierten Maße ein.

---

[436] So auch bei *DaimlerChrysler AG* (Hrsg.): [Geschäftsbericht 1999], a.a.O., S. 63-65; *RWE AG* (Hrsg.): [Geschäftsbericht 1999/2000], a.a.O., S. 53 oder im *RAG*-Konzern, vgl. *Trützschler, Klaus*: Wertorientierte Unternehmensführung im RAG-Konzern, in: *Küting, Karlheinz/Weber, Claus-Peter* (Hrsg.): Wertorientierte Konzernführung: Kapitalmarktorientierte Rechnungslegung und integrierte Unternehmenssteuerung, Stuttgart 2000, S. 291-318, hier S. 303-315.

[437] Vgl. hierzu auch *Ballwieser, Wolfgang*: [Shareholder Value-Ansatz], a.a.O., S. 1388.

[438] Vgl. *KPMG* (Hrsg.): [Konzepte], a.a.O., S. 19.

## 4.2. Shareholder Value Added als Vermögenskonzept

### 4.2.1. Beschreibung des Shareholder Value Added

Wenn die Zielsetzung der Unternehmensleitung die Steigerung des Marktwerts des Unternehmens ist, liegt es nahe, den Unternehmenswert, genauer gesagt dessen Veränderung aufgrund der Entscheidungen des Agenten, direkt als „Wertsteigerungsmaß" heranzuziehen. „Was den Anteilseigner interessiert, ist die im Geschäftsjahr erreichte Veränderung des sog. Shareholder Value ...".[439] Durch ihre Investitions- und Finanzierungsentscheidungen sollen Manager zusätzlichen Wert schaffen: „...shareholder value creation that is, the amount of value created by the forecasted scenario."[440] Damit wäre die Unternehmenswertänderung die ideale Informations- und Steuerungsgröße. Sie berechnet sich aus dem Unterschied der Unternehmenswerte vor und nach der Entscheidung des Managements.[441] Dazu müssen die zu erwartenden Cash Flows für beide Szenarien – Durchführung und Unterlassung der Entscheidung – geschätzt und entsprechend diskontiert werden, was bereits in Kapitel 3.4.1 als nicht anwendbar kritisiert wurde.

Der Shareholder Value Added (SVA) ist jedoch ein Maß, das die Veränderung des Unternehmenswerts je Periode anzeigen und sich als Vermögenskonzept für Zwecke der Leistungsbeurteilung eignen soll.[442] RAPPAPORT schlägt den SVA als mögliche Bemessungsgrundlage für die variable Entlohnung von Managern vor.[443] Der Shareholder Value Added ist direkt aus dem Bewertungskalkül ableitbar, mit dem eine Investitionsalternative auf ihre Vorteilhaftigkeit hin untersucht wird. Der Nettokapitalwert der Investitionsalternative, um dessen Betrag der Unternehmenswert bei der Durchführung steigt, wird auf die Perioden diesseits des Planungshorizonts verteilt. Der SVA einer jeden Periode *t* ist auf den

---

[439] *Moxter, Adolf:* [Rechnungslegungsmythen], a.a.O., S. 2144.

[440] *Rappaport, Alfred:* [Shareholder Value, 1], a.a.O., S. 68.

[441] Vgl. *Rappaport, Alfred:* [Shareholder Value, 1], a.a.O., S. 68, der von der Differenz zwischen dem *Shareholder Value* (unter Berücksichtigung der gewählten Strategie) und dem *Prestrategy Shareholder Value* spricht.

[442] Vgl. *Pape, Ulrich:* [Grundlagen], a.a.O., S. 715.

[443] Vgl. *Rappaport, Alfred:* [Shareholder Value, 2], a.a.O., S. 119-121; *ders.:* [Executive Pay], a.a.O., S. 98-101. Die Beratungsgesellschaft Arthur Andersen bezeichnet eine konzeptionell völlig andere Größe als Shareholder Value Added, vgl. *Brunner, Jürgen:* Value-Based [Performance] Management, Wiesbaden 1999, S. 52-63. Dabei handelt es sich um einen residualen Cash Flow, der im wesentlichen wie der CVA der BCG definiert ist und in Kapitel 4.4 behandelt wird. Ähnlich auch die Definition eines SVA bei *Black, Andrew/Wright, Philip/Davies, John:* In Search of [Shareholder Value], 2. Aufl., London u.a. 2001, S. 73-77. Mißverständlich auch die Gleichsetzung von CVA, EVA und SVA bei *Knight, James A.:* [Management], a.a.O., S. 194.

Zeitpunkt $t = 0$ bezogen, so daß die Summe der SVA gleich dem Unternehmenswertzuwachs durch die gewählte Strategie ist. Er ist mit anderen Worten der Zeitwert der Ertragswertänderung einer Periode $t$ im Entscheidungszeitpunkt.

Der SVA einer Periode $t$, bewertet im Zeitpunkt $t = 0$, bestimmt sich aus der Differenz zwischen den Unternehmenswerten der Periode $t$ und der Vorperiode $t - 1$. Bei der Bestimmung dieser Unternehmenswerte wird unterstellt, daß der NOPAT der jeweils letzten Periode ($t$ bzw. $t - 1$) danach als ewige Rente anfällt.[444] Dies impliziert, daß nach den betrachteten Perioden Überrenditen ausgeschlossen sind und das Unternehmen sich in einem eingeschwungenen Zustand befindet; Erweiterungsinvestitionen werden hier nicht mehr getätigt, fällige Ersatzinvestitionen haben durch die Abschreibungen den NOPAT bereits gemindert:[445]

$$SVA_{t(\text{nach Rappaport})} = \sum_{\tau=1}^{t} \frac{FCF_\tau}{(1+k)^\tau} + \frac{NOPAT_t}{k \cdot (1+k)^t} - \left[ \sum_{\tau=1}^{t-1} \frac{FCF_\tau}{(1+k)^\tau} + \frac{NOPAT_{t-1}}{k \cdot (1+k)^{t-1}} \right].(4.1)$$

Wird die Gleichung umgeformt, läßt sich der SVA einer Periode $t$ im Zeitpunkt $t = 0$ auch direkt über die Veränderung des NOPAT berechnen:[446]

$$SVA_{t(\text{nach Rappaport})} = \frac{NOPAT_t - NOPAT_{t-1}}{k \cdot (1+k)^{t-1}} - \frac{I_t}{(1+k) \cdot (1+k)^{t-1}}. \quad (4.2)$$

Gleichung (4.2) sagt aus, daß die Erweiterungsinvestition einer Periode $t$ zu einer ewigen Rente in Höhe der Veränderung des NOPAT von der Periode $t - 1$ auf die Periode $t$ führt. Sowohl der Gegenwert der Rente als auch die Zusatzinvestition sind um $t - 1$ Perioden auf den Zeitpunkt $t = 0$ abzuzinsen, damit sich der SVA einer Periode $t$ wie mit Gleichung (4.1) aus Sicht des Zeitpunkts $t = 0$ ergibt. Zu beachten ist, daß bei einem so definierten SVA der gesteigerte Umsatz gedanklich zeitgleich mit dem Tätigen der dafür notwendigen Investition realisiert wird, was nicht zutreffen kann.[447] Dieses Problem löst RAPPAPORT mit einem „Trick": Die Zusatzinvestitionen in seiner Rechnung werden implizit

---

[444] Vgl. *Rappaport, Alfred*: [Shareholder Value, 2], a.a.O., S. 49-51, der jedoch keine Formel vorgibt.

[445] Vgl. auch *Drukarczyk, Jochen*: Wertorientierte [Unternehmenssteuerung], in: ZBB, 9. Jg. (1997), S. 217-226, hier S. 220.

[446] Vgl. *Rappaport, Alfred*: [Shareholder Value, 2], a.a.O., S. 49-51.

[447] Dieses Periodisierungsproblem scheint *Ferstl* zu übersehen, wenn er die Behauptung aufstellt, *Rappaport* würde einen Fehler begehen. Vgl. *Ferstl, Jürgen*: [Managervergütung], a.a.O., S. 172-180, insb. Fn. 842 und 843 auf S. 173 und 174.

immer um eine Periode mehr abgezinst,[448] was in Gleichung (4.2) explizit durch den Nenner $(1+k)\cdot(1+k)^t$ dargestellt ist.

Zur Veranschaulichung bedient sich RAPPAPORT des nachfolgend wiedergegebenen Beispiels.[449] Die Prognose der zukünftigen Zahlungsgrößen erfolgt ausgehend vom Umsatzerlös der Vorperiode mittels der Schätzung von sogenannten Werttreibern. Der zur Diskontierung herangezogene Free Cash Flow ist als operativer Zahlungsüberschuß vor Finanzierung und nach Investition zu verstehen.[450]

$$
\begin{aligned}
FCF_t &= NOPAT_t - I_t \\
&= UE_{t-1}\cdot\left(1+w_{UE}\right)\cdot g\cdot\left(1-s_{CF}\right) - UE_{t-1}\cdot w_{UE}\cdot\left(w_{AV}+w_{UV}\right).
\end{aligned}
\tag{4.3}
$$

Bei den Werttreibern handelt es sich um:[451]

- Wachstumsrate der Umsatzerlöse $w_{UE}$,
- Betriebliche Gewinnmarge $g$,
- Rate der Zusatzinvestitionen ins Anlage- und Umlaufvermögen $w_{AV}$, $w_{UV}$,
- Gewinnsteuersatz auf den Cash Flow $s_{CF}$.

Das Beispiel berechnet den SVA für die Jahre 2002 bis 2006. Die Umsatzerlöse im Jahr 2001 betragen 100 Mio. €, die Kapitalkosten $k$ liegen bei 10 % und die Werttreiber bleiben konstant bei:

$$
\begin{array}{ll}
w_{AV}+w_{UV}=42{,}90\,\% & \qquad g \quad = 8{,}00\,\% \\
w_{UE} \quad\;\; =10{,}50\,\% & \qquad s_{CF} \quad =35{,}00\,\%
\end{array}
$$

Der mit der gewählten Strategie erzielbare Unternehmensgesamtwert errechnet sich zu 58,88 Mio. €. Ausgehend von der Situation im Jahr 2001 bedeutet dies eine Wertsteigerung in Höhe von 6,88 Mio. €.[452] Die Summe der Perioden-SVA ergibt exakt diese Wertsteigerung in Höhe von 6,88 Mio. €:

---

448   Damit wird am 1.1.200X investiert und am 31.12.200X der erhöhte Umsatz erzielt.
449   Entnommen aus *Rappaport, Alfred*: [Shareholder Value, 2], a.a.O., S. 48. Zur Vereinfachung wird hier der Wert der Wertpapiere des Umlaufvermögens nicht dazugerechnet und der Marktwert des Fremdkapitals nicht abgezogen. *Rappaport* unterstellt dafür jeweils konstante Größen.
450   Siehe auch Kapitel 3.1.2.
451   Vgl. *Rappaport, Alfred*: [Shareholder Value, 2], a.a.O., S. 48 und 56 sowie *Schierenbeck, Henner/Lister, Michael*: [Value], a.a.O., S. 89.
452   Der Unternehmenswert ergibt sich aus der Summe der diskontierten Cash Flows (5,69 Mio. €) und dem Barwert des Terminal Value (53,19 Mio. €). Der *Prestrategy Sharehol-*

| | 2001 | 2002 | 2003 | 2004 | 2005 | 2006 | ab 2007 |
|---|---|---|---|---|---|---|---|
| Umsatzerlöse | 100,00 | 110,50 | 122,10 | 134,92 | 149,09 | 164,74 | 164,74 |
| verbleibender Überschuß | 8,00 | 8,84 | 9,77 | 10,79 | 11,93 | 13,18 | 13,18 |
| Steuern | 2,80 | 3,09 | 3,42 | 3,78 | 4,17 | 4,61 | 4,61 |
| NOPAT | 5,20 | 5,75 | 6,35 | 7,02 | 7,75 | 8,57 | 8,57 |
| Zusatzinvestition | | 4,50 | 4,98 | 5,50 | 6,08 | 6,72 | 0,00 |
| FCF | | 1,24 | 1,37 | 1,52 | 1,67 | 1,85 | 8,57 |
| **Barwert (per 2001) FCF** | **58,88** | **1,13** | **1,13** | **1,14** | **1,14** | **1,15** | **53,19** |
| Zeitwert Terminal Value in *t* | 52,00 | 57,46 | 63,49 | 70,16 | 77,53 | 85,67 | 85,67 |
| Barwert (per 2001) Terminal Value | 52,00 | 52,24 | 52,47 | 52,71 | 52,95 | 53,19 | 53,19 |
| Unternehmenswert (per 2001) | | 53,37 | 54,74 | 56,11 | 57,50 | 58,88 | 58,88 |
| **SVA (per 2001) nach Gleichung (4.1)** | **6,88** | **1,37** | **1,37** | **1,38** | **1,38** | **1,39** | **0,00** |
| Δ NOPAT von *t* – 1 auf *t* | | 0,55 | 0,60 | 0,67 | 0,74 | 0,81 | 0,00 |
| Zeitwert (per *t* – 1) Rente Δ NOPAT | | 5,46 | 6,03 | 6,67 | 7,37 | 8,14 | 0,00 |
| Barwert (per 2001) Rente Δ NOPAT | | 5,46 | 5,48 | 5,51 | 5,53 | 5,56 | 0,00 |
| Barwert (per 2001) Investition | | 4,10 | 4,11 | 4,13 | 4,15 | 4,17 | 0,00 |
| **SVA (per 2001) nach Gleichung (4.2)** | **6,88** | **1,37** | **1,37** | **1,38** | **1,38** | **1,39** | **0,00** |

Tabelle 12: Beispiel zum SVA

Die Lösung des „Periodisierungsproblems" der Investitionen soll hier nochmals genauer erläutert werden. Von der zur ewigen Rente kapitalisierten Veränderung des NOPAT wird die einmalig abgezinste Zusatzinvestition der Periode abgezogen, was zu einem „Nettokapitalwert" dieser Zusatzinvestition führt. Werden diese Nettokapitalwerte nochmals um *t* – 1 Perioden abgezinst, ergibt sich der Gegenwartswert des SVA, wodurch dessen Charakter als periodisierter Nettokapitalwert im Betrachtungszeitpunkt besonders deutlich wird. Die gesamte Wertsteigerung des Investitionsprojekts ergibt sich auch aus dem Barwert aller verrenteten NOPAT abzüglich dem Barwert aller getätigten Investitionen:

*der Value* in Höhe von 52,00 Mio. € in 2001 resultiert aus den 5,20 Mio. €, die annahmegemäß ab 2002 als ewige Rente fließen, wenn die geplante Strategie nicht gewählt wird.

| | 2001 | 2002 | 2003 | 2004 | 2005 | 2006 | ab 2007 |
|---|---|---|---|---|---|---|---|
| Δ NOPAT von *t* – 1 auf *t* | | 0,55 | 0,60 | 0,67 | 0,74 | 0,81 | 0,00 |
| kapitalisiert zur ewigen Rente | | 5,46 | 6,03 | 6,67 | 7,37 | 8,14 | 0,00 |
| Zusatzinvestition | | 4,50 | 4,98 | 5,50 | 6,08 | 6,72 | 0,00 |
| Zusatzinvestition (einmal abgezinst) | | 4,10 | 4,52 | 5,00 | 5,53 | 6,10 | 0,00 |
| Nettokapitalwert (Rente – abgez. Inv.) | | 1,37 | 1,51 | 1,67 | 1,84 | 2,03 | 0,00 |
| **Nettokapitalwert um *t* – 1 abgezinst** | **6,88** | **1,37** | **1,37** | **1,38** | **1,38** | **1,39** | **0,00** |
| Δ NOPAT von *t* – 1 auf *t* | | 0,55 | 0,60 | 0,67 | 0,74 | 0,81 | 0,00 |
| kapitalisiert zur ewigen Rente | | 5,46 | 6,03 | 6,67 | 7,37 | 8,14 | 0,00 |
| Barwert (per 2001) Rente Δ NOPAT | 27,55 | 5,46 | 5,48 | 5,51 | 5,53 | 5,56 | 0,00 |
| Barwert (per 2001) Zusatzinvestition | 20,67 | | | | | | |
| **Wertsteigerung**[453] | **6,88** | | | | | | |

Tabelle 13: Analyse des SVA aus Tabelle 12

Aus dem Free Cash Flow *FCF* einer Periode *t* und der Veränderung des Terminal Value *TV* von der Periode *t* – 1 auf *t* kann ein als DCF-Rendite $r_{DCF}$ zu bezeichnendes Verzinsungsmaß berechnet werden. Die Änderung des *TV* entspricht wiederum der verrenteten Änderung des NOPAT von *t* – 1 auf *t*:[454]

$$r_{DCF,t} = \frac{FCF_t + (TV_t - TV_{t-1})}{TV_{t-1}} = \frac{FCF_t + \left(\dfrac{NOPAT_t - NOPAT_{t-1}}{k}\right)}{\dfrac{NOPAT_{t-1}}{k}}. \quad (4.4)$$

Im Beispiel ergibt sich in den Planungsperioden für $r_{DCF}$ ein konstanter Wert in Höhe von 12,89 %, danach entspricht die DCF-Rendite mit 10 % den Kapitalkosten *k*; es wird kein Wert mehr geschaffen. Zu beachten ist, daß hier von den Unternehmenswerten kein Fremdkapital abgezogen wird. Soll die DCF-Rendite bei verschuldetem Unternehmen aus Sicht der Anteilseigner bestimmt werden,

---

[453]    Mit dieser Überleitung versucht *Lorson* die Identität von SVA- und EVA-Ansatz zu zeigen, vgl. *Lorson, Peter*: [Shareholder] Value-Ansätze, in: DB, 52. Jg. (1999), S. 1329-1339, hier S. 1336. Bei der von ihm gewählten Vorgehensweise handelt es sich aber lediglich um eine Umformung der Gleichung (4.2), auf die auch *Rappaport* zurückgreift und die keinerlei Zusammenhang zum Residualgewinn aufweist, vgl. *Rappaport, Alfred*: [Shareholder Value, 2], a.a.O., S. 50. Siehe hierzu Kapitel 4.3.2.5.

[454]    Vgl. *Rappaport, Alfred*: [Shareholder Value, 1], a.a.O., S. 32; *ders.*: [Shareholder Value, 2], a.a.O., S. 22; *Dirrigl, Hans*: [Konvergenz], a.a.O., S. 566 f. *Drukarczyk, Jochen*: [Unternehmenssteuerung], a.a.O., S. 220. Daß die Änderung der Terminal Values *TV* der verrenteten Veränderung des NOPAT entspricht, liegt wiederum an der Definition des SVA bzw. der Unternehmenswerte von *t* und *t* – 1 in Gleichung (4.1): In einer Periode *t* wird der Cash Flow $CF_t$ aus dem $NOPAT_t$ abzüglich der Zusatzinvestition $I_t$ berechnet und davon ausgegangen, daß ab *t* + 1 dieser $NOPAT_t$ als ewige Rente fließt und keine weiteren Zusatzinvestitionen mehr erfolgen. Damit entspricht die Veränderung der Terminal Values *TV* von *t* auf *t* + 1 der verrenteten Änderung des NOPAT von *t* auf *t* + 1.

ist der Marktwert des Fremdkapitals von den $TV_t$ bzw. $TV_{t-1}$ in der Gleichung (4.4) jeweils abzuziehen. Wird, wie bei RAPPAPORT, ein konstanter Marktwert des Fremdkapitals unterstellt, sinkt die DCF-Rendite im Zeitablauf, da die Bezugsgröße steigt.[455]

| | 2001 | 2002 | 2003 | 2004 | 2005 | 2006 | ab 2007 |
|---|---|---|---|---|---|---|---|
| FCF | | 1,24 | 1,37 | 1,52 | 1,67 | 1,85 | 8,57 |
| Zeitwert Terminal Value in $t$ | 52,00 | 57,46 | 63,49 | 70,16 | 77,53 | 85,67 | 85,67 |
| Δ Zeitwert Terminal Value $t-1$ auf $t$ | | 5,46 | 6,03 | 6,67 | 7,37 | 8,14 | 0,00 |
| DCF-Rendite $r_{DCF}$ | | 12,89% | 12,89% | 12,89% | 12,89% | 12,89% | 10,00% |

Tabelle 14: DCF-Rendite ohne Berücksichtigung von Fremdkapital

Die DCF-Rendite wird in Teilen der Literatur auch als Total Shareholder Return (TSR) oder als Value Return on Investment (VROI) bezeichnet.[456] Sie kommt einem auf den Unternehmenswert der Vorperiode bezogenen ökonomischen Gewinn gleich.[457]

Die Wertsteigerung in Höhe von 6,88 Mio. € läßt sich auch mittels der Diskontierung von Residualgewinnen berechnen.[458] Von Interesse ist dabei weniger die Identität der Ergebnisse, die sich aufgrund des Lücke-Theorems ergibt, sondern der Vergleich der Perioden-SVA mit den Residualgewinnen je Periode.

Zur Berechnung der Residualgewinne ist ein Buchwert des investierten Kapitals in $t = 0$ zu greifen, damit über den Kapitaldienst die Identität der zahlungsstrombasierten SVA-Rechnung und dem Wert aus der Diskontierung der Residualgewinne hergestellt werden kann. Dieser Wert hat jedoch keine Auswirkung auf das weitere Ergebnis. Entscheidend ist, daß der NOPAT, von dem alle Berechnungen ausgehen, bereits um die Abschreibungen (= Ersatzinvestitionen) gemindert wurde. Insofern sind die Nutzungsdauern der vorhandenen und noch anzuschaffenden Vermögensgegenstände ebenso unerheblich wie das Abschreibungsverfahren. Nachstehende Tabelle setzt das Beispiel fort (der Buchwert des investierten Kapitals in $t = 0$ ist hier mit 10 Mio. € angenommen):

---

[455] Vgl. *Drukarczyk, Jochen*: [Unternehmenssteuerung], a.a.O., S. 220 und Fn. 449.

[456] Vgl. *Ewert, Ralf/Wagenhofer, Alfred*: Rechnungslegung und [Kennzahlen] für das wertorientierte Management, in: *Wagenhofer, Alfred/Hrebicek, Gerhard* (Hrsg.): Wertorientiertes Management, Stuttgart 2000, S. 3-64, hier S. 32. Hinter dem VROI verbirgt sich teilweise aber auch lediglich eine Kapitalwertrate. Vgl. *Günther, Thomas*: [Controlling], a.a.O., S. 242; *Mengele, Andreas*: Shareholder-Return und Shareholder-Risk als unternehmensinterne [Steuerungsgrößen], Stuttgart 1999, S. 131.

[457] Vgl. *Dirrigl, Hans*: [Konvergenz], a.a.O., S. 567; *Ewert, Ralf/Wagenhofer, Alfred*: [Kennzahlen], a.a.O., S. 32 f.; *Mengele, Andreas*: [Steuerungsgrößen], a.a.O., S. 133 f.

[458] Vgl. *Rappaport, Alfred*: [Shareholder Value, 2], a.a.O., S. 121-128 und *Lorson, Peter*: [Shareholder], a.a.O., S. 1336.

| | 2001 | 2002 | 2003 | 2004 | 2005 | 2006 | ab 2007 |
|---|---|---|---|---|---|---|---|
| NOPAT | 5,20 | 5,75 | 6,35 | 7,02 | 7,75 | 8,57 | 8,57 |
| Zusatzinvestition | 0,00 | 4,50 | 4,98 | 5,50 | 6,08 | 6,72 | 0,00 |
| Kapital | **10,00** | 14,50 | 19,48 | 24,98 | 31,06 | 37,78 | 37,78 |
| kalk. Zinsen | *1,00* | 1,00 | 1,45 | 1,95 | 2,50 | 3,11 | 3,78 |
| Residualgewinn (NOPAT – kalk. Zinsen) | *4,20* | 4,75 | 4,90 | 5,07 | 5,25 | 5,46 | 4,79 |
| **Barwert (per 2001) Residualgewinn** | **48,88** | **4,31** | **4,05** | **3,81** | **3,59** | **3,39** | **29,73** |
| **Unternehmenswert** | **58,88** | | | | | | |
| SVA (per 2001) zum Vergleich | | 1,37 | 1,37 | 1,38 | 1,38 | 1,39 | 0,00 |

Tabelle 15: SVA und Residualgewinn I

Erwartungsgemäß zeigt sich, daß der Barwert der zukünftigen Residualgewinne zuzüglich dem Buchwert des investierten Kapitals in $t = 0$ den Unternehmenswert ergibt. Bei Ansatz eines anderen Ausgangskapitals bleibt der Unternehmenswert in 2001 und die Übereinstimmung der Ergebnisse beider Rechenwege unberührt, es ändern sich aber die Residualgewinne jeder Periode.[459]

SVA und Residualgewinn verteilen die (identische) Wertsteigerung über die Perioden unterschiedlich. Der Grund hierfür ist, daß beim SVA der als *Prestrategy Shareholder Value* bezeichnete Unternehmenswert ohne das Investitionsprojekt (im Beispiel 52 Mio. €) als Ausgangspunkt dient, wogegen in der Rechnung mit Residualgewinnen die Wertsteigerung durch den Vergleich mit dem Anfangsbuchwert des Kapitals entsteht.[460] Die bei der Residualgewinnrechnung ausgewiesene Wertsteigerung ist damit abhängig von der Definition des Anfangsbuchwerts. Niedrige Buchwerte bewirken eine höhere Wertsteigerung und umgekehrt.

Auch wenn im Bewertungszeitpunkt der Wert des investierten Kapitals dem Marktwert vor Investitionsprojekt (hier 52 Mio. €) entspricht, ordnet die Residualgewinnrechnung den Perioden jenseits des Planungshorizonts positive Residualgewinne zu (hier 0,59 Mio. € pro Periode ab 2007), obwohl dort annahmegemäß kein weiteres Wachstum und damit auch keine Wertsteigerung erfolgt:[461]

---

[459]   Siehe auch Tabelle 16.
[460]   Vgl. *Rappaport, Alfred*: [Shareholder Value, 2], a.a.O., S. 123.
[461]   Residualgewinne in Höhe von Null ab dem Jahr 2007 ergeben sich im Beispiel erst, wenn der Anfangskapitalbestand über dem Marktwert in 2001 liegt: Die Residualgewinne ab 2007 sind Null, wenn der Buchwert des Vermögens in 2006 dem Marktwert (hier 85,67 Mio. €, vgl. Tabelle 12) entspricht. Zieht man davon die gesamten Zusatzinvestitionen ab (in der Summe 27,78 Mio. €), so ergibt sich ein Anfangskapital von 57,89 Mio. €, das über dem Prestrategy Shareholder Value liegt.

| | 2001 | 2002 | 2003 | 2004 | 2005 | 2006 | ab 2007 |
|---|---|---|---|---|---|---|---|
| NOPAT | 5,20 | 5,75 | 6,35 | 7,02 | 7,75 | 8,57 | 8,57 |
| Zusatzinvestition | 0,00 | 4,50 | 4,98 | 5,50 | 6,08 | 6,72 | 0,00 |
| Kapital | 52,00 | 56,50 | 61,48 | 66,98 | 73,06 | 79,78 | 79,78 |
| kalk. Zinsen | 5,20 | 5,20 | 5,65 | 6,15 | 6,70 | 7,31 | 7,98 |
| Residualgewinn (NOPAT − kalk. Zinsen) | 0,00 | 0,55 | 0,70 | 0,87 | 1,05 | 1,26 | 0,59 |
| **Barwert (per 2001) Residualgewinn** | **6,88** | **0,50** | **0,58** | **0,65** | **0,72** | **0,78** | **3,65** |
| **Unternehmenswert** | **58,88** | | | | | | |
| SVA (per 2001) zum Vergleich | | 1,37 | 1,37 | 1,38 | 1,38 | 1,39 | 0,00 |

Tabelle 16: SVA und Residualgewinn II

Aussagekräftiger als der absolute Betrag des Residualgewinns einer Periode ist dessen Änderung von einer Periode zur nächsten. Das Ausmaß der Änderung ist unabhängig vom Anfangskapital und bestimmt sich alleine aus der Veränderung des NOPAT und den Kapitalkosten der Zusatzinvestitionen, mithin aus denselben Daten, aus denen auch der SVA hervorgeht. Voraussetzung für die Identität ist, daß sich die Zusatzinvestitionen vollständig in der Veränderung des investierten Kapitals *B*, das der Residualgewinnberechnung zugrundeliegt, niederschlagen.[462]

RAPPAPORT verbindet die Veränderung des Residualgewinns mit seinem SVA. Die verrentete Residualgewinnänderung soll dem Gegenwartswert des SVA entsprechen.[463] Dies gelingt jedoch nicht, da in die Berechnung des SVA einer Periode *t* nach Gleichung (4.2) die (um eine Periode abgezinste) Investition der Periode *t* eingeht, die Veränderung des Residualgewinns dagegen definitionsgemäß durch die Investitionen der Periode *t* − 1 erklärt wird. Da RAPPAPORT seine Überleitung anhand eines zweiten Beispiels, das konstante Investitionen unterstellt, erläutert, fällt diese Diskrepanz nicht auf.[464] Die an sich wünschenswerte Überführung der Veränderung des Residualgewinns in den SVA gelingt aufgrund der Periodisierung der Auszahlung für die Zusatzinvestition nicht.

Das Periodisierungsproblem wird durch das angewandte Werttreibermodell verursacht: RAPPAPORT plant sämtliche Größen ausgehend von den Umsatzerlösen. Die Zusatzinvestitionen, die zur Erzielung der gesteigerten Umsätze notwendig

[462] Vgl. *Rappaport, Alfred*: [Shareholder Value, 2], a.a.O., S. 127; *Ewert, Ralf/Wagenhofer, Alfred*: [Kennzahlen], a.a.O., S. 23.

[463] Vgl. *Rappaport, Alfred*: [Shareholder Value, 2], a.a.O., S. 127.

[464] Vgl. *Rappaport, Alfred*: [Shareholder Value, 2], a.a.O., S. 119-128. In den Formeln auf S. 127 fehlen die Periodenindizes und in dem auf S. 120, 122 und 125 wiedergegebenen Beispiel sind konstante Investitionen unterstellt, so daß der Anschein erweckt wird, der Gegenwartswert der SVA entspricht der zur Rente kapitalisierten Änderung des Residualgewinns.

sind, fallen hierdurch zeitgleich mit der Umsatzsteigerung an. Sachgerecht wäre, im Werttreibermodell die Zusatzinvestitionen der Periode $t$ nicht wie in Gleichung (4.3) an die Umsatzerlöse der Periode $t$, sondern an die der Periode $t + 1$ zu koppeln oder die Zahlungen unmittelbar mit Finanzplänen, Planbilanzen und Plan-GuV zu ermitteln.

EWERT/WAGENHOFER definieren den SVA als:[465]

$$SVA_{t(\text{nach Ewert/Wagenhofer})} = \frac{NOPAT_{t+1} - NOPAT_t}{k} - \left(B_t - B_{t-1}\right). \tag{4.5}$$

Wenn wieder davon ausgegangen wird, daß der NOPAT, der ab Periode $t + 1$ als ewige Rente fließen wird, betragsmäßig dem NOPAT der Periode $t$ entspricht, unterscheiden sich die Gleichungen (4.2) und (4.5) in den folgenden zwei Punkten:

(1) Der SVA ist in (4.5) als Zeitwert im Zeitpunkt $t$ und nicht wie in (4.2) im Zeitpunkt $t = 0$ dargestellt.[466]

(2) Während in (4.2) die einmal abgezinste Zusatzinvestition einer Periode $t$ die Zunahme des NOPAT begründet, wird in (4.5) die Veränderung des investierten Kapitals $B$ vom Zeitpunkt $t - 1$ auf den Zeitpunkt $t$, also die Investition der Periode $t - 1$, herangezogen.[467]

Mit Gleichung (4.5) ergibt sich die Änderung des Residualgewinns als das $k$-fache des Zeitwerts des SVA nach EWERT/WAGENHOFER:[468]

$$\begin{aligned} k \cdot SVA_{t(\text{nach Ewert/Wagenhofer})} &= NOPAT_{t+1} - NOPAT_t - k \cdot \left(B_t - B_{t-1}\right) \\ &= NOPAT_{t+1} - k \cdot B_t - NOPAT_t - k \cdot B_{t-1} \\ &= G_{Re,t+1} - G_{Re,t}. \end{aligned} \tag{4.6}$$

Bei gegebenen Kapitalkosten wird der Shareholder Value Added bestimmt von der Veränderung des NOPAT und den dafür notwendigen Investitionen.

---

[465] Vgl. *Ewert, Ralf/Wagenhofer, Alfred*: [Kennzahlen], a.a.O., S. 23.

[466] Dadurch entfällt der Faktor $(1+k)^{t-1}$ im Nenner; eine Betrachtung aus Sicht des Zeitpunkts $t = 0$ ist genauso möglich, die Summe der SVA entspricht dann wieder der gesamten Wertsteigerung.

[467] Da die Investition einer Periode $t - 1$ allenfalls zufällig identisch ist mit der einmal abgezinsten Investition einer Periode $t$, sind die beiden Rechenwege für den SVA nicht vergleichbar. Im vorangegangenen Beispiel würden sich abweichende SVA ergeben, weil diese Identität nicht gegeben ist.

[468] Vgl. *Ewert, Ralf/Wagenhofer, Alfred*: [Kennzahlen], a.a.O., S. 23.

RAPPAPORT plant die Größen gemäß dem von ihm bevorzugten Werttreiberansatz, der SVA läßt sich aber unabhängig davon für jedes Bewertungskalkül bestimmen.[469] Die Verwendung des Werttreiberansatzes führt zu einer unüblichen und nicht unmittelbar sichtbaren zeitlichen Zuordnung der mit der Investitionsstrategie verbundenen zusätzlichen Investition. Werden die Zahlungsströme und die notwendigen Investitionen explizit in einem Finanzplan erfaßt, gelingt auch die Überführung des SVA in die Veränderung der Residualgewinne problemlos.[470] In der Veränderung des NOPAT und den dafür notwendigen Investitionen schlagen sich die Entscheidungen des Managements unmittelbar nieder;[471] der SVA eignet sich daher auf den ersten Blick für Steuerungs- und Informationszwecke.

### 4.2.2. Eignung des Shareholder Value Added für die Steuerung

Obwohl das Konzept des SVA bereits in der ersten Auflage von RAPPAPORT 1986 behandelt wird, wurde es bisher wenig diskutiert.[472] Der gesamte SVA als Differenz zwischen dem Unternehmenswert bei Umsetzung eines geplanten Investitionsprojekts und dem als *Prestrategy Shareholder Value* bezeichneten Unternehmenswert vor Ergreifung der Investitionsalternative kann durch bloße Subtraktion zweier Unternehmenswerte ermittelt werden. Der SVA pro Periode verteilt diese gesamte Wertsteigerung auf die Perioden des Planungshorizonts und stellt damit einen für die Leistungsmessung geeigneten Erfolgsmaßstab dar,[473] da der Wertzuwachs durch die Handlung des Managers nicht im Zeitpunkt der Planung erfolgt, sondern sich über die Laufzeit der Investition verteilt. Die Überprüfung der Barwertidentität erübrigt sich beim SVA, Bemessungsgrundlage und Unternehmenswertsteigerung sind identisch. RAPPAPORT schlägt den SVA als Grundlage einer wertorientierten Entlohnung vor.[474] Dabei soll der

---

[469]   Die stellenweise in der Literatur konstatierten Unterschiede der DCF-Modelle „nach Rappaport" und „nach McKinsey" betreffen lediglich die Art und Weise der Prognose der zukünftigen Cash Flows, nicht jedoch die Bewertungsverfahren. Vgl. z.D. die Trennung bei *Lorson, Peter*: [Shareholder], a.a.O., S. 1332; *Pape, Ulrich*: [Grundlagen], a.a.O., S. 714 f.

[470]   Bemerkenswert ist in diesem Zusammenhang, daß auch *Rappaport* selbst bei der Überleitung des SVA in die Änderung des Residualgewinns das Werttreibermodell verläßt.

[471]   Vgl. *Ewert, Ralf/Wagenhofer, Alfred*: [Kennzahlen], a.a.O., S. 23.

[472]   Besprechungen finden sich bei *Drukarczyk, Jochen*: [Unternehmenssteuerung], a.a.O., S. 218-221; *Günther, Thomas*: [Controlling], a.a.O., S. 244-250; *Pape, Ulrich*: [Grundlagen], a.a.O., S. 715; *Ferstl, Jürgen*: [Managervergütung], a.a.O., S. 172-180 und jüngst bei *Crasselt, Nils*: Rappaports Shareholder Value Added, in: FB, 3. Jg. (2001), S. 165-171.

[473]   Vgl. *Pape, Ulrich*: [Grundlagen], a.a.O., S. 715.

[474]   Vgl. *Rappaport, Alfred*: [Shareholder Value], a.a.O., S. 119-121.

Manager eine Prämie in Abhängigkeit der Erfüllung der prognostizierten SVA erhalten. Bei Einhaltung der Planzahlen stehen ihm 100 % der Prämie zu, bei Unter-/Übererfüllung entsprechend weniger/mehr. Solche Entlohnungspläne sollen rollierend vereinbart werden, da damit der Anreiz, überhöhte Cash Flows zu prognostizieren, gemindert wird: Zwar wird durch eine Übertreibung des letzten Cash Flow des Vergütungsplans der Terminal Value und damit der SVA der gesteigert, aber dieser überhöhte Wert stellt gleichzeitig die Hürde für den SVA der ersten Periode des nächsten Vergütungsplans dar.[475] „The introduction of a new value performance plan discourages executives from introducing non-strategic, short-term decisions near the end of the plan to inflate post strategic value".[476]

Die folgende Tabelle zeigt die Auswirkungen unterschiedlicher $w_{UE}$-g-Kombinationen mit deren Auswirkungen auf SVA und Prämie:

**Shareholder Value Added**

| $\frac{w_{UE}}{g}$ | 10,00 % | 10,50 % | 11,00 % |
|---|---|---|---|
| 7,95 % | 0,76 | 1,02 | 1,28 |
| 8,00 % | 1,12 | **1,39** | 1,65 |
| 8,05 % | 1,49 | 1,75 | 2,02 |

**relative Prämie**

| $\frac{w_{UE}}{g}$ | 10,00 % | 10,50 % | 11,00 % |
|---|---|---|---|
| 7,95 % | 55 % | 74 % | 93 % |
| 8,00 % | 81 % | **100 %** | 119 % |
| 8,05 % | 107 % | 126 % | 146 % |

Tabelle 17: Vergütung bei Abweichungen des SVA im Jahr 2006

Auf Basis einer prognostizierten Umsatzwachstumsrate $w_{UE}$ von 10,5 % und einer Gewinnmarge $g$ von 8 % würde sich für das Jahr 2006 ein SVA von 1,39 Mio. € ergeben.[477] Weichen die realisierten Größen von den Plandaten ab, ändert sich der SVA und dementsprechend die dem Manager gewährte Prämie. Kann der Manager z.B. aufgrund von verstärktem Kostendruck die geplante Gewinnmarge nicht erreichen, sinkt der SVA bei gleichbleibender Wachstumsrate auf 1,02 Mio. €, die Prämie wird um 26 % gekürzt.

Die Maßnahmen des Managers haben unmittelbare Auswirkungen auf die Werttreiber, die seine Bemessungsgrundlage beeinflussen. Die Forderung nach

---

[475] Vgl. auch *Ferstl, Jürgen*: [Managervergütung], a.a.O., S. 175.
[476] *Rappaport, Alfred*: [Incentives], a.a.O., S. 58.
[477] Siehe Tabelle 12.

Entscheidungsverbundenheit ist erfüllt, im Zeitpunkt der Entscheidung zeigen sich deren Auswirkungen im SVA. Mittels Abweichungsanalysen können die Folgen von Zielverfehlungen auf die Prämie erkannt werden, was dem beurteilten Manager Möglichkeiten der Beeinflussung der Wertsteigerung aufzeigt und kritische Werte der Werttreiber offenlegt.[478] Durch die Berechnung der Prämien auf der Basis der realisierten SVA-Werte gehen auch die Erwartungen des Managements nicht direkt in die Bemessungsgrundlage ein.

Von Manipulationsresistenz kann dennoch nicht gesprochen werden, weil zwar durch die rollierende Vergütungsplanung gegen ein Übertreiben der geplanten Werte vorgesorgt wird, der Manager aber einen Anreiz hat, die tatsächliche Wertentwicklung des Investitionsprogramms schlechter darzustellen, um dann höhere Prämien zu erzielen.[479] Der berichtete SVA muß so gering sein, daß die Durchführung des Projekts gerade noch vorteilhaft erscheint. Jeder € an Steigerung des erzielten Cash Flow gegenüber der berichteten Planung erhöht den Ist-SVA gegenüber dem berichteten Plan-SVA um $1/k$ €.[480] Außerdem greift der Mechanismus gegen die Übertreibung nicht, wenn der Manager das Unternehmen vor Beginn des folgenden Vergütungsplans verläßt.

Weitere Vorbehalte gegen den SVA richten sich gegen die Berechnungssystematik.[481] Zum einen wirken sich einmalige Abweichungen in den Plandaten möglicherweise stark überzeichnend auf den SVA aus. Zum anderen reagiert der SVA durch die Anbindung an Zahlungsströme unter Umständen erst wesentlich später auf Informationen, die das konventionelle Rechnungswesen schon gespeichert hat.

Angenommen, die Umsatzerlöse fallen im Jahr 2004 um 40 Mio. € niedriger aus. Bei sonst unveränderten Werttreibern sinkt der NOPAT auf 4,94 Mio. €, der Free Cash Flow wird negativ und beträgt –0,56 Mio. €. In den Jahren 2005 und später werden wieder die ursprünglich geplanten Umsatzerlöse realisiert. Als Folge wird im Jahr 2004 ein SVA von –15,81 Mio. € ausgewiesen, im Jahr 2005 dagegen ein SVA von +17,01 Mio. €;

---

[478] Im vorliegenden Beispiel reagiert der SVA und damit die Prämie stark auf Veränderungen der Gewinnmarge $g$, was das Augenmerk des Managers auf die Einhaltung der Kostenplanung richten dürfte.

[479] Berichtet der Manager z.B. einen SVA auf Basis einer Gewinnmarge g in Höhe von 7,95 %, wohlwissend, daß 8 % realistisch sind, definiert er bei einem Umsatzwachstum von 10,5 % den SVA von 1,02 zum Ausgangspunkt und erhält bei Eintreten des tatsächlich geplanten Szenarios einen Bonus in Höhe von 136 %.

[480] Vgl. *Ferstl, Jürgen*: [Managervergütung], a.a.O., S. 177 f.

[481] Vgl. *Drukarczyk, Jochen*: [Unternehmenssteuerung], a.a.O., S. 225 f.

| | 2001 | 2002 | 2003 | 2004 | 2005 | 2006 | ab 2007 |
|---|---|---|---|---|---|---|---|
| Umsatzerlöse | 100,00 | 110,50 | 122,10 | 94,92 | 149,09 | 164,74 | 164,74 |
| verbleibender Überschuß | 8,00 | 8,84 | 9,77 | 7,59 | 11,93 | 13,18 | 13,18 |
| Steuern | 2,80 | 3,09 | 3,42 | 2,66 | 4,17 | 4,61 | 4,61 |
| NOPAT | 5,20 | 5,75 | 6,35 | 4,94 | 7,75 | 8,57 | 8,57 |
| Zusatzinvestition | | 4,50 | 4,98 | 5,50 | 6,08 | 6,72 | 0,00 |
| FCF | | 1,24 | 1,37 | -0,56 | 1,67 | 1,85 | 8,57 |
| **Barwert (per 2001) FCF** | **57,32** | **1,13** | **1,13** | **-0,42** | **1,14** | **1,15** | **53,19** |
| Zeitwert Terminal Value in *t* | 52,00 | 57,46 | 63,49 | 49,36 | 77,53 | 85,67 | 85,67 |
| Barwert (per 2001) Terminal Value | 52,00 | 52,24 | 52,47 | 37,08 | 52,95 | 53,19 | 53,19 |
| Unternehmenswert (per 2001) | | 53,37 | 54,74 | 38,92 | 55,93 | 57,32 | 57,32 |
| **SVA (per 2001)** | **5,32** | **1,37** | **1,37** | **-15,81** | **17,01** | **1,39** | **0,00** |

Tabelle 18: SVA bei Planabweichung I

„Diese starke Reaktion hängt an der Annahme, daß das Ereignis in Periode [2004, der Verf.] das gesamte Erwartungsspektrum über künftige Cash flows (vor Zusatzinvestitionen) auf das Niveau der Periode [2004, der Verf.] drückt und Überrenditen für alle Zukunft ausbleiben."[482] Für den Fall, daß der Umsatzrückgang auf den Ausfall eines Kunden zurückzuführen ist und im Folgejahr der unerwartete Lagerzuwachs an neue Kunden abgesetzt werden kann, wird der SVA als Bemessungsgrundlage bei Managern auf noch größere Akzeptanzprobleme stoßen:

| | 2001 | 2002 | 2003 | 2004 | 2005 | 2006 | ab 2007 |
|---|---|---|---|---|---|---|---|
| Umsatzerlöse | 100,00 | 110,50 | 122,10 | 94,92 | 189,09 | 164,74 | 164,74 |
| verbleibender Überschuß | 8,00 | 8,84 | 9,77 | 7,59 | 15,13 | 13,18 | 13,18 |
| Steuern | 2,80 | 3,09 | 3,42 | 2,66 | 5,29 | 4,61 | 4,61 |
| NOPAT | 5,20 | 5,75 | 6,35 | 4,94 | 9,83 | 8,57 | 8,57 |
| Zusatzinvestition | | 4,50 | 4,98 | 5,50 | 6,08 | 6,72 | 0,00 |
| FCF | | 1,24 | 1,37 | -0,56 | 3,75 | 1,85 | 8,57 |
| **Barwert (per 2001) FCF** | **58,74** | **1,13** | **1,13** | **-0,42** | **2,56** | **1,15** | **53,19** |
| Zeitwert Terminal Value in *t* | 52,00 | 57,46 | 63,49 | 49,36 | 98,33 | 85,66 | 85,67 |
| Barwert (per 2001) Terminal Value | 52,00 | 52,24 | 52,47 | 37,08 | 67,16 | 53,19 | 53,19 |
| Unternehmenswert (per 2001) | | 53,37 | 54,74 | 38,92 | 71,56 | 58,74 | 58,74 |
| **SVA (per 2001)** | **6,74** | **1,37** | **1,37** | **-15,81** | **32,64** | **-12,82** | **0,00** |

Tabelle 19: SVA bei Planabweichung II

In diesem Beispiel wird der „Umsatzeinbruch" des Jahres 2004 im Jahr 2005 vollständig aufgefangen. Die Folge sind stark schwankende SVA, bedingt durch

---

[482] *Drukarczyk, Jochen*: [Unternehmenssteuerung], a.a.O., S. 225.

die Ausschläge der NOPAT, die nicht wie ursprünglich geplant kontinuierlich in den Jahren der Planungsphase wachsen:[483]

Der zweite Vorbehalt betrifft die fehlende Berücksichtigung von nicht zahlungswirksamen Aufwendungen im Cash Flow, die erst in späteren Perioden zu einem Mittelabfluß führen. Bildet das Unternehmen z.b. im Jahr 2003 eine Rückstellung aufgrund eines drohenden Schadenersatzprozesses und ist mit einer Inanspruchnahme im Jahr 2006 zu rechnen, ändert sich der SVA im Jahr 2003 nicht, da der Free Cash Flow von der Rückstellungsbildung nicht betroffen ist. Wird die Rückstellung steuerlich anerkannt, steigt der Free Cash Flow sogar an. Die in der bilanziellen Rechnung bereits im Jahr 2003 erkennbare Wertminderung schlägt sich im SVA erst in der Periode des Mittelabflusses, hier im Jahr 2006, nieder.[484]

Der SVA als Bemessungsgrundlage einer variablen Vergütung verteilt den mittels kapitaltheoretischem Barwertkalkül ermittelten Wertzuwachs durch die geplante Investition auf deren Laufzeit. Das Kriterium der Barwertidentität ist im vollen Maße erfüllt. Auf der Grundlage der vom Management vorgelegten Planzahlen wird für jede Periode ein Soll-SVA definiert, der mit den realisierten Ist-SVA verglichen wird. Die Prämienzahlung erfolgt in Abhängigkeit des Grades der Realisierung.

Aus Sicht des Managers ist die Entscheidungsverbundenheit zumindest teilweise gewahrt, im Entscheidungszeitpunkt zeigt die Bemessungsgrundlage die Auswirkungen seines Handelns an. Zu Einschränkungen kommt es, wenn z.b. der Manager einen Umsatzausfall in späteren Perioden ausgleichen kann. Die stark schwankenden SVA in den einzelnen Perioden bilden die erfolgreichen Bemühungen des Managers, den Umsatzausfall auszugleichen, nicht zutreffend ab. Generell führt die Überreaktion des SVA auf Planungsabweichungen zu einer tendenziell hohen Streuung, was die Risikoprämie des Managers erhöht und auch die Vergleichbarkeit einzelner Perioden stark einschränkt. Aus Sicht der Unternehmenszentrale stellt sich das Manipulationsproblem, da der Soll-SVA vom Manager selbst durch die berichtete Planung definiert wird. Es besteht ein Anreiz, die Berichtszahlen nach unten zu drücken, um auch bei moderatem Geschäftsverlauf die Sollvorgaben überzuerfüllen und entsprechend hohe Prämien zu erzielen. Vorkehrungen gegen eine Übertreibung von Planzahlen lassen sich

---

[483] Vgl. auch *Ferstl, Jürgen*: [Managervergütung], a.a.O., S. 179. Der Rückgang des ursprünglichen Wertbeitrags von 6,89 Mio. € auf 6,74 Mio. € entspricht exakt dem Zeiteffekt in Höhe von 0,15 Mio. €, den das Sinken des Free Cash Flow um 2,08 Mio. € in 2004 und das Steigen um 2,07 Mio. € im Jahr 2005 im Vergleich zur ursprünglichen Planung hervorruft.

[484] Vgl. auch *Drukarczyk, Jochen*: [Unternehmenssteuerung], a.a.O., S. 226.

in Form von rollierenden Vergütungsplänen treffen, die aber voraussetzen, daß der Manager nicht vorzeitig ausscheidet. Ferner kann für die Zentrale nicht von Entscheidungsverbundenheit gesprochen werden, wenn z.b. die Handlungen des Managements zu Schadenersatzforderungen führen, die sich im SVA erst später als im konventionellen Rechnungswesen bemerkbar machen.

Zwar ist die Anbindung eines periodisierten Wertsteigerungsmaßes an Zahlungsströme prinzipiell von Vorteil, da auch die Wertsteigerung für die Anteilseigner mittels der Steigerung des Cash Flow erzielt wird, die mit dem SVA verbundenen Nachteile relativieren aber seine anfängliche Überlegenheit. Die vorgebrachten Einwände gelten im gleichen Maße auch für die von EWERT und WAGENHOFER vorgeschlagene Variante. Darüber hinaus wurde der SVA anhand stark vereinfachender Annahmen demonstriert. Insbesondere wurden lediglich eine einfache Gewinnsteuer unterstellt und Detailfragen der Finanzierung, insbesondere die Behandlung von Rückstellungen, ausgeblendet. Eine Berücksichtigung dieser Anpassungen an die Realität ist machbar, steigert aber die Komplexität des Maßes und ist einer breiten Akzeptanz nicht dienlich.[485] Hier ist die Untersuchung alternativer Periodengrößen zur Steuerung des Verhaltens von Interesse. Der SVA und die auf ihm aufbauende DCF-Rendite kann aber als Referenzmaßstab nicht vernachlässigt werden.[486]

### 4.2.3. Eignung des Shareholder Value Added für die Information

Mangelnde Manipulationsresistenz lassen den SVA bzw. die DCF-Rendite auch nur eingeschränkt tauglich für Zwecke der Berichterstattung erscheinen. Ex ante basieren beide Größen auf Erwartungen und sind extern nicht nachprüfbar.[487] Gerade aber die Berechnung der Wertsteigerung der nächsten Perioden wäre für die Kapitalmarktteilnehmer von größtem Interesse. Sie können bei Kenntnis eines Kapitalkostensatzes $k$ lediglich aus den publizierten Zahlen des Rechnungswesens den SVA der abgelaufenen Periode nach der Gleichung (4.2) bzw. (4.5) bestimmen und so ex post prüfen, ob in der Vergangenheit vom Unternehmen verkündete Wertsteigerungsziele erreicht wurden. Die DCF-Rendite kann ex post über eine umgeformte Gleichung (4.4) ermittelt werden:

---

[485] Vgl. hierzu erneut *Drukarczyk, Jochen*: [Unternehmenssteuerung], a.a.O., S. 224; *Ferstl, Jürgen*: [Managervergütung], a.a.O., S. 180.

[486] Vgl. *Dirrigl, Hans*: [Konvergenz], a.a.O., S. 567; *Ferstl, Jürgen*: [Managervergütung], a.a.O., S. 180.

[487] Vgl. *Ewert, Ralf/Wagenhofer, Alfred*: [Kennzahlen], a.a.O., S. 33. Siehe auch Kapitel 3.5.

$$r_{DCF,t} = \frac{CF_t + \dfrac{NOPAT_t}{k}}{\dfrac{NOPAT_{t-1}}{k}} - 1.$$                (4.4)'

Mit diesen ex post berechneten Größen sind aber die bereits geschilderten Nachteile verbunden: Sie reagieren sehr stark auf Ausreißer in den Eingangsdaten und erfassen künftige Mittelabflüsse, die im externen Rechnungswesen in Form von Rückstellungen antizipiert werden, erst zeitverzögert bei Inanspruchnahme der Rückstellung. Wurden im Untersuchungszeitraum wesentliche Zuführungen zu Prozeß- oder Steuerrückstellungen vorgenommen, ist der Cash Flow u.U. zu mindern.[488] Inwieweit solche Anpassungen aus den publizierten Daten gelingen und die Entscheidungsverbundenheit des SVA für den externen Informationsempfänger damit verbessert werden kann, kann nicht abschließend beantwortet werden. Ferner handelt es sich um stark vereinfachende Modelle, die bei Anpassung an die Realität ihre Verständlichkeit einbüßen.

Dennoch stellt der SVA aufgrund seiner einfachen Ableitung aus der Veränderung des NOPAT und den dafür getätigten Investitionen ein Wertsteigerungsmaß dar, das durch eine einfache und nachvollziehbare Weise ein theoretisch solides Periodenmaß für die Wertsteigerung überzeugt. Als Vergleichsmaßstab ist er anderen Konzepten gegenüberzustellen. Insbesondere wenn börsennotierte Gesellschaften dazu übergehen, Kapitalkosten im Geschäftsbericht zu publizieren,[489] können Kapitalmarktteilnehmer ohne großen Aufwand die notwendigen Berechnungen durchführen. Umso mehr erstaunt es, daß es bislang in der Literatur und auch in der Anwendung wenig Beachtung fand. Ein Grund dafür könnte in der vergleichsweise untergeordneten Rolle des Konzepts in den beiden Auflagen von RAPPAPORTS Creating Shareholder Value sein. In der Praxis als SVA bezeichnete Wertsteigerungskonzepte (insbesondere von ARTHUR ANDERSEN und PWC) entsprechen den in den folgenden Kapiteln behandelten residualen Überschüssen.[490]

---

[488]  Bei konstanter Personalstruktur (Besetzung der Altersgruppen, Anteil Arbeitnehmer und im Ruhestand befindliche Rentenempfänger) und gleichbleibenden Rahmenbedingungen (Lohn- und Rentenniveau) kann vereinfachend davon ausgegangen werden, daß die Zuführung zu den Pensionsrückstellungen der Zahlung an die im Ruhestand befindlichen Rentenempfänger entspricht. Dann bleibt der Bestand der Pensionsrückstellung im Zeitablauf konstant und die Zuführung entspricht der Auszahlung.

[489]  So z.B. *RWE*, vgl. *RWE AG* (Hrsg.): [Geschäftsbericht 1999/2000], a.a.O., S. 52.

[490]  Vgl. *Brunner, Jürgen*: [Performance], a.a.O., S. 52-63; *Black, Andrew/Wright, Philip/ Davies, John*: [Shareholder Value], a.a.O., S. 73-77.

## 4.3. Economic Value Added als (Residual-)Gewinnkonzept

### 4.3.1. Beschreibung des Economic Value Added

#### 4.3.1.1. Anspruch des Konzepts

Der Economic Value Added (EVA) ist eines der populärsten Wertsteigerungs-
maße und stammt in dieser Bezeichnung von der Beratungsgesellschaft STERN
STEWART & CO.[491] Andere Bezeichnungen sind *Economic Profit*[492] oder *Value
Added*[493]. Er entspricht einem aus dem externen Rechnungswesen abgeleiteten
Residualgewinn und wird als Periodenerfolgsmaß der Unternehmenswertsteige-
rung verstanden.[494] Empirische Studien konnten einen Zusammenhang zwischen

---

[491]  Grundlegend ist *Stewart III, G. Bennett*: [Quest], a.a.O. Für den deutschen Sprachraum
    vgl. *Hostettler, Stephan*: [Value], a.a.O.; *Richter, Frank*: [Konzeption], a.a.O., *Röttger,
    Bernhard*: Das Konzept des [Added Value] als Maßstab für finanzielle Performance, Kiel
    1994. Mit *Ehrbar, Al*: Economic Value Added, Wiesbaden 1999, liegt auch eine deutsche
    Übersetzung aus dem Hause *Stern Stewart & Co.* vor. Angewendet wird EVA z.B. bei
    der *Siemens AG*, vgl. *Seeberg, Thomas*: Wertorientierte Unternehmensführung bei Sie-
    mens mit EVA/GWB, in: *Bühler, Wolfgang/Siegert, Theo* (Hrsg.): Unternehmenssteue-
    rung und Anreizsysteme, Stuttgart 1999, S. 269-278, hier S. 270 und bei der *Hoechst AG*
    (vor der Umwandlung zu *Aventis*), vgl. *Nowak, Thomas*: Strategischer Managementpro-
    zeß bei [Hoechst], in *Bühler, Wolfgang/Siegert, Theo* (Hrsg.): Unternehmenssteuerung
    und Anreizsysteme, Stuttgart 1999, S. 95-119, hier S. 106 f. Das Kapitalrenditekonzept
    der *RWE AG* entspricht EVA, die *Metallgesellschaft AG* berichtet im Geschäftsbericht
    über EVA. Vgl. *RWE AG* (Hrsg.): [Geschäftsbericht 1999/2000], a.a.O., S. 52 und 140 f.;
    *Metallgesellschaft AG* (Hrsg.): [Geschäftsbericht 1998/1999], a.a.O., S. 20.

[492]  Vgl. *McTaggart, James M./Kontes, Peter W./Mankins, Michael C.*: The Value Imperati-
    ve, New York 1993, S. 317 f.; *Copeland, Tom/Koller, Tim/Murrin, Jack*: [Valuation],
    a.a.O., S. 143-146; *C&L Deutsche Revision* (Hrsg.): [Unternehmensführung], a.a.O., S.
    30.

[493]  Vgl. *Kay, John A.*: Foundations of Corporate Success, Oxford u.a. 1993, S. 23-30, 197-
    217.

[494]  Zum Residualgewinn vgl. *Solomons, David*: Divisional [Performance]: Measurement and
    Control, Homewood/Ill. 1965, 3. Nachdr. 1970, S. 277; *Tomkins, Cyril*: Another Look at
    Residual Income, in: JBFA, Vol. 2 (1975), S. 39-53, hier S. 42; *Ezzamel, Mahmoud*:
    Business Unit & Divisional Performance Measurement, London u.a. 1992, S. 30. Zu
    EVA als speziellem Residualgewinn vgl. *Gillenkirch, Robert M./Schabel, Matthias M.*:
    [Periodenerfolgsrechnung], a.a.O., S. 216; *Baldenius, Tim/Fuhrmann, Gregor/Reichel-
    stein, Stefan*: Zurück zu [EVA], in: BFuP, 51. Jg. (1999), S. 53-65, hier S. 53; *Pfaff,
    Dieter/Bärtl, Oliver*: [Wertorientierte Unternehmenssteuerung], a.a.O., S. 101; *Rogerson,
    William P.*: Intertemporal [Cost Allocation] and Managerial Investment Incentives, in:
    JPE, Vol. 105 (1997), S. 770-795, hier S. 771 f.; *Reichelstein, Stefan*: [Investment Deci-
    sions] and Managerial Performance Evaluation, in: RAStud, Vol. 2 (1997), S. 157-180,
    hier S. 157; *Hawawini, Gabriel/Viallet, Claude*: Finance for Executives, Cincinnati
    1999, S. 499-501.

EVA und der Wertsteigerung des Unternehmens nicht ablehnen,[495] wobei neue Untersuchungen keine überlegene Wertentwicklung von nach EVA-Gesichtspunkten zusammengestellten Portfolios feststellen.[496] Bestünde ein solcher Zusammenhang, hätten Unternehmensleitung und Aktionäre ein am herkömmlichen Rechnungswesen orientiertes Wertsteigerungsmaß, auf das sie zurückgreifen können. EVA ergibt sich als Differenz eines versteuerten operativen Gewinns vor Zinsen und den kalkulatorischen Zinsen auf das eingesetzte Kapital. Bezeichnet *r* die Rendite aus NOPAT und dem eingesetzten Kapital *B*, läßt sich EVA auch über die Marge zwischen der Rendite und den Kapitalkosten ausdrücken:[497]

$$EVA_t = NOPAT_t - k \cdot B_{t-1} = (r - k) \cdot B_{t-1}. \tag{4.7}$$

Das eingesetzte Kapital und der operative Gewinn werden aus dem Jahresabschluß übernommen und durch eine Reihe von Anpassungen in ihrer Aussagekraft verbessert. Insbesondere werden stille Reserven aufgedeckt und in der Kapital- und der Ergebnisgröße berücksichtigt, um zum sog. *Economic Book Value* bzw. zu den *Economic Earnings* zu kommen.[498] Mit diesen Größen soll die Vergleichbarkeit von Unternehmen verschiedener Branchen verbessert werden.[499] Durch die verrechneten Kapitalkosten soll es möglich sein, arbeits- und materialintensive Unternehmen mit kapitalintensiven zu vergleichen.[500] Zudem wird der fehlerhafte Eindruck vermieden, Eigenkapital sei zins- und damit kostenlos.[501] Erst wenn die Entgelte aller eingesetzten Produktionsfaktoren erfaßt bzw. die Ansprüche sämtlicher Kapitalgeber – auch der Eigenkapitalgeber – befrie-

---

[495]   Vgl. *Stewart III, G. Bennett*: [Quest], a.a.O., S. 196-198, 215-218.

[496]   Vgl. *Biddle, Gary C./Bowen, Robert M./Wallace, James S.*: Does EVA® beat Earnings? Evidence on Associations with Stock Returns and Firm Values, in: JAE, Vol. 24 (1997), S. 301-336, hier insb. S. 320; *MerrillLynch & Co.* (Hrsg.): Quantitative Viewpoint vom 19.12.1997 (An analysis of EVA®), o. O. 1997; *dies.* (Hrsg.): Quantitative Viewpoint vom 3.2.1998 (An analysis of EVA® – Part II), o. O. 1998.

[497]   Vgl. z.B. *Stewart III, G. Bennett*: [Quest], a.a.O., S. 139 und 124; *Pfaff, Dieter/Bärtl, Oliver*: [Wertorientierte Unternehmenssteuerung], a.a.O. S. 92. Anstelle des NOPAT wird in der Literatur auch der NOPLAT verwendet, um die Finanzierungsneutralität zu betonen. Zu den Abgrenzungen gängiger Ergebnisgrößen siehe Tabelle 35 im Anhang. Die hier mit *r* bezeichnete Rendite wird auch als Stewart's R bezeichnet, vgl. *Reimann, Bernard C.*: Managing for the Shareholders, in: PR, Vol. 16 (1988), Heft 1/2, S. 10-22, hier S. 12.

[498]   Vgl. *Stewart III, G. Bennett*: [Quest], a.a.O., S. 91 bzw. 142.

[499]   Vgl. *Bühner, Rolf*: Unternehmerische [Führung] mit Shareholder-value, in: *Bühner, Rolf* (Hrsg.): Der Shareholder-value-Report, Landsberg a. L. 1994, S. 9-75, hier S. 47.

[500]   Vgl. *Röttger, Bernhard*: [Added Value], a.a.O., S. 1; *Bühner, Rolf*: [Führung], a.a.O., S. 47 f.

[501]   Vgl. *Stern, Joel M./Stewart III, G. Bennett/Chew jr., Donald H.*: The [EVA]® Financial Management System, in: JACF, Vol. 8 (1995), S. 32-46, hier S. 33.

digt sind,[502] ergibt sich ein positiver Economic Value Added, der anzeigen soll, wie das Management mit den zur Verfügung gestellten Ressourcen gewirtschaftet hat: „Diese Kennzahl ist ein Indikator für die Wertgenerierung einer Periode, repräsentiert sie doch den Betrag, um den die finanziellen Auswirkungen der Aktivitäten des Managements in der betrachteten Periode den Wert des Unternehmens aus Sicht der Kapitalgeber verändert haben."[503]

Einflußfaktoren für EVA sind die Kapitalrendite $r$ (z.B. als ROIC), der Kapitaleinsatz $B$ und die Kapitalkosten $k$. Wertsteigerung ist nur möglich, wenn die Rentabilität des eingesetzten Kapitals die verrechneten Nutzungskosten übersteigt. EVA steigt, wenn (1) das operative Ergebnis ohne weiteren Kapitaleinsatz gesteigert wird oder wenn (2) in Projekte investiert wird, deren Rendite über den Kapitalkosten liegt:[504]

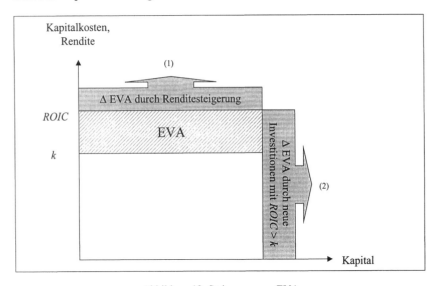

Abbildung 12: Steigerung von EVA

---

[502]  Vgl. *Stern, Joel M./Stewart III, G. Bennett/Chew jr., Donald H.*: [EVA], a.a.O., S. 32.
[503]  *C&L Deutsche Revision* (Hrsg.): [Unternehmensführung], a.a.O., S. 30.
[504]  Vgl. *Stewart III, G. Bennett*: [Quest], a.a.O., S. 3, 137 f., 171, 177 und 225; *Copeland, Tom/Koller, Tim/Murrin, Jack*: [Valuation], a.a.O., S. 143-146. EVA steigt ferner, wenn nicht rentable Unternehmensbereiche veräußert werden. Zur Abbildung vgl. z.B. *Stelter, Daniel*: Wertorientierte [Anreizsysteme], in: *Bühler, Wolfgang/Siegert, Theo* (Hrsg.): Wertorientierte Anreizsysteme für Führungskräfte und Manager, Stuttgart 1999, S. 207-241, hier S. 228.

EVA wird als universelle Erfolgsgröße einer wertorientierten Unternehmensführung verstanden, die in der Lage ist, zuverlässig die Wertsteigerung der vergangenen Periode anzuzeigen.[505] Zum einen sollen sich am realisierten Economic Value Added die Zielvorgaben, die Ressourcenallokation, die Budgetierung, die Leistungsbeurteilung und die Entlohnung auf Geschäfts- und Unternehmensebene orientieren,[506] damit Anreize für eine wertorientierte Unternehmenspolitik gesetzt werden können.[507] Zum anderen wird EVA als Informationsinstrument gesehen, das besonders gut geeignet ist, Investoren den Erfolg einer Wertsteigerungspolitik zu übermitteln.[508] Als weiterer Vorteil des Konzepts wird die Gewinnung der notwendigen Daten wie Kapital und operativer Gewinn aus dem externen Rechnungswesen angeführt.[509]

EVA betrachtet die realisierte Wertsteigerung einer vergangenen Periode. Gleichzeitig kann mit geschätzten zukünftigen EVA der Unternehmenswert bestimmt werden. Die Summe der mit den Kapitalkosten auf den Betrachtungszeitpunkt abgezinsten Perioden-EVA ergibt den Market Value Added (MVA).[510] Rechnet man dem MVA den Buchwert des Kapitals im Betrachtungszeitpunkt hinzu, ergibt sich der Marktwert des Gesamtkapitals, der Unternehmenswert. Bei identischen Annahmen über künftige Umweltzustände und deren Auswirkungen auf die Zahlungen sowie Gültigkeit des Lücke-Theorems[511] führen DCF-Verfahren und EVA/MVA-Verfahren zu identischen Unternehmenswerten.[512]

---

[505] Vgl. *Stewart III, G. Bennett*: [Quest], a.a.O., S. 3.

[506] Vgl. *Stewart III, G. Bennett*: [Quest], a.a.O., S. 4-9, 178.

[507] So jedenfalls die klare Botschaft populärer Management-Zeitschriften. Vgl. stellvertretend für viele *Voss, Markus*: Wer schafft [Wert]? Wer vernichtet Wert?, in: Capital, 38. Jg. (1999), Heft 9, S. 38-60, hier insb. S. 56.

[508] Vgl. *Stewart III, G. Bennett*: [Quest], a.a.O., S. 175, 178; *Stern, Joel M./Stewart III, G. Bennett/Chew jr., Donald H.*: [EVA], a.a.O., S. 33.

[509] Vgl. z.B. *O'Hanlon, John/Peasnell, Ken V.*: [EVA], a.a.O., S. 423.

[510] Vgl. auch *Küting, Karlheinz/Eidel, Ulrike*: [Performance-Messung], a.a.O., S. 833 und *Hostettler, Stephan*: [Value], a.a.O., S. 184 f., der diese MVA-Größe als MVA$_{ex\ ante}$ bezeichnet. Stellenweise wird MVA auch definiert als aktuelle Börsenkapitalisierung abzüglich dem Wert des investierten Vermögens. Vgl. z.B. *Voss, Markus*: [Wert], a.a.O., S. 41 und 56; *Küting, Karlheinz/Eidel, Ulrike*: [Performance-Messung], a.a.O., S. 833. *Hostettler* bezeichnet diese Variante mit MVA$_{ex\ post}$, vgl. *Hostettler, Stephan*: [Value], a.a.O., S. 184 f.

[511] Der Barwert der Residualgewinne und der Kapitalwert einer Zahlungsreihe sind identisch, wenn der Barwert der Abschreibungen und kalkulatorischen Zinsen auf die (Rest-)Buchwerte der ursprünglichen Investitionsauszahlung entspricht. Vgl. Kapitel 3.1.3 und insb. die in Fn. 302 genannten Quellen.

[512] Vgl. z.B. *Mills, Roger W.*: The Dynamics of Shareholder Value, Lechlade/Glos. 1998, S. 65-67; *Ewert, Ralf/Wagenhofer, Alfred*: [Kennzahlen], a.a.O., S. 10-15; *Henselmann, Klaus*: Economic Value Added – Königsweg zur Integration des Rechnungswesens?, in: ZP, 12. Jg. (2001), S. 159-186.

STEWART fordert daher, das Vorteilhaftigkeitskriterium für Investitionen neu zu formulieren: „Accept all investment opportunities which will produce a positive discounted EVA."[513]

Formal drückt sich diese Identität ähnlich wie in Gleichung (3.12) aus:[514]

$$GK_0 = MVA_0 + B_0 = \sum_{t=1}^{T} \frac{EVA_t}{(1+k)^t} + B_0. \qquad (4.8)$$

Abbildung 13 zeigt den Zusammenhang zwischen EVA, MVA und Unternehmensgesamtwert:

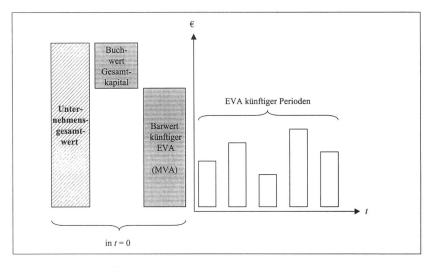

Abbildung 13: EVA, MVA und Unternehmensgesamtwert

[513]  *Stewart III, G. Bennett*: [Quest], a.a.O., S. 3.
[514]  Vgl. z.B. *Ewert, Ralf/Wagenhofer, Alfred*: [Kennzahlen], a.a.O., S. 13 f. (und S. 11 auf Eigenkapitalbasis); *Pfaff, Dieter/Bärtl, Oliver*: [Wertorientierte Unternehmenssteuerung], a.a.O., S. 93. Residualgewinne auf Eigenkapitalbasis (Equity-Ansatz) werden insb. von Kreditinstituten und Versicherungsunternehmen angewandt, vgl. *Weber, Matthias-Wilbur*: EVA – Management- und Vergütungssystem für Banken, in: Die Bank, o. Jg. (2000), S. 465-469, hier S. 468; *Boston Consulting Group* (Hrsg.): The [Value Creators] – A Study of the World's Top Performers, o. O. 2000, S. 45; *Allianz AG* (Hrsg.): Geschäftsbericht 1999, München 1999, S. 93. *Stewart* verwendet den hier beschriebenen Gesamtkapitalansatz (Entity-Approach).

**4.3.1.2. Bereinigungsschritte für Ergebnis- und Kapitalgröße**

Die von STEWART vorgeschlagenen Bereinigungsregeln führen zu dem als *Economic Book Value*[515] bezeichneten Maß für das eingesetzte Kapital und dem entsprechenden operativen Gewinn, den *Economic Earnings*[516], die als ein realistisches Erfolgsmaß für das laufende Geschäft gelten.[517] Nur wiederkehrende, betriebliche und zahlungswirksame Größen werden als Aufwand qualifiziert, die planmäßigen Abschreibungen werden unter der Annahme, daß Ersatzinvestitionen in derselben Höhe getätigt werden, abgezogen.[518] Für die Überführung in „ökonomische" Werte müssen der operative Gewinn und das eingesetzte Kapital um außerordentliche Einflüsse bereinigt, von den Auswirkungen einer vorsichtigen Bilanzierung befreit und finanzierungsunabhängig definiert werden. Je nach Quelle werden bis zu 164 verschiedene Bereinigungsschritte vorgeschlagen, um zu einem aussagekräftigen Ergebnis zu kommen.[519] Insofern läßt sich EVA auch als ein spezieller Residualgewinn bezeichnen.[520]

So zählen marktfähige Wertpapiere nicht zum eingesetzten Kapital, mit ihnen verbundene Erträge und Aufwendungen werden aus dem operativen Ergebnis eliminiert. Ebenso werden Anlagen im Bau nicht erfaßt, da sie noch nicht in der Produktion eingesetzt werden.[521] Als wiederkehrend gelten nur Erfolgsbestandteile, die aus weitergeführten Projekten stammen, außerordentliche Gewinne oder Verluste verzerren das operative Ergebnis.[522] Außerordentliche Verluste der Vergangenheit sollen aber das eingesetzte Kapital erhöhen.[523] Bei Anwendung der Lifo-Methode bei der Bewertung von Vorräten kommt es bei steigenden Preisen zur Bildung stiller Reserven, die in Kapital- und Ergebnisgröße zu eliminieren sind.[524] Eine Zeitbewertung soll aber mit Ausnahme der Vorräte

---

[515] *Stewart III, G. Bennett*: [Quest], a.a.O., S. 91.

[516] *Stewart III, G. Bennett*: [Quest], a.a.O., S. 142.

[517] Vgl. *Stewart III, G. Bennett*: [Quest], a.a.O., S. 112.

[518] Vgl. *Stewart III, G. Bennett*: [Quest], a.a.O., S. 70, 86 und 93.

[519] Vgl. *Stewart III, G. Bennett*: EVA™: [Fact and Fantasy], in: JACF, Vol. 7 (1994), S. 71-84, hier S. 73 und 80; *o. Verf.*: Valuing Companies: A Star to sail by? in: The Economist vom 2.8.1997, S. 57-59, hier S. 58. Allerdings sollen etwa zehn Schritte bereits ausreichen, um zu einem aussagefähigen Ergebnis zu kommen, vgl. *Stern, Joel M./Stewart III, G. Bennett/Chew jr., Donald H.*: [EVA], a.a.O., S. 41.

[520] Vgl. zu einer Übersicht über die Anpassungen auch *Hostettler, Stephan*: [Value], a.a.O., S. 109-155; *Böcking, Hans-Joachim/Nowak, Karsten*: Das Konzept des Economic Value Added, in: FB, 1. Jg. (1999), S. 281-288, hier S. 285-287.

[521] Vgl. *Stewart III, G. Bennett*: [Quest], a.a.O., S. 183 und 744.

[522] Vgl. *Stewart III, G. Bennett*: [Quest], a.a.O., S. 92 und 116.

[523] Vgl. *Stewart III, G. Bennett*: [Quest], a.a.O., S. 117.

[524] Vgl. bereits *Solomons, David*: [Performance], a.a.O., S. 53 und 96-100 sowie *Stewart III, G. Bennett*: [Quest], a.a.O., S. 95, 103 und 113 f.

nicht erfolgen.[525] Abschreibungen im Umlaufvermögen werden rückgängig gemacht, um die Verlustrealisierung jenen Perioden zuzuweisen, in denen die Verluste auch tatsächlich entstehen. Die zeitliche Vorwegnahme aufgrund einer Abwertung würde nach STEWART das operative Ergebnis ebenfalls verzerren.[526] In Deutschland zulässige Aufwandsrückstellungen werden ebenfalls rückgängig gemacht, der Bestand erhöht das eingesetzte Kapital, die Periodenzuführung den operativen Gewinn.[527]

Ferner sollen aufgrund bilanzieller Vorschriften nicht aktivierte Aufwendungen für Forschung und Entwicklung, für Weiterbildung oder die Erschließung von Märkten nachträglich aktiviert werden, um keinen Anreiz zu schaffen, diese Investitionen in zukünftige Erfolgspotentiale aufgrund ihrer negativen Wirkung auf die Erfolgsgröße zu unterlassen.[528] Der aktivierte Betrag wird über die Dauer der voraussichtlichen Nutzung abgeschrieben. Derivativ erworbene Geschäfts- oder Firmenwerte werden nicht abgeschrieben, bereits vorgenommene Abschreibungen sind rückgängig zu machen, da es sich hier um langfristige Investitionen handelt.[529]

Das eingesetzte Kapital wird aus der angepaßten Bilanz entweder aktivisch als Summe von Anlagevermögen und Nettoumlaufvermögen (*Net Working Capital*) oder passivisch aus der Summe von Eigenkapital und zinstragenden Verbindlichkeiten bestimmt.[530] Erhaltene Anzahlungen und Lieferantenkredite mindern in Form von niedrigeren Absatzpreisen oder höheren Einkaufspreisen bereits den Überschuß aus dem operativen Geschäft, so daß sie korrespondierend dazu auch aus der Kapitalbasis zu eliminieren sind.[531] Zum eingesetzten Kapital werden die Barwerte der Leasingraten nicht aktivierter geleaster Anlagen gezählt, um diese Alternative zur Kreditfinanzierung abzubilden.[532] Eine von den übri-

---

[525]  Vgl. *Stewart III, G. Bennett*: [Quest], a.a.O., S. 227.

[526]  Vgl. *Stewart III, G. Bennett*: [Quest], a.a.O., S. 117.

[527]  Analog soll nach *Stewart* mit Drohverlust- und Garantierückstellungen verfahren werden. Vgl. *Stewart III, G. Bennett*: [Quest], a.a.O., S. 117.

[528]  Vgl. *Stewart III, G. Bennett*: [Quest], a.a.O., S. 99. Die nachträgliche Aktivierung solcher Investitionen in Erfolgspotentiale wird vielfach gefordert, vgl. z.B. *Laux, Helmut*: [Unternehmensrechnung], a.a.O., S. 462-465; *Busse von Colbe, Walther*: [Rechnungswesen], a.a.O., S. 716; *Coenenberg, Adolf G.*: [Anforderung], a.a.O., S. 2083.

[529]  Vgl. *Stewart III, G. Bennett*: [Quest], a.a.O., S. 114 f. und *Busse von Colbe, Walther*: [Rechnungswesen], a.a.O., S. 716.

[530]  Vgl. *Stewart III, G. Bennett*: [Quest], a.a.O., S. 92 f. Siehe auch die Darstellung unterschiedlicher Kapital- und Vermögensgrößen in Abbildung 18 im Anhang.

[531]  Vgl. *Stewart III, G. Bennett*: [Quest], a.a.O., S. 93; *Copeland, Tom/Koller, Tim/Murrin, Jack*: [Valuation], a.a.O., S. 165 f.

[532]  Vgl. *Stewart III, G. Bennett*: [Quest], a.a.O., S. 98 und 103; *Copeland, Tom/Koller, Tim/Murrin, Jack*: [Valuation], a.a.O., S. 177.

gen Rückstellungsarten abweichende Behandlung ist für Pensionsrückstellungen zu fordern. Sie stehen dem Unternehmen langfristig zur Verfügung und werden nicht vom Working Capital abgezogen, sondern gelten als Fremdkapital.[533] Aufgrund der angestrebten Finanzierungsneutralität sind dem so verstandenen operativen Gewinn noch die durch die Fremdfinanzierung ersparten Steuerzahlungen (*Tax Shield*) hinzuzuzählen.[534]

### 4.3.1.3. EVA und kapitaltheoretischer Residualgewinn

EVA wird berechnet als operativer Gewinn abzüglich der kalkulatorischen Kosten für das eingesetzte Kapital. Der operative Gewinn läßt sich vereinfacht auch ausdrücken durch den Cash Flow *CF* abzüglich der Veränderung des Buchvermögens:[535]

$$NOPAT_t = CF_t + B_t - B_{t-1}. \qquad (4.9)$$

Damit läßt sich EVA auch darstellen mit

$$EVA_t = CF_t + B_t - B_{t-1} - k \cdot B_{t-1} = CF_t + B_t - (1+k) \cdot B_{t-1}. \qquad (4.10)$$

Der kapitaltheoretische Residualgewinn wurde in Kapitel 3.2.2 definiert als

$$G_{\ddot{o}Re,t} = E_t + EW_t - (1+i) \cdot EW_{t-1}. \qquad (3.18)$$

Formal ähneln sich die beiden Gleichungen (4.10) und (3.18), allerdings stehen völlig verschiedene Konzepte dahinter. Während EVA trotz der zuvor geschilderten Anpassungen einer buchhalterischen Betrachtung folgt, ergibt sich der kapitaltheoretische Residualgewinn durch den Vergleich von aufeinanderfolgenden Zukunftserfolgswerten.[536]

Bilanziell erfolgt eine Vermögensänderung durch das Realisationsprinzip erst bei Lieferung und Leistung, die kapitaltheoretische Betrachtungsweise basiert

---

[533] *Richter* korrigiert als Folge daraus die Kapitalkosten *k*, vgl. *Richter, Frank*: [Konzeption], a.a.O., S. 255 f. *Busse von Colbe* schlägt vor, den Pensionsrückstellungen zurechenbare Zinskosten anzusetzen, die dem operativen Gewinn hinzuzurechnen wären, vgl. *Busse von Colbe, Walther*: [Rechnungswesen], a.a.O., S. 715 f.

[534] Vgl. *Stewart III, G. Bennett*: [Quest], a.a.O., S. 97 f. und 104. Dies würde in der Terminologie von Tabelle 35 im Anhang dem NOPLAT entsprechen.

[535] Vgl. auch *Laux, Helmut*: [Unternehmensrechnung], a.a.O., S. 139. $B_t$ ist der Buchwert des Kapitals vor Verwendung von $\ddot{U}_t$ als Ausschüttung.

[536] Siehe auch Kapitel 4.5.3.

auf Erwartungen: Bereits mit der Entscheidung für eine Investitionsalternative steigt der Ertragswert in Höhe des Kapitalwerts der gewählten Investitionsalternative. Dadurch weist ein kapitaltheoretischer Gewinn Vermögensmehrungen aus, die noch nicht durch eine Markttransaktion bestätigt wurden. Bei der Ermittlung von EVA wird dagegen am Realisationsprinzip festgehalten.

Der kapitaltheoretische Residualgewinn berücksichtigt nichtrealisierte Gewinne und Verluste gleichermaßen unmittelbar in einer Änderung des Ertragswerts. Bei der Berechnung von EVA sollen Verluste jedoch erst dann berücksichtigt werden, wenn sie realisiert sind und nicht schon, wenn Erwartungen über Verluste oder Vermögensminderungen gebildet werden – das Imparitätsprinzip wird durch die Eliminierung der Abschreibungen des Umlaufvermögens bewußt nicht beachtet.

Unterschiede bestehen auch bei der Erfassung des Risikos. Während beim kapitaltheoretischen Konzept Risiken und Chancen in Bandbreiten erfaßt und dann mittels individueller Risikoeinstellungen bewertet werden, beinhaltet die kaufmännische Rechnungslegung Chancen und Risiken durch „güterwirtschaftliche Rechnungselemente".[537] Anschaffungswert- und Realisationsprinzip führen zum Erfolg, der sich im Zeitablauf zusehends konkretisiert:[538] Bei Anschaffung der Investition wird sie (erfolgsneutral) mit den Anschaffungskosten aktiviert. Dahinter steckt die Überlegung, daß bei Fortbestand des Unternehmens Einzahlungen in mindestens dieser Höhe erwartet werden. Besteht im Zeitablauf Grund zur Annahme, daß dem nicht so sein wird, wird bei schwebenden Geschäften eine Drohverlustrückstellung gebildet. Bei Lieferung und Leistung des Produkts ist das Produktions- und Absatzrisiko verschwunden, der Gewinn kann realisiert werden. Bei einem Verkauf auf Ziel bleibt ein Delkredererisiko bestehen, das gegebenenfalls durch eine Abwertung der Forderung berücksichtigt wird. Verbleibende Haftungsrisiken werden über Garantie- und Produkthaftungsrückstellungen erfolgswirksam verrechnet. Wenn die Forderung beglichen, Garantien und Produkthaftungszeiträume abgelaufen sind, also keine weiteren Risiken aus der Investition bestehen und jegliche, dieses Projekt betreffende Unsicherheit verschwunden ist, bestehen auch keine Rechnungselemente, die den Erfolgsausweis schmälern würden.

Grundlegende Unterschiede der beiden Konzepte bestehen ferner in der Definition der Kapitalgröße. Das kapitaltheoretische Konzept geht vom Vollreproduktionswert, das buchhalterische Konzept von einem Teilreproduktionswert aus. Das eingesetzte Kapital kann nur das Herausholbare, sprich der Ertragswert sein,

---

[537]    *Ordelheide, Dieter:* [Gewinn], a.a.O., S. 288.
[538]    Vgl. im folgenden *Ordelheide, Dieter:* [Gewinn], a.a.O., S. 283-289.

niemals das Hineingesteckte.[539] Ein bilanziell ermitteltes Vermögen kann nicht zur Messung einer (Ertrags-)Wertsteigerung herangezogen werden. Das Vermögen müßte anstatt durch Einzelbewertung durch eine zukunftsorientierte Gesamtbewertung ermittelt werden, da anderenfalls das investierte Kapital zu niedrig ausgewiesen wird.[540] Auch COPELAND/KOLLER/MURRIN weisen darauf hin, daß die Veränderung des Ertragswerts nicht mit einem Economic Profit gemessen werden kann.[541] Dies ist allenfalls unter der Annahme konstanter Erwartungen möglich.[542] Es können nicht sämtliche Erfolgspotentiale mit einem Rückgriff auf Jahresabschlußdaten erfaßt werden, zu vieles bleibt dort aus Objektivierungsgründen unberücksichtigt.[543] Die Bezeichnung „Economic Book Value" für die gemäß STERN STEWART & CO. modifizierte Kapitalgröße ist ein irreführender Begriff.

### 4.3.1.4. Zwischenergebnis

Residualgewinne und EVA als speziell definierter Residualgewinn verbinden zwar über das Lücke-Theorem die Entscheidungs- mit der Kontrollrechnung, die Beziehung ist aber rein formaler Natur. Residualgewinne erlauben eine kapitalwertneutrale (Um-)Periodisierung der Zahlungen.[544] Der Verweis, daß das Residualgewinnkonzept unter diesen Bedingungen kapitalwertmaximierende Entscheidungen gewährleistet,[545] geht an den beiden grundlegenden Problemen des ungeduldigen Managers vorbei, die bereits zur Ablehnung einer Beteiligung an Zahlungsüberschüssen in Kapitel 3.4.2 geführt haben:[546]

---

[539] Vgl. *Moxter, Adolf:* [Gewinnermittlung], a.a.O., S. 157 und 178.

[540] Vgl. *Moxter, Adolf:* [Gewinnermittlung], a.a.O., S. 178. „Für das Gewesene gibt der Kaufmann nichts", *Münstermann, Hans:* Wert und Bewertung der Unternehmung, Wiesbaden 1966, S. 21.

[541] Vgl. *Copeland, Tom/Koller, Tim/Murrin, Jack:* [Valuation], a.a.O., S. 166 f. Gleichlautend: *Ewert, Ralf/Wagenhofer, Alfred·* [Unternehmensrechnung], a.a.O., S. 76-78 und *Küpper, Hans-Ulrich:* Interne Unternehmensrechnung auf kapitaltheoretischer Basis, in: *Ballwieser, Wolfgang* et al. (Hrsg.): Bilanzrecht und Kapitalmarkt (FS Moxter), Düsseldorf 1994, S. 967-1002, hier S. 990.

[542] Vgl. *Copeland, Tom/Koller, Tim/Murrin, Jack:* [Valuation], a.a.O., S. 167.

[543] Vgl. *Moxter, Adolf:* [Gewinnermittlung], a.a.O., S. 98 und 100; *Breid, Volker:* [Erfolgspotentialrechnung], a.a.O., S. 1-3; *O'Hanlon, John/Peasnell, Ken:* [EVA], a.a.O., S. 426.

[544] Vgl. *Schneider, Dieter:* [Rechnungswesen], a.a.O., S. 58 und *Ewert, Ralf Wagenhofer, Alfred:* [Unternehmensrechnung], a.a.O., S. 78.

[545] Vgl. *Stewart III, G. Bennett:* [Quest], a.a.O., S. 177.

[546] Vgl. *Gillenkirch, Robert M./Schabel, Matthias M.:* [Periodenerfolgsrechnung], a.a.O., S. 220; *Baldenius, Tim/Fuhrmann, Gregor/Reichelstein, Stefan:* [EVA], a.a.O., S. 55 und *Reichelstein, Stefan:* [Managerial Incentives], a.a.O., S. 247.

(1) Der mögliche Unterschied zwischen der Planungsperiode und dem Zeithorizont des Managers: Der Manager könnte sogar bereit sein, Projekte mit einem negativen Kapitalwert zu fördern, solange sie in den ersten Perioden hohe Residualgewinne liefern, die sich auf seine Prämien positiv auswirken.

(2) Der mögliche Unterschied in den Zeitpräferenzen von Manager und Zentrale: Der Manager könnte aufgrund einer starken Präferenz für frühe Prämienzahlungen (z.B. wegen privater Verschuldung) mit einem höheren Kalkulationszins rechnen und ebenfalls aus Sicht der Zentrale Fehlentscheidungen treffen.

Lediglich nach Ablauf der gesamten Projektlaufzeit kann der Zusammenhang zwischen Residualgewinn bzw. EVA und Wertsteigerung hergestellt werden: Waren alle Perioden-EVA während der Laufzeit positiv, ist auch der Kapitalwert positiv und das Projekt zumindest absolut betrachtet vorteilhaft. Weder der Residualgewinn an sich noch dessen besondere Variante EVA geben eine Antwort auf die Frage, „nach welchen Kriterien ... die Regeln des Rechnungswesens unternehmensintern modifiziert werden [sollten, der Verf.], um geeignete Managementanreize zu schaffen"[547]. Die Ableitung einer Regel, die die gewünschten Anreizwirkungen gewährleistet, ist Gegenstand des folgenden Kapitels.

## 4.3.2. Eignung von Residualgewinnen für die Steuerung

### 4.3.2.1. Lineare Abschreibung

Soll ein Manager an realisierten Residualgewinnen beteiligt werden, müssen die Residualgewinne so gebildet werden, daß sie bei positivem Kapitalwert des Investitionsprojekts auch in allen Perioden positiv sind. Diese Eigenschaft der Residualgewinne hängt von der Bemessung der Abschreibungen ab. Betrachtet man die Gesamtlebensdauer eines Unternehmens oder eines Investitionsprojekts, hat die Wahl der Abschreibungsmethode zwar hierauf keinen Einfluß, wohl aber auf den Ausweis der einzelnen Residualgewinne. Der erste Fall sei mit einem einfachen Zahlenbeispiel verdeutlicht:

Gegeben sei die Investitionsmöglichkeit aus Kapitel 2.6, Tabelle 5 mit einer Anschaffungsauszahlung von 50.000,00 € im Jahr 2001. In den folgenden acht Jahren werden konstante Erträge in Höhe von jährlich 9.500,00 € erzielt. Der Kalkulationszins der Zentrale beträgt 10 %, die Investition wird linear abgeschrie-

---

[547] *Baldenius, Tim/Fuhrmann, Gregor/Reichelstein, Stefan:* [EVA], a.a.O., S. 54.

ben, ein Restwert am Ende der Nutzungsdauer besteht nicht. Nachstehende Tabelle zeigt nochmals die Wirkung der linearen Abschreibung auf den Residualgewinn:

| Jahr | Cash Flow nominal | Cash Flow diskontiert | lineare Abschr. | kfm. Gewinn | Buchwert inv. Kap. | kalk. Zinsen | Residualgewinn nominal | Residualgewinn diskontiert |
|------|------|------|------|------|------|------|------|------|
| 2001 | -50.000,00 | -50.000,00 | | | 50.000,00 | | | |
| 2002 | 9.500,00 | 8.636,36 | 6.250,00 | 3.250,00 | 43.750,00 | 5.000,00 | -1.750,00 | -1.590,91 |
| 2003 | 9.500,00 | 7.851,24 | 6.250,00 | 3.250,00 | 37.500,00 | 4.375,00 | -1.125,00 | -929,75 |
| 2004 | 9.500,00 | 7.137,49 | 6.250,00 | 3.250,00 | 31.250,00 | 3.750,00 | -500,00 | -375,66 |
| 2005 | 9.500,00 | 6.488,63 | 6.250,00 | 3.250,00 | 25.000,00 | 3.125,00 | 125,00 | 85,38 |
| 2006 | 9.500,00 | 5.898,75 | 6.250,00 | 3.250,00 | 18.750,00 | 2.500,00 | 750,00 | 465,69 |
| 2007 | 9.500,00 | 5.362,50 | 6.250,00 | 3.250,00 | 12.500,00 | 1.875,00 | 1.375,00 | 776,15 |
| 2008 | 9.500,00 | 4.875,00 | 6.250,00 | 3.250,00 | 6.250,00 | 1.250,00 | 2.000,00 | 1.026,32 |
| 2009 | 9.500,00 | 4.431,82 | 6.250,00 | 3.250,00 | 0,00 | 625,00 | 2.625,00 | 1.224,58 |
| Σ | 26.000,00 | 681,80 | 50.000,00 | 26.000,00 | | 22.500,00 | | 681,80 |

Tabelle 20: Residualgewinn bei linearer Abschreibung

Aus dem Zahlenbeispiel ergibt sich ein Kapitalwert in Höhe von 681,80 €, das Projekt ist vorteilhaft und sollte im Interesse der Anteilseigner durchgeführt werden, steigert es doch den Marktwert ihrer Anteile um eben diese 681,80 €. Durch die Gültigkeit des Lücke-Theorems addiert sich der Barwert der Residualgewinne ebenfalls auf 681,80 €. Bei einem positiven Kapitalwert (und damit positiven Barwert der Residualgewinne) ist der Barwert der Prämien des Managers ebenfalls positiv. Auf den ersten Blick erscheint das Anreizproblem als gelöst.

Es ergeben sich allerdings in den ersten drei Jahren negative Residualgewinne. Ist der Planungshorizont des Managers entsprechend kurz,[548] wird er deshalb das Investitionsprojekt aus eigener Nutzenüberlegung nicht durchführen, da der Barwert der für ihn in Frage kommenden Prämien negativ ist. Aber auch bei identischem Planungshorizont ergeben sich Anreizprobleme, wenn der Manager die Bemessungsgrundlagen mit z.B. 15 % diskontiert[549] Dann resultiert ebenfalls ein negativer Barwert seiner Prämien. Im Fall des ungeduldigen Managers scheitert das so gestaltete Prämiensystem. Trotz Vorteilhaftigkeit unterläßt der Manager die Investition.

Der Grund ist trivial: Zu Beginn der Nutzungsdauer führen die kalkulatorischen Zinsen auf das (noch hohe) investierte Kapital zusammen mit den Abschreibun-

---

[548] Im Zahlenbeispiel ergibt sich erst durch die letzte Periode ein positiver Barwert der Residualgewinne.

[549] Der interne Zinsfuß der Zahlungsreihe der nominalen Residualgewinne beläuft sich auf 14,5662 %.

gen zu negativen Residualgewinnen. Im Zeitablauf sinkt der Wert des investierten Kapitals, die kalkulatorischen Zinsen nehmen ab und vermindern den Residualgewinn nicht mehr in dem Maße wie zu Beginn der Laufzeit des Investitionsprojekts. Aus konstanten Cash Flows werden so im Zeitablauf steigende
Residualgewinne. Offensichtlich sind die Abschreibungen nicht adäquat bemessen. Sie führen zusammen mit den kalkulatorischen Zinsen auf das gebundene
Kapital zu einem im Zeitablauf sinkenden Kapitaldienst.

### 4.3.2.2. Abschreibung nach dem Annuitätenverfahren

Zur Lösung des in Kapitel 4.3.2.1 beschriebenen Problems müßten Abschreibung und kalkulatorische Zinsen so bemessen sein, daß konstante Cash Flows zu
gleichbleibenden Residualgewinnen führen, also einem gleichbleibenden Kapitaldienst gegenübergestellt werden. Damit das Lücke-Theorem gilt, muß zusätzlich der Barwert des Kapitaldienstes der Anschaffungsauszahlung entsprechen.
SOLOMONS stellte 1965 mit einem Annuitätenverfahren eine Abschreibungsmethodik vor, die diesen Effekt erzielt.[550] Die Annuität ist eine periodenunabhängi-
ge Größe, ihr Barwert entspricht der Investitionssumme. Die Annuität entspricht
dem Kapitaldienst $D$ und wird durch Multiplikation der Investitionsauszahlung
mit dem Annuitätenfaktor oder Wiedergewinnungsfaktor bestimmt:[551]

$$D_t = Ab_t + B_{t-1} \cdot i = I_0 \cdot \frac{i \cdot (1+i)^T}{(1+i)^T - 1} = \text{const. für alle } t. \qquad (4.11)$$

Ähnlich einem Annuitätendarlehen, bei dem Kreditzinsen und Kapitalrückzahlung im Zeitablauf eine konstante Summe ergeben, wird der Investitionsbetrag
in Abhängigkeit von Laufzeit und Kalkulationszins in gleichbleibende Raten

---

[550] Vgl. *Solomons, David*: [Performance], a.a.O., S. 135 f. *Solomons* bestimmt die Abschreibung der ersten Periode aus dem Produkt der Anschaffungsauszahlung und dem Ren-
tenendwertfaktor. Die Abschreibungen der nächsten Periode ergeben sich jeweils durch
Multiplikation der Abschreibung der Vorperiode mit dem Zinsfaktor $(1 + i)$. Zuzüglich
den Zinsen auf das gebundene Kapital der Vorperiode ergibt sich eine der Annuität äquivalente Belastung. In der deutschen Literatur wurde von *Zimmermann* bereits 1959 ein
Verfahren zur Bestimmung des durchschnittlich gebundenen Kapitals für die Berechnung
des ROI vorgestellt, das zu identischen Kapitaldiensten wie die Annuitätenabschreibung
führt. Vgl. *Zimmermann, Günter*: Der Ertrag des investierten Kapitals in Industriebetrieben, in: ZfB, 29. Jg. (1959), S. 146-165, hier S. 151; *ders.*: Die Ermittlung des im Anlagevermögen investierten Kapitals als Grundlage für die Errechnung des return on investment, in: DB, 12. Jg. (1959), S. 1033 f.
[551] Zur Annuität vgl. z.B. *Hax, Herbert*: [Investitionstheorie], a.a.O., S. 14.

aufgeteilt, die sich aus Abschreibungsbetrag ($\hat{=}$ Kapitalrückzahlung) und kalku-latorischen Zinsen ($\hat{=}$ Kreditzinsen) zusammensetzen.

Im Beispiel ergibt sich aus der Investitionssumme von 50.000,00 € und dem Kalkulationszins von 10 % eine Annuität von 9.372,20 €. Die kalkulatorischen Zinsen in der ersten Periode sind festgelegt (10 % von 50.000,00 € Anschaf-fungsauszahlung). Damit ergibt sich eine Abschreibung in Höhe von 4.372,20 € (9.372,20 € – 5.000,00 €). Der Buchwert zu Beginn der zweiten Periode ist demnach 45.627,80 € (50.000,00 € – 4.372,20 €), was zu kalkulatorischen Zin-sen in Höhe von 4.562,78 € führt, die Abschreibung steigt auf 4.809,42 €. Die Summe aus Abschreibung und kalkulatorischen Zinsen (Kapitaldienst) beträgt wieder 9.372,20 €. Analog werden die Zinsen und Abschreibungen aller weite-ren Perioden berechnet. Da von den konstanten Cash Flows ein jeweils gleich-bleibender Kapitaldienst abgezogen wird, bleiben die Residualgewinne über alle Perioden konstant. Die Tabelle zeigt das komplette Zahlenbeispiel, auf die Dar-stellung des (kaufmännischen) Gewinns wurde hier verzichtet.

| Jahr | Cash Flow | | konstante | kalk. | daraus | Buchwert | Residualgewinn | |
|------|-----------|-----------|-----------|--------|----------|----------|----------------|------------|
| | nominal | diskontiert | Belastung | Zinsen | Abschr. | inv. Kap. | nominal | diskontiert |
| 2001 | –50.000,00 | –50.000,00 | | | | 50.000,00 | | |
| 2002 | 9.500,00 | 8.636,36 | 9.372,20 | 5.000,00 | 4.372,20 | 45.627,80 | 127,80 | 116,18 |
| 2003 | 9.500,00 | 7.851,24 | 9.372,20 | 4.562,78 | 4.809,42 | 40.818,38 | 127,80 | 105,62 |
| 2004 | 9.500,00 | 7.137,49 | 9.372,20 | 4.081,84 | 5.290,36 | 35.528,02 | 127,80 | 96,02 |
| 2005 | 9.500,00 | 6.488,63 | 9.372,20 | 3.552,80 | 5.819,40 | 29.708,62 | 127,80 | 87,29 |
| 2006 | 9.500,00 | 5.898,75 | 9.372,20 | 2.970,86 | 6.401,34 | 23.307,28 | 127,80 | 79,35 |
| 2007 | 9.500,00 | 5.362,50 | 9.372,20 | 2.330,73 | 7.041,47 | 16.265,80 | 127,80 | 72,14 |
| 2008 | 9.500,00 | 4.875,00 | 9.372,20 | 1.626,58 | 7.745,62 | 8.520,18 | 127,80 | 65,58 |
| 2009 | 9.500,00 | 4.431,82 | 9.372,20 | 852,02 | 8.520,18 | 0,00 | 127,80 | 59,62 |
| Σ | 26.000,00 | 681,80 | 74.977,61 | 24.977,61 | 50.000,00 | | | 681,80 |

Tabelle 21: Residualgewinn bei Annuitäten-Abschreibung

Auch hier gilt das Lücke-Theorem, so daß der Barwert der Residualgewinne gleich dem Kapitalwert der Investition ist (681,80 C).[552] Der Manager, wird er über den Residualgewinn entlohnt, wird das Projekt jetzt unabhängig von sei-nem Planungshorizont und seinem individuellen Kalkulationszins durchführen, da es bereits in der ersten Periode zu positiven Prämien (bzw. Bemessungs-grundlagen) führt und der Barwert der Prämien auch bei noch so hohen Diskon-

---

[552] Der Barwert der Kapitaldienste aus Abschreibung und kalkulatorischen Zinsen entspricht der Investitionssumme, da sich deren Höhe aus der annualisierten Investitionssumme er-gibt, vgl. auch Fn. 511.

tierungsraten nicht negativ wird.[553] Positive konstante Residualgewinne entstehen dann und nur dann, wenn der Kapitalwert der Investition positiv ist, die Ziele von Manager und Zentrale stimmen überein.

### 4.3.2.3. Abschreibung nach dem Tragfähigkeitsprinzip

### 4.3.2.3.1. Modelle von Rogerson und Reichelstein

Die Annuitätenmethode geht vom unrealistischen Fall konstanter Cash Flows aus. Bei schwankenden Cash Flows muß der Kapitaldienst $D$ einer Periode $t$ relativ zu dem in der jeweiligen Periode erzielten Cash Flow $CF_t$ ermittelt werden, so daß das „Profil" der Cash Flows mit dem der Residualgewinne übereinstimmt. Der Kapitaldienst bzw. die Abschreibung einer Periode ist gemäß der Tragfähigkeit der Periode zu bemessen, die sich aus der Höhe des Perioden-Cash-Flow im Vergleich zu den übrigen Cash Flows ergibt. Von ROGERSON und REICHELSTEIN stammen mehrere Modelle, die dieses Tragfähigkeitsprinzip umsetzen und zeigen, wie die Berechnung der äquivalenten Abschreibungen im Fall von im Zeitablauf schwankenden Überschüssen erfolgen muß.[554] Als Bemessungsgrundlage $BG_t$[555] kommt zunächst je nach Parameterkonstellation ein Zahlungsüberschuß, Gewinn oder auch Residualgewinn in Frage:[556]

$$BG_t = f_1 \cdot CF_t - f_2 \cdot Ab_t - f_3 \cdot i \cdot B_{t-1}. \qquad (4.12)$$

„The coefficients [ $f_1, f_2$, and $f_3$, der Verf.], as well as the depreciation schedule are viewed as design variables in order to provide the desired incentive."[557] Eine Beteiligung an Zahlungsüberschüssen ( $f_1 > 0$; $f_2 = f_3 = 0$) scheidet bei ungedul-

---

[553]  Die Zahlungsreihe der nominalen Residualgewinne hat keinen internen Zinsfuß, daher kann der Barwert nicht kleiner null werden.

[554]  Vgl. *Rogerson, William P.*: [Cost Allocation], a.a.O., insb. S. 789-791; *Reichelstein, Stefan*: [Investment Decisions], a.a.O., insb. 167-170; *ders.*: [Managerial Incentives], a.a.O., insb. S. 252-259; *Dutta, Sunil/Reichelstein, Stefan*: Controlling [Investment Decisions]: Hurdle Rates and Intertemporal Cost Allocation, Working Paper, Haas School of Business, University of California at Berkeley, Berkeley 1999, insb. S. 11-18. Ähnlich auch *Wagenhofer, Alfred/Riegler, Christian*: [Managemententlohnung], a.a.O., S. 86.

[555]  *Reichelstein* spricht von einem *Performance Measure* $\pi$. Vgl. *Reichelstein, Stefan*: [Managerial Incentives], a.a.O., S. 245 und 249; *ders.*: [Investment Decisions], a.a.O., S. 161. *Rogerson, William P.*: [Cost Allocation], a.a.O., S. 778 bezeichnet sein Performancemaß mit $y$. Vgl. ferner die Zusammenfassung der Modelle von *Pfaff, Dieter/Kunz, Alexis H./Pfeiffer, Thomas*: Wertorientierte [Unternehmenssteuerung] und das Problem des ungeduldigen Managers, in: WiSt, 29. Jg. (2000), S. 562-568, hier S. 564.

[556]  Darstellung nach *Reichelstein, Stefan*: [Managerial Incentives], a.a.O., S. 161.

[557]  *Reichelstein, Stefan*: [Managerial Incentives], a.a.O., S. 161.

digen Managern aus.[558] Einfache Gewinne ($f_1 > 0$; $f_2 > 0$; $f_3 = 0$) kommen aufgrund mangelnder Identität von Entscheidungs- und Kontrollrechnung nicht in Frage, so daß die Modelle im Ergebnis einen Residualgewinn ($f_1 > 0$; $f_2 > 0$; $f_3 > 0$) als Bemessungsgrundlage heranziehen.[559] Für die weiteren Schritte zur Ableitung der Bemessungsgrundlage können die Parameter einheitlich auf eins normiert werden, da lediglich nach einer Abschreibungsregel gesucht wird, die die Bemessungsgrundlage Residualgewinn so ausgestaltet, daß der Manager dann und nur dann eine positive Bemessungsgrundlage ausweisen kann, wenn der Nettokapitalwert der Investition größer Null ist.[560] Die konkrete Gestalt der Belohnungsfunktion wird weder in den Modellen noch in dieser Arbeit näher analysiert.[561] Gleichung (4.12) vereinfacht sich dann zu (4.12)'. Gestaltungsvariable ist die Abschreibungsregel:

$$BG_t = CF_t - Ab_t - \iota \cdot B_{t-1} = G_{Re,t}'. \tag{4.12}'$$

In den Modellen wird zunächst angenommen, daß sich die Zahlungsüberschüsse $CF_t$ eines Investitionsprojekts mit Anschaffungskosten von $B_0$ und einer Laufzeit von $T$ Perioden ergeben als Produkt aus einer absoluten Profitabilität $\bar{y}$ des Projekts und einem periodenspezifischen Verteilungsparameter $x_t$. Nur der Manager kennt die absolute Profitabilität $\bar{y}$. Sie kann als „Normalertrag" der Investition interpretiert werden. Die zeitlichen Verteilungsparameter $x_t$ sind dagegen sowohl dem Manager als auch der kontrollierenden Zentrale bekannt. Sie geben gewissermaßen das „Profil" der Zahlungsströme wieder:

$$CF_t = x_t \cdot \bar{y}, \text{ wobei} \tag{4.13}$$
$$x_t \in \{x_1; \dots ; x_T\}, \text{ mit } x_t > 0 \text{ für alle } t.$$

Es sei nun $a_t$ ein Parameter, der den Kapitaldienst $D$ des Zahlungsüberschusses der Periode $t$ aus Abschreibung und kalkulatorischen Zinsen in Abhängigkeit der Anfangsauszahlung $B_0$ der Investition ausdrückt. Anders als im Fall der konstanten Cash Flows ist der Kapitaldienst nicht mehr gleich hoch in allen Perioden. Vielmehr muß das Tragfähigkeitsprinzip eingehalten werden, was einer zu

---

[558] Siehe Kapitel 3.4.2.

[559] Vgl. *Reichelstein, Stefan*: [Managerial Incentives], a.a.O., S. 161; *ders.*: [Investment Decisions], a.a.O., S. 162 und 173; *Rogerson, William P.*: [Cost Allocation], a.a.O., S. 793; *Pfaff, Dieter/Kunz, Alexis H./Pfeiffer, Thomas*: [Unternehmenssteuerung], a.a.O., S. 565.

[560] Vgl. z.B. *Reichelstein, Stefan*: [Investment Decisions], a.a.O., S. 157 und 162.

[561] Unterstellt ist eine lineare Entlohnungsfunktion gemäß Gleichung (2.1). Vgl. *Reichelstein, Stefan*: [Investment Decisions], a.a.O., S. 161. *Dutta, Sunil/Reichelstein, Stefan*: Controlling [Investment Decisions], a.a.O. gehen explizit von einem LEN-Modell aus.

der Verteilung der Zahlungsüberschüsse äquivalenten Verteilung des Kapitaldienstes gleichkommt. Dementsprechend muß gelten:[562]

$$\frac{a_\tau}{a_\upsilon} = \frac{x_\tau}{x_\upsilon}\,; \text{ für alle } \tau, \upsilon \in \{1, \dots, t, \dots, T\}. \tag{4.14}$$

Die Summe der diskontierten Parameter für die Kapitaldienste $a_t$ muß eins ergeben, anderenfalls werden die Kosten der Investition nicht vollständig verteilt
und das Lücke-Theorem gilt nicht:[563]

$$\sum_{t=1}^{T} \frac{a_t}{(1+i)^t} = 1. \tag{4.15}$$

Für eine beliebige Periode $t$, den zugehörigen Cash-Flow-Verteilungsparameter
$x_t$ und den Zinssatz $i$ ergibt sich $a_t$ mit (4.14) und (4.15) zu:[564]

$$a_t = \frac{x_t}{\sum_{\tau=1}^{T} \frac{x_\tau}{(1+i)^\tau}}. \tag{4.16}$$

Diese Verteilungsregel der Investitionskosten wird *Relative Marginal Benefits
Allocation Rule*[565] oder *Relative Benefit Depreciation Schedule*[566] genannt. Die
Kapitaldienste jeder Periode ergeben sich aus $D_t = a_t \cdot B_0$; die rechnerische Aufteilung in Abschreibung und kalkulatorische Zinsen erfolgt wie im Fall der konstanten Cash Flows durch $Ab_t = a_t \cdot B_0 - i \cdot B_{t-1}$. Der Residualgewinn der Periode t ergibt sich zu:

$$G_{Re,t} = CF_t - a_t \cdot B_0 = x_t \cdot \bar{y} - \frac{x_t}{\sum_{\tau=1}^{T} \frac{x_\tau}{(1+i)^\tau}} \cdot B_0. \tag{4.17}$$

Verdeutlicht sei dieses Abschreibungsverfahren an einem weiteren Zahlenbeispiel. Die Investition wirft einen „Normalertrag" in Höhe von 10.000,00 € ab

---

[562] Dies entspricht $\frac{D_\tau}{D_\upsilon} = \frac{CF_\tau}{CF_\upsilon}$ für alle $\tau, \upsilon \in \{1, \dots, t, \dots, T\}$.

[563] Vgl. erneut Fn. 511.

[564] Beweis im Anhang.

[565] Vgl. *Rogerson, William P.*: [Cost Allocation], a.a.O., S. 790.

[566] Vgl. *Reichelstein, Stefan*: [Managerial Incentives], a.a.O., S. 255.

($\bar{y}$), der jedoch nicht in allen Perioden realisiert werden kann. Zum Beispiel schmälern im ersten Jahr Anlaufschwierigkeiten den Erlös, gegen Ende der Nutzungsdauer belasten Abnutzungserscheinungen die Erträge aus der Investition und im vierten Jahr sorgt ein Nachfrageschub für überdurchschnittlich hohe Zuflüsse. Diese periodenspezifischen Verteilungsparameter ($x_t$) seien allgemein bekannt und führen mit $\bar{y}$ zu den jeweiligen $CF_t$. Die Investition in Höhe von 50.000,00 € habe wieder eine Lebensdauer von acht Jahren, ein Resterlös ist nicht zu erwarten:

| Jahr | x | Cash Flow | | a | variable | davon | Buchwert | Residualgewinn | |
|------|-----|-----------|------------|------|----------|------------|-----------|----------|------------|
| | | nominal | diskontiert | | Belastung | Abschr.[567] | inv. Kap. | nominal | diskontiert |
| 2001 | | −50.000,00 | −50.000,00 | | | | 50.000,00 | | |
| 2002 | 0,90 | 9.000,00 | 8.181,82 | 0,18 | 8.838,46 | 3.838,46 | 46.161,54 | 161,54 | 146,86 |
| 2003 | 1,00 | 10.000,00 | 8.264,46 | 0,20 | 9.820,51 | 5.204,36 | 40.957,10 | 179,49 | 148,34 |
| 2004 | 1,00 | 10.000,00 | 7.513,15 | 0,20 | 9.820,51 | 5.724,79 | 35.232,39 | 179,49 | 134,85 |
| 2005 | 1,20 | 12.000,00 | 8.196,16 | 0,24 | 11.784,61 | 8.261,37 | 26.971,02 | 215,39 | 147,11 |
| 2006 | 1,00 | 10.000,00 | 6.209,21 | 0,20 | 9.820,51 | 7.123,41 | 19.847,61 | 179,49 | 111,45 |
| 2007 | 1,00 | 10.000,00 | 5.644,74 | 0,20 | 9.820,51 | 7.835,75 | 12.011,86 | 179,49 | 101,32 |
| 2008 | 0,80 | 8.000,00 | 4.105,26 | 0,16 | 7.856,41 | 6.655,22 | 5.356,64 | 143,59 | 73,69 |
| 2009 | 0,60 | 6.000,00 | 2.799,04 | 0,12 | 5.892,31 | 5.356,64 | 0,00 | 107,69 | 50,24 |
| Σ | | 25.000,00 | 913,85 | | 73.653,83 | 50.000,00 | | | 913,85 |

Tabelle 22: Residualgewinn bei Verfahren nach ROGERSON und REICHELSTEIN

Der Kapitalwert bestimmt sich zu 913,85 €, das Projekt ist damit vorteilhaft. Für jede Periode ergeben sich den Cash Flows äquivalente Kapitaldienste und (nominale) Residualgewinne. Es gilt nämlich z.B.:

$$\frac{0,9}{1,0} = \frac{8.838,46}{9.820,51} = \frac{161,54}{179,49} \text{ (für die Perioden 2002 und 2003).}$$

Analog zum Annuitätenverfahren herrscht unabhängig von Planungshorizont und Opportunitätskosten des Managers Zielkonformität mit der Zentrale. Ist der Kapitalwert der Investition positiv, ergeben sich für alle Perioden positive Residualgewinne, der Manager steigert mit der Auswahl und Durchführung der Investition seinen persönlichen Nutzen.

Wendet man diese Abschreibungsmethodik auf den Fall konstanter Cash Flows an (in diesem Fall ist $x_t = 1$ für alle $t$), ergeben sich die gleichen Ergebnisse wie mit dem Annuitätenverfahren, so daß sich dieses als Sonderfall des Allokations-

---

[567] Auf die Darstellung der kalkulatorischen Zinsen wurde verzichtet.

schemas nach REICHELSTEIN/ROGERSON bezeichnen läßt. Für $x_t = 1$ für alle $t$ gilt nämlich:[568]

$$a_t \cdot B_0 = \frac{x_t}{\sum_{\tau=1}^{T} \frac{x_\tau}{(1+i)^\tau}} \cdot B_0 = \frac{1}{\sum_{\tau=1}^{T} \frac{1}{(1+i)^\tau}} \cdot B_0 = \frac{i \cdot (1+i)^T}{(1+i)^T - 1} \cdot B_0, \qquad (4.18)$$

was der Berechnung des Kapitaldienstes in (4.11) entspricht.

Die Modellergebnisse erweisen sich als äußerst robust gegenüber Modellvariationen.[569] Während die Grundversionen von ROGERSON und REICHELSTEIN von *Moral-Hazard*-Problemen abstrahieren und lediglich first-best-Lösungen aufzeigen,[570] bezieht eine Modellerweiterung von REICHELSTEIN den Arbeitseinsatz des Managers explizit mit ein.[571] DUTTA/REICHELSTEIN zeigen schließlich in einem LEN-Modell mit *Hidden Action* und *Hidden Information*, daß die *Relative Marginal Benefits Allocation Rule* bzw. die *Relative Benefit Depreciation Schedule* auch im Falle von zwei um die Mittelvergabe konkurrierenden Agenten oder bei explizitem Einbezug der Risikoaversion des Agenten als einzige Abschreibungsmethode den Agenten veranlaßt, sich im Sinne des Prinzipals zu verhalten.[572] „This result lends further support to the growing reliance on residual income as a divisional performance measure. It reinforces that from a control perspective it is essential to tailor depreciation charges to the intertemporal distribution of project cash flow. Otherwise a principal could not use accounting information for solving control problems in a robust fashion."[573] Mit der Modell-

---

[568]  $\sum_{t=1}^{T} \frac{1}{(1+i)^t} = \frac{(1+i)^T - 1}{i \cdot (1+i)^T}$, vgl. z.B. *Kruschwitz, Lutz*: [Finanzmathematik], 2. Aufl., München 1995, S. 234; *Rogerson, William P.*: [Cost Allocation], a.a.O., S. 791; *Reichelstein, Stefan*: [Managerial Incentives], a.a.O., S. 255.

[569]  Grundlage für alle Modelle ist das einperiodige Modell von *Antle, Rick/Eppen, Gary D.*: Capital Rationing and Organizational Slack in Capital Budgeting, in: MSci, Vol. 31 (1985), S. 163-174.

[570]  Vgl. zusammenfassend *Reichelstein, Stefan*: [Managerial Incentives], a.a.O., S. 245; *Dutta, Sunil/Reichelstein, Stefan*: [Investment Decisions], a.a.O., S. 2.

[571]  Vgl. *Reichelstein, Stefan*: [Managerial Incentives], a.a.O., S. 247 und 255-259; *Dutta, Sunil/Reichelstein, Stefan*: [Investment Decisions], a.a.O., S. 2. Die Modellierung beschränkt sich aber auf den Arbeitseinsatz des Managers bei der Auswahl der Investition, die aus ihr resultierenden Zahlungsüberschüsse sind exogen gegeben. Der Agent erhält dadurch Anreize, die first-best-Entscheidung zu treffen.

[572]  Vgl. *Dutta, Sunil/Reichelstein, Stefan*: [Investment Decisions], a.a.O., S. 3, 13 f., 17 und 20 f. mit jeweils wechselnden Modellrahmen. Siehe dazu auch Tabelle 36 im Anhang.

[573]  *Dutta, Sunil/Reichelstein, Stefan*: [Investment Decisions], a.a.O., S. 21. Mit „Intertemporal Distribution" ist eine Abschreibung nach der Relative Marginal Benefits Allocation

variation weicht aber die Höhe des zur Bestimmung des Kapitaldienstes herangezogenen Kapitalkostensatzes von der Höhe der tatsächlichen Kapitalkosten ab.[574] Die Folgen dieser Abweichung stellen im Modell die Agency-Kosten dar.

### 4.3.2.3.2. (Normierte) Ertragswertabschreibung und Earned Economic Income

Die gemäß dem Tragfähigkeitsprinzip bzw. deren Sonderform, der Annuitätenmethode, ermittelten Abschreibungen steigen im Zeitablauf.[575] Eine Anwendung anreizkompatibel bemessener Residualgewinne zur Steuerung des Managers erfordert eine separate „Anlagenbuchhaltung", da progressive Abschreibungen ermittelt werden müssen, die nicht aus handels- oder steuerrechtlicher Bilanzierung schon vorhanden wären. Auch STEWART weist auf die Vorteilhaftigkeit progressiver Abschreibung hin und umschreibt unter dem Begriff *„Sinking-Fund Depreciation"* die Annuitätenmethode.[576] Um Abschreibungen nach dem beschriebenen Allokationsschema bemessen zu können, muß die Unternehmenszentrale als Prinzipal Kenntnis über das Cash-Flow-Profil, also über die jeweiligen $x_t$ haben. „Daß diese Informationen generell vorliegen, muß bezweifelt werden."[577] Bei Investitionsvorhaben, die keine Innovation darstellen, erscheint die Annahme, daß die Zentrale zumindest eine Vorstellung über das Cash-Flow-Profil im „Lebenszyklus" des Projekts hat, aber plausibel: „Imperfect matching may ... still allow for better incentive provisions than no matching at all."[578]

Zur näheren Untersuchung der in Kapitel 4.3.2.3.1 vorgestellten Allokationsregel soll im folgenden die Ertragswertabschreibung betrachtet werden. Bei einer Ertragswertabschreibung handelt es sich um eine Abschreibung in Höhe der Differenz zwischen dem Ertragswert der Vorperiode und dem Ertragswert der Betrachtungsperiode nach Abzug des Zahlungsüberschusses.[579] Zusammen mit den

---

Rule bzw. der Relative Benefit Depreciation Schedule gemeint. Kritisch anzumerken ist die Verwendung des internen Zinsfußes für die Herleitung der Modellergebnisse.

[574] Vgl. *Dutta, Sunil/Reichelstein, Stefan*: [Investment Decisions], a.a.O., S. 13 und 17.

[575] Im Zahlenbeispiel der schwankenden Cash Flows wird dies bei Betrachtung der Perioden 2001, 2002, 2004 und 2005 deutlich, die nominal gleiche Zahlungsüberschüsse aufweisen.

[576] Vgl. *Stewart III, G. Bennett*: [Fact and Fantasy], a.a.O., S. 80. Zur Auswirkung eines konstanten Kapitaldienstes bei variablen Cash Flows siehe Kapitel 4.4.4. Ein Hinweis auf die praktische Umsetzung von Abschreibungen nach dem Tragfähigkeitsprinzip findet sich bei *Nowak, Thomas*: [Hoechst], a.a.O., S. 112 f.

[577] *Pfaff, Dieter*: [Residualgewinne], a.a.O., S. 67.

[578] *Reichelstein, Stefan*: [Managerial Incentives], a.a.O., S. 261. „Matching" meint hier die Bestimmung des Kapitaldienstes gemäß dem Tragfähigkeitsprinzip.

[579] Vgl. *Schneider, Dieter*: [Rechnungswesen], a.a.O., S. 265.

kalkulatorischen Zinsen auf den Ertragswert der jeweiligen Vorperiode ergibt sich der Zahlungsüberschuß der Periode. Anders formuliert: Um den Ertragswert nicht anzugreifen, darf vom Zahlungsüberschuß einer Periode maximal der Betrag der kalkulatorischen Zinsen auf den Ertragswert der Vorperiode entnommen werden.[580] Die Ertragswertabschreibung hängt eng mit dem ökonomischen Gewinn zusammen: „Ökonomischer Gewinn und »ökonomisch richtige« Abschreibungen (Ertragswertabschreibung) beruhen auf ein und demselben Gedankengang …".[581] Die zwangsläufige Folge solcher Ertragswertabschreibungen sind Residualgewinne in Höhe von Null, da implizit angenommen wird, daß der Ertragswert (der Bruttokapitalwert) der Anschaffungsauszahlung entspricht und sich somit ein Nettokapitalwert von Null ergibt, wie auch das fortgeführte Beispiel aus Kapitel 4.3.2.3.1 zeigt:

| Jahr | Cash Flow nominal | (Rest-) EW | EW-Änderung | Zinsen auf EW | Belastung | Residual-gewinn |
|------|------|------|------|------|------|------|
| 2001 | −50.000,00 | 50.913,85 | | | | |
| 2002 | 9.000,00 | 47.005,24 | 3.908,61 | 5.091,39 | 9.000,00 | 0,00 |
| 2003 | 10.000,00 | 41.705,76 | 5.299,48 | 4.700,52 | 10.000,00 | 0,00 |
| 2004 | 10.000,00 | 35.876,34 | 5.829,42 | 4.170,58 | 10.000,00 | 0,00 |
| 2005 | 12.000,00 | 27.463,97 | 8.412,37 | 3.587,63 | 12.000,00 | 0,00 |
| 2006 | 10.000,00 | 20.210,37 | 7.253,60 | 2.746,40 | 10.000,00 | 0,00 |
| 2007 | 10.000,00 | 12.231,40 | 7.978,96 | 2.021,04 | 10.000,00 | 0,00 |
| 2008 | 8.000,00 | 5.454,55 | 6.776,86 | 1.223,14 | 8.000,00 | 0,00 |
| 2009 | 6.000,00 | 0,00 | 5.454,55 | 545,45 | 6.000,00 | 0,00 |
| Σ | 25.000,00 | | 50.913,85 | 24.086,15 | 75.000,00 | 0,00 |

Tabelle 23: Ertragswertabschreibung

Die Beispielinvestition hat einen Ertragswert von 50.913,85 €. Im Zeitablauf sinkt der Barwert der noch ausstehenden Cash Flows wie in der Spalte (Rest-) Ertragswert angezeigt. Die Ertragswertänderung ergibt zusammen mit den kalkulatorischen Zinsen auf den Ertragswert der Vorperiode den Kapitaldienst in Höhe des erzielten Cash Flow:[582]

Die in den Modellen von ROGERSON und REICHELSTEIN berechneten Abschreibungen weisen eine gewisse Ähnlichkeit zur Ertragswertabschreibung auf. Dabei wird jedoch nicht der Bruttokapitalwert, sondern nur die Anschaffungsauszahlung abgeschrieben, so daß der Nettokapitalwert „erhalten" bleibt. Im Ergebnis wird durch Anwendung der *Relative Benefit Depreciation Schedule* oder der *Relative Marginal Benefits Allocation Rule* das Verhältnis aus Anschaffungs-

---

[580]   Vgl. *Schneider, Dieter*: [Rechnungswesen], a.a.O., S. 265.
[581]   *Schneider, Dieter*: [Finanzierung], a.a.O., S. 214.
[582]   Vgl. auch die Darstellung des ökonomischen Gewinns in Tabelle 7.

auszahlung zum Ertragswert multipliziert mit der Ertragswertänderung, also weniger als die Ertragswertänderung abgeschrieben.[583] Berechnet man die Periodenabschreibungen nach diesem Verfahren, ergeben sich identische Werte zum Ausgangsbeispiel in 4.3.2.3.1:[584]

| Jahr | Cash Flow nominal | (Rest-) EW | EW- änderung | norm. EW- Abschr. | Buchwert inv. Kap. | kalk. Zinsen | Residualgewinn nominal | Residualgewinn diskontiert |
|---|---|---|---|---|---|---|---|---|
| 2001 | -50.000,00 | 50.913,85 | | | 50.000,00 | | | |
| 2002 | 9.000,00 | 47.005,24 | 3.908,61 | 3.838,46 | 46.161,54 | 5.000,00 | 161,54 | 146,86 |
| 2003 | 10.000,00 | 41.705,76 | 5.299,48 | 5.204,36 | 40.957,18 | 4.616,15 | 179,49 | 148,34 |
| 2004 | 10.000,00 | 35.876,34 | 5.829,42 | 5.724,79 | 35.232,39 | 4.095,72 | 179,49 | 134,85 |
| 2005 | 12.000,00 | 27.463,97 | 8.412,37 | 8.261,37 | 26.971,02 | 3.523,24 | 215,39 | 147,11 |
| 2006 | 10.000,00 | 20.210,37 | 7.253,60 | 7.123,41 | 19.847,61 | 2.697,10 | 179,49 | 111,45 |
| 2007 | 10.000,00 | 12.231,40 | 7.978,96 | 7.835,75 | 12.011,86 | 1.984,76 | 179,49 | 101,32 |
| 2008 | 8.000,00 | 6.464,66 | 6.776,86 | 6.655,22 | 5.356,64 | 1.201,19 | 143,59 | 73,09 |
| 2009 | 6.000,00 | 0,00 | 5.454,55 | 5.356,64 | 0,00 | 535,66 | 107,69 | 50,24 |
| Σ | 25.000,00 | | 50.913,85 | 50.000,00 | | 23.653,83 | | 913,85 |

Tabelle 24: Normierte Ertragswertabschreibung

Die in Kapitel 4.3.2.3.1 vorgestellte Abschreibungsmethode führt im Ergebnis also zu einer modifizierten („normierten") Ertragswertabschreibung.[585]

In Großbritannien stellten GRINYER und GRINYER ET AL. in den späten 80er und frühen 90er Jahren mit dem „Earned Economic Income" (EEI) ein weiteres Residualgewinnkonzept vor.[586] Dieses Modell „... combines the ‚matching' and

---

[583]  *Gillenkirch/Schabel* sprechen von „normierter" Ertragswertabschreibung. Vgl. *Gillenkirch, Robert M./Schabel, Matthias M.*: [Periodenerfolgsrechnung], a.a.O., S. 237.

[584]  Allgemein: $Ab_t = \dfrac{B_0}{BKW_0} \cdot (EW_{t-1} - EW_t)$; für 2006 z.B.: $7.123,41 = \dfrac{50.000,00}{50.913,85} \cdot 7.253,60$.

[585]  Abschreibungen auf Basis von Kapitalwertänderungen stehen auch im Mittelpunkt des investitionstheoretischen Ansatzes der Kostenrechnung, vgl. *Küpper, Hans-Ulrich*: Investitionstheoretische Fundierung der Kostenrechnung, in: zfbf, 37. Jg. (1985), S. 26-46, der aber andere Ziele verfolgt und daher nicht zum Vergleich herangezogen werden kann.

[586]  Vgl. *Grinyer, John R.*: [Earned Economic Income] – A Theory of Matching, in: Abacus, Vol. 21 (1985), S. 130-148; *ders.*: A new Approach to Depreciation, in: Abacus, Vol. 23 (1987), S. 43-54; *ders.*: Revaluation of fixed Assets in Accruals Accounting, in: ABR, Vol. 18 (1987), S. 17-24; *ders.*: The Concept and Computation of Earned Economic Income: A Reply, in: JBFA, Vol. 20 (1993), S. 747-753; *ders.*: Analytical Properties of Earned Economic Income – A Response and Extension, in: BAR, Vol. 27 (1995), S. 211-228; *Grinyer, John R./Elbadri, Abdussalam M.*: Empirically Testing a new Accounting Model, in: BAR, Vol. 19 (1987), S. 247-256; *dies.*: A Case Study on Interest Adjusted Accounting using EEI, in: ABR, Vol. 19 (1989), S. 327-341; *Grinyer, John R./Kouhy, Reza/Elbadri, Abdussalam M.*: Managers' Responses on EEI, in: ABR, Vol. 22 (1992), S.

‚earned income' aspects of conventional accounting with the discounted-present-value logic of ‚economic income'."[587]. GRINYERS EEI berechnet sich wie folgt:[588]

$$EEI_t = CF_t - \frac{B_0}{\sum_{\tau=1}^{T} \frac{CF_\tau}{(1+i)^\tau}} \cdot CF_t. \tag{4.19}$$

Durch Umformung gelangt man zu:

$$EEI_t = CF_t \cdot \left(1 - \frac{B_0}{BKW_0}\right) = CF_t \cdot \left(1 - \frac{1}{r_{KW}}\right) \text{ bzw.} \tag{4.20}$$

$$EEI_t = \frac{NKW_0}{BKW_0} \cdot CF_t. \tag{4.20}'$$

Auch dieses Verfahren führt im Ergebnis zu denselben residualen Überschuß-größen wie die Methode von ROGERSON und REICHELSTEIN und die normierte Ertragswertabschreibung. Formal läßt sich die Identität der Verfahren nach (1) Rogerson und Reichelstein, (2) Earned Economic Income und (3) normierter Ertragswertabschreibung durch den Vergleich der Kapitaldienste, zusammenge-setzt aus Abschreibung und kalkulatorischen Zinsen, zeigen:

Ad (1): Bei ROGERSON und REICHELSTEIN ergibt sich der Kapitaldienst $D$ einer Periode $t$ über den Parameter $a_t$ zu:

$$D_t = a_t \cdot B_0 = \frac{x_t}{\sum_{\tau=1}^{T} \frac{x_\tau}{(1+i)^\tau}} \cdot B_0. \tag{4.17}$$

Ad (2): Stellt man bei der Ermittlung des Earned Economic Income die Cash Flows wie in (4.13) als Produkt von periodenspezifischen Verteilungsparame-

---

249-259; *Grinyer, John R./Kouhy, Reza*: Matching and Incorrigibility – Reconsideration and Proposals, in: BAR, Vol. 25 (1993), S. 309-323.

[587] *Peasnell, Ken V.*: Analytical Properties of Earned Economic Income, in: BAR, Vol. 27 (1995), S. 5-33, hier S. 16. Vgl. auch *Skinner, Roy C.*: The strange Logic of Earned Economic Income, in: BAR, Vol. 30 (1998), S. 93-104.

[588] Vgl. *Grinyer, John C.*: [Earned Economic Income], a.a.O., S. 137, der die Formel verbal beschreibt.

tern $x_t$ und einem absoluten Profitabilitätsindex $\bar{y}$ dar, kommt man zum identischen Ergebnis. Vom Cash Flow der Periode abgezogen wird wieder:[589]

$$D_t = \frac{CF_t}{BKW_0} \cdot B_0 = \frac{x_t \cdot \bar{y}}{\sum_{\tau=1}^{T} \frac{x_\tau \cdot \bar{y}}{(1+i)^\tau}} \cdot B_0 = \frac{x_t}{\sum_{\tau=1}^{T} \frac{x_\tau}{(1+i)^\tau}} \cdot B_0. \qquad (4.21)$$

Ad (3): Bei Verwendung der normierten Ertragswertabschreibung errechnet sich der Kapitaldienst zu:

$$D_t = \frac{B_0}{BKW_0} \cdot \left( EW_{t-1} - EW_t \right) + i \cdot B_{t-1}. \qquad (4.22)$$

Es gilt $EW_{t-1} - EW_t = CF_t - i \cdot EW_{t-1}$.[590] Damit kann $D_t$ umgeformt werden zu:

$$
\begin{aligned}
D_t &= \frac{B_0}{BKW_0} \cdot \left( CF_t - i \cdot EW_{t-1} \right) + i \cdot B_{t-1} \\
&= \frac{CF_t}{BKW_0} \cdot B_0 - \frac{B_0 \cdot i \cdot EW_{t-1}}{BKW_0} + i \cdot B_{t-1} \\
&= \frac{CF_t}{BKW_0} \cdot B_0 - i \cdot \left( \frac{B_0 \cdot EW_{t-1}}{BKW_0} - B_{t-1} \right).
\end{aligned}
\qquad (4.23)
$$

Da der Term in Klammern Null ergibt,[591] führt auch die normierte Ertragswertabschreibung zu identischen Ergebnissen wie die beiden anderen vorgestellten Verfahren.

Für alle drei Verfahren gilt, daß in jeder Periode $t$ die Anschaffungsauszahlung abzüglich der bis dato kumulierten Abschreibungen zusammen mit dem Barwert der noch ausstehenden Residualgewinne exakt den (Rest-)Kapitalwert auf Cash-Flow-Basis ergeben:

---

[589]  Die Kapitalwertfunktion ist homogen vom Grade 1. Eine Funktion mit einem Homogenitätsgrad von 1 hat folgende Eigenschaft: $f(c \cdot x) = c \cdot f(x)$. In den Modellen von *Rogerson* und *Reichelstein* berechnet der Prinzipal den Barwert der ihm bekannten Verteilungsparameter $x_t$. Wird dieser Wert mit $\bar{y}$ multipliziert, ergibt sich der Bruttokapitalwert, den annahmegemäß aber nur der Manager kennt.

[590]  Vgl. z.B. *Schneider, Dieter*: [Rechnungswesen], a.a.O., S. 265.

[591]  Beweis im Anhang.

| Jahr | Cash Flow nominal | (Rest-) Kapitalwert | Investition | kumulierte Abschr. | Barwert der ausstehen- den Residualgewinne | Summe |
|------|------|------|------|------|------|------|
| 2001 | –50.000,00 | 50.913,85 | 50.000,00 | 0,00 | 913,85 | 50.913,85 |
| 2002 | 9.000,00 | 47.005,24 | 50.000,00 | 3.838,46 | 843,70 | 47.005,24 |
| 2003 | 10.000,00 | 41.705,76 | 50.000,00 | 9.042,82 | 748,58 | 41.705,76 |
| 2004 | 10.000,00 | 35.876,34 | 50.000,00 | 14.767,61 | 643,94 | 35.876,34 |
| 2005 | 12.000,00 | 27.463,97 | 50.000,00 | 23.028,98 | 492,95 | 27.463,97 |
| 2006 | 10.000,00 | 20.210,37 | 50.000,00 | 30.152,39 | 362,76 | 20.210,37 |
| 2007 | 10.000,00 | 12.231,40 | 50.000,00 | 37.988,14 | 219,54 | 12.231,40 |
| 2008 | 8.000,00 | 5.454,55 | 50.000,00 | 44.643,36 | 97,90 | 5.454,55 |
| 2009 | 6.000,00 | 0,00 | 50.000,00 | 50.000,00 | 0,00 | 0,00 |
|  |  |  |  |  |  |  |

Tabelle 25: Überleitungsrechnung

Formal läßt sich diese Identität wie folgt ausdrücken:[592]

$$\sum_{\tau=t+1}^{T} \frac{CF_\tau}{\left(1+i\right)^{\tau-t}} = B_0 - \sum_{\tau=1}^{t} B_0 \cdot \frac{\left(EW_{\tau-1} - EW_\tau\right)}{BKW_0} + \sum_{\tau=t+1}^{T} \frac{G_{Re,\tau}}{\left(1+i\right)^{\tau-t}}, \text{ für alle } t. \quad (4.24)$$

### 4.3.2.3.3.  Interne-Zinsfuß-Abschreibung

Ein der Ertragswertabschreibung ähnliches Konzept greift HESSE auf.[593] Beim Verfahren der Internen Zinsfuß-Abschreibung, auch Hotelling-Abschreibung[594] oder – allerdings irreführend – ökonomische Abschreibung[595] genannt, wird die Ertragswertänderung auf Basis des internen Zinsfußes der Investition ermittelt und als Abschreibung vom (Rest-) Buchwert abgezogen.[596] Für das schon be- kannte Beispiel ergibt sich ein interner Zins von 10,52 %. Die damit berechneten Ertragswertänderungen werden als Abschreibungen verwendet. Durch diese Konstruktion ergibt sich ein im Zeitablauf konstantes und mit dem internen Zinsfuß übereinstimmendes Verhältnis von Gewinn (5. Spalte) und investiertem

---

[592]  Beweis im Anhang.

[593]  Vgl. *Hesse, Thomas*: Periodischer [Unternehmenserfolg] zwischen Realisations- und An- tizipationsprinzip, Bern u.a. 1996, S. 139-146.

[594]  Nach *Hotelling, Harold*: A General Mathematical Theory of Depreciation, in: JASA, Vol. 20 (1925), S. 340-353, hier insb. S. 342-345.

[595]  Mit dem Begriff „ökonomische Abschreibung" ist traditionell eine Ertragswertabschrei- bung gemeint.

[596]  *Hesse* zitiert ein Zahlenbeispiel von *Skinner*, der dort aber nicht die Interne Zinsfuß- Abschreibung, sondern mit dem EEI eine normierte Ertragswertabschreibung durchführt. Vgl. *Skinner, Roy C.*: The Concept of Computation of Earned Economic Income: A Comment, in: JBFA, Vol. 20 (1993), S. 737-745, hier S. 740. Die Interne-Zinsfuß- Abschreibung beschreibt auch *Preinreich, Gabriel A. D.*: [Survey], a.a.O.

Kapital (3. Spalte). Dieser „ROIC" ist in der letzten Spalte dargestellt. Nachdem beim Verfahren des internen Zinsfußes der Bruttokapitalwert gleich der Anschaffungsauszahlung ist (Nettokapitalwert gleich null), addieren sich die Abschreibungen zur Anschaffungsauszahlung.

| Jahr | Cash Flow nominal | IZF-(Rest-) EW | Abschr. (= Δ EW) | kaufm. Gewinn | kalk. Zinsen | Residualgewinn nominal | diskontiert | Gewinn/ Kapital |
|------|-------------------|----------------|------------------|---------------|--------------|------------------------|-------------|-----------------|
| 2001 | -50.000,00 | 50.000,00 | | | | | | |
| 2002 | 9.000,00 | 46.259,97 | 3.740,03 | 5.259,97 | 5.000,00 | 259,97 | 236,34 | 10,52 % |
| 2003 | 10.000,00 | 41.126,50 | 5.133,48 | 4.866,52 | 4.626,00 | 240,53 | 198,78 | 10,52 % |
| 2004 | 10.000,00 | 35.452,98 | 5.673,51 | 4.326,49 | 4.112,65 | 213,84 | 160,66 | 10,52 % |
| 2005 | 12.000,00 | 27.182,62 | 8.270,37 | 3.729,63 | 3.545,30 | 184,34 | 125,90 | 10,52 % |
| 2006 | 10.000,00 | 20.042,21 | 7.140,40 | 2.859,60 | 2.718,26 | 141,33 | 87,76 | 10,52 % |
| 2007 | 10.000,00 | 12.150,64 | 7.891,57 | 2.108,43 | 2.004,22 | 104,21 | 58,82 | 10,52 % |
| 2008 | 8.000,00 | 5.428,88 | 6.721,76 | 1.278,24 | 1.215,06 | 63,18 | 32,42 | 10,52 % |
| 2009 | 6.000,00 | 0,00 | 5.428,88 | 571,12 | 542,89 | 28,23 | 13,17 | 10,52 % |
| Σ | 25.000,00 | | 50.000,00 | 25.000,00 | 23.764,38 | | 913,85 | |

Tabelle 26: Interne-Zinsfuß-Abschreibung

Diese Art der Abschreibung führt aber trotz konstanten Zahlungsüberschüssen zu abnehmenden (nominalen) Residualgewinnen, wie sich z.B. bei Vergleich der Werte für die Perioden 2003 und 2004 unmittelbar zeigt. Gerade das kann aber, wie oben gezeigt, entscheidend sein für die Anreizwirkung der Bemessungsgrundlage Residualgewinn. Die normierte Ertragswertabschreibung und deren verwandte Verfahren beheben diesen Mangel, so daß sich diesbezüglich durch die Interne-Zinsfuß-Abschreibung keine Verbesserung ergibt. Ferner muß die Zentrale zur Berechnung der Abschreibungen die Zahlungsströme in ihrer absoluten Höhe kennen, anderenfalls kann der interne Zins nicht bestimmt werden[597]. Hier erfordert das Verfahren nach ROGERSON und REICHELSTEIN eine geringere Information.

Denkbar ist auch die Berechnung einer Abschreibung auf Basis des Baldwin-Zinssatzes der Investition, die aber ebenfalls zu im Zeitablauf sinkenden Residualgrößen bei konstanten Überschüssen führt und ebenso weitreichende Informationsanforderungen stellt. Insofern bringt auch eine „Baldwin-Abschreibung" keine Vorteile.

---

[597] Mit den Verteilungsparametern $x_t$ und der nominalen Anschaffungsauszahlung alleine kann kein interner Zins bestimmt werden. Man benötigt zusätzlich die Relation „Normalertrag" zur Anschaffungsauszahlung. Hat man den „Normalertrag", die Verteilungsparameter und die Anschaffungsauszahlung, verfügt man über das gleiche Wissen wie der Manager und muß gar nicht erst delegieren.

## 4.3.2.4. Eignung für Auswahlentscheidungen

Bislang wurde nur eine einfache „Ja-Nein-Entscheidung" betrachtet. Der Manager mußte lediglich entscheiden, ob in das Projekt investiert wird oder nicht. Ist jedoch aus zwei sich gegenseitig ausschließenden Investitionsprojekten zu wählen, lassen sich schnell Fälle konstruieren, in denen die Verfahren Fehlentscheidungen induzieren, wie hier am Beispiel der Berechnung nach ROGERSON/REICHELSTEIN deutlich wird:

| Jahr | x | Cash Flow nominal | Cash Flow diskontiert | a | Belastung | davon Abschr. | Buchwert inv. Kap. | Residualgewinn nominal | Residualgewinn diskontiert |
|------|------|------------|------------|------|-----------|----------|-----------|--------|--------|
| 2001 |      | -50.000,00 | -50.000,00 |      |           |          | 50.000,00 |        |        |
| 2002 | 1,10 | 11.000,00  | 10.000,00  | 0,22 | 10.797,23 | 5.797,23 | 44.202,77 | 202,77 | 184,33 |
| 2003 | 0,93 | 9.250,00   | 7.644,63   | 0,18 | 9.079,49  | 4.659,21 | 39.543,55 | 170,51 | 140,92 |
| 2004 | 0,93 | 9.250,00   | 6.949,66   | 0,18 | 9.079,49  | 5.125,14 | 34.418,42 | 170,51 | 128,11 |
| 2005 | 0,93 | 9.250,00   | 6.317,87   | 0,18 | 9.079,49  | 5.637,65 | 28.780,77 | 170,51 | 116,46 |
| 2006 | 0,93 | 9.250,00   | 5.743,52   | 0,18 | 9.079,49  | 6.201,41 | 22.579,35 | 170,51 | 105,87 |
| 2007 | 0,93 | 9.250,00   | 5.221,38   | 0,18 | 9.079,49  | 6.821,56 | 15.757,80 | 170,51 | 96,25  |
| 2008 | 0,93 | 9.250,00   | 4.746,71   | 0,18 | 9.079,49  | 7.503,71 | 8.254,08  | 170,51 | 87,50  |
| 2009 | 0,93 | 9.250,00   | 4.315,19   | 0,18 | 9.079,49  | 8.254,08 | 0,00      | 170,51 | 79,54  |
| Σ    |      | 25.750,00  | 938,98     |      | 74.353,67 | 50.000,00|           |        | 938,98 |

| Jahr | x | Cash Flow nominal | Cash Flow diskontiert | a | Belastung | davon Abschr. | Buchwert inv. Kap. | Residualgewinn nominal | Residualgewinn diskontiert |
|------|------|------------|------------|------|-----------|----------|-----------|--------|--------|
| 2001 |      | -50.000,00 | -50.000,00 |      |           |          | 50.000,00 |        |        |
| 2002 | 0,73 | 7.250,00   | 6.590,91   | 0,14 | 7.086,45  | 2.086,45 | 47.913,55 | 163,55 | 148,68 |
| 2003 | 0,75 | 7.500,00   | 6.198,35   | 0,15 | 7.330,81  | 2.539,46 | 45.374,09 | 169,19 | 139,82 |
| 2004 | 1,00 | 10.000,00  | 7.513,15   | 0,20 | 9.774,42  | 5.237,01 | 40.137,08 | 225,58 | 169,48 |
| 2005 | 1,00 | 10.000,00  | 6.830,13   | 0,20 | 9.774,42  | 5.760,71 | 34.376,37 | 225,58 | 154,08 |
| 2006 | 1,20 | 12.000,00  | 7.451,06   | 0,23 | 11.729,30 | 8.291,67 | 26.084,70 | 270,70 | 168,08 |
| 2007 | 1,20 | 12.000,00  | 6.773,69   | 0,23 | 11.729,30 | 9.120,83 | 16.963,87 | 270,70 | 152,80 |
| 2008 | 1,00 | 10.000,00  | 5.131,58   | 0,20 | 9.774,42  | 8.078,03 | 8.885,84  | 225,58 | 115,76 |
| 2009 | 1,00 | 10.000,00  | 4.665,07   | 0,20 | 9.774,42  | 8.885,84 | 0,00      | 225,58 | 105,24 |
| Σ    |      | 28.750,00  | 1.153,94   |      | 76.973,55 | 50.000,00|           |        | 1.153,94 |

Tabelle 27: Auswahlentscheidung bei normierter Ertragswertabschreibung

Die Kapitalwerte betragen 938,98 € (Projekt A) und 1.153,94 € (Projekt B). Aus Sicht der Unternehmenszentrale wäre Projekt B vorzuziehen. Betrachtet man einen Manager, der einen Planungshorizont von nur drei Perioden hat und die erwarteten Prämienzahlungen mit 20 % diskontiert, zeigt sich, daß der Barwert der Prämienzahlungen bei Projekt A höher als bei Projekt B ist:

$$BW_{S,A} = \frac{202,77}{1,2} + \frac{170,51}{1,2^2} + \frac{170,51}{1,2^3} = 386,06,$$

$$BW_{S,B} = \frac{163,55}{1,2} + \frac{169,19}{1,2^2} + \frac{225,58}{1,2^3} = 384,32.$$

Der Manager wird aufgrund seiner Präferenzen also das Projekt A durchführen, was nicht im Sinne der Zentrale ist. Der Grund liegt darin, daß bei Projekt A die Zahlungen früher als bei Projekt B anfallen, was sich auf die Residualgewinne auswirkt. Nur wenn die beiden Investitionsprojekte über eine identische Cash-Flow-Struktur verfügen, bleibt die erwünschte Zielkonformität erhalten.[598] Die Gefahr der Fehlentscheidung beschränkt sich aber darauf, daß der Manager ein Investitionsprojekt wählt, das im Vergleich zu einem anderen eine niedrigere Wertsteigerung nach sich zieht. Die Eigenschaft der Abschreibungsmethode, nur Anreize für positive Projekte zu setzen, bleibt auch im Falle einer Auswahlentscheidung erhalten; der Agent wird kein wertvernichtendes Projekt wählen.

### 4.3.2.5. Zusammenfassung

Die vorangegangene Untersuchung von Residualgewinnen im allgemeinen und EVA im besonderen hat gezeigt, daß Aussagen über die Anreizwirkung des Residualgewinns ohne genaue Analyse der Abschreibungsregel nicht möglich sind. Als einen der vielen Bereinigungsschritte verkaufen STERN STEWART & CO. in ihrem EVA-Konzept zwar mit der *Sinking-Fund Depreciation* eine Annuitätenabschreibung,[599] die aber lediglich bei konstanten Cash Flows vor Fehlanreizen schützt. Bei schwankenden Cash Flows eignet sich ein Residualgewinn nur dann zur Steuerung, wenn der Kapitaldienst nach dem Tragfähigkeitsprinzip bestimmt wird. Ein so bestimmter Residualgewinn genügt den Forderungen nach Barwertidentität *und* Entscheidungsverbundenheit. Dafür stehen drei Verfahren unterschiedlichen Ursprungs zur Verfügung: die relativ neuen Modelle von ROGERSON und REICHELSTEIN aus den letzten vier Jahren, das Konzept des Earned Economic Income aus den 80er Jahren des 20. Jahrhunderts und die normierte Ertragswertabschreibung, die in Form der Ertragswertabschreibung in der deutschen Literatur bereits zu Beginn des 20. Jahrhunderts Erwähnung fand.[600] Alle drei Verfahren kommen zu identischen Ergebnissen.

[598] Vgl. *Pfaff, Dieter*: [Residualgewinne], a.a.O., S. 68. Auf diesen modellimanenten Mangel wird auch in *Dutta, Sunil/Reichelstein, Stefan*: [Investment Decisions], a.a.O. nicht eingegangen.

[599] Vgl. erneut *Stewart III, G. Bennett*: [Fact and Fantasy], a.a.O., S. 80.

[600] Vgl. *Schneider, Dieter*: Betriebswirtschaftslehre, Band 4: Geschichte und Methoden der Wirtschaftswissenschaft, München/Wien 2001, S. 800 in Verbindung mit S. 495.

Bei der reinen Ertragswertabschreibung ist bei einem positiven Nettokapitalwert des Projekts die Summe der Abschreibungen höher als die Investitionsauszahlung. Die Lösung dieses Problems durch die Normierung des Bruttokapitalwerts auf die Anschaffungsausgabe entspricht exakt der als LADELLE-BRIEF-OWEN-Methode bekannten Vorgehensweise zur Bestimmung einer Abschreibung, die den Widerspruch zwischen Ertragswerterhaltung und nominaler Kapitalerhaltung beseitigt.[601] Die zweite Möglichkeit, Ertragswerterhaltung und nominale Kapitalerhaltung zu vereinen, besteht in der Internen-Zinsfuß-Abschreibung, die in Kapitel 4.3.2.3.3 unter Gesichtspunkten der Steuerung als ungeeignet abgelehnt wurde.[602]

Da sich der Kapitaldienst einer Ertragswertabschreibung bzw. einer normierten Ertragswertabschreibung aus dem Kapitalwert des Investitionsprojekts ergibt, spielt die Frage, ob eine Investition bilanziell erfaßt oder nachträglich bei der Bestimmung des investierten Kapitals aktiviert wird, im Gegensatz zur EVA-Berechnung keine Rolle mehr. Während für eine Anwendung der normierten Ertragswertabschreibung oder des EEI die Zentrale über dieselben Informationen wie der Manager verfügen muß, und sich die Delegation damit erübrigt, modellieren ROGERSON und REICHELSTEIN die LADELLE-BRIEF-OWEN-Abschreibung unter asymmetrisch verteilter Information. Einzig darin liegt der Vorteil des Ansatzes, wobei einschränkend festzuhalten ist, daß die delegierende Zentrale dennoch Kenntnis über die zeitlichen Verteilungsparameter $x_t$ haben muß, die das Cash-Flow-Profil bestimmen. Die Informationsasymmetrie zwischen der Zentrale und dem Manager beschränkt sich lediglich auf den absoluten Profitabilitätsparameter $\bar{y}$. Ferner lösen die Modelle von ROGERSON und REICHELSTEIN die Informationsasymmetrie unmittelbar nach der ersten Periode auf: Sobald der Cash Flow der Periode $t = 1$ von der Zentrale beobachtet werden kann, ist ihr dank der Kenntnis von $x_t$ auch $\bar{y}$ bekannt. Die Informationsasymmetrie zwischen Prinzipal und Agent besteht nur eine Periode.

---

[601] Das Konzept taucht erstmals auf bei *Ladelle* im Jahre 1890, vgl. *Ladelle, O. G.*: The Calculation of Depreciation, in: The Accountant, Vol. 17 (1890), Bd. 2, S. 659 ff., Nachdr. in *Brief, Richard P.*: A Late Nineteenth Century Contribution to the Theory of Depreciation, in: JAR, Vol. 5 (1967), S. 27-38. Würdigungen mit Zahlenbeispielen erfolgen in *Brief, Richard P./Owen, Joel*: Depreciation and Capital Gains: A „New" Approach, in: AR, Vol. 43 (1968), S. 367-372; *Wright, F. Kenneth*: An Evaluation of Ladelle's Theory of Depreciation, in: JAR, Vol. 5 (1967), S. 173-179; *Brief, Richard P.*: Depreciation Theory and Capital Gains, in: JAR, Vol. 6 (1968), S. 149-152. Zwischen 1890 und der Wiederentdeckung von Ladelles Ansatz im Jahr 1967 entstand eine Arbeit von *Bierman jr.*, die ebenfalls diesem Konzept entspricht, vgl. *Bierman jr., Harold*: Depreciable Assets – Timing of Expense Recognition, in: AR, Vol. 36 (1961), S. 613-618. Vgl. zu einem Überblick über die damalige Diskussion auch *Wright, F. Kenneth*: Depreciation Theory and the Cost of Funds, in: AR, Vol. 38 (1963), S. 87-90.

[602] Ein früher Ansatz hierfür findet sich bei *Preinreich, Gabriel A. D.*: [Survey], a.a.O.

„For suitably chosen depreciation charges, residual income reflects at each point in time the value creation currently created by the manager."[603] Bestimmt man Abschreibungen „suitably", also nach dem Tragfähigkeitsprinzip, resultieren für einzelne Investitionsprojekte in jeder Periode Residualgewinne bzw. EVA in exakt derselben Höhe wie der Zeitwert des SVA nach RAPPAPORT. Diese Identität zeigt, daß der an sich aussagelose Residualgewinn bzw. EVA einer einzelnen Periode durch Anwendung einer bestimmten Abschreibungsregel einem sinnvoll interpretierbaren Wertsteigerungsmaß entspricht. Die in Kapitel 3.1.3 aufgegriffene Frage, wie der Residualgewinn bemessen sein muß, damit dieser optimal im Sinne von kapitalwertsteigernd definiert ist, wird durch die „Wiederentdeckung" der LADELLE-BRIEF-OWEN-Abschreibung eindeutig beantwortet.[604]

Der Rückgriff auf das in Kapitel 4.2 verwendete Beispiel zeigt die Überführung von SVA und einem nach dem Tragfähigkeitsprinzip ermittelten Residualgewinn für ein einzelnes Investitionsprojekt. Folgende Erläuterungen sind hilfreich:

- Aufgrund der einfachen Berechnung wird der Residualgewinn nach der EEI-Methode bestimmt.
- Durch jede einzelne Zusatzinvestition der Jahre 2002 bis 2006 steigt der erzielbare NOPAT; diese Steigerung fällt annahmegemäß als ewige Rente ab dem Zeitpunkt der Zusatzinvestition an. Die Summe aus der NOPAT-Steigerung einer Periode $t$ und dem Zeitwert der ab $t = t + 1$ fließenden ewigen Rente der NOPAT-Steigerung ergibt den „Cash Flow" der Investition.
- Deren Barwert („Bruttokapitalwert" des Investitionsprogramms) beträgt 25,27 Mio. €, der „Nettokapitalwert" entspricht der Wertsteigerung des Projekts in Höhe von 6,88 Mio. €.

Mit Gleichung (4.20)' werden die Residualgewinne jeder Periode als EEI berechnet, die dem Zeitwert des jeweiligen SVA entsprechen, wie die nachstehende Tabelle im einzelnen zeigt:

---

[603] *Reichelstein, Stefan*: [Managerial Incentives], a.a.O., S. 243.
[604] Vgl. insb. Fn. 313 f. Um mit *Schneider* zu sprechen: Die Lücke, die das Lücke-Theorem hinterläßt, wird durch *Ladelles* Ansatz gefüllt. Vgl. *Schneider, Dieter*: [Rechnungswesen], a.a.O., S. 58.

| | 2001 | 2002 | 2003 | 2004 | 2005 | 2006 | ab 2007 |
|---|---|---|---|---|---|---|---|
| „Cash Flow" der Investition | | 5,51 | 6,09 | 6,73 | 7,43 | 8,21 | 0,00 |
| „Bruttokapitalwert" | 25,27 | | | | | | |
| „Nettokapitalwert" | 6,88 | | | | | | |
| **Residualgewinn als EEI** | | 1,50 | 1,66 | 1,83 | 2,02 | 2,24 | 0,00 |
| Barwert (2001) EEI / SVA (per 2001)[605] | | 1,36 | 1,37 | 1,38 | 1,38 | 1,39 | 0,00 |

Tabelle 28: Überleitung EEI in SVA

Der nach Tragfähigkeitsgesichtspunkten ermittelte Residualgewinn und der Zeitwert des SVA entsprechen einander auf Basis der Daten des geplanten Investitionsprogramms. Damit liegt eine Bemessungsgrundlage vor, die als barwertidentischer Residualgewinn weitgehend manipulationsfrei, aber dennoch als SVA stark entscheidungsverbunden ist. Die geschilderten Schwächen des SVA bleiben allerdings bestehen und treffen ebenso den hier vereinfacht ermittelten Residualgewinn.[606] Bei einer Berechnung von EVA wird durch die Bereinigungsschritte die Identität zerstört; der NOPAT in der SVA-Rechnung entspricht nicht mehr dem NOPAT der EVA-Rechnung (bei STERN STEWART & CO. *Economic Earnings* genannt).

Entscheidend ist die Fähigkeit der Zentrale, aus den zeitlichen Verteilungsparametern $x_t$ deren Barwert gemäß Gleichung (4.16) als Ersatz für den Projektkapitalwert zu bestimmen. Dann erübrigen sich sämtliche – durchaus fragwürdige – Anpassungen von Überschuß- und Kapitalgröße wie sie für die EVA-Berechnung notwendig sind. Hat die Zentrale eine Vorstellung der zeitlichen Verteilungsparameter $x_t$ möglicher Investitionsprogramme und verwendet sie einen nach Tragfähigkeitsgesichtspunkten berechneten Residualgewinn als Bemessungsgrundlage, so kann sie davon ausgehen, daß der Manager nur solche Investitionsprojekte durchführt, deren Nettokapitalwert positiv ist und die mithin eine Wertsteigerung für die Anteilseigner nach sich ziehen. Als Nachteil ist dabei festzuhalten, daß sich die Anreizwirkung auf die Vermeidung einer Durchführung wertvernichtender Projekte beschränkt. Bei Auswahlentscheidungen ist nicht garantiert, daß der Manager dasjenige Projekt mit dem höchsten Kapitalwert wählt. Ferner wird der Manager nicht dazu angereizt, explizit nach den Projekten mit den höchsten Nettokapitalwerten zu suchen; bei Wahl eines „schlechteren" Projekts entstehen für ihn lediglich Opportunitätskosten in Form entgangener Prämien, von denen u.U. ein Anreiz ausgehen kann; erhöhtes Ar-

---

[605] Die Rundungsdifferenzen im Vergleich zum SVA in Tabelle 12 liegen im Bereich von $10^{-4}$.

[606] Auf die Berücksichtigung von Steuern und Rückstellungen wurde in den Modellen verzichtet.

beitsleid mag aus Sicht des Managers diesen Opportunitätsverlust rechtfertigen.[607]

### 4.3.3. Eignung von Residualgewinnen für die Information

Die in Kapitel 4.3.1.3 festgestellten Unterschiede bei Realisationszeitpunkt, Periodisierung, Erwartungsänderung und Risiko zeigen, daß EVA und kapitaltheoretischer Residualgewinn nicht äquivalent sind. Ein Rückschluß von EVA auf die Wertsteigerung innerhalb einer Periode ist daher zunächst nicht möglich. Ein einzelner Residualgewinn bzw. EVA an sich ist ohne Kenntnis des Abschreibungsverfahrens aussagelos.[608] Zu Abweichungen zwischen dem SVA und dem EVA kommt es durch den Unterschied zwischen dem Buchwert des investierten Kapitals und dem *Prestrategy Shareholder Value* im Betrachtungszeitpunkt: Der Anfangsbuchwert ist im Gegensatz zum *Prestrategy Shareholder Value* eine buchhalterische Größe und damit aus den bekannten Gründen abzulehnen.[609] Für einzelne Projekte kann bei identischer NOPAT-Definition mit einer Abschreibung nach dem Tragfähigkeitsprinzip hingegen ein Residualgewinn bestimmt werden, der dem SVA entspricht. Dieser Residualgewinn hat dann aber mit dem Perioden-EVA, der in aller Regel für das ganze Unternehmen ausgewiesen wird, nichts mehr gemein.

Für die wertorientierte Berichterstattung käme demnach eine nach Geschäftsfeldern segmentierte Residualgewinnbetrachtung in Frage. Für die in einem Geschäftsfeld getätigten Investitionsprojekte werden nach dem Tragfähigkeitsprinzip berechnete Residualgewinne der im Entscheidungszeitpunkt zugrundegelegten Wertsteigerung gegenübergestellt. Dadurch erhielten Kapitalmarktteilneh-

---

[607] Empirische Untersuchungen über die Auswirkungen der Einführung eines Residualgewinns als Vergütungsmaß unterstützen diese Aussagen. *Wallace* stellt fest, daß eine Anbindung der Vergütung an Residualgewinne zwar nicht unbedingt Managemententscheidungen hervorruft, die die Wertsteigerung für die Eigentümer maximieren, jedoch beobachtet werden kann, daß eine bessere Nutzung der vorhandenen Aktiva stattfindet und eine vermehrte Ausschüttung überschüssiger Mittel anstelle einer Investition in womöglich schlechtere Projekte erfolgt. Vgl. *Wallace, James S.*: Adopting Residual-Income-Based Compensation Plans: Do You get what You pay for?, in: JAE, Vol. 24 (1997), S. 275-300, hier insb. S. 297; *Biddle, Gary C./Bowen, Robert M./Wallace, James S.*: Evidence on EVA, in: JACF, Vol. 12 (1999), Heft 2, S. 69-79.

[608] Vgl. *Ballwieser, Wolfgang*: [Shareholder Value], a.a.O., S. 1399-1402; *Kames, Christian*: Unternehmensbewertung durch Finanzanalysten als Ausgangspunkt eines [Value Based Measurement], Frankfurt a. M. u.a. 2000, S. 128-130; *Ewert, Ralf/Wagenhofer, Alfred*: [Kennzahlen], a.a.O., S. 16; *Richter, Frank/Honold, Dirk*: Das Schöne, das Unattraktive und das Hässliche an [EVA & Co.], in: FB, 2. Jg. (2000), S. 265-274, hier S. 270 und 272.

[609] Vgl. hierzu insb. *Rappaport, Alfred*: [Shareholder Value, 2], a.a.O., S. 123 f.

mer Informationen über die ursprünglich geplante Wertsteigerung und deren Erfüllung im Zeitablauf. Planabweichungen dürfen sich dabei nicht in der Aus-
gangswertsteigerung widerspiegeln, sondern sind allein in den Residualgewinnen der Folgeperioden zu erfassen. Problematisch ist hierbei die nötige Umrech-
nung der NOPAT-Steigerung in „Perioden-Cash-Flows", wie sie für die Berechnung des Residualgewinns notwendig ist. Diese Zahlen müssen ebenso wie die
Kapitalkosten geprüft und offengelegt werden.

Echter Informationsgehalt wird darüberhinaus der Veränderung von Residualgewinnen zugeschrieben.[610] Deren Veränderung von einer Periode zur nächsten
entspricht der Veränderung des NOPAT abzüglich der kalkulatorischen Kapitalkosten der Zusatzinvestition der Periode, sofern die Zusatzinvestitionen vollständig im investierten Kapital der Residualgewinnberechnung erfaßt werden.[611]
Aus der Veränderung des Residualgewinns kann dann direkt auf den Gegenwartswert des SVA der Periode geschlossen werden; ein Zeitwert entsprechend
Gleichung (4.2) ergibt sich durch Diskontierung um $t - 1$ Perioden:[612]

$$\text{Zeitwert } SVA_t = \frac{G_{Re,t+1} - G_{Re,t}}{k} . \qquad (4.6)'$$

Die Änderung des Residualgewinns ist bei konsistenter Definition der Aus-
gangsgrößen das $1/k$-fache des SVA-Zeitwerts.[613] Durch das Abstellen auf die
Änderung des Residualgewinns rückt die Frage nach der Definition des investierten Kapitals scheinbar in den Hintergrund. Es geht zwar lediglich um dessen Änderung im Zeitablauf,[614] ob eine Auszahlung aber eine Veränderung des
investierten Kapitals für den Residualgewinnvergleich nach sich zieht oder
nicht, bleibt offen.

---

[610] Vgl. z.B. *Rappaport, Alfred*: [Shareholder Value, 2], a.a.O., S. 127 f.; *Ewert, Ralf/
Wagenhofer, Alfred*: [Kennzahlen], a.a.O., S. 23 f. Hier handelt es sich nicht notwendigerweise um Residualgewinne nach dem Tragfähigkeitsprinzip.

[611] Siehe auch Gleichung (4.5).

[612] Vgl. auch *Rappaport, Alfred*: [Shareholder Value, 2], a.a.O., S. 127.

[613] *Rappaport* sieht den EVA bzw. Residualgewinne mit zu vielen Unzulänglichkeiten behaftet und favorisiert trotz der formalen Überführbarkeit den SVA gegenüber der Resi-
dualgewinn- bzw. EVA-Änderung. Vgl. *Rappaport, Alfred*: [Shareholder Value, 2],
a.a.O., S. 127 f.

[614] Vgl. auch *Ewert, Ralf/Wagenhofer, Alfred*: [Kennzahlen], a.a.O., S. 23 f.

## 4.4. Cash Flow Return on Investment als Renditekonzept

### 4.4.1. Cash Flow Return on Investment als interner Zinsfuß

Der CFROI ist ein Renditemaß und soll eine Approximation an den internen Zinsfuß einer Investition in das Unternehmen darstellen.[615] Die Ermittlung erfolgt mit Daten, die aus Jahresabschlüssen gewonnen werden. Der CFROI hat über den Kapitalkosten zu liegen, da eine nur positive Marge eine Wertsteigerung nach sich zieht. Diese Marge multipliziert mit der Bruttoinvestitionsbasis führt zu einem residualen Überschuß, den die BOSTON CONSULTING GROUP Cash Value Added (CVA) nennt.[616] Da für bereits laufende Investitionsprojekte nur die historischen Anschaffungsauszahlungen existieren, wird bei der Berechnung des CFROI eine erneute Durchführung der Investition unterstellt. Dies geschieht, indem die historische Anschaffungsauszahlung durch inflationierte Anschaffungs- und Herstellungskosten, die sog. Bruttoinvestitionsbasis $BIB_0$, ersetzt wird. Aus der Analyse vergangener Abschlüsse wird ein als typisch anzusehender Cash Flow $CF_t$ gewonnen, der konstant in die Zukunft projiziert wird. Nicht abnutzbares Vermögen $B_0^{n.abn.}$, das am Ende der Projektlaufzeit annahmegemäß verwertet wird, erhöht den Cash Flow der letzten Periode. Als Laufzeit $T$ der Investition wird stark vereinfachend eine mit dem Quotienten aus historischen Anschaffungs- und Herstellungskosten und Periodenabschreibung ermittelte durchschnittliche Nutzungsdauer verwendet. Aus der fiktiven Anschaffungsauszahlung, den fiktiven konstanten Einzahlungsüberschüssen und der ty-

---

[615] Der CFROI wurde von einer in die *Boston Consulting Group* aufgegangenen Beratungsgesellschaft entwickelt, frühe Hinweise finden sich bei *Reimann, Bernard C.*: Decision Support Software for Value-Based Planning, in: PR, Vol. 16 (1988), Heft 3/4, S. 22-32, hier S. 31. Grundlegend für den CFROI in Deutschland ist *Lewis, Thomas G.*: [Steigerung], a.a.O., ferner *Lewis, Thomas G./Lehmann, Steffen*: Überlegene Investitionsentscheidungen durch CFROI, in: BFuP, 44. Jg. (1992), S. 1-13; *Lehmann, Steffen* [Bewertung], a.a.O. Eine kritische Würdigung findet sich bei *Hachmeister, Dirk*: Der [Cash Flow Return on Investment] als Erfolgsgröße einer wertorientierten Unternehmensführung, in: zfbf, 49. Jg. (1997), S. 556-579. Angewendet wird das Konzept z.B. bei der *Bayer AG*, vgl. *Hermann, Hans-Erwin/Xhonneux, Pascal/Groth, Silke*: Integriertes Wertmanagement bei der Bayer AG, in: Controlling, 11. Jg. (1999), S. 399-406, hier insb. S. 401 und vor der Fusion mit der VIAG AG zur E.ON AG bei der VEBA AG, vgl. *Lauk, Kurt J.*: Steuerung des Unternehmens nach Kapitalrentabilität und Cash Flows, in: *Schmalenbach-Gesellschaft – Deutsche Gesellschaft für Betriebswirtschaft e.V.* (Hrsg.): Globale Finanzmärkte, Stuttgart 1996, S. 163-179, hier S. 170-177. Im Hause der *Hoechst AG* (heute *Aventis AG*) hat man den CFROI durch EVA abgelöst, vgl. *Nowak, Thomas*: [Hoechst], a.a.O., S. 106.

[616] Vgl. *Lewis, Thomas G.*: [Steigerung], a.a.O., S. 125. Auf den CVA wird bei der Diskussion des neuen CFROI in Kapitel 4.4.3 eingegangen.

pisierenden Nutzungsdauer wird der CFROI als interner Zinssatz einer solchen Investition ermittelt:[617]

$$-BIB_0 + \sum_{t=1}^{T} \frac{CF_t}{\left(1+r_{CFROI}\right)^t} + \frac{B_0^{n.abn.}}{\left(1+r_{CFROI}\right)^T} = 0. \qquad (4.25)$$

Da die Cash Flows $CF_t$ annahmegemäß konstant sind, kann (4.25) mit dem Rentenbarwertfaktor (eckige Klammer) vereinfacht werden zu:

$$-BIB_0 + CF_t \cdot \left[ \frac{\left(1+r_{CFROI}\right)^T - 1}{r_{CFROI} \cdot \left(1+r_{CFROI}\right)^T} \right] + \frac{B_0^{n.abn.}}{\left(1+r_{CFROI}\right)^T} = 0. \qquad (4.26)$$

Wie bei Wertsteigerungsmaßen üblich, wird die Leistungsfähigkeit des operativen Geschäfts beurteilt, was eine finanzierungsunabhängige Definition sowohl von Cash Flow als auch von Bruttoinvestitionsbasis nötig werden läßt. Das eingesetzte Kapital enthält daher Verbindlichkeiten, und der operative Gewinn ist noch nicht um Zinszahlungen gemindert.[618]

In die Bruttoinvestitionsbasis gehen die in der Vergangenheit angeschafften abnutzbaren Aktiva zu den mit einer Preissteigerungsrate indexierten historischen Anschaffungs- und Herstellungskosten ein.[619] Nicht abnutzbare Anlagewerte, die annahmegemäß im Zeitpunkt $T$ veräußert werden, erhöhen mit ihren aktuellen Preisen das investierte Kapital ebenso wie Vorräte, Finanzanlagen und liquide Mittel.[620] Leasingverträge werden durch Addition des Barwerts der Leasingraten dem investierten Kapital zugeschlagen, um diese Form der verdeckten Fremdfinanzierung auszuschalten. Ausgaben für Forschung und Entwicklung sollen nicht aktiviert werden.[621] Eine für die Anreizwirkung wesentliche Diffe-

---

[617] Vgl. *Lewis, Thomas G.*: [Steigerung], a.a.O., S. 40-46; *Madden, Bartley J.*: [CFROI Valuation], Oxford 1999, S. 105-142, insb. S. 110.

[618] Sog. nicht zinstragende Verbindlichkeiten wie Lieferantenkredite oder erhaltene Anzahlungen mindern das operative Ergebnis in Form von erhöhten Einkaufspreisen oder geringeren Verkaufserlösen. Daher sind sie auch vom eingesetzten Kapital abzuziehen. Vgl. auch *Stewart III, G. Bennett*: [Quest], a.a.O., S. 93; *Copeland, Tom/Koller, Tim/Murrin, Jack*: [Valuation], a.a.O., S. 165 f. Im CFROI gelten Rückstellungen als nicht verzinsliches Abzugskapital, vgl. *Lewis, Thomas G.*: [Steigerung], a.a.O., S. 61 f.; *Lehmann, Steffen*: [Bewertung], a.a.O., S. 49 f.

[619] Vgl. *Lewis, Thomas G.*: [Steigerung], a.a.O., S. 52 f.; *Madden, Bartley J.*: [CFROI Valuation], a.a.O., S. 114-124.

[620] Vgl. *Lewis, Thomas G.*: [Steigerung], a.a.O., S. 42-45; *Madden, Bartley J.*: [CFROI Valuation], a.a.O., S. 124-133.

[621] Vgl. *Lewis, Thomas G.*: [Steigerung], a.a.O., S. 59 und 170.

renzierung wird bei der Abbildung des derivativen Geschäfts- oder Firmenwerts empfohlen: Bei der Beurteilung einer Akquisition soll er in die Bruttoinvestitionsbasis miteingerechnet werden, um die Rendite auf den bezahlten Kaufpreis zu ermitteln. Für die Steuerung des Managements soll er aus der Berechnung herausgehalten werden, um nicht aufgekaufte Geschäftsbereiche gegenüber selbst aufgebauten Geschäftsbereichen zu benachteiligen.[622] Der originäre Goodwill geht nicht in die Berechnung ein.[623]

Der Cash Flow bestimmt sich als Zahlungsüberschuß aus dem operativen Geschäft vor Zinsen und Investitionen, der aber um Steuern gemindert werden soll. Er steht damit für Investitionen und Zahlungen an die Kapitalgeber zur Verfügung. Vorgeschlagen wird eine retrograde Ermittlung aus dem Jahresabschluß.[624] Leasingraten werden korrespondierend zur Erfassung in der Kapitalgröße dazugerechnet. Entgegen der sonst üblichen retrograden Cash-Flow-Ermittlung werden die Zuführungen zu den Rückstellungen wie zahlungswirksame Aufwendungen behandelt, da die zugehörigen Rückstellungen aus der Kapitalbasis ausgeschlossen wurden.[625] Ferner sollen außerordentliche und periodenfremde Einflüsse eliminiert werden, um den so ermittelten Cash Flow als typisch ansehen zu können und ihn über den Betrachtungszeitraum als konstant annehmen zu können.[626] Schließlich wird der Cash Flow um Unternehmenssteuern gemindert.

Aus der Division der historischen Anschaffungs- und Herstellungskosten durch die jährlichen linearen Abschreibungen ergibt sich eine durchschnittliche Nutzungsdauer der abnutzbaren Aktiva, die als Laufzeit der simulierten Investition dient.[627] Zur Veranschaulichung des CFROI wird meist folgende grafische Darstellung herangezogen:[628]

---

[622] Vgl. *Lewis, Thomas G.*: [Steigerung], a.a.O., S. 59 f.; *Madden, Bartley J.*: [CFROI Valuation], a.a.O., S. 122.

[623] Vgl. *Lewis, Thomas G.*: [Steigerung], a.a.O., S. 57-59.

[624] Vgl. *Lewis, Thomas G.*: [Steigerung], a.a.O., S. 41 f.; *Madden, Bartley J.*: [CFROI Valuation], a.a.O., S. 133-142.

[625] Vgl. *Lorson, Peter*: [Shareholder], a.a.O., 1335.

[626] Vgl. *Lewis, Thomas G.*: [Steigerung], a.a.O., S. 41 und 44.

[627] Vgl. *Lewis, Thomas G.*: [Steigerung], a.a.O., S. 211 f.; *Madden, Bartley J.*: [CFROI Valuation], a.a.O., S. 113 f.

[628] Vgl. *Lewis, Thomas G.*: [Steigerung], a.a.O., S. 45.

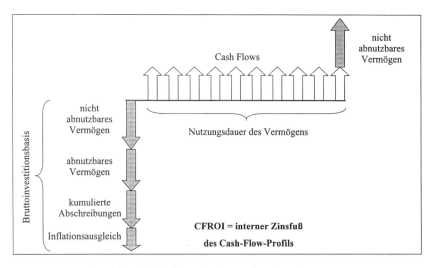

Abbildung 14: Cash Flow Return on Investment (CFROI)

Ein vereinfachtes CFROI-Modell ist in der Literatur schon lange zuvor als *Cash Recovery Rate* oder *Gross Profitability Ratio* vorgestellt worden:[629]

$$r_{CFROI} = \frac{CF_t}{BIB_0}.$$  (4.27)

## 4.4.2. Kritik am CFROI als interner Zinsfuß

Zunächst liegt gegen den CFROI als interner Zinsfuß jene Kritik, die schon in Kapitel 3.3.2 dargelegt wurde, vor. Zwar läßt sich aufgrund der Annahme konstanter Cash Flows immer ein eindeutiger interner Zins als CFROI ermitteln. Die unrealistische Annahme einer Wiederanlage freiwerdender Mittel zum internen Zinsfuß bzw. zum CFROI bleibt aber bestehen und verbietet z.B. einen Vergleich zweier sich gegenseitig ausschließender Investitionen.

---

[629]  Vgl. *Ijiry, Yuji*: Cash-Flow Accounting and its Structure, in: JAAF, Vol. 1 (1978), S. 331-348, hier S. 338-341; *ders.*: Recovery Rate and Cash Flow Accounting, in: FE, Vol. 48 (1980), Heft 3, S. 54-60; *Kaplan, Robert S.*: Advanced Management Accounting, Englewood Cliffs 1982, S. 546 f. Siehe auch *Bühner, Rolf*: [Führung], a.a.O., S. 44. Für $t \to \infty$ entspricht Gleichung (4.26) der Gleichung (4.27), für $T > 15$ handelt es sich um eine gute Approximation, vgl. *Ijiry, Yuji*: [Recovery Rate], a.a.O., S. 55.

Ungeachtet dessen beschränkt sich der Anspruch des CFROI auf die Analyse einer in der Vergangenheit erzielten Rendite bei normierter Erwartung über die Zukunft, was ihn als Wertsteigerungsmaß ungeeignet erscheinen läßt.[630] Der postulierte Zusammenhang von CFROI und internem Zins der Investition erweist sich als nicht haltbar. Eine Übereinstimmung liegt nur bei Einhaltung strenger Annahmen vor, Aussagen über die Richtung der Abweichungen lassen sich nicht treffen.[631] Eine zuverlässige Approximation des internen Zinsfußes einer Investition durch den CFROI ist nicht möglich. Ein Grund liegt in der konstanten Fortschreibung des aktuellen Cash Flow, was dieses Wertsteigerungsmaß zudem als Bemessungsgrundlage fragwürdig werden läßt. Der Manager erhält Anreize, den Zahlungsstrom kurzfristig zu steigern, daraus resultierende negative Effekte auf den Unternehmenswert werden nicht erfaßt.[632] Ferner zeigt der Jahresabschluß nicht unbedingt zeitnah verschlechterte zukünftige Erfolgspotentiale. Mit dem CFROI wird allenfalls die Rendite einer in der Vergangenheit getätigten Investition beurteilt, wogegen die Frage nach dem internen Zinsfuß, der sich aus Stillegung oder Weiterführung der Investition ergibt, unbeantwortet bleibt.[633] Über die zukünftige Rendite eines Projekts oder des Unternehmens sagt das Konzept nichts aus.[634]

Daher verwundert es auch nicht, daß zwischen der Summe diskontierter Übergewinne auf Basis des hier dargestellten CFROI zuzüglich dem investierten Kapital und dem auf Basis von Zahlungsströmen ermittelten Unternehmenswert keine Identität besteht.[635] Der Grund für die Abweichung steckt in der impliziten Verwendung des CFROI als Kapitalkostensatz in der Bestimmung der Kapitalkosten im Kapitaldienst, der zur Berechnung des Übergewinns vom Zahlungsüberschuß abgezogen wird. Der CFROI ist größer als der Kalkulationszinsfuß, mit dem die Cash Flows diskontiert werden.[636] Als weitere Kritikpunkte werden angeführt: Änderungen der Nutzungsdauer haben einen großen Einfluß auf die

---

[630] Vgl. *Hachmeister, Dirk*: [Cash Flow Return on Investment], a.a.O., S. 560 und 572.

[631] Vgl. im einzelnen *Hachmeister, Dirk*: [Cash Flow Return on Investment], a.a.O., S. 564-572.

[632] Vgl. *Hachmeister, Dirk*: [Cash Flow Return on Investment], a.a.O., S. 572; *Bühner, Rolf*: [Führung], a.a.O., S. 44; *Herter, Ronald N.*: [Management], a.a.O., S. 81; *Arbeitskreis „Finanzierung" der Schmalenbach-Gesellschaft – Deutsche Gesellschaft für Betriebswirtschaft e.V.*: [Unternehmenssteuerung], a.a.O., S. 575.

[633] Vgl. *Hachmeister, Dirk*: [Cash Flow Return on Investment], a.a.O., S. 573.

[634] Vgl. auch *Born, Karl*: [Unternehmensanalyse] und Unternehmensbewertung, Stuttgart 1995, S. 216.

[635] Vgl. *Hesse, Thomas*: [Unternehmenserfolg], a.a.O., S. 157-159.

[636] Die Begründungen bei *Hesse* und *Kames* sind hierzu unklar, vgl. *Hesse, Thomas*: [Unternehmenserfolg], a.a.O., S. 158 f.; *Kames, Christian*: [Value Based Measurement], a.a.O., S. 135. Mit der veränderten Definition des CFROI und damit des CVA wird die Identität hergestellt, siehe Kapitel 4.4.3.

Höhe des CFROI,[637] Einflüsse einer degressiven Abschreibung werden falsch abgebildet[638] und Geschäftsbereiche mit hohem selbstgeschaffenen Goodwill werden in ihrer Leistungsfähigkeit überschätzt, da dieser nicht in der Bruttoinvestitionsbasis abgebildet wird.[639] Bei der Berücksichtigung der Inflation fällt u.a. auf, daß nicht alle Vermögensgegenstände inflationiert werden und daß davon ausgegangen wird, daß eine inflationsbedingte Kostensteigerung vollständig auf die Absatzpreise überwälzt werden kann, so daß die künftigen Cash Flows immun gegen Inflation sind.[640]

Der CFROI kann in seinem ursprünglichen Konzept weder als Bemessungsgrundlage noch als Informationsinstrument taugen; er ist mithin auch kaum als „Wertsteigerungsmaß" zu bezeichnen. Er kann „für die Operationalisierung des Shareholder Value nicht empfohlen werden"[641] und wird mittlerweile auch von der BCG nicht mehr in dieser Form vertreten;[642] eine einzelne Überprüfung der Anforderungen unterbleibt hier.

### 4.4.3. Veränderte CFROI-Definition und Cash Value Added

Mit neueren Publikationen[643] reagiert die BOSTON CONSULTING GROUP auf die zahlreichen kritischen Anmerkungen zu dem ursprünglichen Konzept.[644] Der

---

[637]  Vgl. *Hostettler, Stephan*: [Value], a.a.O., S. 72.

[638]  Vgl. *Günther, Thomas*: [Controlling], a.a.O., S. 220.

[639]  Vgl. *Born, Karl*: [Unternehmensanalyse], a.a.O., S. 216. Dies will die Deutsche Morgan Grenfell mit ihrem Konzept des CROCI umgehen und selbstgeschaffenen Goodwill in das investierte Kapital integrieren, vgl. *Deutsche Morgan Grenfell*: Running the Numbers – The CROCI Book, London 1997, S. 89-95. Das CROCI-Konzept wurde bislang kaum in der Literatur beachtet, es ist unklar, ob es noch weiterhin von *Deutsche Morgan Grenfell* verfolgt wird. Auch bei *Kames* finden sich kaum Hinweise, vgl. *Kames, Christian*: [Value Based Measurement], a.a.O., S. 132-136.

[640]  Vgl. ausführlich *Aders, Christian*: Unternehmensbewertung bei Preisinstabilität und Inflation, Frankfurt a. M. u.a. 1997, S. 85-89.

[641]  *Kames, Christian*: [Value Based Measurement], a.a.O., S. 136.

[642]  Vgl. *Ballwieser, Wolfgang*: [Unternehmensführung], a.a.O., S. 164.

[643]  Vgl. *Boston Consulting Group* (Hrsg.): [Value Creators], a.a.O.; *Stelter, Daniel*: [Anreizsysteme], a.a.O., S. 233-241; *ders.*: Bewertung im Kontext von [Wertmanagement], in: *Achleitner, Ann-Kristin/Thoma, Georg F.* (Hrsg.): Handbuch Corporate Finance, Köln ab 1997 (Stand 1999), hier Abschnitt 2.2.1.4, S. 10. Erste Hinweise auf das neue Konzept finden sich bei *Nölting, Andreas*: Hebelwirkung, in: MM, 28. Jg. (1998), Heft 5, S. 114-125, hier S. 116.

[644]  Vgl. die in Kapitel 4.4.2 wiedergegebene Kritik insbesondere von *Hachmeister*.

CFROI wird nunmehr verstanden als Verhältnis von Zahlungsüberschuß abzüglich einer „ökonomischen Abschreibung" und der Bruttoinvestitionsbasis:[645]

$$r_{CFROI,t} = \frac{CF_t - Ab^{ök}}{BIB_0}. \qquad (4.28)$$

Der Cash Flow wird nach wie vor retrograd aus dem Jahresüberschuß ermittelt, wobei jetzt Zuführungen zu den Pensionsrückstellungen den Cash Flow erhöhen, was sich auf das investierte Kapital auswirken muß; die Bruttoinvestitionsbasis enthält nunmehr die Pensionsrückstellungen.[646] Alle anderen Berechnungsschritte bleiben unverändert.

Der Begriff „ökonomische Abschreibung" ist problematisch, da er einen Bezug zur Ertragswertabschreibung vermuten läßt, was aber – wie gezeigt wird – nicht zutrifft. Die deshalb im weiteren als „*BCG-Abschreibung*" bezeichnete Verrechnung der Anschaffungsauszahlung bestimmt sich aus dem Produkt der abschreibbaren Aktiva und dem Tilgungsfaktor (Kehrwert des sog. Rentenendwertfaktors) bei Kapitalkosten in Höhe von $k$:

$$Ab^{BCG} = \left(BIB_0 - B_0^{n.abn.}\right) \cdot \frac{k}{\left(1+k\right)^T - 1}. \qquad (4.29)$$

Diese Größe entspricht dem Betrag, der in jeder Periode in gleicher Höhe zurückgelegt werden muß, um inklusive einer darauf erzielbaren Verzinsung am Ende der (erwarteten) Nutzungsdauer den Ersatz der Investition (hier als $BIB_0$ bezeichnet) finanzieren zu können. Da eine Verzinsung der „angesparten" Abschreibungen unterstellt wird, ist die Summe der nominalen Abschreibungsbeträge kleiner als die abzuschreibende Investitionssumme, die dem Endwert der Abschreibungsbeträge entspricht. Da es sich beim Kalkulationszinsfuß um die

---

[645] Vgl. im folgenden *Boston Consulting Group* (Hrsg.): [Value Creators], a.a.O., S. 61; *Stelter, Daniel*: [Anreizsysteme], a.a.O., S. 233. In einer anderen Quelle ist von „wirtschaftlicher" Abschreibung die Rede, vgl. *Stelter, Daniel*: [Wertmanagement], a.a.O., Abschnitt 2.2.1.4, S. 10. Eine erste Erwähnung findet sich bei *Günther, Thomas/ Landrock, Bert/ Muche, Thomas*: Gewinn- versus unternehmenswertbasierte Performancemaße, in: Controlling, 12. Jg. (2000), S. 69-75 und 129-134, hier S. 72 f. Angewandt wird das Konzept bereits bei *Lufthansa*, vgl. *Kley, Karl-Ludwig*: Die externe und interne Rechnungslegung als Basis für eine offene Unternehmenskommunikation, in: *Küting, Karlheinz/ Weber, Claus-Peter* (Hrsg.): Wertorientierte Konzernführung: Kapitalmarktorientierte Rechnungslegung und integrierte Unternehmenssteuerung, Stuttgart 2000, S. 337-354, hier S. 345-348.

[646] Vgl. *Stelter, Daniel*: [Anreizsysteme], a.a.O., S. 234.

nominalen Kapitalkosten handelt, entspricht dieser Endwert nur bei stabilen Preisen dem Wiederbeschaffungspreis der Investition:

$$\sum_{t=1}^{T} Ab^{BCG} \cdot (1+k)^{T-t} = BIB_0, \text{ mit } Ab^{BCG} = \text{const. für alle } t. \tag{4.30}$$

Aus dem CFROI als Renditegröße läßt sich eine Value-Added-Größe ermitteln, indem wie bei EVA ein Kapitaldienst abgezogen wird. Diese Residualgröße wird Cash Value Added (CVA) genannt:[647]

$$CVA_t = (CFROI_t - k) \cdot BIB_0 \tag{4.31}$$

bzw.

$$CVA_t = CF_t - Ab^{BCG} - k \cdot BIB_0, \tag{4.32}$$

Der Kapitaldienst $D$, zusammengesetzt aus der BCG-Abschreibung (Tilgungsfaktor mal Investitionsauszahlung) und kalkulatorischen Zinsen auf das Kapital (Kapitalkostensatz mal Bruttoinvestitionsbasis), ist periodenunabhängig:

$$D = Ab^{BCG} + k \cdot BIB_0 = BIB_0 \cdot \frac{k}{(1+k)^T - 1} + k \cdot BIB_0 = BIB_0 \cdot \frac{k(1+k)^T}{(1+k)^T - 1}. \tag{4.33}$$

Der Bruch im letzten Term entspricht dem Wiedergewinnungsfaktor, mit dem bereits die Abschreibungen im Falle der Annuitätenmethode bestimmt wurden.[648] Die von der BCG als „ökonomisch" bezeichneten Abschreibungen stimmen im Endeffekt mit SOLOMONS einfacher Annuitätenmethode überein und haben keinen direkten Bezug zu einer Ertragswertabschreibung. Problematisch wird dies, wenn die Cash Flows nicht konstant sind, was die Fortführung des bereits eingeführten Beispiels zeigt:

---

[647]   Vgl. *Boston Consulting Group* (Hrsg.): [Value Creators], a.a.O., S. 61; *Stelter, Daniel:* [Anreizsysteme], a.a.O., S. 238.

[648]   Vgl. Kapitel 4.3.2.2, Gleichung (4.11), wobei hier statt dem Zinsfuß *i* der Kapitalkostensatz *k* herangezogen wird.

| Jahr | Cash Flow | | BCG- | kalk. | konstante | CVA | |
| | nominal | diskontiert | Abschr. | Zinsen | Belastung | nominal | diskontiert |
|---|---|---|---|---|---|---|---|
| 2001 | -50.000,00 | -50.000,00 | | | | | |
| 2002 | 9.000,00 | 8.181,82 | 4.372,20 | 5.000,00 | 9.372,20 | -372,20 | -338,36 |
| 2003 | 10.000,00 | 8.264,46 | 4.372,20 | 5.000,00 | 9.372,20 | 627,80 | 518,84 |
| 2004 | 10.000,00 | 7.513,15 | 4.372,20 | 5.000,00 | 9.372,20 | 627,80 | 471,67 |
| 2005 | 12.000,00 | 8.196,16 | 4.372,20 | 5.000,00 | 9.372,20 | 2.627,80 | 1.794,82 |
| 2006 | 10.000,00 | 6.209,21 | 4.372,20 | 5.000,00 | 9.372,20 | 627,80 | 389,81 |
| 2007 | 10.000,00 | 5.644,74 | 4.372,20 | 5.000,00 | 9.372,20 | 627,80 | 354,38 |
| 2008 | 8.000,00 | 4.105,26 | 4.372,20 | 5.000,00 | 9.372,20 | -1.372,20 | -704,16 |
| 2009 | 6.000,00 | 2.799,04 | 4.372,20 | 5.000,00 | 9.372,20 | -3.372,20 | -1.573,16 |
| Σ | 25.000,00 | 913,85 | 34.977,61 | 40.000,00 | 74.977,61 | | 913,85 |

Endwert:        Barwert:
50.000,00       50.000,00

Tabelle 29: BCG-Abschreibung

Es ergeben sich eine konstante Abschreibung in Höhe von 4.372,20 € (Tilgungs-faktor multipliziert mit 50.000,00 €) und Kapitalkosten in Höhe von 5.000,00 €. In der Summe führt dies zwangsläufig zur Annuität der Investitionsauszahlung in Höhe von 9.372,20 €. Der konstante Kapitaldienst wird von den periodenspe-zifischen Cash Flows abgezogen, das Ergebnis ist der Cash Value Added. Mit der Annuitätenmethode würden sich Residualgewinne in derselben Höhe erge-ben, einziger Unterschied wäre die Aufteilung des immer noch konstanten Ka-pitaldienstes in dann periodenspezifische Abschreibungen und Kapitalkosten. Mit der BCG-Abschreibung wird nicht die volle Investitionssumme abgeschrie-ben, nur der Endwert der Beträge stimmt mit der Anschaffungsauszahlung über-ein. Da aber der Barwert aller Kapitaldienste, die sich aus Abschreibungen und kalkulatorischen Zinsen zusammensetzen, der Anschaffungsauszahlung ent-spricht, gilt das Lücke-Theorem trotz der „seltsam" anmutenden Abschrei-bungsbemessung. Der Nettokapitalwert in Höhe von 913,85 € ergibt sich sowohl aus der Diskontierung der Cash Flows, als auch aus der Diskontierung der Resi-dualgrößen CVA.

Zwischen dem Kapitalwert der Investition und dem CFROI/CVA-Konzept be-steht, wie auch schon bei den in Kapitel 4.3.2.3.2 analysierten Verfahren, ein Zusammenhang zwischen dem (Rest-)Kapitalwert der Investition auf Cash-Flow-Basis und der Anschaffungsauszahlung, den kumulierten und aufgezinsten Abschreibungen und dem Barwert der noch ausstehenden CVA:

| Jahr | Cash Flow nominal | (Rest-) Kapitalwert | Investition | Abschr. aufgezinst | Barwert der noch ausstehenden CVA | Summe |
|------|----------|-----------|-----------|-----------|-----------|-----------|
| 2001 | –50.000,00 | 50.913,85 | 50.000,00 | 0,00 | 913,85 | 50.913,85 |
| 2002 | 9.000,00 | 47.005,24 | 50.000,00 | 4372,20 | 1.377,44 | 47.005,24 |
| 2003 | 10.000,00 | 41.705,76 | 50.000,00 | 9181,62 | 887,38 | 41.705,76 |
| 2004 | 10.000,00 | 35.876,34 | 50.000,00 | 14471,98 | 348,32 | 35.876,34 |
| 2005 | 12.000,00 | 27.463,97 | 50.000,00 | 20291,38 | –2.244,64 | 27.463,97 |
| 2006 | 10.000,00 | 20.210,37 | 50.000,00 | 26692,72 | –3.096,91 | 20.210,37 |
| 2007 | 10.000,00 | 12.231,40 | 50.000,00 | 33734,20 | –4.034,40 | 12.231,40 |
| 2008 | 8.000,00 | 5.454,55 | 50.000,00 | 41479,82 | –3.065,64 | 5.454,55 |
| 2009 | 6.000,00 | 0,00 | 50.000,00 | 50000,00 | 0,00 | 0,00 |

Tabelle 30: Überleitungsrechnung

Im Modell der BCG gilt in jeder Periode $t$:[649]

$$\sum_{\tau=t+1}^{T} \frac{CF_\tau}{\left(1+k\right)^{\tau-t}} = B_0 - \sum_{\tau=1}^{t} B_0 \cdot \frac{k\cdot\left(1+k\right)^{\tau-1}}{\left(1+k\right)^{T}-1} + \sum_{\tau=t+1}^{T} \frac{CVA_\tau}{\left(1+k\right)^{\tau-t}}, \text{ für alle } t. \quad (4.34)$$

### 4.4.4. Eignung des CFROI-CVA-Konzepts für die Steuerung

Die BCG selbst sieht den CVA als weniger buchhalterisch fundiert als den EVA und verweist dabei auf eine höhere Korrelation des CVA mit Börsenkapitalisierungen, wobei die Methodik der Korrelationsuntersuchung allerdings verborgen bleibt.[650] Die Aussage, das CFROI/CVA-Konzept folge dem „ökonomischen Gewinnprinzip"[651], trifft nicht zu, es handelt sich beim CFROI um eine rein stichtagsbezogene Renditegröße.[652] Liegt der CFROI über den Kapitalkosten oder einem von der Zentrale anderweitig vorgegebenen Mindestmaß, läßt sich daraus noch nicht auf das Ausmaß der Wertsteigerung schließen. Eine positive Marge zwischen Rendite und Kapitalkosten ist notwendig, aber nicht hinreichend für eine Wertsteigerung für die Anteilseigner.[653] Es fehlt der Einbezug der Kapitalbasis, wie sie beim CVA erfolgt.

---

[649] Beweis im Anhang.

[650] Vgl. *Roos, Alexander/Stelter, Daniel*: Die [Komponenten] eines integrierten Wertmanagementsystems, in: Controlling, 11. Jg. (1999), S. 301-307, hier S. 304.

[651] *Roos, Alexander/Stelter, Daniel*: [Komponenten], a.a.O., S. 303.

[652] So auch *Stelter, Daniel*: [Wertmanagement], a.a.O., Abschnitt 2.2.1.4, S. 11; *ders.*: [Anreizsysteme], a.a.O., S. 235 f.

[653] Dieses Argument bringt auch *Stelter, Daniel*: [Anreizsysteme], a.a.O., S. 227.

Der CVA ist ein Residualgewinn, der sich wie der EVA aus einem Zahlungsüberschuß vermindert um Abschreibungen und Kapitalkosten ergibt. Die immer
wieder behauptete „Cash-Flow-Orientierung"[654] des CVA ist bei genauem Hin-
sehen somit eher Etikettierung. Abschreibungen und kalkulatorischen Zinsen ergeben wieder den Kapitaldienst. Sein Barwert entspricht der Anschaffungsauszahlung der Investition, sonst würden – wie noch beim „alten" CVA-Konzept
der Fall – die Prämissen des Lücke-Theorems nicht erfüllt sein. Dort wurden
unterschiedliche Kalkulationszinsfüße für die Diskontierung und die Bestimmung der Kapitalkosten herangezogen, was zu unterschiedlichen Kapitaldiensten führte.[655] Die elementare Forderung nach Barwertidentität erfüllt der CVA
damit in seiner „neuen" Version.

Als Steuerungsinstrument scheidet der CVA aufgrund seiner mangelnden Entscheidungsverbundenheit aus. Durch die Verrechnung eines konstanten Kapitaldienstes auf variable Cash Flows kann es bei einem wertsteigernden Projekt zu
negativen CVA kommen, was bei ungeduldigen Managern zu den schon skiz-
zierten Anreizproblemen führen wird. Die Behauptung, daß wenn „nachhaltig"
keine positiven CVA erzielt werden, man einen Hinweis darauf hat, daß die Plä-
ne der einstigen Investitionsrechnung nicht erreicht wurden,[656] verlangt zumindest nach einer Klärung dessen, was „nachhaltig" heißen soll. Ein negativer
CVA per se ist kein Hinweis auf ein gutes oder schlechtes Investitionsprojekt.
Sinnvoll angewandt werden kann das neue Konzept des CVA der BCG nur bei
konstanten Cash Flows, was schon in der Kritik am „alten" CFROI-Konzept
vielfach aufgegriffen wurde. Dann entsprechen die konstanten Kapitaldienste
dem Tragfähigkeitsprinzip. Bezüglich ihrer Manipulationsresistenz unterscheiden sich realisierte CVA nicht von realisierten EVA bzw. von realisierten allgemeinen Residualgewinnen.

### 4.4.5. Eignung des CFROI-CVA-Konzepts für die Information

Mangelnde Entscheidungsverbundenheit macht den CVA auch als Informationsinstrument aussagelos. Für den Kapitalmarkt sind residuale Gewinngrößen
zunächst kein Anhaltspunkt für Wertsteigerung oder -vernichtung.[657] Der CVA
ist wie der EVA eine einperiodige Gewinngröße, die den Unternehmenswert, der

---

[654] Vgl. *Stelter, Daniel*: [Anreizsysteme], a.a.O., S. 237; *ders.*: [Wertmanagement], a.a.O.,
Abschnitt 2.2.1.4, S. 9-11; *Roos, Alexander/Stelter, Daniel*: [Komponenten], a.a.O., S.
304.

[655] Die „Kompatibilität mit der DCF-Methode" wird als Vorteil des (neuen) CVA-Konzepts
vorgebracht, vgl. *Stelter, Daniel*: [Anreizsysteme], a.a.O., S. 238 f.

[656] Vgl. *Stelter, Daniel*: [Anreizsysteme], a.a.O., S. 239.

[657] Vgl. auch *Kames, Christian*: [Value Based Measurement], a.a.O., S. 129-130.

aus dem Erfolg aller in der Zukunft liegenden Perioden besteht, nicht abbilden kann. Um abschließend sagen zu können, ob eine Investition den Unternehmenswert erhöht, ist die Kenntnis aller zukünftigen Residualgewinne nötig.[658] Wie auch schon bei der Diskussion von EVA angemerkt, ist die absolute Höhe des Residualgewinns von der Definition des investierten Kapitals und der Abschreibungsmethode abhängig. Beides zusammen beeinflußt zwar nicht den Unternehmenswert, wohl aber das periodisierte Wertsteigerungsmaß. Die Bruttoinvestitionsbasis ist nur eine Approximation des eigentlich zu verwendenden Marktwerts.[659] Da in der Regel der Marktwert des Eigenkapitals über dessen Buchwert liegt, werden das investierte Kapital zu niedrig und residuale Überschüsse zu hoch angesetzt.[660] Die Belastung mit einem konstanten Kapitaldienst entzieht darüber hinaus dem CVA jegliche Aussagekraft, sofern nicht von konstanten Cash Flows ausgegangen werden kann. Für die Veränderung eines über die BCG-Abschreibung definierten CVA gelingt die in Kapitel 4.3.3 gezeigte Überleitung in den SVA einer Periode nicht.

Betrachtet man die Rendite eines Projekts, die sich als Gewinn pro eingesetztes Kapital ergibt, im Zeitablauf, steigt im Gegensatz zum ROIC der CFROI nicht durch die Verringerung des eingesetzten Kapitals, wie es in deutlicher Form bei der linearen Abschreibung und immer noch sichtbar bei der normierten Ertragswertabschreibung der Fall ist. Nachstehende Tabelle zeigt die Berechnung der Renditegrößen aus dem in Kapitel 4.3.2.3.1 begonnenen Beispiel.[661]

| Jahr | Cash Flow | BCG-Abschr. | | lineare Abschr. | | norm. EW-Abschr. | |
|------|-----------|-------------|-------|-----------------|--------|------------------|--------|
| | | Abschr. | CFROI | Abschr. | ROIC | Abschr. | ROIC |
| 2001 | –50.000,00 | | | | | | |
| 2002 | 9.000,00 | 4.372,20 | 9,26% | 6.250,00 | 5,50% | 3.838,46 | 10,32% |
| 2003 | 10.000,00 | 4.372,20 | 11,26% | 6.250,00 | 8,57% | 5.204,36 | 10,39% |
| 2004 | 10.000,00 | 4.372,20 | 11,26% | 6.250,00 | 10,00% | 5.724,79 | 10,44% |
| 2005 | 12.000,00 | 4.372,20 | 15,26% | 6.250,00 | 18,40% | 8.261,37 | 10,61% |
| 2006 | 10.000,00 | 4.372,20 | 11,26% | 6.250,00 | 15,00% | 7.123,41 | 10,67% |
| 2007 | 10.000,00 | 4.372,20 | 11,26% | 6.250,00 | 20,00% | 7.835,75 | 10,90% |
| 2008 | 8.000,00 | 4.372,20 | 7,26% | 6.250,00 | 14,00% | 6.655,22 | 11,20% |
| 2009 | 6.000,00 | 4.372,20 | 3,26% | 6.250,00 | –4,00% | 5.356,64 | 12,01% |
| Ø$_{geom.}$ | | | 9,96% | | 10,69% | | 10,82% |

Tabelle 31: Renditen verschiedener Abschreibungsmethoden

---

[658]  Vgl. auch *Richter, Frank*: [Konzeption], a.a.O., S. 206.
[659]  Vgl. *Ballwieser, Wolfgang*: [Shareholder Value-Ansatz], a.a.O., S. 1388.
[660]  Vgl. auch *Kames, Christian*: [Value Based Measurement], a.a.O., S. 130.
[661]  Bei der Internen Zinsfuß-Abschreibung ergab sich eine konstante Rendite in Höhe des internen Zinsfußes des Projekts, siehe Kapitel 4.3.2.3.3.

Der CFROI als Renditemaß gibt zwar Sinn bei periodenspezifischen Cash Flows und weist damit Vorteile gegenüber herkömmlichen Renditemaßen wie dem ROI oder ROIC auf, da er die Altersstruktur des investierten Kapitals eliminiert. Gegen den CFROI als Informationsinstrument sprechen allerdings dieselben Einwände, wie sie bereits bei der Diskussion der „alten" Auffassung in Kapitel 4.4.2 vorgebracht wurden: Als statische, vergangenheitsbezogene Renditeziffer sagt die neue Definition des CFROI genauso wenig über zukünftige Erfolgspotentiale aus wie die bisher vertretene Auffassung.

## 4.5. Weitere Entwicklungen

### 4.5.1. Rentabilitätskennzahlen mit expliziter Risikoberücksichtigung

Ein Kritikpunkt an herkömmlichen Rentabilitätskennzahlen ist deren mangelnde Risikoberücksichtigung. Eine wertorientierte Unternehmensführung fordert, dem Risiko der zukünftigen finanziellen Überschüsse Rechnung zu tragen.[662] Dementsprechend wächst die Bedeutung von speziellen risikoangepaßten Kennzahlen in der Diskussion um Wertsteigerungsmaße. Quasi parallel dazu wurde von Seiten des Gesetzgebers Aktiengesellschaften die Einrichtung eines Risikoüberwachungssystems mit dem 1998 in Kraft getretenen KonTraG gesetzlich auferlegt.[663]

Zur Anwendung kommen dabei Konzepte, die ursprünglich bei der Risikosteuerung von Handelsbeständen einer Bank angewendet wurden. Sie finden mittlerweile auch Eingang in risikoangepaßte Kennzahlen wie RAROC oder RORAC. Beiden Konzepten liegt der sogenannte Value at Risk (VAR) zugrunde. Der VAR ist derjenige Verlust, der bei einer gegebenen Verteilungsfunktion $\Phi(\ddot{U})$ einer Überschußgröße $\ddot{U}$ wie Gewinn oder NOPAT nur mit einer bestimmten Wahrscheinlichkeit $p^*$ überschritten wird.[664] In der Regel wird als kritischer Wert ein negativer Überschuß (Verlust) angesetzt. Dieser kritische Verlust stellt

---

[662] Vgl. stellvertretend *Günther, Thomas*: [Controlling], a.a.O., S. 55 und 211.

[663] Vgl. zum KonTraG z.B. *Lück, Wolfgang*: Der Umgang mit unternehmerischen Risiken durch ein Risikomanagementsystem und durch ein Überwachungssystem, in: DB, 51. Jg. (1998), S. 1925-1930; *Emmerich, Gerhard*: Risikomanagement in Industrieunternehmen – gesetzliche Anforderungen und Umsetzung nach dem KonTraG, in: zfbf, 51. Jg. (1999), S. 1075-1089.

[664] Vgl. z.B. *Johanning, Lutz*: Value-at-risk-Modelle zur Ermittlung der bankaufsichtlichen Eigenkapitalunterlegung beim Marktrisiko im Handelsbereich, in: ZBB, 8. Jg. (1996), S. 287-303; *Rudolph, Bernd*: Value-at-Risk, in: DBW, 59. Jg. (1999), S. 719 f.

das $p^*$-Quantil der Überschuß-Verteilung dar. Die Gegenwahrscheinlichkeit $(1 - p^*)$ stellt damit die Konkurswahrscheinlichkeit dar.[665]

$$\Phi(\ddot{U}) = p^*.$$ (4.35)

Der VAR ist eine absolute Größe und läßt sich als derjenige Kapitalbetrag definieren, der mit der vorgegebenen Wahrscheinlichkeit $p^*$ ausreicht, die in der Planperiode möglichen Verluste aufzufangen.[666] Er kommt damit einem risikoangepaßten Mindestkapital gleich, das in seiner Höhe abhängig von der Gewinnverteilung und damit vom Risiko der Unternehmenspolitik ist. Der VAR entspricht dem Betrag von $\ddot{U}^*$ und es gilt:

$$\text{VAR} = \begin{cases} -\Phi^{-1}(p^*), & \text{für } \Phi^{-1}(p^*) < 0 \\ 0, & \text{sonst} \end{cases}.$$ (4.36)

Für die Ermittlung des VAR stehen mit der Kovarianzmethode, der historischen oder der Monte-Carlo-Simulation verschiedene Verfahren zur Verfügung.[667] Für die Analyse der Gewinnrisiken von Nichtbanken besteht in der Break-Even-Analyse[668] eine geeignete Methode, um Anhaltspunkte über die Risiken unterschiedlicher Unternehmensstrategien zu gewinnen.[669] Grafisch stellt sich der VAR wie folgt dar:[670]

---

[665] Vgl. *Ballwieser, Wolfgang/Kuhner, Christoph*: [Risk Adjusted Return On Capital], in: *Riekeberg, Marcus/Stenke, Karin* (Hrsg.): Banking 2000 (FS Meyer zu Selhausen), Wiesbaden 2000, S. 367-381, hier S. 370.

[666] Eine weitere Interpretation stellt die Summe der diskontierten VAR in den Mittelpunkt der Betrachtung. Sie stellt ex ante die maximale Abweichung der realisierten von der geplanten Wertsteigerung dar. Vgl. hierzu *Mengele, Andreas*: [Steuerungsgrößen], a.a.O., S. 106-118, insb. S. 112-114.

[667] Vgl. dazu *Johanning, Lutz*: Value-at-risk zur [Marktrisikosteuerung] und Eigenkapitalallokation, Bad Soden/Taunus 1998, S. 20-42.

[668] Vgl. hierzu z.B. *Ewert, Ralf/Wagenhofer, Alfred*: [Unternehmensrechnung], a.a.O., S. 220-237.

[669] Vgl. *Ewert, Ralf/Wagenhofer, Alfred*: [Kennzahlen], a.a.O., S. 39.

[670] Vgl. z.B. *Ewert, Ralf/Wagenhofer, Alfred*: [Kennzahlen], a.a.O., S. 39.

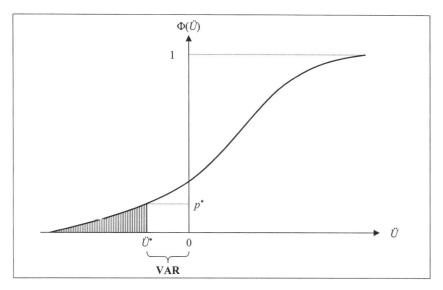

Abbildung 15: Value at Risk

Bei risikoangepaßten Rentabilitätskennzahlen wird der VAR als Kapitalgröße einer mit diesem Risikokapital erzielbaren Überschußgröße gegenübergestellt. Verwendet man den NOPAT als Überschußgröße, ist RORAC definiert als:[671]

$$\text{RORAC} = \frac{NOPAT}{VAR}. \qquad (4.37)$$

Dagegen wird bei RAROC im Zähler eine residuale Überschußgröße verwendet, bei der vom NOPAT die Kosten des eingesetzten VAR abgezogen werden:[672]

---

[671] Vgl. *Johanning, Lutz*: [Marktrisikosteuerung], a.a.O., S. 73. Eine andere Variante findet sich bei *Fröhling* und *Albrecht*, die vom NOPAT einen fiktiven „sicheren" Gewinn abziehen, der bei Anlage zum risikolosen Zins hätte erzielt werden können. Vgl. *Fröhling, Oliver*: Reward and [Risk-Controlling], in: Controlling, 12. Jg. (2000), S. 5-13, hier S. 8 f.; *Albrecht, Thomas*: Die Vereinbarkeit der Value-at-Risk-Methode in Banken mit anteilseignerorientierter [Unternehmensführung], in: ZfB, 68. Jg. (1998), S. 259-273, hier S. 260 f.

[672] Auch diese Definitionen werden keineswegs einheitlich in der Literatur gebraucht. Teilweise findet sich auch die Bezeichnung RAROC für die hier als RORAC bezeichnete Größe. Vgl. z.B. *Ballwieser, Wolfgang/Kuhner, Christoph*: [Risk Adjusted Return On Capital], a.a.O., S. 371, die sich der Terminologie von *Stoughton, Neil M./Zechner, Josef*: Optimal Capital Allocation using RAROC™ and EVA®, Working Paper, University of California, Irvine und Universität Wien, 1999, S. 13 f. anschließen. Für die hier als

$$RAROC = \frac{NOPAT - \hat{k} \cdot VAR}{VAR} = RORAC - \hat{k} \qquad (4.38)$$

Die Bedeutung von RAROC und RORAC für die Wertsteigerungsanalyse wird selbst von deren Vertretern in Frage gestellt.[673] Das Hauptproblem liegt in der ökonomisch sinnvollen Interpretation des Kapitalkostensatzes $\hat{k}$, der mit dem „herkömmlichen" Kapitalkostensatz einer wertorientierten Unternehmensführung, wie z.B. den WACC, unverbunden ist.[674] Die Kennzahlen eignen sich vorrangig für die unternehmensinterne Steuerung der Risiken, wobei die Eignung davon abhängt, inwiefern der VAR ein geeignetes Risikomaß ist. Auch dies muß angezweifelt werden, der VAR gibt das Risiko systematisch verzerrt wieder und liefert eine äußerst ungenaue Schätzung des bei vorgegebener Wahrscheinlichkeit $p^*$ maximal möglichen Verlusts.[675] Dabei wird der Fehler umso größer, je höher das vorgegebene Konfidenzniveau ist, also je kleiner $p^*$ gewählt wird.[676]

Für die hier zentrale Fragestellung der Verhaltenssteuerung von Managern und der Information von Anteilseignern können risikoangepaßte Rentabilitätskennzahlen wie RAROC oder RORAC aufgrund der beschriebenen Mängel nur eine untergeordnete Rolle spielen; sie sind der Vollständigkeit halber mitaufgeführt.[677]

---

RORAC bezeichnete Definition findet sich bei *Albrecht* die Bezeichnung „Return on Value-at-Risk", *Albrecht, Thomas*: [Unternehmensführung], a.a.O., S. 260.

[673] Vgl. z.B. *Fröhling, Oliver*: [Risk-Controlling], a.a.O., S. 9. Kritisch auch *Albrecht, Thomas*: [Unternehmensführung], a.a.O., S. 261-264.

[674] Vgl. *Ewert, Ralf/Wagenhofer, Alfred*: [Kennzahlen], a.a.O., S. 41.

[675] Vgl. *Ballwieser, Wolfgang/Kuhner, Christoph*: [RiskAdjusted Return on Capital], a.a.O., S. 373; *Ewert, Ralf/Wagenhofer, Alfred*: [Kennzahlen], a.a.O., S. 41 f.

[676] Vgl. etwa *Johanning, Lutz*: [Marktrisikosteuerung], a.a.O., S. 122, der dem VAR ab einem Konfidenzniveau von 99,5 % jegliche Aussagekraft abspricht.

[677] *Mengele* bezieht die Wertsteigerung eines Investitionsprojekts auf die Summe der diskontierten VAR und nennt diese Größe *Shareholder-Return on Shareholder-Risk*, in der er eine Umsetzung des sog. *Sharpe-Index* sieht. Damit soll die Wertsteigerung eines Projekts nicht isoliert, sondern unter Berücksichtigung des damit verbundenen Risikos gesehen werden. Warum dieses Risiko nicht bereits bei der Ermittlung der Wertsteigerung im Sicherheitsäquivalent der Ertragsverteilungen bzw. im Risikozuschlag bei den Kapitalkosten berücksichtigt wird, bleibt offen. Vgl. *Mengele, Andreas*: [Steuerungsgrößen], a.a.O., S. 152-157, insb. S. 155 f. Zum *Sharpe-Index* vgl. grundlegend *Sharpe, William F.*: Mutual Fund Performance, in: JB, Vol. 39 (1966), S. 119-138.

## 4.5.2. Current Operations Value und Future Growth Value

Ein neuer Ansatz von STERN STEWART[678] greift neben dem Residualgewinnkonzept EVA einen Ansatz von MILLER/MODIGLIANI[679] auf. Dabei wird der Wert des Unternehmens in zwei Teile zerlegt, die in der Modellversion von STERN STEWART als *Current Operations Value* und *Future Growth Value* bezeichnet werden. Der *Current Operations Value* ergibt sich im Originalmodell aus der ewigen Rente des aktuellen Zahlungsüberschusses, dem „... present value of the (uniform perpetual) earnings, $X(0)$, on the assets currently held ...“[680]. Der *Future Growth Value* besteht aus dem Barwert der zukünftigen, mit den Erweiterungsinvestitionen $I_t$ der Periode $t$ erzielbaren Rückflüssen und wird im Originalmodell als „... present value of all such future opportunities ...“[681] bezeichnet. Dabei wird wie beim Konzept des SVA davon ausgegangen, daß jede einzelne Erweiterungsinvestition $I_t$ zu einer ewigen Rente führt. Der Unternehmensgesamtwert ergibt sich dann durch folgende Beziehung:[682]

$$MW_{GK,0} = \frac{CF_0}{k} + \sum_{t=1}^{T} I_t \cdot \frac{r_t - k}{k \cdot (1+k)^t}. \qquad (4.39)$$

STERN STEWART modifizieren dieses Wachstumsmodell und basieren die Rechnung auf ihr Residualgewinnkonzept EVA. Der *Current Operations Value* ergibt sich durch die Rente des aktuellen EVA zuzüglich des Buchwerts des in $t = 0$ investierten Kapitals zu einer Art „Gegenwartswert". Der *Future Growth Value* wird indirekt ermittelt, indem der *Current Operations Value* von der Summe aus Börsenkapitalisierung und Marktwert der Finanzschulden, die den Marktwert des Gesamtkapitals $MW_{GK,0}$ im Betrachtungszeitpunkt darstellen soll, abgezogen wird. Der *Future Growth Value* „misst den Zukunftswert eines Unternehmens und drückt die Erwartungen der Investoren aus"[683]:

---

[678] Vgl. *Scharrer, Jürgen*: Wem traut die [Börse] ..., in: Capital, 39. Jg. (2000), Heft 22, S. 62-83; *Stern Stewart* (Hrsg.): FGV/EVA®-Bewertung 2000, München 2000.

[679] Vgl. *Miller, Merton H./Modigliani, Franco*: [Valuation], a.a.O., S. 416 f., dazu auch *Hachmeister, Dirk*: [Maß], a.a.O., S. 142-145. Ebenfalls darauf zurück greifen *Copeland, Tom/Koller, Tim/Murrin, Jack*: [Valuation], a.a.O., S. 154; *Stewart III, G. Bennett*: [Quest], a.a.O., S. 315-318.

[680] *Miller, Merton H./Modigliani, Franco*: [Valuation], a.a.O., S. 416 f. $X(0)$ wird in der Notation dieser Arbeit als $CF_0$ bezeichnet.

[681] *Miller, Merton H./Modigliani, Franco*: [Valuation], a.a.O., S. 416.

[682] Vgl. *Miller, Merton H./Modigliani, Franco*: [Valuation], a.a.O., S. 416 f.

[683] *Scharrer, Jürgen*: [Börse], a.a.O., S. 78.

$$Future\ Growth\ Value = MW_{B\ddot{o}rse} + MW_{FK} - \left(B_0 + \frac{EVA_0}{k}\right).^{684} \qquad (4.40)$$

Ist die aktuelle Börsenkapitalisierung zuzüglich des Marktwerts des Fremdkapitals höher als der *Current Operations Value*, erwartet der Kapitalmarkt in der Zukunft höhere EVA und umgekehrt. STERN STEWART will dieses Konzept in erster Linie als Informationsinstrument für das Management sehen, die Steuerung des Managements soll weiterhin mit EVA erfolgen.[685] Der *Future Growth Value* zeigt dem Management an, was Investoren in Zukunft erwarten bzw. welcher Teil des Marktwerts des Unternehmens durch die sich aktuell darstellende Leistung begründet wird. Die Aussagekraft dieser Information bleibt allerdings unklar, denn die generelle Vorgabe von Markterwartungen als Mindestrendite für neue Investitionen ist nicht sinnvoll: Erwarten die Investoren eine hohe Rendite auf vom Unternehmen getätigte Investitionen, schlägt sich diese Erwartung in entsprechend hohen Kursen nieder. Durch Aufnahme einer Investition, deren Rendite über den Kapitalkosten, aber unter der von den Marktteilnehmern unterstellten Rendite liegt, sinkt der Kurs, gleichzeitig wird aber immer noch mehr als die Kapitalkosten erwirtschaftet.[686] Das Problem besteht in der Frage, auf welche Kapitalgröße Kapitalkosten zu beziehen sind: Buchwerte oder Marktwerte? Hierin zeigt sich erneut die zentrale Schwäche von EVA und allen ähnlichen Übergewinnkonzepten, da trotz aller Anpassungsschritte aus den buchhalterischen Vermögensgrößen keine Marktwerte abgeleitet werden können.[687]

Auch die BOSTON CONSULTING GROUP integriert mittlerweile das Wachstumsmodell von MILLER/MODIGLIANI in ihr Beratungskonzept.[688] Die Berech-

---

[684] Anders ausgedrückt: $MW_{GK,0} = B_0 + \frac{EVA_0}{k} + Future\ Growth\ Value$.

[685] Vgl. hierzu die Aussagen des Geschäftsführers von *Stern Stewart* im Interview mit *Scharrer, Jürgen*: [Börse], a.a.O., S. 74-76.

[686] Vgl. hierzu auch *Rappaport, Alfred*: [Executive Pay], a.a.O., S. 97 f. Beispielhaft nennt er den Fall eines Unternehmens mit 10 % Kapitalkosten, von dem sich die Anleger Investitionsrenditen von 20 % erwarten und in dessen aktuellen Börsenkurs diese Erwartungen eingegangen sind. Investiert das Management in Projekte mit einer Rendite von 15 %, werden die Kapitalkosten übertroffen, der Börsenkurs sinkt jedoch in Folge dieser Investition, sofern der Kapitalmarkt dieses neue (geringer rentierliche) Projekt noch nicht in der Preisbildung berücksichtigt hat. *Rappaport* würde diesem Manager keine Belohnung zusprechen. Anders sieht diese Konstellation der Geschäftsführer von *Stern Stewart* im Interview mit *Scharrer, Jürgen*: [Börse], a.a.O., S. 74-76.

[687] Vgl. auch die Folgerungen von *Richter, Frank/Honold, Dirk*: [EVA & Co.], a.a.O., S. 273 f. und Kapitel 4.5.3.

[688] Vgl. *Boston Consulting Group* (Hrsg.): [New Perspectives] on Value Creation – A Study of the World's Top Performers, o. O. 2000, S. 8, 18-22 und 52 f.; *Bierach, Barbara*: Ambitioniert, in: WiWo, 55. Jg. (2001), Heft 6 vom 1.2.2001, S. 152 f.

nung erfolgt analog zu der geschilderten Vorgehensweise von STERN STEWART, wobei die BCG ihr CVA-Konzept und die in Kapitel 4.5.4 beschriebenen Größen zur Bestimmung des von ihr als *Value of Current Fundamentals* bezeichneten Gegenwartswerts heranzieht und von einer *Expectation Premium* spricht, wenn dieser *Value of Current Fundamentals* unterhalb der beobachtbaren Marktkapitalisierung (zuzüglich Marktwert des Fremdkapitals) liegt.[689]

Bedeutung für die Fragestellung dieser Arbeit haben diese Überlegungen allenfalls für die Information der Anteilseigner. Insbesondere für Zwecke der Aktienanalyse und der Identifikation von Anlagestrategien kann die in der Börsenkapitalisierung steckende „Erwartungsprämie" von Bedeutung sein. Bislang wird die Eignung der Konzepte auch von deren Vertretern hierauf beschränkt.

### 4.5.3. Refined Economic Value Added (REVA)

Auf die bereits mehrfach aufgeworfene Kritik an der in EVA und ähnlichen Konzepten herangezogene Buchwertbetrachtung nimmt eine Modifikation des EVA-Konzepts Bezug. Der in der Literatur REVA (Refined Economic Value Added) bezeichnete Residualgewinn ermittelt die Differenz zwischen dem NOPAT einer Periode *t* und den kalkulatorischen Kapitalkosten des Marktwerts des eingesetzten Kapitals der Vorperiode:[690]

$$REVA_t = NOPAT_t - k \cdot MW_{GK,t-1}.$$ (4.41)

Damit wird die Verzinsung des Marktwerts des eingesetzten Kapitals zur Hürde für einen positiven (Residual-)Gewinnausweis. Eine nähere Untersuchung von REVA zeigt jedoch, daß es sich bei diesem Konzept nach wie vor nicht um den kapitaltheoretischen Residualgewinn aus Kapitel 3.2.2 handelt. Dieser war definiert als:

$$G_{\theta Re,t} = \ddot{U}_t + EW_t - EW_{t-1} - i \cdot EW_{t-1}.$$ (3.18)

Wird der NOPAT einer Periode t wie in Kapitel 4.3.1.3 mit $NOPAT_t = \ddot{U}_t + B_t - B_{t-1}$ ausgedrückt, so ergibt sich REVA als

$$REVA_t = \ddot{U}_t + B_t - B_{t-1} - k \cdot MW_{GK,t-1}$$ (4.42)

[689] Vgl. *Boston Consulting Group* (Hrsg.): [New Perspectives], a.a.O., S. 8.
[690] Vgl. *Bacidore, Jeffrey M./Boquist, John A./Milbourn, Todd T./Thakor, Anjan V.*: The Search for the Best Financial Performance Measure, in: FAJ, Vol. 53 (1997), Heft 5/6, S. 11-20, hier S. 15; *Ewert, Ralf/Wagenhofer, Alfred*: [Kennzahlen], a.a.O., S. 17.

Damit vermischt das Konzept einen buchhalterisch ermittelten Überschuß mit einer Marktwertbetrachtung des Kapitals. Daß damit keine Approximation an den kapitaltheoretischen Residualgewinn gelingt, ist offensichtlich.

REVA als Bemessungsgrundlage für die variable Entlohnung heranzuziehen führt sogar zu gravierenden Fehlanreizen. Der Marktwert des Gesamtkapitals ergibt sich aus den Erwartungen der Kapitalmarktteilnehmer über künftige Überschüsse. Je höher diese Überschüsse eingeschätzt werden, desto höher wird auch der Marktwert des Gesamtkapitals sein. Ein Manager, der durch seine Investitionspolitik zukünftig hohe Überschüsse generiert, also im Sinne der Anteilseigner handelt, „bestraft" sich dadurch selbst, da seine Bemessungsgrundlage durch die Verrechnung von kalkulatorischen Zinsen auf den Marktwert gemindert wird.[691] Umgekehrt steigt die erzielbare Prämie, wenn der Marktwert des Gesamtkapitals infolge der Aktivitäten des Managers, z.B. durch den Verzicht auf ein lukratives Forschungsprojekt, sinkt. Ein kapitaltheoretischer Residualgewinn steigt im ersten Fall an, im zweiten Fall wird er zu Null bzw. sinkt ins Negative, wenn die Erfolgspotentiale bereits im Ertragswert antizipiert waren.

REVA kann als Wertsteigerungsmaß für Zwecke der Verhaltenssteuerung nicht überzeugen. Einen Informationswert zu entdecken, fällt ebenso schwer. Die mißverständliche, weil eine Verbesserung von EVA unterstellende Bezeichnung verlangt aber an dieser Stelle nach einer Klarstellung.

## 4.5.4. Real Asset Value Enhancer (RAVE)

Mit dem Konzept des Real Asset Value Enhancer (RAVE) stellt die BOSTON CONSULTING GROUP eine Erweiterung des Residualgewinnkonzepts vor.[692] Dabei handelt es sich um Umformungen des bereits vorgestellten Übergewinnkonzepts der BCG, dem CVA aus Kapitel 4.4. Allgemein formuliert berechnet sich ein Übergewinn als

$$\text{Übergewinn} = (\text{Kapitalrendite} - \text{Kapitalkosten}) \cdot \text{Kapitalbasis}, \qquad (4.43)$$

---

[691]　Vgl. zur Kritik am REVA-Konzept *Ferguson, Robert/Leistikow, Dean*: Search for the Best Financial Performance Measure: Basics are better, in: FAJ, Vol. 54 (1998), Heft 1/2, S. 81-85 und *Albrecht, Thomas*: The Search for the Best Financial Performance Measure: A Comment, in: FAJ, Vol. 54 (1998), Heft 1/2, S. 86-87.

[692]　Vgl. *Boston Consulting Group* (Hrsg.): [New Perspectives], a.a.O., S. 15-17; *Strack, Rainer/Villnis, Ulrich*: [RAVE]™: Die nächste Generation im Shareholder Value Management, in: ZfB, 71. Jg. (2001), S. 67-84.

bzw. für den kapitalbasierten CVA wie in (4.31) als

$$CVA = \left( CFROI - k \right) \cdot B_0.^{693}$$

Unternehmen setzen aber nicht nur Kapital in Form von Investitionen ein, sondern verfügen auch über Humankapital und Kundenkapital. Der RAVE-Ansatz richtet die Übergewinngröße auf die im Unternehmen dominierende Kapitalart aus.[694] Dazu wird CVA so umgeformt, daß jeweils für Human- bzw. Kundenkapital zentrale Kennzahlen in die Bestimmungsgleichung eingehen. An die Stelle der Differenz von Kapitalrendite und Kapitalkosten, die mit dem Kapital multipliziert wird, treten die Differenzen zwischen Wertschöpfung und Kosten pro Mitarbeiter multipliziert mit der Anzahl der Mitarbeiter bzw. die Differenz zwischen der Wertschöpfung und den Kosten pro Kunden multipliziert mit der Anzahl der Kunden. Bei entsprechender Definition der Größen bleibt der Absolutbetrag von CVA unverändert.

BCG bezeichnet dies als *Human Resources View* bzw. *Customer View* und sieht in den auf diese Art umdefinierten CVA Kennzahlen, die in personal- bzw. marketingintensiven Unternehmen mit dem Shareholder-Value-Gedanken verbunden werden können.[695] Die Umformung erfolgt ähnlich der Zerlegung des ROI nach dem sog. DuPont-Schema[696] oder der Zerlegung des Shareholder Value in einzelne Werttreiber nach RAPPAPORT.[697] Für den Humankapitalansatz zieht dies folgende Umformungen nach sich:[698]

$$CVA = CF - Ab^{BCG} - k \cdot B_0;$$

$$CVA = U - K_{Mat} - K_{Per} - Ab^{BCG} - k \cdot B_0;$$

$$CVA = \left( \frac{U - K_{Mat} - Ab^{BCG} - k \cdot B_0}{N_P} - \frac{K_{Per}}{N_P} \right) \cdot N_P. \qquad (4.44)$$

Der erste Bruch in der Klammer bezeichnet die Wertschöpfung pro Mitarbeiter, der zweite Bruch die Personalkosten pro Mitarbeiter. Die Differenz multipliziert

---

[693] Der Zeitindex *t* ist hier unterdrückt.

[694] Mangelnde Berücksichtigung von qualitativen Strategieaspekten steht auch im Zentrum der Kritik an EVA bei *Mouritsen, Jan*: Driving Growth: Economic Value Added versus Intellectual Capital, in: MAR, Vol. 9 (1998), S. 461-482, hier insb. S. 466 f. und 480 f.

[695] Vgl. *Strack, Rainer/Villnis, Ulrich*: [RAVE], a.a.O., S. 70.

[696] Vgl. z.B. *Baetge, Jörg*: [Bilanzanalyse], a.a.O., S. 38; *Leffson, Ulrich*: Bilanzanalyse, 3. Aufl., Stuttgart 1984, S. 179; *Bernstein, Leopold A./Wild, John J.*: Financial Statement Analysis, 6. Aufl., Boston u.a. 1998, S. 534 f.

[697] Vgl. *Rappaport, Alfred*: [Shareholder Value, 2], a.a.O., S. 172.

[698] Vgl. *Strack, Rainer/Villnis, Ulrich*: [RAVE], a.a.O., S. 70 f.

mit der Anzahl der Mitarbeiter führt zum Übergewinn CVA nach dem *Human Resources View*. Analog erfolgt die Umformung beim *Customer View*:[699]

$$CVA = CF - Ab^{BCG} - k \cdot B_0 \, ;$$

$$CVA = U - K^*_{Mat} - K^*_{Per} - K_{MV} - Ab^{BCG,*} - k \cdot B^*_0 \, ;$$

$$CVA = \left( \frac{U - K^*_{Mat} - K^*_{Per} - Ab^{BCG,*} - k \cdot B^*_0}{N_K} - \frac{K_{MV}}{N_K} \right) \cdot N_K . \qquad (4.45)$$

Hier wird die Differenz von Wertbeitrag pro Kunde (erster Bruch) und Vertriebskosten pro Kunde (zweiter Bruch) mit der Anzahl der Kunden multipliziert, was zum Übergewinn CVA nach dem *Customer View* führt. Die Kosten für Material und Personal $K_{Mat}$ und $K_{Per}$ sowie die BCG-Abschreibung und das investierte Kapital $B_0$ müssen um die Anteile, die in den Kosten für Marketing und Vertrieb $K_{MV}$ stecken, bereinigt werden, um eine Doppelzählung zu vermeiden, was mit dem Suffix * verdeutlicht wird.

Alle drei Konzepte beruhen auf einem identischen Schema und führen zu identischen Ergebnissen:[700]

|  | **Spanne** | **Multiplikator** |
|---|---|---|
| **Kapitalgetriebenes Geschäft** | Wertbeitrag pro Kapitaleinheit – Kosten pro Kapitaleinheit | Einheiten Kapital |
| **Personalgetriebenes Geschäft** | Wertbeitrag pro Mitarbeiter – Kosten pro Mitarbeiter | Anzahl Mitarbeiter |
| **Kundengetriebenes Geschäft** | Wertbeitrag pro Kunde – Kosten pro Kunde | Anzahl Kunden |

Tabelle 32: Übergewinne des RAVE-Konzepts

Der Vorteil solcher Aufspaltungen liegt in der Visualisierung der Zusammenhänge und dem Aufzeigen der kritischen Werttreiber. Dasselbe leisten aber auch die bekannten „Shareholder-Value-Netzwerke", die den Shareholder Value in monetäre und nichtmonetäre Werttreiber zerlegen und auf diese Weise auf operative Größen zurückführen.[701] Eine Eignung für die Steuerung im Sinne einer Verhaltensteuerung von Managern ist mit solchen tautologischen Umformungen nicht zu erreichen. Ein umgeformter CVA ist vom Aussagegehalt ebenso zweifelhaft wie das ursprüngliche Konzept, so daß auch keine Fortschritte für die Information der Anteilseigner zu erwarten sind. Übergewinne auf Basis von

---

[699] Vgl. *Strack, Rainer/Villnis, Ulrich*: [RAVE], a.a.O., S. 76 f.
[700] Vgl. *Strack, Rainer/Villnis, Ulrich*: [RAVE], a.a.O., S. 78 f.
[701] Vgl. erneut das „Shareholder Value Network" von *Rappaport, Alfred*: [Shareholder Value, 2], a.a.O., S. 56 in Verbindung mit S. 172. Siehe auch Kapitel 4.5.5.

*Capital View, Human Resources View* oder *Customer View* sind mit den selben Unzulänglichkeiten behaftet wie die ihnen zugrundeliegenden Übergewinnkonzepte selbst.

### 4.5.5. Balanced Scorecard

Ausgehend von der keineswegs überraschenden Erkenntnis, daß der alleinige Rückgriff auf monetäre Kennzahlen nicht ausreichen kann, Entscheidungsträger zur Aufdeckung und Durchführung wertsteigernder Investitionsprojekte anzuhalten, erfährt mit der Balanced Scorecard in den letzten Jahren ein weiteres Unternehmensführungskonzept große Aufmerksamkeit.[702] Der maßgeblich von KAPLAN und NORTON begründete Balanced-Scorecard-Ansatz beansprucht für sich, besser zur Steuerung von Managern geeignet zu sein als die bloße Anknüpfung der Vergütung an die in den vorangegangenen Kapiteln beschriebenen Wertsteigerungsmaße.[703] Die Balanced Scorecard soll kurz- und langfristige Ziele, monetäre und nichtmonetäre Kennzahlen, Früh- und Spätindikatoren sowie eine interne und externe Perspektive der Leistungsmessung gleichermaßen und gewissermaßen ausgewogen erfassen. Insbesondere in der praxisorientierten Literatur entstand eine Fülle von Leitfäden und Erfahrungsberichten, die wissenschaftlich geleitete Diskussion steht noch am Anfang.[704]

Mit einer Balanced Scorecard wird das Unternehmen aus verschiedenen Perspektiven betrachtet. Für jede Perspektive werden Ziele vorgegeben, deren Erreichung anhand geeigneter Kennzahlen gemessen werden soll. Die Meßergebnisse werden wiederum mit einem nichtalgebraischen Kausalmodell zu einem Gesamtbild aggregiert.[705] Für die Ableitung dieses Kausalmodells und die Gewichtungsfaktoren, mit denen einzelne Kennzahlen in das Aggregat eingehen, existiert keine allgemeingültige Theorie.[706]

---

[702] Vgl. zu einem Überblick *Ittner, Christopher D./Larcker, David F.*: Innovations in Performance Measurement, in: JMAR, Vol. 10 (1998), S. 205-238, hier S. 217 f.; *Speckbacher, Gerhard/Bischof, Jürgen*: Die Balanced Scorecard als innovatives [Managementsystem], in: DBW, 60. Jg. (2000), S. 795-810; *Klingenbiel, Norbert*: Balanced Scorecard als Verbindungsglied externes – internes Rechnungswesen, in: DStR, 38. Jg. (2000), S. 651-655.

[703] Vgl. zur Balanced Scorecard *Kaplan, Robert S./Norton, David P.*: [Performance], a.a.O.; *dies.*: The [Balanced Scorecard]: Translating Strategy into Action, Boston 1996.

[704] Erste Würdigungen liefern *Pfaff, Dieter/Kunz, Alexis/Pfeiffer, Thomas*: [Bemessungsgrundlage], a.a.O.; *Speckbacher, Gerhard/Bischof, Jürgen*: [Managementsystem], a.a.O.; *Hoffmann, Olaf*: Performance [Management], 2. Aufl., Bern u.a. 2000, S. 49-63.

[705] Vgl. *Hoffmann, Olaf*: [Management], a.a.O., S. 53-55; *Pfaff, Dieter/Kunz, Alexis/Pfeiffer, Thomas*: [Bemessungsgrundlage], a.a.O., S. 36.

[706] Vgl. *Pfaff, Dieter/Kunz, Alexis/Pfeiffer, Thomas*: [Bemessungsgrundlage], a.a.O., S. 52.

Bei KAPLAN/NORTON werden vier Perspektiven vorgeschlagen,[707] die als „Kernperspektiven" für jedes Unternehmen Gültigkeit besitzen und gegebenenfalls um weitere Aspekte ergänzt werden sollen:[708]

| Betrachtungsweise | Ziel (Beispiel) | Kennzahl (Beispiel) |
|---|---|---|
| *Financial Perspective* | Liquidität<br>Rentabilität<br>Wachstum | Cash Flow<br>ROCE<br>Umsatz- /Marktanteilswachstum |
| *Customer Perspective* | Innovationen<br>Stellung als Hauptlieferant<br>Kundenzufriedenheit | Anteil Neuprodukte am Umsatz<br>Marktanteil bei Schlüsselkunden<br>Reklamationsquote |
| *Internal Business Perspective* | Prozeßoptimierung | Fertigungszeit<br>Ausschußquote |
| *Innovating and Learning Perspective* | Technologieführerschaft<br><br>Fachwissen aufbauen | Entwicklungszeit<br>Durchschnittliches Produktalter<br>Schulungsintensität |

Tabelle 33: Perspektiven der Balanced Scorecard

Die Implementierung eines Anreizsystems auf Basis einer Balanced Scorecard wird zwar von den Autoren selbst vorgeschlagen,[709] konkrete Hinweise auf mögliche Umsetzungen werden aber nicht Stelle gegeben. Eine Ende des Jahres 1999 durchgeführte empirische Untersuchung der DAX-100-Gesellschaften konnte feststellen, daß zwar zwei Drittel der untersuchten Unternehmen erste Überlegungen bezüglich der Verwendung des Konzepts angestellt haben, aber lediglich 20 % konkrete Projekte durchgeführt haben und damit über Anwendungserfahrung verfügen.[710] Untersucht man die Eignung des Balanced-Scorecard-Konzepts als Bemessungsgrundlage von Belohnungssystemen, tauchen auch Zweifel auf, ob sich eine Anwendung der „charmanten Idee"[711] überhaupt lohnt. Der Einbezug nichtfinanzieller Kennzahlen in die Bemessungsgrundlage kann aus einer theoriegeleiteten Betrachtung nicht als eindeutig vorteilhaft oder nachteilig klassifiziert werden, empirische Untersuchungen kommen zum Ergebnis, daß die in das Konzept einfließenden Kausalzusammenhän-

---

[707] Vgl. *Kaplan, Robert S./Norton, David P.*: [Performance], a.a.O., S. 72 und 76.

[708] Vgl. z.B. *Kaum, Stephan*: Umsetzung der marktorientierten Unternehmenssteuerung in Banken durch die Balanced Scorecard, in: FB, 2. Jg. (2000), S. 293-295, hier S. 295 oder *Michel, Uwe*: Wertmanagement, in: Controlling, 10. Jg. (1999), S. 371-379, hier S. 374 f.

[709] Vgl. *Kaplan, Robert S./Norton, David P.*: [Balanced Scorecard], a.a.O., S. 217-219.

[710] Vgl. *Speckbacher, Gerhard/Bischof, Jürgen*: [Managementsystem], a.a.O., S. 802. Von den 100 befragten Unternehmen haben sich 93 an der Studie beteiligt. Die Ergebnisse streuen branchenabhängig. Besonders aufgeschlossen dem Konzept gegenüber scheinen Chemie- und Pharmaunternehmen, Maschinenbauunternehmen und Software- und Technologieunternehmen zu sein. Vgl. ebd. S. 803 f.

[711] *Pfaff, Dieter/Kunz, Alexis/Pfeiffer, Thomas*: [Bemessungsgrundlage], a.a.O., S. 36.

ge nicht bestätigt werden können.[712] Die Vielzahl von unterschiedlichen Kennzahlen nötigt den beurteilten Manager aufgrund einer auch empirisch feststellbaren Informationsüberlastung zu einer eigenen Gewichtung der Kennzahlen, die die Intention des Konzepts, eine ausgewogene Berücksichtigung einer mehrdimensionalen Zielsetzung, konterkariert.[713] Ein weiterer, schwerwiegender Einwand betrifft die Tatsache, daß der zu steuernde Manager bei der Überprüfung und Anpassung der hinter der Balanced Scorecard stehenden Kausalkette vor seinen eigentlichen Investitionsentscheidungen neue Informationen erhält, die er in sein Entscheidungskalkül einfließen lassen wird. Solche *Pre-Decision-Informations* können sowohl positiv als auch negativ auf die Anreizwirkung ausstrahlen;[714] allgemeingültige Aussagen über die Wechselwirkungen von *Pre-* und *Post-Decision-Informations* lassen sich nicht treffen.

## 4.6. Ergebnis

### 4.6.1. Operationalisierbarkeit der Wertsteigerungsmaße

Wie schon die Aufgliederung des CVA in eine Mitarbeiter- oder Kundensicht stellt die Balanced Scorecard einen Versuch dar, die erfaßten Zielgrößen über rein finanzielle hinaus zu erweitern, um die Wirkungszusammenhänge zwischen dem Ziel der Unternehmenswertsteigerung und den Handlungen auf den operationalen Ebenen abzubilden. Ähnlich einfach gestaltet sind Werttreiberanalysen, die ebenfalls Kausalzusammenhänge zwischen dem Unternehmensziel Wertsteigerung und finanziellen sowie nichtfinanziellen Kennzahlen unterstellen. Unabhängig von deren Definition oder des zugrundegelegten Wertsteigerungsmaßes entsteht Wert nur dann, wenn Investitionsrenditen über Kapitalkosten liegen. Dementsprechend sind Kapitalkosten zu senken oder die Investitionsrenditen zu steigern. Werttreibermodelle, wie z.B. in Gleichung (4.3), bilden die definitorischen Beziehungen zur Bestimmung des Free Cash Flow oder des EVA ab.

In der folgenden Abbildung wird der Unternehmenswert (hier als Discounted Cash Flow) als Spitzenkennzahl in Makro- und Mikro-Werttreiber aufgespalten;

---

[712] Vgl. dazu ausführlich *Pfaff, Dieter/Kunz, Alexis/Pfeiffer, Thomas*: [Bemessungsgrundlage], a.a.O., S. 40 f., 47 und 52 f.

[713] Vgl. *Pfaff, Dieter/Kunz, Alexis/Pfeiffer, Thomas*: [Bemessungsgrundlage], a.a.O., S. 48-50 und 52.

[714] Vgl. *Pfaff, Dieter/Kunz, Alexis/Pfeiffer, Thomas*: [Bemessungsgrundlage], a.a.O., S. 38 f. und 52 mit Verweis auf *Baiman, Stanley/Evans III, John H.*: Pre-Decision Information and Participative Management Control Systems, in: JAR, Vol. 21 (1983), S. 371-395, hier S. 382-384 und *Baiman, Stanley/Sivaramakrishnan, Konduru*: The Value of Private Pre-Decision Information in a Principal-Agent Context, in: AR, Vol. 66 (1991), S. 747-766.

tiefere Untergliederungen sind je nach Geschäftsgegenstand möglich, andere Zielvariablen (wie EVA) denkbar. Diese Kennzahlen können als Zielvorgabe für operative Bereiche herangezogen werden:[715]

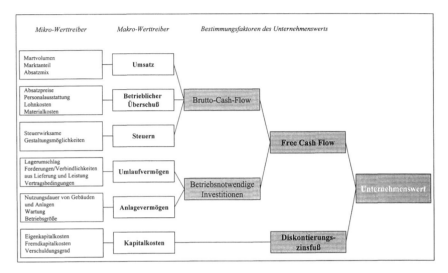

Abbildung 16: Werttreiber-Darstellung nach RAPPAPORT

Im Gegensatz zur Balanced Scorecard gehen die Kennzahlen nicht unmittelbar in die Bemessungsgrundlage ein. Die verschiedenen Erfolgsfaktoren beeinflussen die Zielgröße; mittels Sensitivitätsanalysen können verschiedene Szenarien simuliert und der Einfluß einzelner Kennzahlen auf die Zielvariable untersucht werden. Zwar sind wie bei der Balanced Scorecard die Zusammenhänge zwischen der Spitzenkennzahl und Kennzahlen der Prozeß-, Innovations- oder Lernperspektive genauso schwer modellierbar und die Ableitung der Kausalkette kann ab einem bestimmten Detaillierungsgrad ebenfalls nicht mehr theoriegestützt erfolgen.[716] Dagegen können die geschilderten zusätzlichen anreiztheoretischen Probleme ausgeschlossen werden.

---

[715] Vgl. *Rappaport, Alfred*: [Shareholder Value, 2], a.a.O., S. 172. Am Beispiel einer Mineralölvertriebsgesellschaft wird exemplarisch die weitere Zerlegung der Betriebskosten in einzelne Kostentreiber gezeigt, vgl. ebd. S. 173.

[716] Unter nichtfinanziellen Einflußfaktoren scheint insbesondere die Kundenzufriedenheit einen starken Einfluß auf die zukünftige Ausprägung von finanziellen Kennzahlen zu haben. Vgl. die Untersuchungen von *Banker, Rajiv D./Potter, Gordon/Srinivasan, Dhinu*: An Empirical Investigation of an Incentive Plan that includes Nonfinancial Performance Measures, in: AR, Vol. 75 (2000), S. 65-92, hier insb. S. 89 f.; *Ittner, Christopher D./ Larcker, David F.*: Are Nonfinancial Measures leading Indicators of Financial Perfor-

Akzeptiert man diese pragmatische Umsetzung auf operative Ebenen, verbleiben zwei zentrale Fragen, die im folgenden Kapitel dem Versuch einer Beantwortung unterzogen werden:

(1) Welches ist die optimale finanzielle Kennzahl, die als Wertsteigerungsmaß in die variable Vergütung des Managements eingeht?

(2) Welches Wertsteigerungsmaß ist am ehesten geeignet, in eine am Anteilseignerinteresse ausgerichteten Berichterstattung aufgenommen zu werden?

## 4.6.2. Merkmale alternativer Maße zur Wertsteigerung

Ausgangspunkt der Arbeit war die Feststellung, daß Wertsteigerungsmaße zwei Aufgaben erfüllen sollen: Wertsteigerung für die Gesellschafter anzeigen und Anreize für das Management setzen, wertsteigernde Projekte durchzuführen. „In summary, the success of a given performance measure in tracking near-term changes in a company's stock price is unlikely to be the most important consideration in choosing a measure as a basis for managerial rewards." „And the best performance measure is the one that, without imposing excessive costs, gives managers the strongest incentives to take actions that increase firm value."[717]

Als dafür notwendige Eigenschaften wurden insbesondere Barwertidentität, Entscheidungsverbundenheit, Manipulationsresistenz, Vergleichbarkeit und Verständlichkeit abgeleitet, ferner aufgrund der Risikoaversion des Managers eine geringe Varianz des Wertsteigerungsmaßes als Bemessungsgrundlage abgeleitet.

Für die Steuerung scheiden kapitaltheoretische Konzepte insbesondere aufgrund der mangelnden Manipulationsresistenz aus. Auch der Shareholder Value Added kommt entgegen den Vorschlägen von RAPPAPORT nicht in Frage, da der Manager auch hier seine Prämie zu Lasten der Zentrale bzw. der Anteilseigner erhöhen kann. Residualgewinne bzw. EVA erfüllen zwar durch das Lücke-Theorem zumindest theoretisch das Kriterium der Barwertidentität, nicht aber das der Entscheidungsverbundenheit, was auch für den neu definierten CVA zutrifft. Probleme bereitet ferner die Definition des investierten Kapitals: Solange von nicht durchgehend eine Marktwertbetrachtung erfolgt, werden bestimmte Investitionen diskriminiert, wogegen eine durchgehende Marktwertbetrachtung

---

mance? An Analysis of Customer Satisfaction, in: JAR, Vol. 36 (1998), Supplement, S. 1-35, hier S. 32.

[717] *Zimmerman, Jerold L.*: EVA and Divisional Performance Measurement: Capturing Synergies and other Issues, JACF, Vol. 10 (1997), Heft 2, S. 98-109, hier S. 106 (zweites Zitat) und 107 (erstes Zitat).

zum kapitaltheoretischen Residualgewinn führt, der aus Gründen der Manipulationsanfälligkeit nicht für die Lösung eines Anreizproblems taugt. In Fällen, in denen die Zentrale das zukünftige Cash-Flow-Profil möglicher Investitionen abschätzen kann, eignen sich Residualgewinne, die nach dem Tragfähigkeitsprinzip berechnet werden, als Bemessungsgrundlage eines wertorientierten Belohnungssystems. Alternativ kann die Prämie des Managers an die Veränderung von EVA bzw. die Veränderung eines Residualgewinns geknüpft werden. Abgeraten werden muß von Konzepten wie REVA oder der Balanced Scorecard, die explizit zu Fehlanreizen führen bzw. wie im Fall der Balanced Scorecard keine Aussage über die Anreizwirkung zulassen. Einfache Umformungen eines Übergewinns in Wertbeiträge pro Kunde oder pro Mitarbeiter, wie sie bei RAVE vorgenommen werden, eignen sich eher für die strategische Planung als für die Steuerung von Managern.

Für eine wertorientierte zukunftsbezogene Berichterstattung kommen ausschließlich kapitaltheoretische Konzepte in Frage. Da dort Erwartungen über zukünftige Zahlungen einfließen, sind die Berichtsinhalte manipulationsanfällig und müssen auf ihre Plausibilität hin von unabhängigen Dritten überprüft werden. Andernfalls kann es sich nicht um eine für die Kapitalmarktteilnehmer verläßliche Information handeln. Für eine Analyse der in der Vergangenheit erzielten Wertsteigerung eignen sich das SVA-Konzept und die DCF-Rendite ebenso wie der nach Tragfähigkeitsgesichtspunkten ermittelte Residualgewinn. Auch eine positive Veränderung eines beliebig definierten Residualgewinns zeigt eine Wertsteigerung an. Verworfen werden müssen dagegen der absolute Betrag des Residualgewinns bzw. EVA und das Konzept des CVA. Für eine Renditebetrachtung abgelaufener Perioden eignet sich ferner die neue Definition des CFROI. Ansätze, die die in der Börsenkapitalisierung enthaltene „Erwartungsprämie" zu isolieren versuchen, haben allenfalls eine Bedeutung für die Aktienanalyse. Die Tatsache, daß Kapitalmarktteilnehmer zukünftig hohe Erträge erwarten, sagt für sich genommen wenig aus. Konzepte wie RAVE können für die fundamentale Unternehmensanalyse hilfreich sein, eine Wertberichterstattung kann nicht daraus abgeleitet werden.

Nach Tragfähigkeitsgesichtspunkten gebildete Residualgewinne erweisen sich als robuste Bemessungsgrundlagen und geeignetes Informationsinstrument. Aus ihnen kann auf die Realisation eines wertsteigernden Projekts geschlossen werden. Durch die Belastung der Zahlungsüberschüsse einer Periode mit Kapitaldiensten, die sich nach dem Beitrag eines einzelnen Periodenüberschusses am Kapitalwert des Projekts bemessen, werden insbesondere Investitionen, die erst in ferner Zukunft zu Überschüssen führen (z.B. Investitionen in Forschung- und Entwicklung) nicht gegenüber Investitionen, die bereits frühzeitig Rückflüsse generieren, benachteiligt. Aufgrund der Abhängigkeit des Kapitaldienstes vom

Kapitalwert der Investition erübrigt sich auch die Frage nach der Definition des investierten Kapitals; die rechnerische Überleitung von Tragfähigkeits-Residualgewinnen in den Zeitwert des SVA ist möglich.

Für die Bestimmung dieser Residualgewinne werden hohe Anforderungen an die Information der Unternehmenszentrale gestellt. Zwar muß sie nicht über denselben Informationsstand wie der Manager verfügen, was die Delegation der Entscheidungsbefugnis auf einen Manager und dessen Steuerung obsolet machen würde. Aber die Annahme, daß die Zentrale die Kenntnis über das erzielbare Cash-Flow-Profil von Investitionen hat, erscheint insbesondere bei innovativen Geschäftsfeldern fragwürdig und schränkt die praktische Anwendbarkeit des Verfahrens ein. Dagegen zeigt das Modell, daß eine lineare oder degressive Abschreibung zu Fehlanreizen und Fehlinformationen führt, da aus der allen Ansätzen zugrundeliegenden LADELLE-BRIEF-OWEN-Abschreibung progressive Abschreibungen resultieren.[718]

Ein ähnlich universell einsetzbares Wertsteigerungsmaß stellt allenfalls die Veränderung des Residualgewinns dar, die sich bei konsistenter Definition rechnerisch in den SVA überführen läßt.

Nachstehende Tabelle faßt die Ergebnisse stichpunktartig zusammen:

---

[718] Lineare Abschreibungen sind allenfalls bei sinkenden Überschüssen sachgerecht. Vgl. auch *Wagenhofer, Alfred/Riegler, Christian*: [Managemententlohnung], a.a.O., S. 80-82.

| | Problem | Eignung für | |
|---|---|---|---|
| | | Steuerung | Information |
| ökonomischer Gewinn | Manipulationsresistenz | nein | nein |
| kapitaltheoretischer Residualgewinn | Manipulationsresistenz | nein | nein |
| Gewinne/ Überschüsse | Keine Wertorientierung | nein | nein |
| Rentabilitäten | Keine Wertorientierung | nein | nein |
| risikoangepaßte Rentabilitäten | VAR ist ein ungeeignetes Risikomaß | nein | nein |
| SVA | Eingeschränkte Manipulationsresistenz und Entscheidungsverbundenheit | nein | bedingt |
| DCF-Rendite | Eingeschränkte Manipulationsresistenz und Entscheidungsverbundenheit | nein | bedingt |
| EVA/„regulärer" Residualgewinn | Abgrenzung des zu verzinsenden Kapitals, Entscheidungsverbundenheit | nein | nein |
| REVA | Fehlanreize und Fehlinformationen | nein | nein |
| Änderung von Residualgewinnen | Abgrenzung des zu verzinsenden Kapitals | ja | ja |
| Residualgewinn nach Tragfähigkeit | Informationsanforderung ist sehr anspruchsvoll | ja | ja |
| CVA neu | Entscheidungsverbundenheit nur bei konstanten Überschüssen gegeben | nein | nein |
| CFROI (neu) | Abgrenzung der Bruttoinvestitionsbasis | nein | bedingt |
| RAVE | Umformung eines für die Steuerung und Information ungeeigneten Konzepts | nein | bedingt |

Tabelle 34: Überblick über die Ergebnisse

## 5. Thesenförmige Zusammenfassung

1. In der Shareholder-Value-Debatte verlagert sich der Schwerpunkt von wertorientierten Entscheidungsrechnungen hin zu wertorientierten Kontrollrechnungen. Wertsteigerungsmaße sollen einerseits in kennzahlenorientierten Anreizsystemen zur Verhaltenssteuerung von Managern geeignet sein, andererseits Gesellschafter bzw. Kapitalmarkt über die geplante und realisierte Wertsteigerung informieren. Das normative Handlungsziel „Maximierung des Marktwerts der Eigenkapitaltitel" läßt sich dabei aus der Kapitalmarkttheorie ableiten und gilt unter der Annahme vollkommener und vollständiger Kapitalmärkte. Reale Kapitalmärkte sind nicht vollkommen; die Shareholder-Value-Orientierung kann dennoch als praktikables Ziel des unternehmerischen Handelns akzeptiert werden. Einwände, die sich auf die Vernachlässigung von Ansprüchen anderer Stakeholder stützen, greifen zu kurz, da deren Forderungen als Nebenbedingungen in das Kalkül miteingehen, zumal wenn die Forderungen vertraglich gesichert sind.

2. In einem Unternehmen, in dem Eigentum und Verfügungsmacht getrennt sind, müssen den Entscheidungsträgern Anreize gesetzt werden, damit sie im Interesse der Anteilseigner handeln. Verhält sich die Unternehmensleitung aus eigenem Interesse im Sinne der Anteilseigner, muß sie die dezentralen Manager dazu anhalten, in ihrem Sinne bzw. im Sinne der Anteilseigner zu handeln. Dazu setzt die Zentrale ein Anreizsystem ein, das die Bereichsmanager dazu bringt, aus eigenem Interesse das gewünschte Verhalten zu zeigen. Diese Anreizsysteme bestehen aus einem monetären Belohnungssystem mit einer vertraglich fixierbaren Prämiengewährung und weiteren, meist nichtmonetären materiellen und immateriellen Belohnungen, auf die kein Vertragsanspruch besteht. Basiselemente solcher Belohnungssysteme sind Belohnungsart, Bemessungsgrundlage und Belohnungsfunktion. Belohnungssysteme müssen eine Reihe von Anforderungen erfüllen, damit sie die gewünschte Anreizwirkung entfalten können und trotz der Implementierungskosten und der laufenden Kosten für das Unternehmen ein Nettovorteil bestehen bleibt.

3. Belohnungssysteme müssen insbesondere anreizkompatibel, intersubjektiv überprüfbar, akzeptabel und einfach zu implementieren sein sowie das Risiko zwischen der Zentrale und dem Entscheidungsträger optimal aufteilen. Diese Kriterien betreffen das Belohnungssystem als Gesamtheit von Belohnungsart, Belohnungsfunktion und Bemessungsgrundlage. Für eine Bemessungsgrundlage lassen sich daraus konkrete Anforderungen ableiten. Gegeben eine anreizkompatible Belohnungsfunktion, müssen Bemessungsgrundlagen idealerweise dem Kriterium der Barwertidentität genügen, die Ent-

scheidungskonsequenzen des Managers möglichst zeitnah ausweisen, resistent gegenüber Manipulationen und in ihrer Varianz möglichst gering sowie verständlich und vergleichbar sein. Dieser Katalog stellt Maximalanforderungen an ein Wertsteigerungsmaß als Bemessungsgrundlage in einem kennzahlenorientierten Belohnungssystem dar.

4.  Aus Sicht des Kapitalmarkts lassen sich ebenfalls Anforderungen an Wertsteigerungsmaße stellen, die sich aus der Informationsfunktion der Rechnungslegung, den Anforderungen der Unternehmensüberwachung sowie aus eher praxisorientierten Investor-Relations-Grundsätzen ableiten lassen. Hier zeigt sich, daß Aussagekraft, Nachprüfbarkeit und Vergleichbarkeit die zentralen Anforderungen sind, an denen ein Wertsteigerungsmaß als Informationsinstrument zu messen ist. Aussagekraft, Nachprüfbarkeit und Vergleichbarkeit decken sich mit den Anforderungen, die aufgrund der Steuerungsaufgabe zu stellen sind. Dies verwundert nicht, da sowohl für die Steuerung als auch für die Information objektive, nachprüfbare und zutreffende Aussagen über die Ergebnisse der Handlungen des Managements benötigt werden. Ein ideales Maß würde alle Kriterien erfüllen und beiden Aufgaben vollkommen gerecht werden.

5.  Die Beurteilungskriterien Barwertidentität, Entscheidungsverbundenheit, Manipulationsresistenz, geringe Varianz, Vergleichbarkeit und Verständlichkeit stehen nicht unverbunden nebeneinander. Insbesondere die Paare Entscheidungsverbundenheit – Manipulationsresistenz und Varianz – Manipulationsresistenz sind konfliktärer Natur. Eine gleichzeitige Erfüllung aller Kriterien ist nicht möglich. Daher sind miteinander unvereinbare Kriterien je nach Aufgabe und Umfeld unterschiedlich zu gewichten.

6.  Kapitaltheoretische Konzepte erfüllen das Informationsbedürfnis des Kapitalmarkts in idealer Weise, sind aber aufgrund der mangelnden Manipulationsresistenz nicht als Informationsinstrument geeignet. Auf nationaler und internationaler Ebene liegen Standards zur Prüfung von zusätzlichen Angaben, die zusammen mit dem Jahresabschluß veröffentlicht werden, und zur Prüfung von rein zukunftsbezogenen Informationen vor. Daraus kann jedoch nicht geschlossen werden, daß in Zukunft „geprüfte" kapitaltheoretische Größen veröffentlicht werden können; hier droht die Öffnung einer weiteren Erwartungslücke. Aufgrund der Manipulationsgefahr scheiden die kapitaltheoretischen Konzepte auch als Bemessungsgrundlage wertorientierter Belohnungssysteme aus.

7.  Der Einwand mangelnder Manipulationsresistenz trifft insbesondere den kapitaltheoretischen Residualgewinn, der aufgrund seiner starken Entschei-

dungsverbundenheit ein ideales Maß wäre. Er müßte für Informationszwecke geprüft werden, was nicht zu erwarten ist; für die Steuerung eignet
er sich allenfalls für Situationen, in denen eine Manipulation durch die Zentrale leicht aufgedeckt werden kann, oder wenn davon ausgegangen werden
kann, daß der Entscheidungsträger das Unternehmen nicht vor Ende der
Laufzeit der Investitionen verläßt.

8. Angesichts der Mängel der kapitaltheoretischen Konzepte und der Notwendigkeit einer Steuerung der Bereichsmanager durch die Unternehmenszentrale und der faktisch erzwungenen wertorientierte Berichterstattung gegenüber dem Kapitalmarkt sind alternative „Performance-Maße" zu diskutieren.

9. Der Shareholder Value Added kann das Problem der Manipulationsresistenz
nicht zufriedenstellend lösen: Das Konzept periodisiert die mit einer Investitionsstrategie verbundene Wertsteigerung und knüpft unmittelbar am DCF
als Bewertungskalkül an. Mittels einem rollierend vereinbarten, mehrperio-
digen Prämienmodell wird ein Manager am realisierten SVA beteiligt und
erhält dadurch Anreize, in wertsteigernde Projekte zu investieren und diese
zum Erfolg zu bringen. Sofern der Manager vor dem Ablaufen der Laufzeit
des Prämienmodells aus dem Unternehmen ausscheidet und sich damit den
für ihn negativen Konsequenzen seiner Manipulationen entzieht, kann er
durch übertriebene Prognosen seine Prämie erhöhen. Unabhängig vom
Zeithorizont des Managers ist eine Prämie auf Basis des SVA anfällig gegen
eine Untertreibung, da positive Planabweichungen belohnt werden. Auch
kann eine fallweise mangelnde Entscheidungsverbundenheit festgestellt
werden.

10. Für Zwecke der Information kommt insbesondere die aus dem SVA-
Konzept direkt ableitbare DCF-Rendite in Betracht, mit der die in der Vergangenheit erzielte Wertentwicklung bestimmt werden kann. Für prognosti-
sche Angaben kann von Informationsgehalt nur dann ausgegangen werden,
wenn die DCF-Rendite selbst oder die ihr zugrundeliegenden Daten auf ihre
Plausibilität geprüft wurden. Der SVA ist stark komplexitätsreduzierend und
verliert durch Anpassungen an die Realität schnell an Verständlichkeit.

11. Mit EVA wird ein Residualgewinn als Wertsteigerungsmaß verwendet.
Während die Abschreibungsbemessung aufgrund des Lücke-Theorems mit
seiner kapitalwertneutralen Umperiodisierung der Zahlungen für die Einschätzung der mit einer Investition verbundenen Wertsteigerung unerheblich
ist, beeinflußt sie die Aussagefähigkeit einzelner Perioden-EVA. Insbesondere bei schwankenden Zahlungsüberschüssen und bei nicht nach dem Tragfähigkeitsprinzip bemessenen Abschreibungen kann es zu negativen Peri-

odengrößen trotz vorteilhaftem Projekt kommen. Vergleicht man das EVA-Konzept zudem mit der theoretischen Referenzgröße, dem kapitaltheoretischen Residualgewinn, zeigen sich gravierende Unterschiede, so daß EVA als Periodenmaßstab für die Wertsteigerung sowohl für Steuerungs- als auch für Informationszwecke ungeeignet erscheint. Ein erweiterndes Konzept zieht von buchhalterisch gewonnenen Überschüssen kalkulatorische Zinsen auf den Marktwert des Kapitals ab und führt zu gefährlichen Fehlanreizen.

12. Erst mittels Abschreibungen gemäß dem Tragfähigkeitsprinzip können aussagefähige Periodengrößen gewonnen werden. Positive Residualgewinne sind dann nur im Falle eines positiven Kapitalwerts der Investition erzielbar. Im Falle von konstanten Zahlungsüberschüssen reicht das Annuitätenverfahren aus, bei schwankenden Cash Flows müssen die Investitionskosten kapitalwertbasiert verteilt werden. So können Anreize geschaffen werden, die eine Steuerung des Agenten durch Residualgewinne konfliktfrei ermöglicht. Für Informationszwecke sind Residualgewinne nach dem Tragfähigkeitsprinzip ebenfalls geeignet, eine Überführung in den für Informationszwecke zumindest bedingt geeigneten SVA ist rechnerisch möglich. Die Technik ist bereits seit über einem Jahrhundert bekannt; für die Bestimmung des für die Abschreibungsbemessung nötigen Kapitalwerts der Investition muß die Unternehmenszentrale aber über denselben Informationsstand wie der Manager verfügen.

13. In neueren Modellen wird der Informationsasymmetrie zwischen Manager und Zentrale Rechnung getragen. Die Modellanalyse zeigt, daß nach Tragfähigkeitsgesichtspunkten ermittelte Residualgewinne auch bei explizitem Einbezug der Risikoaversion des Managers oder in Konkurrenzsituationen zu zielkongruentem Verhalten des Managers führen. Als weiterer Vorteil entfällt die Frage nach der Abgrenzung des investierten Kapitals: Durch die Abhängigkeit der Kapitaldienste vom Kapitalwert der Investition spielt es keine Rolle, ob die Auszahlungen zu aktivierbaren Vermögensgegenständen führen oder es sich um Auszahlungen für nichtaktivierbare zukünftige Erfolgspotentiale handelt. Die für die Bemessung der Tragfähigkeits-Residualgewinne notwendige Kenntnis zeitlicher Cash-Flow-Verteilungsparameter erscheint insbesondere bei innovativen Geschäftsfeldern fragwürdig und schränkt die Anwendbarkeit ein. Allerdings zeigt das Modell, daß eine lineare oder degressive Abschreibung zu Fehlanreizen und Fehlinformationen führt.

14. Als Alternative kommt die Änderung des Residualgewinns von einer Periode zur nächsten in Frage. Die Veränderung von Residualgewinnen ist unabhängig von der gewählten Definition des Ausgangskapitals und der Ab-

schreibungsmethode. Sie ergibt sich aus der Zunahme des Überschusses, der dafür nötigen Investition und den Kapitalkosten. Werden Manager für eine Steigerung des Residualgewinns entlohnt, entspricht dies bei konsistenter Definition des NOPAT und einer vollständigen Erfassung der Zusatzinvestitionen im investierten Kapital der Beteiligung am Zeitwert des SVA. Für die Anteilseigner bedeutet ein gestiegener Residualgewinn, daß in der betrachteten Periode Wert geschaffen wurde, da der SVA dann positiv ist.

15. Die neue Definition des CFROI und der CVA bringen keine Fortschritte. Rechentechnisch entspricht der CVA dem Residualgewinn im Annuitätenverfahren, was bei schwankenden Cash Flows zu negativen CVA bei einem insgesamt vorteilhaften Projekt führen kann. Implizit wird wie bei der alten Auffassung des CFROI als interner Zinsfuß ein konstanter Zahlungsstrom unterstellt. Dadurch eignet sich das Konzept nicht zur Steuerung, wenn nicht von konstanten Zahlungsüberschüssen ausgegangen werden kann. Auch für eine Kommunikation der Wertsteigerung ist der CVA aussagelos, weil bei einem insgesamt wertsteigernden Projekt negative Periodengrößen resultieren können, insofern derselbe Kritikpunkt wie bei EVA vorzubringen ist. Der neu definierte CFROI bringt gegenüber herkömmlichen ROIC-Maßen den Vorteil, daß er den Effekt der sinkenden Kapitalbasis eliminiert und somit auch bei schwankenden Cash Flows ein vergleichsweise unproblematischeres Ergebnis liefert. Ob ein ROI-Verzinsungsmaß überhaupt geeignet ist, Wertsteigerung anzuzeigen, bleibt aber weiterhin offen.

16. Aufbauend auf die eingeführten Konzepte EVA und CVA vermarkten Beratungsgesellschaften in jüngerer Vergangenheit Instrumente, die sich eher für die Aktienanalyse und -bewertung als für eine Steuerung von Managern bzw. eine Information des Kapitalmarkts eignen. Skeptisch betrachtet werden muß die explizit zur Steuerung von dezentralen Einheiten gedachte Balanced Scorecard, die aufgrund der mit ihr verbundenen *Pre-Decision-Information* des Entscheidungsträgers in ihrer Anreizwirkung nicht abschließend beurteilt werden kann.

17. Für die Information künftig erzielbarer Wertsteigerung können kapitaltheoretische Konzepte nicht durch vergangenheitsbezogene Wertsteigerungsmaße ersetzt werden. Soll dem Kapitalmarkt mehr als nur die in der Vergangenheit erzielte Leistung vermittelt werden, müssen auf Plausibilität hin überprüfte Prognosen und quantitative Aussagen zur Abschätzung des Unternehmenswerts veröffentlicht werden. Unter dem Stichwort *Value Reporting* werden derzeit entsprechende Schritte diskutiert.

18. Die Steuerung von dezentralen Managern gelingt unter engen Annahmen bezüglich der Informationsausstattung der Unternehmenszentrale. Sieht man die variable Entlohnung eines Managers im Gesamtzusammenhang des unternehmerischen Anreizsystems, empfiehlt es sich, die Steigerung von Residualgewinnen zu belohnen.

19. Die Diskussion hat gezeigt, daß viele der „neuartigen" und von Beratern propagierten Wertsteigerungskonzepte auf längst bekannte kapitaltheoretische Konzepte zurückgreifen. Vor dem Hintergrund des hier entwickelten Kriterienkatalogs zeigt sich, daß auch diese abgeänderten Maße die mangelnde Anwendbarkeit der kapitaltheoretischen Vorbilder nicht zur vollen Zufriedenheit beseitigen können, teilweise sogar zu Fehlanreizen und Fehlinformationen führen. Auch wenn dies bereits vermutet werden konnte, zeigt die Analyse anhand deduktiv abgeleiteter Kriterien die Stärken und Schwächen von in Theorie und Praxis gebräuchlichen Wertsteigerungsmaßen auf und erweitert die bis dato vorliegende Literatur.

# Anhang

## Anhang 1

Flußdiagramm zur Entscheidungsunterstützung für die Veröffentlichung wertrelevanter Informationen:[719]

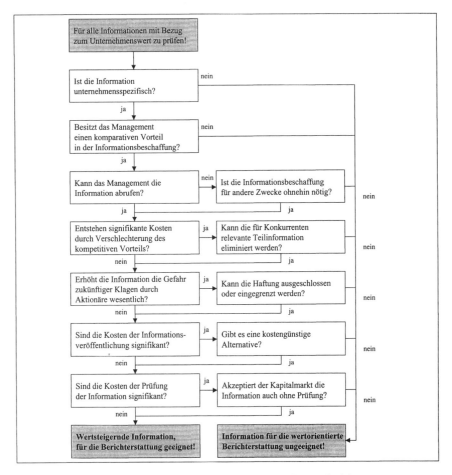

Abbildung 17: Flußdiagramm zur Entscheidung über die Wertberichterstattung

---

[719] Vgl. *Labhart, Peter A.*: [Reporting], a.a.O., S. 230 und die Originalvorlage von *American Institute of Certified Public Accountants – Special Committee on Financial Reporting*: [Reporting], a.a.O., S. 47. *Labhart* nimmt sichtlich die Perspektive des Unternehmens ein, wenn er an sich für Anteilseigner relevante Informationen aus Kostengründen zurückhalten will. Eine solche Wertberichterstattung steht nicht im Einklang mit den GoInf!

## Anhang 2

Zusammenhang von EBITDA, EBIT, EBT, NOPAT, NOPLAT und Cash-Flow-Abgrenzungen:[720]

| | |
|---|---|
| revenues | |
| ./. operating expense | |
| **= EBITDA** | |
| ./. depreciation & amortization | |
| **= EBIT** | **EBIT** |
| ./. interest | ./. taxes on EBIT[*] |
| **▪ EBT** | **= NOPLAT[*]** |
| ./. taxes payed[#] | ./. net investment |
| **= NOPAT[#]** | **= FREE CASH FLOW[*]** |
| | |
| **EBIT** | **NOPLAT[*]** |
| ./. taxes payed[#] | + depreciation |
| ./. net investment | **= GROSS CASH FLOW[*]** |
| **= TOTAL CASH FLOW[#]** | ./. gross investment |
| | **= FREE CASH FLOW[*]** |
| | |
| [#] richtige Steuerlast | [*] falsche, weil zu hohe Steuerlast |

Tabelle 35: Zusammenhang verschiedener Cash-Flow-Größen

---

[720] Vgl. *Copeland, Tom/Koller, Tim/Murrin, Jack*: [Valuation], a.a.O., S. 165; *Damodaran, Aswath*: [Valuation], a.a.O., S. 101; *Knight, James A.*: [Management], a.a.O., S. 190; *Hostettler, Stephan*: [Value], a.a.O., S. 55, Fn. 215. Unterstellt wird, daß Ersatzinvestitionen in Höhe der Abschreibungen getätigt werden und daher gilt: Bruttoinvestitionen = Nettoinvestitionen + Abschreibungen. Vgl. hierzu *Bischoff, Jörg*: Das Shareholder Value Konzept, Wiesbaden 1994, S. 54 m.w.N.

## Anhang 3

Mögliche Abgrenzung unterschiedlicher bilanzieller Rentabilitätsmaße:[721]

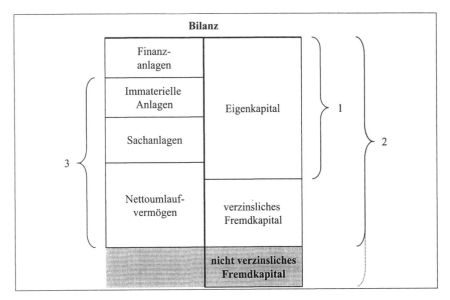

| Kapital-/ Vermögens-größe | Ergebnisgröße | Rentabilitätsmaß |
|---|---|---|
| 1 | Gewinn | ROE |
| 2 | Gewinn + Zinsen | ROC, ROA, ROI |
| 3 | Betriebsergebnis (z.B. EBIT, NOPAT) | RONA, ROCE, ROIC |

Abbildung 18: Abgrenzung unterschiedlicher bilanzieller Rentabilitätsmaße

---

[721] Vgl. auch *Ewert, Ralf/Wagenhofer, Alfred*: [Kennzahlen], a.a.O., S. 15; *Knight, James A.*: [Management], a.a.O., S. 191.

**Anhang 4**

Herleitung des Lücke-Theorems:[722]

Wegen $B_{GK,t-1} = \sum_{\tau=0}^{t-1} G_{kfm,\tau} - \sum_{\tau=0}^{t-1} \ddot{U}_\tau$ (Gleichung (3.10)) gilt:

$$B_{GK,t} - B_{GK,t-1} = G_{kfm,t} - \ddot{U}_t \text{ und } G_{kfm,t} = \ddot{U}_t + \left(B_{GK,t} - B_{GK,t-1}\right).$$

Der Barwert der Residualgewinne ist dann:

$$\sum_{t=0}^{T} \frac{G_{Re,t}}{\left(1+i\right)^t} = \sum_{t=0}^{T} \frac{G_{kfm,t} - i \cdot B_{GK,t-1}}{\left(1+i\right)^t} = \sum_{t=0}^{T} \frac{\ddot{U}_t + \left(B_{GK,t} - B_{GK,t-1}\right) - i \cdot B_{GK,t-1}}{\left(1+i\right)^t} =$$

$$= \sum_{t=0}^{T} \frac{\ddot{U}_t - \left(1+i\right) \cdot B_{GK,t-1} + B_{GK,t}}{\left(1+i\right)^t} = \sum_{t=0}^{T} \frac{\ddot{U}_t}{\left(1+i\right)^t} - \left(1+i\right) \cdot \sum_{t=0}^{T} \frac{B_{GK,t-1}}{\left(1+i\right)^t} + \sum_{t=0}^{T} \frac{B_{GK,t}}{\left(1+i\right)^t},$$

was wegen $B_{GK,-1} = B_{GK,T} = 0$ identisch ist mit:

$$\sum_{t=0}^{T} \frac{\ddot{U}_t}{\left(1+i\right)^t} - \left(1+i\right) \cdot \sum_{t=1}^{T+1} \frac{B_{GK,t-1}}{\left(1+i\right)^t} + \sum_{t=0}^{T} \frac{B_{GK,t}}{\left(1+i\right)^t} = \sum_{t=0}^{T} \frac{\ddot{U}_t}{\left(1+i\right)^t} - \sum_{t=1}^{T+1} \frac{B_{GK,t-1}}{\left(1+i\right)^{t-1}} + \sum_{t=0}^{T} \frac{B_{GK,t}}{\left(1+i\right)^t} =$$

$$= \sum_{t=0}^{T} \frac{\ddot{U}_t}{\left(1+i\right)^t} - \sum_{t=0}^{T} \frac{B_{GK,t}}{\left(1+i\right)^t} + \sum_{t=0}^{T} \frac{B_{GK,t}}{\left(1+i\right)^t} = \sum_{t=0}^{T} \frac{\ddot{U}_t}{\left(1+i\right)^t} = NKW_0.$$

*q.e.d.*

---

[722] Vgl. z.B. *Küpper, Hans-Ulrich*: [Controlling], a.a.O., S. 123.

**Anhang 5**

Überblick über die Modellergebnisse von DUTTA/REICHELSTEIN:[723]

Für eine gegebene Profitabilität $\bar{y}$ beträgt der Nettokapitalwert einer Investition:

$$NKW_0(\bar{y}) = \sum_{t=1}^{T} \frac{x_t \cdot \bar{y}}{(1+i)^t} - I_0.$$

Die Zentrale ist an einer Durchführung der Investition nur dann interessiert, wenn die Profitabilität $\bar{y}$ einen Mindestwert von $\bar{y}^0$ mit der Eigenschaft $NKW_0(\bar{y}^0) = 0$ überschreitet. Dieser Mindestwert liegt in einem allgemein bekannten Intervall; $\bar{y}^0 \in [y_{min}; y_{max}]$. Der Manager berichtet eine Profitabilität in Höhe von $\hat{y}$ an die Zentrale, die nicht notwendigerweise der wahren Profitabilität $\bar{y}$ entspricht. Der Nutzen $U$ des Managers wird abhängig von der berichteten und der wahren Profitabilität konstruiert; $U = U(\hat{y}, \bar{y})$.

Die Zentrale maximiert den Barwert der Überschüsse aus dem Investitionsprojekt nach Abzug der Lohnzahlung an den Manager. Im Zeitpunkt des Vertragsabschlusses kennt die Zentrale annahmegemäß lediglich die Verteilung $\Phi$ von $\bar{y}$ mit den Grenzen $y_{min}$ und $y_{max}$, daher bildet sie einen Erwartungswert:

$$\max \int_{y_{max}}^{y_{min}} \left[ \sum_{t=1}^{T} \frac{CF_t(\bar{y}) - L_t(\bar{y})}{(1+i)^t} - I_0 \right] \Phi(\bar{y}) d\bar{y}.$$

Zur Steuerung des Managers verwendet die Zentrale einen Residualgewinn als Bemessungsgrundlage, der nach der in Kapitel 4.3.2.3 abgeleiteten Relative Benefit Depreciation Schedule gebildet wird und für dessen Berechnung Kapitalkosten von $\bar{i}$ herangezogen werden:

$$BG_t = G_{Re,t} = CF_t - D_t = x_t \cdot \bar{y} - \frac{x_t}{\sum_{\tau=1}^{T} \frac{x_\tau}{(1+\bar{i})^\tau}} \cdot I_0.$$

---

[723]   Vgl. hierzu *Dutta, Sunil/Reichelstein, Stefan:* [Managerial Incentives], a.a.O.

In verschiedenen Modellkonstellationen zeigen DUTTA/REICHELSTEIN die Eignung von Residualgewinnen nach Tragfähigkeitsprinzip als Bemessungsgrundlage für die Verhaltenssteuerung. Abhängig vom Modellrahmen ergeben sich unterschiedliche Entscheidungskriterien für die Zentrale (ausgedrückt durch $y$) und unterschiedliche Kapitalkosten $\bar{i}$. Nachstehende Tabelle zeigt die Annahmen, Entscheidungskriterien und Lösungen der verschiedenen Modellkonstellationen im Überblick:

| | **Modellrahmen** | **Entscheidungskriterium** | **Lösung** |
|---|---|---|---|
| Rogerson (1997) | ein Agent (risikoneutral, was aber unerheblich wegen des first-best-Rahmens ist) | *first-best-Rahmen* <br><br> Projektkapitalwert > 0; <br><br> $\bar{y} > y^0$ | verrechnete Kapitalkosten $\bar{i}$ entsprechen den wahren Kapitalkosten $i$; <br><br> $\bar{i} = i$ |
| Dutta/Reichelstein (1999) | ein Agent, risikoneutral | *second-best-Rahmen* <br><br> Projektkapitalwert nach Lohnzahlung > 0; <br><br> $\bar{y} > y^*$ | verrechnete Kapitalkosten $\bar{i}$ entsprechen dem internen Zins bei $y^*$; <br><br> $\bar{i} = i^*$ |
| | zwei Agenten, risikoneutral | *second-best-Rahmen* <br><br> Projektkapitalwert nach Lohnzahlung > 0; <br><br> $\bar{y}_n > \max\{y_m; y_n^*\}$ | verrechnete Kapitalkosten $\bar{i}$ entsprechen dem Maximum der internen Zinsfüße von $y_m$ und $y_n^*$; <br><br> $\bar{i}_n = \max\{i_m; i_n^*\}$ |
| | ein Agent, risikoavers | *second-best-Rahmen* <br><br> Projektkapitalwert nach Lohnzahlung > 0; <br><br> $\bar{y} > y^{**}$ | verrechnete Kapitalkosten $\bar{i}$ entsprechen dem internen Zins bei $y^{**} > y^*$; <br><br> $\bar{i} < i^{**}$ [724] |

Tabelle 36: Modellergebnisse von DUTTA/REICHELSTEIN

---

[724] Die verrechneten Kapitalkosten müssen wegen der Risikoaversion unter $i^{**}$ liegen, vgl. *Dutta, Sunil/Reichelstein, Stefan*: [Managerial Incentives], a.a.O., S. 17 f.

**Anhang 6**

Beweise aus Kapitel 4:

Beweis von Gleichung (4.16)

Für jede Periode $\tau$, $\upsilon \in \{1, ..., t, ..., T\}$ gilt:

$$\frac{a_\tau}{a_\upsilon} = \frac{x_\tau}{x_\upsilon}, \text{ was äquivalent ist zu } \frac{a_\tau}{x_\tau} = \frac{a_\upsilon}{x_\upsilon}.$$

Aufgrund der Proportionalität von $a$ und $x$ in allen Perioden gilt in jeder beliebigen Periode $t \in \{1; ...; T\}$ auch:

$$\frac{a_t}{x_t} = \frac{\displaystyle\sum_{\tau=1}^{T} \frac{a_\tau}{(1+1)^\tau}}{\displaystyle\sum_{\tau=1}^{T} \frac{x_\tau}{(1+1)^\tau}}.$$

Durch die Gültigkeit des Lücke-Theorems ist bekannt, daß

$$\sum_{t=1}^{T} \frac{a_t}{(1+i)^t} = 1.$$

Einsetzen von und Auflösen nach $a_t$ ergibt:

$$a_t = \frac{x_t}{\displaystyle\sum_{\tau=1}^{T} \frac{x_\tau}{(1+i)^\tau}}.$$

*q.e.d.*

Beweis von Gleichung (4.23)

Zu zeigen ist, daß gilt:

$$\frac{B_0 \cdot EW_{t-1}}{BKW_0} - B_{t-1} \overset{!}{=} 0 \, ;$$

$$\frac{B_0 \cdot EW_{t-1}}{BKW_0} = B_{t-1} \, ;$$

$$\frac{B_0}{BKW_0} = \frac{B_{t-1}}{EW_{t-1}} \, ;$$

$$r_{KW} = \frac{EW_{t-1}}{B_{t-1}} \, .$$

Die normierte Ertragswertabschreibung ist definiert als:

$$D_t = B_{t-1} - B_t = \frac{B_0}{BKW_0} \cdot \left( EW_{t-1} - EW_t \right).$$

Formt man diese Beziehung um, gelangt man zu:

$$\frac{EW_{t-1} - EW_t}{B_{t-1} - B_t} = r_{KW} \, , \text{ für alle } t.$$

Wenn in allen Perioden $t$ das Verhältnis von Ertragswertänderung und Abschreibung gleich der Kapitalwertrate und im Zeitpunkt $t = 0$ das Verhältnis von
Bruttokapitalwert und Buchvermögen (=Anschaffungsauszahlung) definitionsgemäß gleich der Kapitalwertrate ist, ergibt auch das Verhältnis von (Rest-)
Ertragswert und (Rest)Buchwert zu jedem Zeitpunkt $t$ die Kapitalwertrate.
Werden normierte Ertragswertabschreibungen vorgenommen, bleibt das Verhältnis von (Rest)Ertragswert und (Rest-)Buchwert konstant, was äquivalent ist
zu:

$$\frac{B_0 \cdot EW_{t-1}}{BKW_0} - B_{t-1} = 0 \, .$$

*q.e.d.*

Beweis von Gleichung (4.24)

Zu zeigen ist die Gültigkeit der Gleichung:

$$\sum_{\tau=t+1}^{T} \frac{CF_\tau}{(1+i)^{\tau-t}} = B_0 - \sum_{\tau=1}^{t} B_0 \cdot \frac{\left(EW_{\tau-1} - EW_\tau\right)}{BKW_0} + \sum_{\tau=t+1}^{T} \frac{G_{Re,\tau}}{(1+i)^{\tau-t}}, \text{ für alle } t.$$

Alle drei Verfahren führen zu identischen Residualgewinnen. Für den Beweis eignet sich die Definition des EEI. Einsetzen, Ausmultiplizieren, Kürzen und Umstellen führen zu:

$$\sum_{\tau=t+1}^{T} \frac{CF_\tau}{(1+i)^{\tau-t}} =$$

$$B_0 - \sum_{\tau=1}^{t} \frac{B_0}{BKW_0} \cdot \left(EW_{\tau-1} - EW_\tau\right) + \sum_{\tau=t+1}^{T} \frac{1}{(1+i)^{\tau-t}} \cdot \left(CF_\tau - CF_\tau \cdot \frac{B_0}{BKW_0}\right);$$

$$\sum_{\tau=t+1}^{T} \frac{CF_\tau}{(1+i)^{\tau-t}} =$$

$$B_0 - \frac{B_0}{BKW_0} \cdot \sum_{\tau=1}^{t} \left(EW_{\tau-1} - EW_\tau\right) + \sum_{\tau=t+1}^{T} \frac{CF_\tau}{(1+i)^{\tau-t}} - \frac{B_0 \cdot (1+i)^t}{BKW_0} \cdot \sum_{\tau=t+1}^{T} \frac{CF_\tau}{(1+i)^\tau};$$

$$0 = 1 - \frac{1}{BKW_0} \cdot \sum_{\tau=1}^{t} \left(EW_{\tau-1} - EW_\tau\right) - \frac{(1+i)^t}{BKW_0} \cdot \sum_{\tau=t+1}^{T} \frac{CF_\tau}{(1+i)^\tau};$$

$$BKW_0 = \sum_{\tau=1}^{t} \left(EW_{\tau-1} - EW_\tau\right) + (1+i)^t \cdot \sum_{\tau=t+1}^{T} \frac{CF_\tau}{(1+i)^\tau}.$$

Mit Umformung der Beziehung $EW_{t-1} - EW_t = CF_t - i \cdot EW_{t-1}$ läßt sich in der zweiten Summe $CF_\tau$ ersetzen:

$$BKW_0 = \sum_{\tau=1}^{t} \left(EW_{\tau-1} - EW_\tau\right) + (1+i)^t \cdot \sum_{\tau=t+1}^{T} \frac{(1+i) \cdot EW_{\tau-1} - EW_\tau}{(1+i)^\tau};$$

$$BKW_0 = \sum_{\tau=1}^{t} \left(EW_{\tau-1} - EW_\tau\right) + (1+i)^{t+1} \cdot \sum_{\tau=t+1}^{T} \frac{EW_{\tau-1}}{(1+i)^\tau} - (1+i)^t \cdot \sum_{\tau=t+1}^{T} \frac{EW_\tau}{(1+i)^\tau};$$

$$BKW_0 = \sum_{\tau=1}^{t} \left(EW_{\tau-1} - EW_\tau\right) + \sum_{\tau=t+1}^{T} \left(EW_{\tau-1} - EW_\tau\right) = \sum_{\tau=1}^{T} \left(EW_{\tau-1} - EW_\tau\right) = BKW_0.$$

*q.e.d.*

Beweis von Gleichung (4.34)

Zu zeigen ist die Gültigkeit der Gleichung:

$$\sum_{\tau=t+1}^{T}\frac{CF_{\tau}}{(1+i)^{\tau-t}}=B_{0}-\sum_{\tau=1}^{t}B_{0}\cdot\frac{i\cdot(1+i)^{\tau-1}}{(1+i)^{T}-1}+\sum_{\tau=t+1}^{T}\frac{CVA_{\tau}}{(1+i)^{\tau-t}}\text{, für alle }t.$$

Unter Verwendung der Definition von CVA gelangt man zu:

$$\sum_{\tau=t+1}^{T}\frac{CF_{\tau}}{(1+i)^{\tau-t}}=B_{0}-\sum_{\tau=1}^{t}B_{0}\cdot\frac{i\cdot(1+i)^{\tau-1}}{(1+i)^{T}-1}+\sum_{\tau=t+1}^{T}\frac{1}{(1+i)^{\tau-t}}\cdot\left(CF_{\tau}-B_{0}\cdot\frac{i\cdot(1+i)^{T}}{(1+i)^{T}-1}\right).$$

Ausmultiplizieren, Kürzen und Umstellen führen schließlich zu:

$$\sum_{\tau=t+1}^{T}\frac{CF_{\tau}}{(1+i)^{\tau-t}}=B_{0}-\sum_{\tau=1}^{t}B_{0}\cdot\frac{i\cdot(1+i)^{\tau-1}}{(1+i)^{T}-1}+\sum_{\tau=t+1}^{T}\frac{CF_{\tau}}{(1+i)^{\tau-t}}-\sum_{\tau=t+1}^{T}\frac{B_{0}}{(1+i)^{\tau-t}}\cdot\frac{i\cdot(1+i)^{T}}{(1+i)^{T}-1};$$

$$0=1-\sum_{\tau=1}^{t}\frac{i\cdot(1+i)^{\tau-1}}{(1+i)^{T}-1}-\sum_{\tau=t+1}^{T}\frac{i\cdot(1+i)^{T}}{(1+i)^{\tau-t}\cdot\left[(1+i)^{T}-1\right]};$$

$$1=\sum_{\tau=1}^{t}\frac{i\cdot(1+i)^{\tau-1}}{(1+i)^{T}-1}+\sum_{\tau=t+1}^{T}\frac{i\cdot(1+i)^{T}}{(1+i)^{\tau-t}\cdot\left[(1+i)^{T}-1\right]};$$

$$1=\frac{i}{(1+i)\cdot\left[(1+i)^{T}-1\right]}\cdot\sum_{\tau=1}^{t}(1+i)^{\tau}+\frac{i\cdot(1+i)^{T}\cdot(1+i)^{t}}{(1+i)^{T}-1}\cdot\sum_{\tau=t+1}^{T}\frac{1}{(1+i)^{\tau}};$$

$$1-\frac{i}{(1+i)\cdot\left[(1+i)^{T}-1\right]}\cdot\sum_{\tau=1}^{t}(1+i)^{\tau}+\frac{i\cdot(1+i)^{T}\cdot(1+i)^{t}}{(1+i)^{T}-1}\cdot\left[\sum_{\tau=1}^{T}\frac{1}{(1+i)^{\tau}}-\sum_{\tau=1}^{t}\frac{1}{(1+i)^{\tau}}\right].$$

...

...

Mit der Eigenschaft der geometrischen Reihe[725]

$$\sum_{j=1}^{J} x_j = x_1 \cdot \frac{q^J - 1}{q - 1}, \text{ mit } q = \frac{x_j}{x_{j-1}} = \text{const.}$$

lassen sich die Summen auflösen und es gilt:

$$1 = \frac{i}{(1+i) \cdot \left[(1+i)^T - 1\right]} \cdot (1+i) \cdot \frac{(1+i)^t - 1}{(1+i) - 1} + \ldots$$

$$\ldots + \frac{i \cdot (1+i)^T \cdot (1+i)^t}{(1+i)^T - 1} \cdot \left[ \frac{1}{1+i} \cdot \frac{\left(\frac{1}{1+i}\right)^T - 1}{\frac{1}{1+i} - 1} - \frac{1}{1+i} \cdot \frac{\left(\frac{1}{1+i}\right)^t - 1}{\frac{1}{1+i} - 1} \right].$$

Vereinfacht man weiter gelangt man zu:

$$1 = \frac{i \cdot (1+i) \cdot \left[(1+i)^t - 1\right]}{i \cdot (1+i) \cdot \left[(1+i)^T - 1\right]} + \frac{i \cdot (1+i)^T \cdot (1+i)^t}{(1+i)^T - 1} \cdot \left[ -\frac{\left(\frac{1}{1+i}\right)^T - \left(\frac{1}{1+i}\right)^t}{i} \right];$$

$$1 = \frac{(1+i)^t - 1}{(1+i)^T - 1} - \frac{(1+i)^t \cdot (1+i)^T}{(1+i)^T - 1} \cdot \left[ \left(\frac{1}{1+i}\right)^T - \left(\frac{1}{1+i}\right)^t \right];$$

$$1 = \frac{(1+i)^t - 1 - (1+i)^t + (1+i)^T}{(1+i)^T - 1} = 1.$$

*q.e.d.*

---

[725]    Vgl. z.B. *Kruschwitz, Lutz*: [Finanzmathematik], a.a.O., S. 234.

## Literaturverzeichnis

*Adam, Dietrich*: Investitionscontrolling, 3. Aufl., München 2000.

*Aders, Christian*: Unternehmensbewertung bei Preisinstabilität und Inflation, Frankfurt a. M. u.a. 1997.

*Aders, Christian/Galli, Albert/Wiedemann, Florian*: Unternehmenswerte auf Basis der Multiplikatormethode?, in: FB, 2. Jg. (2000), S. 197-204.

*Akerlof, George A.*: The Market for „Lemons", in: QJE, Vol. 84 (1970), S. 488-500.

*Albach, Horst*: Shareholder Value, Editorial, in: ZfB, 64. Jg. (1994), S. 273-275.

*Albrecht, Thomas*: Die Vereinbarkeit der Value-at-Risk-Methode in Banken mit anteilseignerorientierter [Unternehmensführung], in: ZfB, 68. Jg. (1998), S. 259-273.

*Albrecht, Thomas*: The Search for the Best Financial Performance Measure: A Comment, in: FAJ, Vol. 54 (1998), Heft 1/2, S. 86-87.

*Alchian, Armen A.*: The Rate of Interest, Fisher's Rate of Return over Cost and Keynes' Internal Rate of Return, in: AER, Vol. 45 (1955), S. 938-943.

*Alchian, Armen A./Demsetz, Harold*: Production, [Information Costs], and Economic Organization, in: AER, Vol. 62 (1972), S. 777-795.

*Alchian, Armen A./Woodward, Susan*: The Firm is Dead; Long Live the Firm, in: JEL, Vol. 26 (1988), S. 65-79.

*Allianz AG* (Hrsg.): Geschäftsbericht 1999, München 1999.

*Alvarez, Manuel/Wotschofsky, Stefan*: Investor Relations, in: FB, 2. Jg. (2000), S. 651-654.

*Alvarez, Manuel/Wotschofsky, Stefan*: Zwischenberichterstattung in der Praxis, in: WPg, 53. Jg. (2000), S. 310-319.

*American Institute of Certified Public Accountants – Special Committee on Financial Reporting*: Improving Business [Reporting] – A Costumer Focus, New York 1994.

*Antle, Rick/Eppen, Gary D.*: Capital Rationing and Organizational Slack in Capital Budgeting, in: MSci, Vol. 31 (1985), S. 163-174.

*Arbeitskreis „Externe Unternehmensrechnung" der Schmalenbach-Gesellschaft*: Empfehlungen zur Vereinheitlichung von Kennzahlen in Geschäftsberichten, in: DB, 49. Jg. (1996), S. 1989-1994.

*Arbeitskreis Externe Unternehmensrechnung der Schmalenbach-Gesellschaft für Betriebswirtschaft*: Die Zukunft der Rechnungslegung aus Sicht von Wissenschaft und Praxis, in: DB, 54. Jg. (2001), S. 160 f.

*Arbeitskreis „Finanzierung" der Schmalenbach-Gesellschaft – Deutsche Gesellschaft für Betriebswirtschaft e.V.*: Investitions-Controlling – Zum Problem der Informationsverzerrung bei Investitionsentscheidungen in dezentralisierten Unternehmen, in: zfbf, 46. Jg. (1994), S. 899-925.

*Arbeitskreis „Finanzierung" der Schmalenbach-Gesellschaft – Deutsche Gesellschaft für Betriebswirtschaft e.V.*: Wertorientierte [Unternehmenssteuerung] mit differenzierten Kapitalkosten, in: zfbf, 48. Jg. (1996), S. 543-578.

*Arrow, Kenneth J.*: Uncertainty and the Welfare Economics of Medical Care, in: AER, Vol. 53 (1963), S. 941-973.

*Arrow, Kenneth J.*: Control in large Organizations, in: MSci, Vol. 10 (1964), S. 397-408.

*Arrow, Kenneth J.*: The [Role] of Securities in the Optimal Allocation of Risk Bearing, in: REStud, Vol. 31 (1964), S. 91-96.

*Arrow, Kenneth J.*: The Economics of [Agency], in: *Pratt, John W./Zeckhauser, Richard J.* (Hrsg.): Principals and Agents, Boston 1985, S. 37-51.

*Arrow, Kenneth J.*: Agency and the [Market], in: *Arrow, Kenneth J./Intriligator, Michael D.* (Hrsg.): Handbook of Mathematical Economics, Vol. 3, Amsterdam 1986, S. 1183-1195.

*Arrow, Kenneth J./Debreu, Gerard*: Existence of an Equilibrium for a Competitive Economy, in: Em, Vol. 22 (1954), S. 265-290.

*Auer, Kurt Vinzenz*: Mythos und Realität von US-GAAP und IAS, in: ZfB, 69. Jg. (1999), S. 979-1002.

*Auge-Dickhut, Stefanie/Moser, Ulrich/Widmann, Bernd*: Die geplante Reform der Unternehmensbesteuerung – Einfluss auf die Berechnung und die Höhe des Werts von Unternehmen, in: FB, 2. Jg. (2000), S. 362-371.

*Bacidore, Jeffrey M./Boquist, John A./Milbourn, Todd T./Thakor, Anjan V.*: The Search for the Best Financial Performance Measure, in: FAJ, Vol. 53 (1997), Heft 5/6, S. 11-20.

*Baetge, Jörg*: Möglichkeiten der [Objektivierung] des Jahreserfolgs, Düsseldorf 1970.

*Baetge, Jörg*: Bilanzanalyse, Düsseldorf 1998.

*Baetge, Jörg/Ballwieser, Wolfgang*: Zum bilanzpolitischen Spielraum der Unternehmensleitung, in: BFuP, 29. Jg. (1977), S. 199-215.

*Baetge, Jörg/Roß, Heinz-Peter*: Was bedeutet»[fair presentation]«?, in: *Ballwieser, Wolfgang* (Hrsg.): US-amerikanische Rechnungslegung, 4. Aufl., Stuttgart 2000, S. 29-47.

*Baetge, Jörg/Armeloh, Karl-H./Schulze, Dennis*: Anforderungen an die Geschäftsberichterstattung aus betriebswirtschaftlicher und handelsrechtlicher Sicht, in: DStR, 35. Jg. (1997), S. 176-180.

*Baetge, Jörg/Fischer, Thomas R./Paskert, Dierk*: Der [Lagebericht], Stuttgart 1989.

*Baiman, Stanley*: Agency Research in Managerial Accounting: A Second Look, in: AOS, Vol. 15 (1990), S. 341-371.

*Baiman, Stanley/Evans III, John H.*: Pre-Decision Information and Participative Management Control Systems, in: JAR, Vol. 21 (1983), S. 371-395.

*Baiman, Stanley/Sivaramakrishnan, Konduru*: The Value of Private Pre-
Decision Information in a Principal-Agent Context, in: AR, Vol. 66
(1991), S. 747-766.

*Baker, George P./Jensen, Michael C./Murphy, Kevin J.*: Compensation and
Incentives: Practice vs. Theory, in: JF, Vol. 43 (1988), S. 593-616.

*Baldenius, Tim/Fuhrmann, Gregor/Reichelstein, Stefan*: Zurück zu [EVA], in:
BFuP, 51. Jg. (1999), S. 53-65.

*Baldwin, Robert H.*: How to Assess Investment Proposals, in: HBR, Vol. 37
(1959), Heft 5/6, S. 98-104.

*Ballwieser, Wolfgang*: Ergebnisse der Informationsökonomie zur Informationsfunktion der Rechnungslegung, in: *Stöppler, Siegmar* (Hrsg.): Information
und Produktion (FS Wittmann), Stuttgart 1985, S. 21-40.

*Ballwieser, Wolfgang*: Informationsökonomie, Rechnungslegungstheorie und
Bilanzrichtlinie-Gesetz, in: zfbf, 37. Jg. (1985), S. 47-66.

*Ballwieser, Wolfgang*: Unternehmensbewertung und Komplexitätsreduktion, 3.
Aufl., Wiesbaden 1990.

*Ballwieser, Wolfgang*: Das Rechnungswesen im Lichte ökonomischer Theorie,
in: *Ordelheide, Dieter/Rudolph, Bernd/Büsselmann, Elke* (Hrsg.):
Betriebswirtschaftslehre und ökonomische Theorie, Stuttgart 1991,
S. 97-124.

*Ballwieser, Wolfgang*: Unternehmensbewertung mit Hilfe von Multiplikatoren,
in: *Rückle, Dieter* (Hrsg.): Aktuelle Fragen der Unternehmensfinanzierung
und -besteuerung (FS Loitlsberger), Wien 1991, S. 47-66.

*Ballwieser, Wolfgang*: [Methoden] der Unternehmensbewertung, in: *Gebhardt,
Günther/Gerke, Wolfgang/Steiner, Manfred* (Hrsg.): Handbuch des
Finanzmanagements, München 1993, S. 151-176.

*Ballwieser, Wolfgang*: Adolf Moxter und der [Shareholder Value-Ansatz], in:
*Ballwieser, Wolfgang* et al. (Hrsg.): Bilanzrecht und Kapitalmarkt (FS
Moxter), Düsseldorf 1994, S. 1377-1405.

*Ballwieser, Wolfgang*: [Unternehmensbewertung], in: *Gerke, Wolfgang/Steiner,
Manfred* (Hrsg.): HWF, 2. Aufl., Stuttgart 1994, Sp. 1876-1879.

*Ballwieser, Wolfgang*: Aktuelle Aspekte der Unternehmensbewertung, in: WPg,
48. Jg. (1995), S. 119-129.

*Ballwieser, Wolfgang*: Manager müssen Werte schaffen, in: MM, 26. Jg. (1996),
Heft 4, S. 155.

*Ballwieser, Wolfgang*: [Chancen] und Gefahren einer Übernahme amerikani-
scher Rechnungslegung, in: *Budde, Wolfgang Dieter/Moxter, Adolf/
Offerhaus, Klaus* (Hrsg.): Handelsbilanzen und Steuerbilanzen
(FS Beisse), Düsseldorf 1997, S. 25-43.

*Ballwieser, Wolfgang*: Das Verhältnis von Aussagegehalt und Nachprüfbarkeit
amerikanischer Rechnungslegung, in: WPK-Mitt., 36. Jg., Sonderheft Juni
1997, S. 51-56.

*Ballwieser, Wolfgang*: Eine neue Lehre der Unternehmensbewertung?, in: DB, 50. Jg. (1997), S. 185-191.

*Ballwieser, Wolfgang*: Unternehmensbewertung mit Discounted Cash Flow-Verfahren, in: WPg, 51. Jg. (1998), S. 81-92.

*Ballwieser, Wolfgang*: [Grundsätze] ordnungsmäßiger Buchführung, in: *Castan, Edgar* et al. (Hrsg.): Beck'sches Handbuch der Rechnungslegung, München 1987, Stand 1999, Abschnitt B 105.

*Ballwieser, Wolfgang*: [Stand und Entwicklung] der Unternehmensbewertung in Deutschland, in: *Egger, Anton* (Hrsg.): Unternehmensbewertung – quo vadis? (FS Tichy), Wien 1999, S. 21-40.

*Ballwieser, Wolfgang*: Wertorientierte [Unternehmensführung]: Grundlagen, in: zfbf, 52. Jg. (2000), S. 160-166.

*Ballwieser, Wolfgang*: Unternehmensbewertung, Marktorientierung und Ertragswertverfahren, in: *Wagner, Udo* (Hrsg.): Zum Erkenntnisstand der Betriebswirtschaftslehre am Beginn des 21. Jahrhunderts (FS Loitlsberger), Berlin 2001, S. 17-31.

*Ballwieser, Wolfgang*: Unternehmensbewertung aus [Sicht der Betriebswirtschaftslehre], in: *Baetge, Jörg* (Hrsg.): Unternehmensbewertung im Wandel, Düsseldorf 2001, S 1-24.

*Ballwieser, Wolfgang*: Verbindung von Ertragswert- und Discounted-Cashflow-Verfahren, in: *Peemöller, Volker* (Hrsg.): Praxishandbuch der Unternehmensbewertung, Herne/Berlin 2001, S. 361-373.

*Ballwieser, Wolfgang/Kuhner, Christoph*: [Risk Adjusted Return On Capital], in: *Riekeberg, Marcus/Stenke, Karin* (Hrsg.): Banking 2000 (FS Meyer zu Selhausen), Wiesbaden 2000, S. 367-381.

*Ballwieser, Wolfgang/Leuthier, Rainer*: Betriebswirtschaftliche Steuerberatung: Grundprinzipien, Verfahren und Probleme der Unternehmensbewertung, in: DStR, 24. Jg. (1986), S. 545-551 und 604-610.

*Ballwieser, Wolfgang/Schmidt, Reinhard H.*: [Unternehmensverfassung], Unternehmensziele und Finanztheorie, in: *Bohr, Kurt* et al. (Hrsg.): Unternehmungsverfassung als Problem der Betriebswirtschaftslehre, Berlin 1981, S. 645-682.

*Bamberg, Günter/Coenenberg, Adolf G.*: Betriebswirtschaftliche Entscheidungslehre, 10. Aufl., München 2000.

*Bamberg, Günter/Trost, Ralf*: [Anreizsysteme] und kapitalmarktorientierte Unternehmenssteuerung, in: *Möller, Hans P./Schmidt, Franz*: Rechnungswesen als Instrument für Führungsentscheidungen (FS Coenenberg), Stuttgart 1998, S. 91-109.

*Banker, Rajiv D./Potter, Gordon/Srinivasan, Dhinu*: An Empirical Investigation of an Incentive Plan that includes Nonfinancial Performance Measures, in: AR, Vol. 75 (2000), S. 65-92.

*Bassen, Alexander/Koch, Maximilian/Wichels, Daniel*: Variable [Entlohnungs-systeme] in Deutschland, in: FB, 2. Jg. (2000), S. 9-17.

*Bausch, Andreas*: Die Multiplikator-Methode, in: FB, 2. Jg. (2000), S. 448-459.

*Becker, Fred G.*: Finanzmarketing von Unternehmungen, in: DBW, 54. Jg. (1994), S. 295-313.

*Becker, Fred G.*: Anreizsysteme als Führungsinstrumente, in: *Kieser, Alfred/ Reber, Gerhard/Wunderer, Rolf* (Hrsg.): HWFü, 2. Aufl., Stuttgart 1995, Sp. 34-45.

*Becker, Fred G./Holzer, Peter H.*: [Erfolgsbeteiligung] und Strategisches Management in den USA, in: DBW, 46. Jg. (1986), S. 438-459.

*Bergmann, Jörg*: Shareholder Value-orientierte Beurteilung von Teileinheiten im internationalen Konzern, Aachen 1996.

*Berle, Adolf A./Means, Gardiner C.*: The Modern Corporation and Private Property, New York 1932, Nachdr. 1950.

*Berliner Initiativkreis German Code of Corporate Governance*: Der German Code of Corporate Governance, in: *Werder, Axel v.* (Hrsg.): German Code of Corporate Governance (GCCG), Stuttgart 2000, S. 29-85.

*Bernhard, Hans-Georg*: Realoptionen als Instrument zur marktformspezifischen Unternehmensbewertung, Frankfurt a. M. u.a. 2000.

*Bernhardt, Wolfgang/Werder, Axel v.*: Der [German Code of Corporate Governance], in: ZfB, 70. Jg. (2000), S. 1269-1279.

*Bernstein, Leopold A./Wild, John J.*: Financial Statement Analysis, 6. Aufl., Boston u.a. 1998.

*Biddle, Gary C./Bowen, Robert M./Wallace, James S.*: Does EVA® beat Earnings? Evidence on Associations with Stock Returns and Firm Values, in: JAE, Vol. 24 (1997), S. 301-336.

*Biddle, Gary C./Bowen, Robert M./Wallace, James S.*: Evidence on EVA, in: JACF, Vol. 12 (1999), Heft 2, S. 69-79.

*Bierach, Barbara*: Ambitioniert, in: WiWo, 55. Jg. (2001), Heft 6 vom 1.2.2001, S. 152 f.

*Bierman jr., Harold*: Depreciable Assets – Timing of Expense Recognition, in: AR, Vol. 36 (1961), S. 613-618.

*Bierman jr., Harold*: Financial [Accounting] Theory, New York 1965.

*Bischoff, Jörg*: Das Shareholder Value Konzept, Wiesbaden 1994.

*Black, Andrew/Wright, Philip/Davies, John*: In Search of [Shareholder Value], 2. Aufl., London u.a. 2001.

*Bleicher, Knut*: [Strategische Anreizsysteme], Stuttgart 1992.

*Bleicher, Knut*: Strategische [Anreizsysteme], in: *Riekhof, Hans-Christian* (Hrsg.): Praxis der Strategieentwicklung, 2. Aufl., Stuttgart 1994, S. 291-307.

*Böcking, Hans-Joachim*: Zum Verhältnis von [Rechnungslegung] und Kapitalmarkt: Vom „financial accounting" zum „business reporting", in:

*Ballwieser, Wolfgang/Schildbach, Thomas* (Hrsg.): Rechnungslegung und Steuern international, zfbf-Sonderheft 40, Düsseldorf 1998, S. 17-53.

*Böcking, Hans-Joachim/Nowak, Karsten*: Das Konzept des Economic Value Added, in: FB, 1. Jg. (1999), S. 281-288.

*Böcking, Hans-Joachim/Nowak, Karsten*: Marktorientierte Unternehmensbewertung, in: FB, 1. Jg. (1999), S. 169-176.

*Böcking, Hans-Joachim/Nowak, Karsten*: Die [Bedeutung] des Börsenkurses bei Unternehmensbewertungen, in: FB, 2. Jg. (2000), S. 17-24.

*Börner, Dietrich*: Kennzahlen als Hilfsmittel der Unternehmensführung, in: *Rühle von Lilienstern, Hans* (Hrsg.): Die informierte Unternehmung, Berlin 1972, S. 267-279.

*Born, Karl*: [Unternehmensanalyse] und Unternehmensbewertung, Stuttgart 1995.

*Boston Consulting Group* (Hrsg.): The [Value Creators] – A Study of the World's Top Performers, o. O. 1999.

*Boston Consulting Group* (Hrsg.): [New Perspectives] on Value Creation – A Study of the World's Top Performers, o. O. 2000.

*Boulding, Kenneth E.*: Time and Investment, in: Ec, Vol. 3 (1936), S. 196-220 und 440-442.

*Brealey, Richard A./Myers, Stewart C.*: [Principles] of Corporate Finance, 6. Aufl., New York u.a. 2000.

*Breid, Volker*: [Erfolgspotentialrechnung], Stuttgart 1994.

*Breid, Volker*: Aussagefähigkeit agencytheoretischer Ansätze im Hinblick auf die [Verhaltenssteuerung] von Entscheidungsträgern, in: zfbf, 47. Jg. (1995), S. 821-854.

*Brief, Richard P.*: A Late Nineteenth Century Contribution to the Theory of Depreciation, in: JAR, Vol. 5 (1967), S. 27-38.

*Brief, Richard P.*: Depreciation Theory and Capital Gains, in: JAR, Vol. 6 (1968), S. 149-152.

*Brief, Richard P./Owen, Joel*: Depreciation and Capital Gains: A „New" Approach, in: AR, Vol. 43 (1968), S. 367-372.

*Bromwich, Michael/Walker, Martin*: Residual Income Past and Future, in: MAR, Vol. 9 (1998), S. 391-419.

*Brunner, Jürgen*: Value-Based Performance Management, Wiesbaden 1999.

*Buchner, Robert*: Finanzwirtschaftliche Statistik und [Kennzahlenrechnung], München 1985.

*Budde, Jörg/Göx, Robert F./Luhmer, Alfred*: Absprachen beim Groves-Mechanismus, in: zfbf, 50. Jg. (1998), S. 3-20.

*Bühner, Rolf*: Das [Management-Wert-Konzept], Stuttgart 1990.

*Bühner, Rolf*: Unternehmerische [Führung] mit Shareholder-value, in: *Bühner, Rolf* (Hrsg.): Der Shareholder-value-Report, Landsberg a. L. 1994, S. 9-75.

*Bühner, Rolf:* Kapitalmarktorientierte Unternehmenssteuerung, in: WiSt, 25. Jg. (1996), S. 392-396.

*Bühner, Rolf/Tuschke, Anja:* Zur Kritik am Shareholder Value – eine ökonomische Analyse, in: BFuP, 49. Jg. (1997), S. 499-516.

*Bühner, Rolf/Tuschke, Anja:* Wertmanagement – Rechnen wie ein Unternehmer, in: *Bühner, Rolf/Sulzbach, Klaus* (Hrsg.): Wertorientierte Steuerungs- und Führungssysteme, Stuttgart 1999, S. 3-41.

*Bungert, Hartwin/Eckert, Jan:* Unternehmensbewertung nach Börsenwert: Zivilgerichtliche Umsetzung der BVerfG-Rechtsprechung, in: BB, 55. Jg. (2000), S. 1845-1849.

*Busse von Colbe, Walther:* Gefährdung des Kongruenzprinzips durch erfolgsneutrale Verrechnung von Aufwendungen im Konzernabschluß, in: *Moxter, Adolf* et al. (Hrsg.): Rechnungslegung (FS Forster), Düsseldorf 1992, S. 125-138.

*Busse von Colbe, Walther:* Die Entwicklung des Jahresabschlusses als Informationsinstrument, in: *Wagner, Franz W.* (Hrsg.): Ökonomische Analyse des Bilanzrechts, zfbf-Sonderheft 32, Düsseldorf 1993, S. 11-29.

*Busse von Colbe, Walther:* Das [Rechnungswesen] im Dienste einer kapitalmarktorientierten Unternehmensführung, in: WPg, 48. Jg. (1995), S. 713-720.

*Busse von Colbe, Walther:* Was ist und was bedeutet Shareholder Value aus betriebswirtschaftlicher Sicht?, in: ZGR, 26. Jg. (1997), S. 271-290.

*C&L Deutsche Revision* (Hrsg.): Wertorientierte [Unternehmensführung], Frankfurt a. M. 1997, S. 12.

*C&L Deutsche Revision* (Hrsg.): Kapitalmarktorientierung deutscher Unternehmungen: Ergebnisse einer empirischen [Untersuchung], Frankfurt a. M. 1998.

*CIMA* (Hrsg.): Ethical Guidelines, London 1992.

*Clark, Maurice J.:* Studies in the Economics of Overhead Costs, Chicago 1923.

*Claussen, Carsten P./Bröcker, Norbert:* Corporate-Governance-Grundsätze in Deutschland – nützliche Orientierungshilfe oder regulatorisches Übermaß?, in: AG, 45. Jg. (2000), S. 481-491.

*Coenenberg, Adolf G.:* Einheitlichkeit oder Differenzierung von internem und externem Rechnungswesen: Die [Anforderung] der internen Steuerung, in: DB, 48. Jg. (1995), S. 2077-2083.

*Coenenberg, Adolf G.:* [Kostenrechnung] und Kostenanalyse, 3. Aufl., Landsberg a. L. 1997.

*Coenenberg, Adolf G.:* [Jahresabschluß] und Jahresabschlußanalyse, 17. Aufl., Landsberg a. L. 2000.

*Coenenberg, Adolf G./Mattner, Gerhard R.:* Segment- und [Wertberichterstattung] in der Jahresabschlussanalyse, in: BB, 55. Jg. (2000), S. 1827-1834.

*Copeland, Tom/Koller, Tim/Murrin, Jack*: [Valuation], 3. Aufl., New York 2000.

*Cornell, Bradford/Shapiro, Alan C.*: Corporate Stakeholders and Corporate Finance, in: FM, Vol. 16 (1987), S. 5-14.

*Crasselt, Nils*: Rappaports Shareholder Value Added, in: FB, 3. Jg. (2001), S. 165-171.

*Creusen, Utho*: Controlling-Konzept der OBI-Gruppe, in: *Mayer, Elmar/Weber, Jürgen* (Hrsg.): Handbuch Controlling, Stuttgart 1990, S. 874-887.

*DAI* (Hrsg.): DAI-Factbook 2000, Frankfurt a. M. 2000.

*DAI/Hewitt Associates* (Hrsg.): Beteiligungssysteme für breite Mitarbeiterkreise, Frankfurt a. M. 2001.

*DaimlerChrysler AG* (Hrsg.): Geschäftsbericht 1998, Stuttgart 1998.

*DaimlerChrysler AG* (Hrsg.): Geschäftsbericht 1999, Stuttgart 1999.

*Damodaran, Aswath*: Investment [Valuation], New York u.a. 1996.

*Debreu, Gerard*: [Theory] of Value, New Haven/London 1959.

*Deci, Edward*: The Effects of contingent and non-contingent Rewards and Controls on intrinsic Motivation, in: OBHP, Vol. 8 (1972), S. 217-229.

*Demski, Joel S.*: Optimal Performance Measurement, in: JAR, Vol. 10 (1972), S. 243-258.

*Demski, Joel S.*: The General Impossibility of Normative Accounting Standards, in: AR, Vol. (1973), S. 718-723.

*Demski, Joel S.*: Performance Measure Manipulation, in: CAR, Vol. 15 (1998), S. 261-285.

*Denoke, Georg/Rohn, Andreas*: Steuerungsgrößen der wertorientierten Unternehmensführung bei Mannesmann, in: *Bühner, Rolf/Sulzbach, Klaus* (Hrsg.): Wertorientierte Steuerungs- und Führungssysteme, Stuttgart 1999, S. 139-154.

*Deutsche Morgan Grenfell*: Running the Numbers – The CROCI Book, London 1997.

*Dirrigl, Hans*: Wertorientierung und [Konvergenz] in der Unternehmensrechnung, in: BFuP, 50. Jg. (1998), S. 570-579.

*Donlon, James D./Weber, Axel*: Wertorientierte Unternehmensführung im Daimler-Chrysler-Konzern, in: Controlling, 11. Jg. (1999), S. 381-388.

*Drukarczyk, Jochen*: Zum Problem der angemessenen Barabfindung bei zwangsweise ausscheidenden Anteilseignern, in: AG, 18. Jg. (1973), S. 357-365.

*Drukarczyk, Jochen*: Zur [Brauchbarkeit] des „ökonomischen Gewinns", in: WPg, 26. Jg. (1973), S. 183-188.

*Drukarczyk, Jochen*: DCF-Methoden und Ertragswertmethode – einige klärende Anmerkungen, in: WPg, 48. Jg. (1995), S. 329-334.

*Drukarczyk, Jochen*: Wertorientierte [Unternehmenssteuerung], in: ZBB, 9. Jg. (1997), S. 217-226.

*Drukarczyk, Jochen*: Unternehmensbewertung, 2. Aufl., München 1998.

*Drukarczyk, Jochen/Richter, Frank*: Unternehmensgesamtwert, anteilseigner-orientierte Finanzentscheidungen und APV-Ansatz, in: DBW, 55. Jg. (1995), S. 559-580.

*Dutta, Sunil/Reichelstein, Stefan*: Performance Measurement in Multi-Period Agencies, in: JITE, Vol. 155 (1999), S. 158-175.

*Dutta, Sunil/Reichelstein, Stefan*: Controlling [Investment Decisions]: Hurdle Rates and Intertemporal Cost Allocation, Working Paper, Haas School of Business, University of California at Berkeley, Berkeley 1999 (Download http://www.haas.berkeley.edu/accounting/Faculty/reichel/wp.htm, Stand 9.3.2001).

*Easton, Peter D.*: Security Returns and the Value of Accounting Data, in: AH, Vol. 13 (1999), S. 399-412.

*Eberhardt, Stefan*: Wertorientierte Unternehmensführung – Der modifizierte Stakeholder-Value-Ansatz, Wiesbaden 1998.

*Ehrbar, Al*: Economic Value Added, Wiesbaden 1999.

*Eidel, Ulrike*: Moderne Verfahren der Unternehmensbewertung und Perfor-mance-Messung, 2. Aufl., Herne/Berlin 2000.

*Elschen, Rainer*: Gegenstand und Anwendungsmöglichkeiten der [Agency-Theorie], in: zfbf, 43. Jg. (1991), S. 1002-1012.

*Elschen, Rainer*: Shareholder Value und Agency-Theorie: Anreiz- und [Kon-trollsysteme] für Zielsetzungen der Anteilseigner, in: BFuP, 43. Jg. (1993), S. 209-220.

*Elton, Edwin J./Gruber, Martin*: Modern Portfolio Theory and Investment Analysis, 5. Aufl., New York u.a. 1995.

*Emmerich, Gerhard*: Risikomanagement in Industrieunternehmen – gesetzliche Anforderungen und Umsetzung nach dem KonTraG, in: zfbf, 51. Jg. (1999), S. 1075-1089.

*Englert, Joachim/Scholich, Martin*: Unternehmensführung auf der Basis eines umfassenden Sharcholder Value-Management-Konzepts, in: BB, 53. Jg. (1998), S. 684-689.

*Ewert, Ralf/Wagenhofer, Alfred*: Interne [Unternehmensrechnung], 4. Aufl., Berlin u.a. 2000.

*Ewert, Ralf/Wagenhofer, Alfred*: Rechnungslegung und [Kennzahlen] für das wertorientierte Management, in: *Wagenhofer, Alfred/Hrebicek, Gerhard* (Hrsg.): Wertorientiertes Management, Stuttgart 2000, S. 3-64.

*Ezzamel, Mahmoud*: Business Unit & Divisional Performance Measurement, London u.a. 1992.

*Fama, Eugene F.*: Efficient Capital Markets, in: JF, Vol. 25 (1970), S. 383-417.

*FASB*: Statement of Financial Accounting Concepts No. 2: Qualitative Characte-ristics of Accounting Information, 1980, in: *FASB* (Hrsg.): Original Pronouncements, Accounting Standards as of June 1, 2000, Bd. 3, New York u.a. 2000, S. 1021-1055.

*Feltham, Gerald A./Ohlson, James A.*: Valuation and Clean Surplus Accounting for Operating and Financial Activities, in: CAR, Vol. 11 (1995), S. 689-731.

*Ferguson, Robert/Leistikow, Dean*: Search for the Best Financial Performance Measure: Basics are better, in: FAJ, Vol. 54 (1998), Heft 1/2, S. 81-85.

*Ferstl, Jürgen*: [Managervergütung] und Shareholder Value, Wiesbaden 2000.

*Fey, Gerd*: Adressatenorientierte US-Rechnungslegung: Vom „Financial Reporting" zum „Business Reporting"?, in: *Baetge, Jörg* (Hrsg.): Internationale Grundsätze für Rechnungslegung und Prüfung, Düsseldorf 2001, S. 31-67.

*Fischer, Thomas M./Wenzel, Julia/Kühn, Christian*: Value Reporting, in: DB, 54. Jg. (2001), S. 1209-1216.

*Fisher, Irving*: The Nature of Capital and Income, New York 1906, Nachdr. 1991.

*Fisher, Irving*: The Theory of Interest, New York 1930, Nachdr. 1977.

*Förschle, Gerhart/Glaum, Martin/Mandler, Udo*: US-GAAP, IAS und HGB: Ergebnisse einer Umfrage unter deutschen Rechnungslegungsexperten, in: BFuP, 47. Jg. (1994), S. 392-413.

*Franke, Günter*: [Agency-Theorie], in: *Wittmann, Waldemar* et al. (Hrsg.): HWB, 5. Aufl., Stuttgart 1993, Sp. 37-49.

*Frankenberg, Peter*: Jahresabschlüsse im internationalen Vergleich, Wiesbaden 1993.

*Freidank, Carl-Christian*: Internationale [Rechnungslegungspolitik] und Unternehmenswertsteigerung, in: *Lachnit, Laurenz/Freidank, Carl-Chrsitian* (Hrsg.): Investororientierte Unternehmenspublizität, Wiesbaden 2000, S. 3-29.

*Freter, Hermann/Sänger, Henrike*: Internet-Investor Relations: Die informationsökonomische Perspektive, in: FB, 2. Jg. (2000), S. 779-786.

*Fröhling, Oliver*: Reward and [Risk-Controlling], in: Controlling, 12. Jg. (2000), S. 5-13.

*Gaughan, Patrick A.*: Mergers, Acquisitions, and Corporate Restructurings, New York u.a. 1996.

*Gedenk, Karen*: [Agency-Theorie] und die Steuerung von Geschäftsführern, in: DBW, 58. Jg. (1998), S. 22-37.

*Gemünden, Hans Georg*: Information: Bedarf, Analyse und Verhalten, in: *Wittmann, Waldemar* et al. (Hrsg.): HWB, 5. Aufl., Stuttgart 1993, Sp. 1725-1735.

*Gibson, Charles H.*: Financial Statement Analysis, 6. Aufl., Cincinnati 1995.

*Gillenkirch, Robert M./Schabel, Matthias M.*: Investitionssteuerung, Motivation und [Periodenerfolgsrechnung] bei ungleichen Zeitpräferenzen, in: zfbf, 53. Jg. (2001), S. 216-245.

*Goerdeler, Reinhard*: Publizität der Rechnungslegung im Rückblick und Ausblick, in: *Moxter, Adolf* et al. (Hrsg.): Rechnungslegung: Entwicklungen bei der Bilanzierung und Prüfung von Kapitalgesellschaften (FS Forster), Düsseldorf 1992, S. 237-252.

*Goldberg, Victor P.*: Regulation and Administered Contracts, in: BellJ, Vol. 7 (1976), S. 426-460.

*Gonik, Jacob*: Tie Salesmen's Bonuses on their Forecasts, in: HBR, Vol. 56 (1978), Heft 5/6, S. 116-123.

*Grinyer, John R.*: [Earned Economic Income] – A Theory of Matching, in: Abacus, Vol. 21 (1985), S. 130-148.

*Grinyer, John R.*: A new Approach to Depreciation, in: Abacus, Vol. 23 (1987), S. 43-54.

*Grinyer, John R.*: Revaluation of fixed Assets in Accruals Accounting, in: ABR, Vol. 18 (1987), S. 17-24.

*Grinyer, John R.*: The Concept and Computation of Earned Economic Income: A Reply, in: JBFA, Vol. 20 (1993), S. 747-753.

*Grinyer, John R.*: Analytical Properties of Earned Economic Income – A Response and Extension, in: BAR, Vol. 27 (1995), S. 211-228.

*Grinyer, John R./Elbadri, Abdussalam M.*: Empirically Testing a new Accounting Model, in: BAR, Vol. 19 (1987), S. 247-256.

*Grinyer, John R./Elbadri, Abdussalam M.*: A Case Study on Interest Adjusted Accounting using EEI, in: ABR, Vol. 19 (1989), S. 327-341.

*Grinyer, John R./Kouhy, Reza*: Matching and Incorrigibility – Reconsideration and Proposals, in: BAR, Vol. 25 (1993), S. 309-323.

*Grinyer, John R./Kouhy, Reza/Elbadri, Abdussalam M.*: Managers' Responses on EEI, in: ABR, Vol. 22 (1992), S. 249-259.

*Großfeld, Bernhard*: Börsenkurs und Unternehmenswert, in: BB, 55. Jg. (2000), S. 261-266.

*Grossman, Sanford J./Hart, Oliver D.*: An Analysis of the Principal-Agent Problem, in: Em, Vol. 51 (1983), S. 7-45.

*Grossman, Sanford J./Stiglitz, Joseph E.*: On [Value Maximation] and Alternative Objectives of the Firm, in: JF, Vol. 32 (1977), S. 389-402.

*Groves, Theodore*: Incentives in Teams, in: Em, Vol. 41 (1973), S. 617-631.

*Groves, Theodore/Loeb, Martin*: Incentives in a divisionalized Firm, in: MSci, Vol. 25 (1979), S. 221-230.

*Günther, Thomas*: Unternehmenswertorientiertes [Controlling], München 1997.

*Günther, Thomas*: State-of-the-Art des Wertsteigerungsmanagements, in: Controlling, 11. Jg. (1999), S. 361-370.

*Günther, Thomas/Beyer, Dirk*: Value Based Reporting – Entwicklungspotenziale der externen Unternehmensberichterstattung, in: BB, 56. Jg. (2001), S. 1623-1630.

*Günther, Thomas/Otterbein, Simone*: Die Gestaltung der Investor Relations am Beispiel führender deutscher Aktiengesellschaften, in: ZfB, 66. Jg. (1996), S. 389-417.

*Günther, Thomas/Landrock, Bert/Muche, Thomas*: Gewinn- versus unternehmenswertbasierte Performancemaße, in: Controlling, 12. Jg. (2000), S. 69-75 und 129-134.

*Hachmeister, Dirk*: Die Abbildung der Finanzierung im Rahmen verschiedener Discounted Cash Flow-Verfahren, in: zfbf, 48. Jg. (1996), S. 251-277.

*Hachmeister, Dirk*: Der [Cash Flow Return on Investment] als Erfolgsgröße einer wertorientierten Unternehmensführung, in: zfbf, 49. Jg. (1997), S. 556-579.

*Hachmeister, Dirk*: Shareholder Value, in: DBW, 57. Jg. (1997), S. 823-839.

*Hachmeister, Dirk*: Der Discounted Cash Flow als [Maß] der Unternehmenswertsteigerung, 4. Aufl., Frankfurt a. M. u.a. 2000.

*Hahn, Dietger*: Konzepte strategischer Führung, in: ZfB, 68. Jg. (1998), S. 563-579.

*Haller, Axel*: Wesentliche Ziele und Merkmale US-amerikanischer Rechnungslegung, in: *Ballwieser, Wolfgang* (Hrsg.): US-amerikanische Rechnungslegung, 4. Aufl., Stuttgart 2000, S. 1-27.

*Hansen, Don R./Mowen, Maryanne M.*: Cost Management: Accounting and Control, 3. Aufl., Cincinnati u.a. 1999.

*Hartmann-Wendels, Thomas*: Principal-Agent-Theorie und asymmetrische Informationsverteilung, in: ZfB, 59. Jg. (1989), S. 714-734.

*Hartmann-Wendels, Thomas*: Rechnungslegung der Unternehmung und Kapitalmarkt aus informationsökonomischer Sicht, Heidelberg 1991.

*Hawawini, Gabriel/Viallet, Claude*: Finance for Executives, Cincinnatti 1999.

*Hax, Arnoldo C./Majluf, Nicolas S.*: Strategic Management, Englewood Cliffs 1984.

*Hax, Herbert*: Die [Koordination] von Entscheidungen, Köln u.a. 1965.

*Hax, Herbert*: Investitionsrechnung und [Periodenerfolgsmessung], in: *Delfmann, Werner* (Hrsg.): Der Integrationsgedanke in der Betriebswirtschaftslehre (FS Koch), Wiesbaden 1989, S. 153-170.

*Hax, Herbert*: Theorie der Unternehmung – Information, Anreize und Vertragsgestaltung, in: *Ordelheide, Dieter/Rudolph, Bernd/Büsselmann, Elke*: Betriebswirtschaftslehre und ökonomische Theorie, Stuttgart 1991, S. 51-72.

*Hax, Herbert*: [Investitionstheorie], 5. Aufl., Heidelberg 1993.

*Heinen, Edmund*: [Industriebetriebslehre], 9. Aufl., München 1991.

*Henselmann, Klaus*: Der Restwert in der Unternehmensbewertung – eine „Kleinigkeit"?, in: FB, 2. Jg. (2000), S. 151-157.

*Henselmann, Klaus*: Economic Value Added – Königsweg zur Integration des Rechnungswesens?, in: ZP, 12. Jg. (2001), 159-186.

*Hering, Thomas*: Finanzwirtschaftliche Unternehmensbewertung, Wiesbaden 1999.

*Hermann, Hans-Erwin/Xhonneux, Pascal/Groth, Silke*: Integriertes Wertmanagement bei der Bayer AG, in: Controlling, 11. Jg. (1999), S. 399-406.

*Herter, Ronald N.*: Unternehmenswertorientiertes [Management], München 1994.

*Hesse, Thomas*: Periodischer [Unternehmenserfolg] zwischen Realisations- und Antizipationsprinzip, Bern u.a. 1996.

*Hicks, John R.*: Value and Capital, 2. Aufl., Oxford 1946, 3. Nachdr. 1953.

*Hitz, Jörg-Markus/Kuhner, Christoph*: Erweiterung des US-amerikanischen conceptual framework um Grundsätze der Barwertermittlung, in: WPg, 53. Jg. (2000), S. 889-902.

*Hötzel, Oliver/Beckmann, Klaus*: Einfluss der Unternehmenssteuerreform 2001 auf die Unternehmensbewertung, in: WPg, 53. Jg. (2000), S. 696-701.

*Hoffmann, Olaf*: Performance [Management], 2. Aufl., Bern u.a. 2000.

*Holmström, Bengt R.*: Moral Hazard and [Observability], in: BellJ, Vol. 10 (1979), S. 74-91.

*Holmström, Bengt R.*: Moral Hazard in Teams, in: BellJ, Vol. 13 (1982), S. 324-340.

*Holmström, Bengt R./Milgrom, Paul*: Aggregation and [Linearity] in the Provision of Intertemporal Incentives, in: Em, Vol. 55 (1987), S. 303-328.

*Holmström, Bengt R./Ricart i Costa, Joan*: Managerial [Incentives] and Capital Management, in: QJE, Vol. 101 (1986), S. 835-860.

*Holmström, Bengt R./Tirole, Jean*: The Theory of the Firm, in: *Schmalensee, Richard/Willig, Robert D.*: Handbook of Industrial Organization, Vol. 1, Amsterdam u.a. 1989, S. 61-133.

*Hommel, Michael*: Bilanzierung immaterieller [Anlagewerte], Stuttgart 1998.

*Horngren, Charles T.* et al.: Management and Cost Accounting, London u.a. 1999.

*Hostettler, Stephan*: Economic [Value] Added, 2. Aufl., Bern u.a. 1997.

*Hotelling, Harold*: A General Mathematical Theory of Depreciation, in: JASA, Vol. 20 (1925), S. 340-353.

*Hütten, Christoph*: Der Geschäftsbericht als [Informationsinstrument], Düsseldorf 2000.

*IASC*: Framework, in: *IASC* (Hrsg.): International Accounting Standards 2000, London 2000.

*IASC*: IAS 1 (revised 1997): Presentation of Financial Statements, in: *IASC* (Hrsg.): International Accounting Standards 2000, London 2000.

*IDW*: IDW Prüfungsstandard: Prüfung des Lageberichts (PS 350), in: WPg, 51. Jg. (1998), S. 663-666.

*IDW*: IDW Rechnungslegungsstandard: Aufstellung des Lageberichts (IDW RS HFA 1), in: WPg, 51. Jg. (1998), S 653-662.

*IDW*: IDW Standard: Grundsätze zur Durchführung von Unternehmensbewertungen (IDW S 1), in: FN, o. Jg. (2000), S. 415-441.

*IDW*: IDW Prüfungsstandard: Die Beurteilung von zusätzlichen Informationen, die von Unternehmen zusammen mit dem Jahresabschluss veröffentlicht werden ([IDW PS 202]), in: WPg, 54. Jg. (2001), S. 121-123.

*IFAC*: [ISA 810]: The Examination of Prospective Financial Information, in: *WPK* (Hrsg.): International Standards on Auditing (ISAs), Stuttgart 2000, S. 550-571.

*Ijiri, Yuji*: Cash-Flow Accounting and its Structure, in: JAAF, Vol. 1 (1978), S. 331-348.

*Ijiri, Yuji*: [Recovery Rate] and Cash Flow Accounting, in: FE, Vol. 48 (1980), Heft 3, S. 54-60.

*IMA* (Hrsg.): Standards of Ethical Conduct for Management Accountants, Montvale 1983.

*Itami, Hiroyuki*: [Evaluation Measures] and Goal Congruence under Uncertainty, in: JAR, Vol. 13 (1975), S. 73-96.

*Ittner, Christopher D./Larcker, David F.*: Are Nonfinancial Measures leading Indicators of Financial Performance? An Analysis of Customer Satisfaction, in: JAR, Vol. 36 (1998), Supplement, S. 1-35.

*Ittner, Christopher D./Larcker, David F.*: Innovations in Performance Measurement, in: JMAR, Vol. 10 (1998), S. 205-238.

*Janssen, Friedrich/Scheren, Michael*: Internationalisierung der [Führungskennziffern]?, in: *Küting, Karlheinz/Langenbucher, Günther* (Hrsg.): Internationale Rechnungslegung (FS Weber), Stuttgart 1999, S. 605-629.

*Jensen, Michael C./Murphy, Kevin J.*: Performance Pay and Top-Management [Incentives], in: JPE, Vol. 98 (1990), S. 225-264.

*Jensen, Michael C./Meckling, William H.*: [Theory] of the Firm: Managerial Behaviour, Agency Costs and Ownership Structure, in: JFE, Vol. 3 (1976), S. 305-360.

*Jensen, Michael C./Smith jr., Clifford W.*: Stockholder, Manager, and Creditor Interests, Applications of Agency Theory, in: *Altman, Edward I./ Subrahmanyam, Marti G.* (Hrsg.): Recent Advances in Corporate Finance, Homewood/Ill. 1985, S. 93-131.

*Johanning, Lutz*: Value-at-risk-Modelle zur Ermittlung der bankaufsichtlichen Eigenkapitalunterlegung beim Marktrisiko im Handelsbereich, in: ZBB, 8. Jg. (1996), S. 287-303.

*Johanning, Lutz*: Value-at-risk zur [Marktrisikosteuerung] und Eigenkapitalallokation, Bad Soden/Taunus 1998.

*Kah, Arnd*: [Profitcenter-Steuerung], Stuttgart 1994.

*Kames, Christian*: Unternehmensbewertung durch Finanzanalysten als Ausgangspunkt eines [Value Based Measurement], Frankfurt a. M. u.a. 2000.

*Kaplan, Robert S.*: Advanced Management Accounting, Englewood Cliffs 1982.

*Kaplan, Robert S.*: The Evolution of Management Accounting, in: AR, Vol. 59 (1984), S. 390-418.

*Kaplan, Robert S./Norton, David P.*: The Balanced Scorecard – Measures that drive [Performance], in: HBR, Vol. 70 (1992), Heft 1/2, S. 71-79.

*Kaplan, Robert S./Norton, David P.*: The [Balanced Scorecard]: Translating Strategy into Action, Boston 1996.

*Kaum, Stephan*: Umsetzung der marktorientierten Unternehmenssteuerung in Banken durch die Balanced Scorecard, in: FB, 2. Jg. (2000), S. 293-295.

*Kay, John A.*: Foundations of Corporate Success, Oxford u.a. 1993.

*Kengelbach, Jens*: Unternehmensbewertung bei internationalen Transaktionen, Frankfurt a. M. u.a. 2000.

*Kiener, Stefan*: Die Principal-Agent-Theorie aus informationsökonomischer Sicht, Heidelberg 1990.

*Kilger, Wolfgang*: Zur Kritik am internen Zinsfuß, in: ZfB, 35. Jg. (1965), S. 765-798.

*Kirchner, Christian*: Der Wettbewerbsfaktor „[Entscheidungsnützlichkeit] von Rechnungslegungsinformationen": eine institutionenökonomische Analyse, in: *Schildbach, Thomas/Wagenhofer, Alfred* (Hrsg.): Wettbewerb und Unternehmensrechnung, zfbf-Sonderheft 45, Düsseldorf 2000, S. 41-69.

*Klein, Benjamin/Crawford, Robert G./Alchian, Armen A.*: Vertical Integration, Appropriable Rents, and the Competitive Contracting Process, in JLE, Vol. 22 (1978), S. 297-326.

*Kleine-Doepke, Rainer*: Informationsökonomische Analyse der externen Rechnungslegung, Frankfurt a. M. 1981, S. 49-125.

*Kley, Karl-Ludwig*: Die externe und interne Rechnungslegung als Basis für eine offene Unternehmenskommunikation, in: *Küting, Karlheinz/Weber, Claus-Peter* (Hrsg.): Wertorientierte Konzernführung: Kapitalmarktorientierte Rechnungslegung und integrierte Unternehmenssteuerung, Stuttgart 2000, S. 337-354.

*Klingenbiel, Norbert*: Balanced Scorecard als Verbindungsglied externes – internes Rechnungswesen, in: DStR, 38. Jg. (2000), S. 651-655.

*Kloock, Josef*: Mehrperiodige Investitionsrechnungen auf der Basis kalkulatorischer und handelsrechtlicher Erfolgsrechnungen, in: zfbf, 33. Jg. (1981), S. 873-890.

*Kloock, Josef*: Dynamische Bilanz, in: *Chmielewicz, Klaus/Schweitzer, Marcell* (Hrsg.): HWR, 3. Aufl., Stuttgart 1993, Sp. 384-399.

*Knight, James A.*: Value Based [Management], New York u.a. 1997.

*Koch, Christian*: Optionsbasierte Unternehmensbewertung, Wiesbaden 1999.

*Kossbiel, Hugo*: Überlegungen zur Effizienz betrieblicher [Anreizsysteme], in: DBW, 54. Jg. (1994), S. 73-93.

*KPMG* (Hrsg.): Shareholder Value [Konzepte], Frankfurt a. M. 2000.

*Krammer, Christian*: Logik und Konzeption eines strategischen Anreizsystems auf Basis des Wertsteigerungsansatzes, München/Mering 2000.

*Kröger, Fritz/Träm, Michael/Vandenbosch, Marianne*: Wachsen wie die Sieger, Wiesbaden 1999.

*Kruschwitz, Lutz*: [Finanzmathematik], 2. Aufl., München 1995.

*Kruschwitz, Lutz*: Investitionsrechnung, 8. Aufl., München/Wien 2000.

*Krystek, Ulrich/Müller, Michael*: [Investor Relations], in: DB, 46. Jg. (1993), S. 1785-1789.

*Kubin, Konrad W.*: Der Aktionär als Aktienkunde – Anmerkungen zum Shareholder Value, zur Wiedervereinigung der internen und externen Rechnungslegung und zur globalen Verbesserung der Berichterstattung, in: *Möller, Hans Peter/Schmidt, Franz* (Hrsg.): Rechnungswesen als Instrument für Führungsentscheidungen (FS Coenenberg), Stuttgart 1998, S. 525-558.

*Kühnberger, Manfred*: Shareholder Value und externe Rechnungslegung, in: RIW, 44. Jg. (1998), S. 301-311.

*Küller, Hans-Detlev*: Das Shareholder Value-Konzept aus Gewerkschaftssicht, in: BFuP, 49. Jg. (1997), S. 517-531.

*Küpper, Hans-Ulrich*: Investitionstheoretische Fundierung der Kostenrechnung, in: zfbf, 37. Jg. (1985), S. 26-46.

*Küpper, Hans-Ulrich*: Interne Unternehmensrechnung auf kapitaltheoretischer Basis, in: *Ballwieser, Wolfgang* et al. (Hrsg.): Bilanzrecht und Kapitalmarkt (FS Moxter), Düsseldorf 1994, S. 967-1002.

*Küpper, Hans-Ulrich*: Unternehmensplanung und -steuerung mit pagatorischen oder kalkulatorischen Erfolgsrechnungen?, in: *Schildbach, Thomas/ Wagner, Franz W.* (Hrsg.): Unternehmensrechnung als Instrument der internen Steuerung, zfbf-Sonderheft 34, Düsseldorf 1995, S. 19-50.

*Küpper, Hans-Ulrich*: [Controlling], 2. Aufl., Stuttgart 1997.

*Küpper, Hans-Ulrich*: [Marktwertorientierung] – neue und realisierbare Ausrichtung für die interne Unternehmenssteuerung?, in: BFuP, 50. Jg. (1998), S. 517-539.

*Küpper, Hans-Ulrich*: Bedeutung der Buchhaltung für Planungs- und Steuerungszwecke der Unternehmung, in: *Altenburger, Otto/Janschek, Otto/ Müller, Heinrich* (Hrsg.): Fortschritte im Rechnungswesen (FS Seicht), 2. Aufl., Wiesbaden 2000, S. 443-466.

*Kürsten, Wolfgang*: „Shareholder Value" – Grundelemente und Schieflagen einer polit-ökonomischen Diskussion aus finanzierungstheoretischer Sicht, in: ZfB, 70. Jg. (2000), S. 359-381.

*Kuhlewind, Andreas-Markus*: [Grundlagen] einer Bilanzrechtstheorie in den USA, Frankfurt a. M. u.a. 1996.

*Kußmaul, Heinz/Richter, Lutz*: Die [Baldwin-Methode], in: FB, 2. Jg. (2000), S. 683-692.

*Küting, Karlheinz*: Perspektiven der externen Rechnungslegung, in: BB, 55. Jg. (2000), S. 451-456.

*Küting, Karlheinz/Eidel, Ulrike*: Marktwertansatz contra Ertragswert- und Discounted Cash Flow-Verfahren, in: FB, 1. Jg. (1999), S. 225-231.

*Küting, Karlheinz/Eidel, Ulrike*: Performance Messung und Unternehmensbewertung auf Basis des EVA, in: WPg, 52. Jg. (1999), S. 829-838.

*Küting, Karlheinz/Hütten, Christoph*: Der Geschäftsbericht als Publizitätsinstrument, in: BB, 51. Jg. (1996), S. 2671-2679.

*Küting, Karlheinz/Weber, Claus-Peter*: Die [Bilanzanalyse], 4. Aufl., Stuttgart 1999.

*Küting, Karlheinz/Hütten, Christoph/Lorson, Peter*: Shareholder-Value: Grundüberlegungen zu Benchmarks der [Kommunikationsstrategie] in der externen Berichterstattung, in: DStR, 33. Jg. (1995), S. 1805-1809 und 1846-1851.

*Labhart, Peter A.*: Value [Reporting], Zürich 1999.

*Ladelle, O. G.*: The Calculation of Depreciation, in: The Accountant, Vol. 17 (1890), Bd. 2, S. 659 ff., Nachdr. in *Brief, Richard P.*: A Late Nineteenth Century Contribution to the Theory of Depreciation, in: JAR, Vol. 5 (1967), S. 27-38.

*Landsmann, Cord*: Finanzplanorientiertes Konzerncontrolling, Wiesbaden 1999.

*Lang, Mark H./Lundholm, Russel J.*: Corporate Disclosure Policy and Analyst Behavior, in: AR, Vol. 71 (1996), S. 467-492.

*Lauk, Kurt J.*: Steuerung des Unternehmens nach Kapitalrentabilität und Cash Flows, in: *Schmalenbach-Gesellschaft – Deutsche Gesellschaft für Betriebswirtschaft e.V.* (Hrsg.): Globale Finanzmärkte, Stuttgart 1996, S. 163-179.

*Lauterbach, Jürgen*: Der Total Value Report, in: *Bühner, Wolfgang/Sulzbach, Klaus* (Hrsg.): Wertorientierte Steuerungs- und Führungssysteme, Stuttgart 1999, S. 181-198.

*Laux, Helmut*: [Anreizsysteme] bei unsicheren Erwartungen, in: zfbf, 24. Jg. (1972), S. 784-803.

*Laux, Helmut*: [Tantiemesysteme] für die Investitionssteuerung, in: ZfB, 45. Jg. (1975), S. 597-618.

*Laux, Helmut*: Der Einsatz von [Entscheidungsgremien] – Grundprobleme der Organisationslehre in entscheidungstheoretischer Sicht, Berlin u.a. 1979.

*Laux, Helmut*: [Grundfragen] der Organisation: Delegation, Anreiz und Kontrolle, Berlin u.a. 1979.

*Laux, Helmut*: [Risiko], Anreiz und Kontrolle, Berlin u.a. 1990.

*Laux, Helmut*: Anreizsysteme, ökonomische [Dimension], in: *Frese, Erich* (Hrsg.): HWO, 3. Aufl., Stuttgart 1992, Sp. 112-122.

*Laux, Helmut*: Anreizkompatible [Erfolgsbeteiligung] und Kapitalmarkt, in: *Ballwieser, Wolfgang* et al. (Hrsg.): Bilanzrecht und Kapitalmarkt (FS Moxter), Düsseldorf 1994, S. 1259-1291.

*Laux, Helmut*: Mehrperiodige anreizkompatible Erfolgsbeteiligung und Kapitalmarkt, in: *Franke, Günter/Laux, Helmut* (Hrsg.): Unternehmensführung und Kapitalmarkt (FS Hax), Berlin u.a. 1998, S. 133-174.

*Laux, Helmut*: [Unternehmensrechnung], Anreiz und Kontrolle, 2. Aufl., Berlin u.a. 1999.

*Laux, Helmut/Liermann, Felix*: Grundlagen der [Organisation], 4. Aufl., Berlin u.a. 1997.

*Laux, Helmut/Schenk-Mathes, Heike Y.*: Lineare und nichtlineare Anreizsysteme, Berlin u.a. 1992.

*Leffson, Ulrich*: Bilanzanalyse, 3. Aufl., Stuttgart 1984.

*Leffson, Ulrich*: Die Grundsätze ordnungsmäßiger Buchführung, 7. Aufl., Düsseldorf 1987.

*Leffson, Ulrich*: Wirtschaftsprüfung, 4. Aufl., Wiesbaden 1988.

*Lehmann, Steffen*: Neue Wege in der [Bewertung] börsennotierter Aktiengesellschaften, Wiesbaden 1994.

*Leibowitz, Arleen/Tollison, Robert*: Free Riding, Shirking, and Team Production in legal Partnerships, in: EI, Vol. 18 (1980), S. 380-394.

*Leven, Franz-Josef*: [Investor Relations] und Shareholder Value, in: *Müller, Michael/Leven, Franz-Josef* (Hrsg.): Shareholder Value Reporting, Wien 1998, S. 45-62.

*Levinthal, Daniel*: A Survey of [Agency Models] of Organization, in: JEBO, Vol. 9 (1988), S. 153-185.

*Lewis, Thomas G.*: [Steigerung] des Unternehmenswertes, 2. Aufl., Landsberg a. L. 1995.

*Lewis, Thomas G./Lehmann, Steffen*: Überlegene Investitionsentscheidungen durch CFROI, in: BFuP, 44. Jg. (1992), S. 1-13.

*Link, Rainer*: [Aktienmarketing] in deutschen Publikumsgesellschaften, Wiesbaden 1991.

*Link, Rainer*: Aktienmarketing und [Investor Relations], in: *Boening, Dieter/Hockmann, Heinz J.* (Hrsg.): Bank- und Finanzmanagement (FS Süchting), Wiesbaden 1993, S. 193-222.

*Link, Rainer*: Investor Relations im Rahmen des Aktienmarketing von [Publikumsgesellschaften], in: BFuP, 45. Jg. (1993), S. 105-132.

*Lintner, John*: The Valuation of Risk Assets and the Selection of Risky Investments in Stock Portfolios and Capital Budgets, in: REStat, Vol. 47 (1965), S. 13-37.

*Locarek, Hermann/Bamberg, Günter:* Anreizkompatible Allokationsmechanismen für divisionalisierte Unternehmungen, in: WiSt, 23. Jg. (1994), S. 10-14.

*Lorson, Peter:* [Shareholder Value-Ansätze], in: *Seicht, Gerhard* (Hrsg.): Jahrbuch für Controlling und Rechnungswesen '99, Wien 1999, S. 43-72.

*Lorson, Peter:* Shareholder Value-Ansätze, in: DB, 52. Jg. (1999), S. 1329-1339.

*Luber, Thomas:* Im Visier der Analysten, in: Capital, 39. Jg. (2000), Heft 19, S. 90-108.

*Lück, Wolfgang:* Der Umgang mit unternehmerischen Risiken durch ein Risikomanagementsystem und durch ein Überwachungssystem, in: DB, 51. Jg. (1998), S. 1925-1930.

*Lücke, Wolfgang:* [Investitionsrechnung] auf der Grundlage von Ausgaben oder Kosten?, in ZfhF, 7. Jg. (1955), S. 310-324.

*Madden, Bartley J.:* [CFROI Valuation], Oxford 1999.

*Mandl, Gerwald/Rabel, Klaus:* [Unternehmensbewertung], Wien/Frankfurt 1997.

*Mannesmann AG* (Hrsg.): Geschäftsbericht 1998, Düsseldorf 1998.

*Mannesmann AG* (Hrsg.): Geschäftsbericht 1999, Düsseldorf 1999.

*McEwen, Ruth Ann/Hunton, James E.:* Is Analyst Forecast Accuracy associated with Accounting Information use?, in: AH, Vol. 13 (1999), S. 1-16.

*McTaggart, James M./Kontes, Peter W./Mankins, Michael C.:* The Value Imperative, New York 1993.

*Meise, Florian:* Realoptionen als Investitionskalkül, München/Wien 1998.

*Melching, Hans-Georg:* Internationales Rechnungswesen und Ergebniskontrolle bei der VOLKSWAGEN AG, in: Controlling, 9. Jg. (1997), S. 246-252.

*Melumad, Nahum D./Mookherjee, Dilip/Reichelstein, Stefan:* Hierarchical Decentralization of Incentive Contracts, in: RandJ, Vol. 26 (1995), S. 654-672.

*Mengele, Andreas:* Sharcholder-Return und Shareholder-Risk als unternehmensinterne [Steuerungsgrößen], Stuttgart 1999.

*MerrillLynch & Co.* (Hrsg.): Quantitative Viewpoint vom 19.12.1997 (An analysis of EVA®), o. O. 1997.

*MerrillLynch & Co.* (Hrsg.): Quantitative Viewpoint vom 3.2.1998 (An analysis of EVA® – Part II), o. O. 1998.

*Metallgesellschaft AG* (Hrsg.): Geschäftsbericht 1997/1998, Frankfurt a. M. 1998.

*Metallgesellschaft AG* (Hrsg.): [Geschäftsbericht 1998/1999], Frankfurt a. M. 1999.

*Michel, Uwe:* Wertmanagement, in: Controlling, 10. Jg. (1999), S. 371-379.

*Miller, Merton H./Modigliani, Franco:* Dividend Policy, Growth, and the [Valuation] of Shares, in: JB, Vol. 34 (1961), S. 411-433.

*Mills, Roger W.*: The Dynamics of Shareholder Value, Lechlade/Glos. 1998.

*Modigliani, Franco/Miller, Merton H.*: The Cost of Capital, Corporation Finance and the Theory of Investment, in: AER, Vol. 48 (1958), S. 261-297.

*Mossin, Jan*: Equilibrium in a Capital Asset Market, in: Em, Vol. 34 (1966), S. 768-783.

*Mostowfi, Mehdi*: Bewertung von Investitionen unter Berücksichtigung zeitlicher Flexibilität, in: BFuP, 49. Jg. (1997), S. 580-592.

*Mouritsen, Jan*: Driving Growth: Economic Value Added versus Intellectual Capital, in: MAR, Vol. 9 (1998), S. 461-482.

*Moxter, Adolf*: [Präferenzstruktur] und Aktivitätsfunktion des Unternehmers, in: zfbf, 16. Jg. (1964), S. 6-35.

*Moxter, Adolf*: Grundsätze ordnungsmäßiger Bilanzierung und Stand der [Bilanztheorie], in: zfbf, 18. Jg. (1966), S. 29-58.

*Moxter, Adolf*: [Bilanzlehre], 2. Aufl., Wiesbaden 1976.

*Moxter, Adolf*: Fundamentalgrundsätze ordnungsmäßiger [Rechenschaft], in: *Baetge, Jörg/Moxter, Adolf/Schneider, Dieter* (Hrsg.): Bilanzfragen (FS Leffson), Düsseldorf 1976, S. 87-100.

*Moxter, Adolf*: Betriebswirtschaftliche [Gewinnermittlung], Tübingen 1982.

*Moxter, Adolf*: [Grundsätze] ordnungsmäßiger Unternehmensbewertung, 2. Aufl., Wiesbaden 1983.

*Moxter, Adolf*: Windfalls, in: *Stöppler, Siegmar* (Hrsg.): Information und Produktion (FS Wittmann), Stuttgart 1985, S. 233-241.

*Moxter, Adolf*: Zum Sinn und Zweck des handelsrechtlichen Jahresabschlusses nach neuem Recht, in: *Havermann, Hans* (Hrsg.): Bilanz- und Konzernrecht (FS Goerdeler), Düsseldorf 1987, S. 361-374.

*Moxter, Adolf*: Entwicklung der Theorie der handels- und steuerrechtlichen Gewinnermittlung, in: *Wagner, Franz W.* (Hrsg.): Ökonomische Analyse des Bilanzrechts, zfbf-Sonderheft Nr. 32, Düsseldorf 1993, S. 61-84.

*Moxter, Adolf*: Zum Verhältnis handelsrechtlicher Grundsätze ordnungsmäßiger Bilanzierung und True-and-fair-view-Gebot bei Kapitalgesellschaften, in: *Förschle, Gerhart/Kaiser, Klaus/Moxter, Adolf* (Hrsg.): Rechenschaftslegung im Wandel (FS Budde), München 1995, S. 419-429.

*Moxter, Adolf*: Zum Verhältnis von rechtlichen und betriebswirtschaftlichen [Gewinnkonzeptionen], in: *Woratschek, Herbert* (Hrsg.): Perspektiven ökonomischen Denkens (FS Gümbel), Frankfurt a. M. 1998, S. 217-225.

*Moxter, Adolf*: [Rechnungslegungsmythen], in: BB, 55. Jg. (2000), S. 2143-2149.

*Münstermann, Hans*: Wert und Bewertung der Unternehmung, Wiesbaden 1966.

*Münstermann, Hans*: [Unternehmungsrechnung], Wiesbaden 1969.

*Myers, Stewart C.*: Interactions of Corporate [Financing] and Investment Decisions, in: JF, Vol. 29 (1974), S. 1-25.

*Neubürger, Heinz-Joachim*: Wertorientierte Unternehmensführung bei Siemens, in: zfbf, 52. Jg. (2000), S. 188-196.

*Neus, Werner*: Ökonomische [Agency-Theorie] und Kapitalmarktgleichgewicht, Wiesbaden 1989.

*Nölting, Andreas*: Hebelwirkung, in: MM, 28. Jg. (1998), Heft 5, S. 114-125.

*Nowak, Thomas*: Strategischer Managementprozeß bei [Hoechst], in *Bühler, Wolfgang/Siegert, Theo* (Hrsg.): Unternehmenssteuerung und Anreizsysteme, Stuttgart 1999, S. 95-119.

*o. Verf.*: Shareholder Value und Aktienkultur, in: ZfgK, 49. Jg. (1996), S. 481-495.

*o. Verf.*: Valuing Companies: A Star to sail by? in: The Economist vom 2.8.1997, S. 57-59.

*O'Hanlon, John/Peasnell, Ken V.*: Wall Street's Contribution to Management Accounting: The Stern Stewart [EVA]® Financial Management System, in: MAR, Vol. 9 (1998), S. 421-444.

*Olbrich, Michael*: Zur [Bedeutung] des Börsenkurses für die Bewertung von Unternehmungen und Unternehmungsanteilen, in: BFuP, 52. Jg. (2000), S. 454-465.

*Ordelheide, Dieter*: Kaufmännischer Periodengewinn als ökonomischer [Gewinn], in: *Domsch, Michel* et al. (Hrsg.): Unternehmungserfolg (FS Busse von Colbe), Wiesbaden 1988, S. 275-302.

*Ordelheide, Dieter*: Bilanzen in der Investitionsplanung und -kontrolle, in: *Rückle, Dieter* (Hrsg.): Aktuelle Fragen der Finanzwirtschaft und der Unternehmensbesteuerung (FS Loitlsberger), Wien 1991, S. 507-534.

*Ordelheide, Dieter*: Bedeutung und Wahrung des Kongruenzprinzips („clean surplus") im internationalen Rechneungswesen, in: *Schildbach, Thomas/ Matschke, Manfred Jürgen* (Hrsg.): Unternehmensberatung und Wirtschaftsprüfung (FS Sieben), Stuttgart 1998, S. 515-530.

*Ossadnik, Wolfgang/Lange, Oliver/Morlock, Jutta*: Zur Rationalisierung der [Auswahl] von Anreizsystemen für die Investitionsbudgetierung in divisionalisierten Unternehmen, in: ZP, 10. Jg. (1999), S. 47-65.

*Pape, Ulrich*: Wertorientierte [Unternehmensführung] und Controlling, 2. Aufl., Sternenfels/Berlin 1999.

*Pape, Ulrich*: Theoretische [Grundlagen] und praktische Umsetzung wertorientierter Unternehmensführung, in: BB, 55. Jg. (2000), S. 711-717.

*Paul, Walter*: Umfang und Bedeutung der [Investor Relations], in: BFuP, 45. Jg. (1993), S. 133-162.

*Peasnell, Ken V.*: Some formal Connections between Economic Values and Accounting Numbers, in: JBFA, Vol. 9 (1982), S. 361-381.

*Peasnell, Ken V.*: Analytical Properties of Earned Economic Income, in: BAR, Vol. 27 (1995), S. 5-33.

*Peemöller, Volker/Keller, Bernd*: Steuernahe Betriebswirtschaft, Teil B: Unternehmensbewertung, in: *Küting, Karlheinz* (Hrsg.): Saarbrücker Handbuch der betriebswirtschaftlichen Beratung, Berlin 1998, S. 841-914.

*Peemöller, Volker/Bömelburg, Peter/Denkmann, Andreas*: Unternehmensbewertung in Deutschland, in: WPg, 47. Jg. (1994), S. 741-749.

*Pellens, Bernhard/Tomaszewski, Claude*: Kapitalmarktreaktionen auf den Rechnungslegungswechsel zu IAS bzw. US-GAAP, in: *Gebhardt, Günther/ Pellens, Bernhard* (Hrsg.): Rechnungswesen und Kapitalmarkt, zfbf-Sonderheft Nr. 41, Düsseldorf 1999, S. 199-228.

*Pellens, Bernhard/Crasselt, Nils/Rockholtz, Carsten*: Wertorientierte [Entlohnungssysteme] für Führungskräfte, in: *Pellens, Bernhard* (Hrsg.): Unternehmenswertorientierte Entlohnungssysteme, Stuttgart 1998, S. 1-28.

*Pellens, Bernhard/Hillebrandt, Franca/Tomaszewski, Claude*: Value Reporting – Eine empirische Analyse der DAX-Unternehmen, in: *Wagenhofer, Alfred/Hrebicek, Gerhard* (Hrsg.): Wertorientiertes Management, Stuttgart 2000, S. 177-207.

*Pellens, Bernhard/Rockholtz, Carsten/Stienemann, Marc*: Marktwertorientiertes [Konzerncontrolling] in Deutschland, in: DB, 50. Jg. (1997), S. 1933-1939.

*Pellens, Bernhard/Tomaszewski, Claude/Weber, Nicolas*: Wertorientierte [Unternehmensführung] in Deutschland, in: DB, 53. Jg. (2000), S. 1825-1833.

*Perridon, Louis/Steiner, Manfred*: [Finanzwirtschaft] der Unternehmung, 10. Aufl., München 1999.

*Petersen, Thomas*: Das [Delegationsproblem] zwischen Prinzipal und Agenten, in: *Albach, Horst* (Hrsg.): Organisation, Wiesbaden 1989, S. 109-131.

*Petersen, Thomas*: Optimale [Anreizsysteme], Wiesbaden 1989.

*Pfaff, Dieter*: [Residualgewinne] und die Steuerung von Anlageinvestitionen, Kommentar zum Beitrag von Baldenius/Fuhrmann/Reichelstein, in: BFuP, 51. Jg. (1999), S. 65-69.

*Pfaff, Dieter/Bärtl, Oliver*: Shareholder-Value – Eine geeignete Größe für die Beurteilung von Managern?, in: *Freidank, Carl-Christian* et al. (Hrsg.): Kostenmanagement: Aktuelle Konzepte und Anwendungen, Berlin u.a. 1997, S. 79-94.

*Pfaff, Dieter/Bärtl, Oliver*: [Wertorientierte Unternehmenssteuerung] – Ein kritischer Vergleich ausgewählter Konzepte, in: *Gebhardt, Günther/Pellens, Bernhard* (Hrsg.): Rechnungswesen und Kapitalmarkt, zfbf-Sonderheft Nr. 41, Düsseldorf 1999, S. 85-115.

*Pfaff, Dieter/Leuz, Christian*: [Groves-Schemata] – Ein geeignetes Instrument zur Steuerung der Ressourcenallokation in Unternehmen?, in: zfbf, 47. Jg. (1995), S. 659-690.

*Pfaff, Dieter/Zweifel, Peter*: Die Principal-Agent-Theorie, in: WiSt, 27. Jg. (1998), S. 184-190.

*Pfaff, Dieter/Kunz, Alexis/Pfeiffer, Thomas*: Balanced Scorecard als [Bemessungsgrundlage] finanzieller Anreizsysteme, in: BFuP, 52. Jg. (2000), S. 36-55.

*Pfaff, Dieter/Kunz, Alexis H./Pfeiffer, Thomas*: Wertorientierte [Unternehmenssteuerung] und das Problem des ungeduldigen Managers, in: WiSt, 29. Jg. (2000), S. 562-568.

*Pfingsten, Florian*: Shareholder Value im Lebenszyklus, Wiesbaden 1998.

*Picot, Arnold*: Ökonomische [Theorien] der Organisation, in: *Ordelheide, Dieter/Rudolph, Bernd/Büsselmann, Elke* (Hrsg.): Betriebswirtschaftslehre und ökonomische Theorie, Stuttgart 1991, S. 143-170.

*Pratt, John W./Zeckhauser, Richard J.*: Principals and Agents: An Overview, in: *Pratt, John W./Zeckhauser, Richard J.* (Hrsg.): Principals and Agents, Boston 1985, S. 1-35.

*Pratt, Shannon P./Reilly, Robert F./Schweihs, Robert P.*: Valuing a Business, 3. Aufl., Chicago 1996.

*Preinreich, Gabriel A. D.*: The Fair Value and Yield of Common Stock, in: AR, Vol. 11 (1936), S. 130-132.

*Preinreich, Gabriel A. D.*: Valuation and Amortization, in: AR, Vol. 12 (1937), S. 209-226.

*Preinreich, Gabriel A. D.*: Annual [Survey] of Economic Theory, in: Em, Vol. 6 (1938), S. 219-241.

*Rams, Andreas*: Realoptionsbasierte Unternehmensbewertung, in: FB, 1. Jg. (1999), S. 349-364.

*Rappaport, Alfred*: Executive Incentives vs. Corporate Growth, in: HBR, Vol. 56 (1978), Heft 7/8, S. 81-88.

*Rappaport, Alfred*: Selecting Strategies that create Shareholder Value, in: HBR, Vol. 59 (1981), Heft 5/6, S. 139-149.

*Rappaport, Alfred*: How to design value-contributing Executive [Incentives], in: JBSt, Vol. 4 (1983), S. 49-59.

*Rappaport, Alfred*: Creating [Shareholder Value, 1]. Aufl., New York u.a. 1986.

*Rappaport, Alfred*: Creating [Shareholder Value, 2]. Aufl., New York u.a. 1998.

*Rappaport, Alfred*: New Thinking on How to Link [Executive Pay] with Performance, in: HBR, Vol. 77 (1999), Heft 3/4, S. 91-101.

*Rees, Ray*: The Theory of Principal and Agent, in: BER, Vol. 37 (1985), S. 3-26 und 75-95.

*Reichelstein, Stefan*: [Investment Decisions] and Managerial Performance Evaluation, in: RAStud, Vol. 2 (1997), S. 157-180.

*Reichelstein, Stefan*: Providing [Managerial Incentives]: Cash Flows versus Accrual Accounting, in: JAR, Vol. 38 (2000), S. 243-269.

*Reimann, Bernard C.*: Managing for Value, Oxford u.a. 1987.

*Reimann, Bernard C.*: Managing for the Shareholders, in: PR, Vol. 16 (1988), Heft 1/2, S. 10-22.

*Reimann, Bernard C.*: Decision Support Software for Value-Based Planning, in: PR, Vol. 16 (1988), Heft 3/4, S. 22-32.

*Reimann, Bernard C.*: [Shareholder Value] and Executive Compensation, in: PR, Vol. 19 (1991), Heft 5/6, S. 41-48.

*Richter, Frank*: [Konzeption] eines marktwertorientierten Steuerungs- und Monitoringsystems, 2. Aufl., Frankfurt a. M. u.a. 1999.

*Richter, Frank*: [Unternehmensbewertung], in: *Picot, Gerhard* (Hrsg.): Handbuch Merger & Acquisitions, Stuttgart 2000, S. 255-287.

*Richter, Frank/Honold, Dirk*: Das Schöne, das Unattraktive und das Hässliche an [EVA & Co.], in: FB, 2. Jg. (2000), S. 265-274.

*Riedl, Jens B.*: Unternehmungswertorientiertes Performance Measurement, Wiesbaden 2000.

*Riegler, Christian*: Anreizsysteme und wertorientiertes Management, in: *Wagenhofer, Alfred/Hrebicek, Gerhard* (Hrsg.): Wertorientiertes Management, Stuttgart 2000, S. 145-176.

*Ritzrow, Manfred*: Die Bilanzauffassungen (Bilanztheorien), in: SteuerStud, 21. Jg. (2000), S. 525-530.

*Röttger, Bernhard*: Das Konzept des Added Value als Maßstab für finanzielle Performance, Kiel 1994.

*Rogerson, William P.*: Intertemporal [Cost Allocation] and Managerial Investment Incentives, in: JPE, Vol. 105 (1997), S. 770-795.

*Ronen, Joshua*: The Dual Role of Accounting: A Financial Economic Perspective, in: *Bicksler, James L.* (Hrsg.): Handbook of Financial Economics, Amsterdam 1979, S. 415-454.

*Roos, Alexander/Stelter, Daniel*: Die [Komponenten] eines integrierten Wertmanagementsystems, in: Controlling, 11. Jg. (1999), S. 301-307.

*Rosenstiel, Lutz v.*: Organisationspsychologie, 4. Aufl., Stuttgart 2000.

*Ross, Stephen A.*: The Economic Theory of Agency: The Principal's Problem, in: AER, Vol. 63 (1973), S. 134-139.

*Ross, Stephen A./Westerfield, Randolph W./Jaffee, Jeffrey*: Corporate Finance, 5. Aufl., Chicago u.a. 1999.

*Rudolph, Bernd*: Zur Bedeutung kapitaltheoretischer Separationstheoreme für die Investitionsplanung, in: ZfB, 53. Jg. (1983), S. 261-287.

*Rudolph, Bernd*: Value-at-Risk, in: DBW, 59. Jg, (1999), S. 719 f.

*RWE AG* (Hrsg.): Geschäftsbericht 1998/1999, Essen 1999.

*RWE AG* (Hrsg.): [Geschäftsbericht 1999/2000], Essen 2000.

*Schäfer, Annette*: Erhebliche Vorbehalte, in: WiWo, 54. Jg., Heft 16 vom 13.04.2000, S. 140-144.

*Schäfer, Henry/Schässburger, Bernd*: Realoptionsansatz in der Bewertung forschungsintensiver Unternehmen, in: FB, 2. Jg. (2000), S. 586-592.

*Scharrer, Jürgen*: Wem traut die [Börse] ..., in: Capital, 39. Jg. (2000), Heft 22, S. 62-83.

*Schierenbeck, Henner/Lister, Michael*: [Value] Controlling, München/ Wien 2001.

*Schildbach, Thomas*: Latente Steuern auf permanente Differenzen und andere Kuriositäten – Ein Blick in das gelobte Land jenseits der Maßgeblichkeit, in: WPg, 51. Jg. (1998), S. 939-947.

*Schildbach, Thomas*: Externe Rechnungslegung und Kongruenz – Ursache für die Unterlegenheit deutscher verglichen mit angelsächsischer Bilanzierung?, in: DB, 52. Jg. (1999), S. 1813-1820.

*Schildbach, Thomas*: Rechnungslegung nach US-GAAP: Hoffnung und Wirklichkeit, in: BB, 54. Jg. (1999), S. 359-365 und 411-415.

*Schmalenbach, Eugen*: Grundlagen dynamischer Bilanzlehre, in: ZfhF, 13. Jg. (1919), S. 1-60 und 65-101.

*Schmalenbach, Eugen*: Grundlagen dynamischer Bilanzlehre, 3. Aufl., Leipzig 1925, S. 70-74.

*Schmalenbach, Eugen*: Die Beteiligungsfinanzierung, 8. Aufl., Köln/Opladen 1954.

*Schmidbauer, Rainer*: [Risikomanagement] im Kontext wertorientierter Unternehmensführung, in: DB, 53. Jg. (2000), S. 153-162.

*Schmidt, Georg*: [Anreiz] und Steuerung in Unternehmenskonglomeraten, Wiesbaden 1990.

*Schmidt, Johannes G.*: Die Discounted Cash-Flow-Methode – nur eine kleine Abwandlung der Ertragswertmethode?, in: zfbf, 47. Jg. (1995), S. 1088-1118.

*Schmidt, Reinhard H./Maßmann, Jens*: Drei Mißverständnisse zum Thema „Shareholder Value", in: *Kumar, Brij N./Osterloh, Margit/Schreyögg, Georg* (Hrsg.): Unternehmensethik und die Transformation des Wettbewerbs (FS Steinmann), Stuttgart 1999, S. 125-157.

*Schmidt, Reinhard H./Terberger, Eva*: Grundzüge der Investitions- und [Finanzierungstheorie], 4. Aufl., Wiesbaden 1997.

*Schneider, Dieter*: [Dilanzgewinn] und ökonomische Theorie, in: ZfhF, 15. Jg. (1963), S. 457-474.

*Schneider, Dieter*: Ausschüttungsfähiger [Gewinn] und das Minimum an Selbstfinanzierung, in: zfbf, 20. Jg. (1968), S. 1-29.

*Schneider, Dieter*: Investition und [Finanzierung], 5. Aufl., Wiesbaden 1980.

*Schneider, Dieter*: Marktwirtschaftlicher Wille und planwirtschaftliches Können: 40 Jahre Betriebswirtschaftslehre im Spannungsfeld zur marktwirtschaftlichen Ordnung, in: zfbf, 41. Jg. (1989), S. 11-43.

*Schneider, Dieter*: [Investition], Finanzierung und Besteuerung, 7. Aufl., Wiesbaden 1992.

*Schneider, Dieter*: Betriebswirtschaftslehre, Band 2: [Rechnungswesen], 2. Aufl., München/Wien 1997.

*Schneider, Dieter*: Marktwertorientierte Unternehmensrechnung: [Pegasus] mit Klumpfuß, in: DB, 51. Jg. (1998), S. 1473-1478.

*Schneider, Dieter*: Fördern internationale Rechnungslegungsstandards Wettbewerb als Verwertung von Wissen?, in: *Schildbach, Thomas/Wagenhofer, Alfred* (Hrsg.): Wettbewerb und Unternehmensrechnung, zfbf-Sonderheft 45, Düsseldorf 2000, S. 23-40.

*Schneider, Dieter*: Betriebswirtschaftslehre, Band 4: Geschichte und Methoden der Wirtschaftswissenschaft, München/Wien 2001.

*Schneider, Uwe H.*: Kapitalmarktorientierte Corporate Governance-Grundsätze, in: DB, 54. Jg. (2000), S. 2413-2417.

*Schoppe, Siegfried* et al.: Moderne Theorie der Unternehmung, München/ Wien 1995.

*Schüler, Andreas*: Periodische Performance-Messung durch Residualgewinne, in: DStR, 38. Jg. (2000), S. 2105-2108.

*Schüler, Andreas*: Unternehmensbewertung und Halbeinkünfteverfahren, in: DStR, 38. Jg. (2000), S. 1531-1536.

*Schwetzler, Bernhard*: Shareholder Value Konzept, Managementanreize und Stock Option Plans, in: DBW, 59. Jg. (1999), S. 332-350.

*Seeberg, Thomas*: Wertorientierte Unternehmensführung bei Siemens mit EVA/GWB, in: *Bühler, Wolfgang/Siegert, Theo* (Hrsg.): Unternehmenssteuerung und Anreizsysteme, Stuttgart 1999, S. 269-278.

*Seppelfricke, Peter*: Moderne Multiplikatorverfahren bei der Aktien- und Unternehmensbewertung, in: FB, 1. Jg. (2000), S. 300-307.

*Serfling, Klaus/Großkopff, Anne/Röder, Marko*: [Investor Relations] in der Unternehmenspraxis, in: AG, 43. Jg. (1998), S. 272-280.

*Sharpe, William F.*: Capital Asset Prices, in: JF, Vol. 19 (1964), S. 425-442.

*Sharpe, William F.*: Mutual Fund Performance, in: JB, Vol. 39 (1966), S. 119-138.

*Shavell, Steven*: On Moral Hazard and Insurance, in: QJE, Vol. 93 (1979), S. 541-562.

*Shavell, Steven*: Risk Sharing and Incentives in the Principal and Agent Relationship, in: BellJ, Vol. 10 (1979), S. 55-73.

*Sieben, Günter*: Unternehmensbewertung: Discounted Cash Flow-Verfahren und Ertragswertverfahren – Zwei völlig unterschiedliche Ansätze?, in: *Lanfermann, Josef* (Hrsg.): Internationale Wirtschaftsprüfung (FS Havermann), Düsseldorf 1995, S. 713-737.

*Siegert, Theo*: Marktwertorientierte Unternehmenssteuerung, in: *Bühner, Rolf* (Hrsg.): Der Shareholder-value-Report, Landsberg a. L. 1994, S. 107-126.

*Siegert, Theo*: Shareholder-Value als Lenkungsinstrument, in: zfbf, 47. Jg. (1995), S. 580-607.

*Siemens AG* (Hrsg.): Geschäftsbericht 1999, Berlin/München 1999.

*Siemens AG* (Hrsg.): Geschäftsbericht 2000, Berlin/München 2000.

*Skinner, Roy C.*: The Concept of Computation of Earned Economic Income: A Comment, in: JBFA, Vol. 20 (1993), S. 737-745.

*Skinner, Roy C.*: The strange Logic of Earned Economic Income, in: BAR, Vol. 30 (1998), S. 93-104.

*Snavely, Howard J.*: Accounting Information [Criteria], in: AR, Vol. 42 (1967), S. 223-232.

*Solomons, David*: Divisional [Performance]: Measurement and Control, Homewood/Ill. 1965, 3. Nachdr. 1970.

*Speckbacher, Gerhard*: Shareholder Value und Stakeholder Ansatz, in: DBW, 57. Jg. (1997), S. 630-639.

*Speckbacher, Gerhard/Bischof, Jürgen*: Die Balanced Scorecard als innovatives [Managementsystem], in: DBW, 60. Jg. (2000), S. 795-810.

*Spremann, Klaus*: [Agent] and Principal, in: *Bamberg, Günter/Spremann, Klaus* (Hrsg.): Agency Theory, Information, and Incentives, Berlin u.a. 1987, S. 1-37.

*Spremann, Klaus*: Asymmetrische [Information], in: ZfB, 60. Jg. (1990), S. 561-586.

*Spremann, Klaus*: [Investition] und Finanzierung, 5. Aufl., München/ Wien 1996.

*Sprenger, Reinhard*: Grundsätze gewissenhafter und getreuer Rechenschaft im Geschäftsbericht, Wiesbaden 1976.

*Steiner, Manfred*: Meinungen zum Thema Investor Relations, in: BFuP, 45. Jg. (1993), S. 184-206.

*Steiner, Manfred/Wallmeier, Martin*: Unternehmensbewertung mit Discounted Cash Flow-Methoden und dem Economic Value Added-Konzept, in: FB, 1. Jg. (1999), S. 1-10.

*Stelter, Daniel*: Bewertung im Kontext von [Wertmanagement], in: *Achleitner, Ann-Kristin/Thoma, Georg F.* (Hrsg.): Handbuch Corporate Finance, Köln ab 1997 (Stand 1999).

*Stelter, Daniel*: Wertorientierte [Anreizsysteme], in: *Bühler, Wolfgang/Siegert, Theo* (Hrsg.): Wertorientierte Anreizsysteme für Führungskräfte und Manager, Stuttgart 1999, S. 207-241.

*Stelter, Daniel/Roos, Alexander*: Wertorientierte Anreizsysteme als Bestandteil eines integrierten Wertmanagement, in: DStR, 37. Jg. (1999), S. 1122-1128.

*Stern, Joel M./Stewart III, G. Bennett/Chew jr., Donald H.*: The [EVA]® Financial Management System, in: JACF, Vol. 8 (1995), S. 32-46.

*Stern Stewart* (Hrsg.): FGV/EVA®-Bewertung 2000, München 2000.

*Stewart III, G. Bennett*: The [Quest] for Value, New York 1991.

*Stewart III, G. Bennett*: EVA™: [Fact and Fantasy], in: JACF, Vol. 7 (1994), S. 71-84.

*Stiglitz, Joseph E.*: Risk Sharing and Incentives in Sharecropping, in: REStud, Vol. 61 (1974), S. 219-256.

*Stoughton, Neil M./Zechner, Josef*: Optimal Capital Allocation using RAROC™ and EVA®, Working Paper, University of California, Irvine und Universität Wien, 1999 (Download http://papers.ssrn.com/sol3/papers.cfm? abstract_id=118208, Stand 9.3.2001).

*Strack, Rainer/Villnis, Ulrich*: [RAVE]™: Die nächste Generation im Shareholder Value Management, in: ZfB, 71. Jg. (2001), S. 67-84.

*Strasser, Brigitte*: Informationsasymmetrien bei Unternehmensakquisitionen, Frankfurt a. M. u.a. 2000.

*Süchting, Joachim*: [Finanzmanagement], 6. Aufl., Wiesbaden 1995.

*Taetzner, Tobias*: Das Bewertungskalkül des Shareholder Value-Ansatzes in kritischer Betrachtung, Frankfurt a. M. u.a. 2000.

*Theisen, Manuel R.*: [Überwachung] der Unternehmensführung, Stuttgart 1987.

*Theisen, Manuel R.*: Grundsätze einer ordnungsmäßigen [Information] des Aufsichtsrats, 2. Aufl., Stuttgart 1996.

*Theisen, Manuel R.*: [Grundsätze] ordnungsmäßiger Überwachung (GoÜ), in: *Werder, Axel v.* (Hrsg.): Grundsätze ordnungsmäßiger Unternehmensführung (GoF), zfbf-Sonderheft Nr. 36, Düsseldorf 1996, S. 75-106.

*Thießen, Friedrich*: Shareholder Value – am Anfang oder am Ende?, in: *Egger, Anton/Grün, Oskar/Moser, Reinhard* (Hrsg.): Managementinstrumente und -konzepte, Stuttgart 1999, S. 387-416.

*Tichy, Geiserich E./Barborka, Karl*: [Zusatzinformationen] zur Abschätzung des Unternehmenswertes, in: *Altenburger, Otto/Janschek, Otto/Müller, Heinrich* (Hrsg.): Fortschritte im Rechnungswesen (FS Seicht), 2. Aufl., Wiesbaden 2000, S. 613-671.

*Tietzrath, Alfons*: Corporate Governance: Vertragen sich die deutsche Unternehmensverfassung und das Shareholder Value-Prinzip?, in: *Albach, Horst/Brockhoff, Klaus* (Hrsg.): Betriebswirtschaftslehre und Rechtsentwicklung, ZfB-Ergänzungsheft Nr. 4/1997, Wiesbaden 1997, S. 31-41.

*Tomkins, Cyril*: Another Look at Residual Income, in: JBFA, Vol. 2 (1975), S. 39-53.

*Trützschler, Klaus*: Wertorientierte Unternehmensführung im RAG-Konzern, in: *Küting, Karlheinz/Weber, Claus-Peter* (Hrsg.): Wertorientierte Konzernführung: Kapitalmarktorientierte Rechnungslegung und integrierte Unternehmenssteuerung, Stuttgart 2000, S. 291-318.

*Volkart, Rudolf*: Shareholder Value and Corporate Valuation: Finanzielle Wertorientierung im Wandel, Zürich 1998.

*Voss, Markus*: Wer schafft [Wert]? Wer vernichtet Wert?, in: Capital, 38. Jg. (1999), Heft 9, S. 38-60.

*Wagenhofer, Alfred/Ewert, Ralf:* [Linearität] und Optimalität in ökonomischen Agency-Modellen. Zur Rechtfertigung des LEN-Modells, in: ZfB, 63. Jg. (1993), S. 373-391.

*Wagenhofer, Alfred/Riegler, Christian:* Gewinnabhängige [Managemententlohnung] und Investitionsanreize, in: BFuP, 51. Jg. (1999), S. 70-93.

*Wagner, Franz W.:* [Shareholder Value]: Eine neue Runde im Konflikt zwischen Kapitalmarkt und Unternehmensinteresse, in: BFuP, 49. Jg. (1997), S. 473-498.

*Wallace, James S.:* Adopting Residual-Income-Based Compensation Plans: Do You get what You pay for?, in: JAE, Vol. 24 (1997), S. 275-300.

*Waller, William S./Bishop, Rachel A.:* An Experimental Study of Incentive Pay Schemes, Communication, and Intrafirm Resource Allocation, in: AR, Vol. 65 (1990), S. 812-836.

*Wallmeier, Martin:* Kapitalkosten und Finanzierungsprämissen, in: ZfB, 69. Jg. (1999), S. 1473-1490.

*Weber, Matthias-Wilbur:* EVA – Management- und Vergütungssystem für Banken, in: Die Bank, o. Jg. (2000), S. 465-469.

*Weinert, Ansfried B.:* Anreizsysteme, verhaltenswissenschaftliche Dimension, in: *Frese, Erich* (Hrsg.): HWO, 3. Aufl., Stuttgart 1992, Sp. 122-133.

*Weiss, Heinz-Jürgen/Heiden, Matthias:* Shareholder und Bondholder – Zwei Welten oder Partner? In: BB, 55. Jg. (2000), S. 35-39.

*Weitzman, Martin L.:* The new Soviet [Incentive Model], in: BellJ, Vol. 7 (1976), S. 251-257.

*Wenger, Ekkehard:* Allgemeine Betriebswirtschaftslehre und ökonomische Theorie, in: *Kirsch, Werner/Picot, Arnold* (Hrsg.): Die Betriebswirtschaftslehre im Spannungsfeld zwischen Spezialisierung und Generalisierung (FS Heinen), Wiesbaden 1989, S. 155-181.

*Wenger, Ekkehard/Knoll, Leonhard:* Aktienkursgebundene Management-Anreize: Erkenntnisse der Theorie und Defizite der Praxis, in: BFuP, 51. Jg. (1999), S. 565-591.

*Wenger, Ekkehard/Terberger, Eva:* Die Beziehung zwischen Agent und Prinzipal als Baustein einer ökonomischen Theorie der Organisation, in: WiSt, 17. Jg. (1988), S. 506-514.

*Wenger, Ekkehard/Knoll, Leonhard/Kaserer, Christoph:* Stock Options, in: WiSt, 28. Jg. (1999), S. 35-38.

*Werder, Axel v.:* Corporate Governance: Vertragen sich die deutsche Unternehmensverfassung und das Shareholder Value-Prinzip?, in: *Albach, Horst/ Brockhoff, Klaus* (Hrsg.): Betriebswirtschaftslehre und Rechtsentwicklung, ZfB-Ergänzungsheft Nr. 4/1997, Wiesbaden 1997, S. 9-16.

*Werder, Axel v.:* [Shareholder Value]-Ansatz als (einzige) Richtschnur des Vorstandshandelns? in: ZGR, 27. Jg. (1998), S. 69-91.

*Wesner, Peter*: Möglichkeiten und Grenzen der wertorientierten Unternehmensführung, in: *Wirtschaftswissenschaftliche Fakultät der Universität Leipzig/KPMG/PWC* (Hrsg.): Rechnungslegungskonzeptionen im Widerstreit, Leipzig 2000, S. 293-309.

*Weston, Fred J./Copeland, Thomas E.*: Managerial [Finance], 9. Aufl., Fort Worth 1992.

*Wilhelm, Jochen*: [Marktwertmaximierung] – ein didaktisch einfacher Zugang zu einem Grundlagenproblem der Investitions- und Finanzierungstheorie, in: ZfB, 53. Jg. (1983), S. 516-534.

*Winter, Stefan*: Möglichkeiten der [Gestaltung] von Anreizsystemen für Führungskräfte, in: DBW, 57. Jg. (1997), S. 615-629.

*Wright, F. Kenneth*: Depreciation Theory and the Cost of Funds, in: AR, Vol. 38 (1963), S. 87-90.

*Wright, F. Kenneth*: An Evaluation of Ladelle's Theory of Depreciation, in: JAR, Vol. 5 (1967), S. 173-179.

*Wulff, Christian*: Informationspolitik und Unternehmenswert, in: *Arnold, Hansjörg/Englert, Joachim/Eube, Steffen* (Hrsg.): Werte messen – Werte schaffen (FS Maul), Wiesbaden 2000, S. 421-435.

*Zelger, Hansjörg*: Überlegungen zur praxisorientierten Umsetzung einer wertorientierten Unternehmensführung, in: *Haarmann, Hemmelrath und Partner* (Hrsg.): Gestaltung in der Rechts-, Wirtschafts- und Steuerberatung von Unternehmen, München 1998, S. 359-372.

*Zimmerman, Jerold L.*: EVA and Divisional Performance Measurement: Capturing Synergies and other Issues, JACF, Vol. 10 (1997), Heft 2, S. 98-109.

*Zimmermann, Gebhard/Wortmann, André*: Der Shareholder-Value-Ansatz als Institution zur Kontrolle der Führung von Publikumsgesellschaften, in: DB, 54. Jg. (2001), S. 289-294.

*Zimmermann, Günter*: Der Ertrag des investierten Kapitals in Industriebetrieben, in: ZfB, 29. Jg. (1959), S. 146-165.

*Zimmermann, Günter*: Die Ermittlung des im Anlagevermögen investierten Kapitals als Grundlage für die Errechnung des return on investment, in: DB, 12. Jg. (1959), S. 1033 f.

*Zimmermann, Peter*: Schätzung und Prognose von Betawerten, Bad Soden/Taunus 1997.

# Stichwortverzeichnis

## BETRIEBSWIRTSCHAFTLICHE STUDIEN
## RECHNUNGS- UND FINANZWESEN, ORGANISATION UND INSTITUTION

Die Herausgeber wollen in dieser Schriftenreihe Forschungsarbeiten aus dem Rechnungswesen, dem Finanzwesen, der Organisation und der institutionellen Betriebswirtschaftslehre zusammenfassen. Über den Kreis der eigenen Schüler hinaus soll originellen betriebswirtschaftlichen Arbeiten auf diesem Gebiet eine größere Verbreitung ermöglicht werden. Jüngere Wissenschaftler werden gebeten, ihre Arbeiten, insbesondere auch Dissertationen, an die Herausgeber einzusenden.

Band   1   Joachim Hartle: Möglichkeiten der Entobjektivierung der Bilanz - Eine ökonomische Analyse. 1984.

Band   2   Peter Wachendorff: Alternative Vertragsgestaltung bei öffentlichen Aufträgen - Eine ökonomische Analyse. 1984.

Band   3   Doris Zimmermann: Schmalenbachs Aktivierungsgrundsätze. 1985.

Dand   4   Elko Michaelis: Organisation unternehmerischer Aufgaben - Transaktionskosten als Beurteilungskriterium. 1985.

Band   5   Arno Schuppert: Die Überwachung betrieblicher Routinetätigkeiten. Ein Erklärungs-Entscheidungsmodell. 1985.

Band   6   Bonaventura Lehertshuber: Unternehmensvertragsrecht und Konzernhandelsbilanz. 1986.

Band   7   Joachim Schindler: Kapitalkonsolidierung nach dem Bilanzrichtlinien-Gesetz. 1986.

Band   8   Gerhard R. Schell: Die Ertragsermittlung für Bankbewertungen. 1988.

Band   9   Ulrich Hein: Analyse der Neubewertungsverfahren im belgischen und französischen Bilanzrecht. 1988.

Band   10   Rainer Leuthier: Das Interdependenzproblem bei der Unternehmensbewertung. 1988.

Band   11   Dieter Pfaff: Gewinnverwendungsregelungen als Instrument zur Lösung von Agency-Problemen. Ein Beitrag zur Diskussion um die Reformierung der Ausschüttungskompetenz in Aktiengesellschaften. 1989.

Band   12   Christian Debus: Haftungsregelungen im Konzernrecht. Eine ökonomische Analyse. 1990.

Band   13   Ralph Otte: Konzernabschlüsse im öffentlichen Bereich. Notwendigkeit und Zwecke konsolidierter Jahresabschlüsse von Gebietskörperschaften dargestellt am Beispiel der Bundesverwaltung der Bundesrepublik Deutschland. 1990.

Band   14   Rüdiger Zaczyk: Interdisziplinarität im Bilanzrecht. Rechtsfindung im Spannungsfeld zwischen Betriebswirtschaftslehre und dogmatischer Rechtswissenschaft. 1991.

Band   15   Oliver Fliess: Konzernabschluß in Großbritannien – Grundlagen, Stufenkonzeption und Kapitalkonsolidierung. 1991.

Band   16   Joachim Faß: Konzernierung und konsolidierte Rechnungslegung. Eine Analyse der Eignung des Konzernabschlusses als Informationsinstrument und als Grundlage der Ausschüttungsbemessung konzernverbundener Unternehmen. 1992.

Band   17   Michael Feldhoff: Die Regulierung der Rechnungslegung. Eine systematische Darstellung der Grundlagen mit einer Anwendung auf die Frage der Publizität. 1992.

Band   18   Uwe Jüttner: GoB-System, Einzelbewertungsgrundsatz und Imparitätsprinzip. 1993.

Band   19   Ralf Häger: Das Publizitätsverhalten mittelgroßer Kapitalgesellschaften. 1993.

Band   20   Jutta Menninger: Financial Futures und deren bilanzielle Behandlung. 1993.

Dirk Hachmeister

# Der Discounted Cash Flow als Maß der Unternehmenswertsteigerung

## 4., durchgesehene Auflage

Frankfurt/M., Berlin, Bern, Bruxelles, New York, Oxford, Wien, 2000.
XXI, 305 S., zahlr. Abb. und Tab.
Betriebswirtschaftliche Studien. Rechnungs- und Finanzwesen, Organisation und Institution.
Herausgegeben von Wolfgang Ballwieser und Dieter Ordelheide. Bd. 26
ISBN 3-631-37030-X · br. DM 89.– / € 45.50*

Untersuchungsgegenstand der Arbeit ist der Discounted Cash Flow. Da es in der Literatur eine Vielzahl von Varianten gibt, die zwar alle auf dem Kapitalwertkalkül aufbauen, aber Unterschiede im Detail aufweisen, liegt ein Vergleich dieser Varianten nahe. Die Probleme bei einer Anwendung in Deutschland werden herausgestellt. Schließlich werden die Unterschiede zu den in Deutschland verwandten Verfahren zur Unternehmensbewertung betrachtet. Ein weiterer Schwerpunkt ist die Bestimmung der Kapitalkosten. In einer Fallstudie werden die Bewertungsverfahren gegenübergestellt.

*Aus dem Inhalt*: Unternehmensbewertung · Konzeption der Wertsteigerungsanalyse · Cash Flow-Abgrenzung und Prognose · Bewertung zum Börsenkurs · Discounted Cash Flow · Ertragswert · Economic Value Added · Eigenkapitalkosten · Fundamentalbetas

Frankfurt/M · Berlin · Bern · Bruxelles · New York · Oxford · Wien
Auslieferung: Verlag Peter Lang AG
Jupiterstr. 15, CH-3000 Bern 15
Telefax (004131) 9402131

*inklusive der in Deutschland gültigen Mehrwertsteuer
Preisänderungen vorbehalten
**Homepage http://www.peterlang.de**